Wale, delphine & tümmler

Wale, delphine & tümmler

Autoren:
Mark Carwardine, Erich Hoyt,
R. Ewan Fordyce, Peter Gill

Berater:
Mark Carwardine und Erich Hoyt

KÖNEMANN

Originalausgabe © 1998:
Weldon Owen Pty Limited
43 Victoria Street,
McMahons Point,
NSW, 2060, Australien
Ein Verlag der Weldon Owen Group of
Companies, Sydney und San Francisco

Originaltitel: Whales, dolphins & porpoises

Dem Andenken an Stephen Leatherwood gewidmet,
der so viele Menschen bei der Erforschung und Bewahrung
der Cetaceen inspirierte und unterstützte.

© 2000 für die deutsche Ausgabe:
Könemann Verlagsgesellschaft mbH
Bonner Straße 126
D-50968 Köln

ÜBERSETZUNG AUS DEM ENGLISCHEN:
Michael Holtmann, Manuel Kraus

FACHLEKTOR DER DEUTSCHEN AUSGABE:
Dr. Thomas Orthmann

REDAKTION UND SATZ DER DEUTSCHEN AUSGABE:
Verlagsbüro Michael Holtmann, Bayreuth

PROJEKTKOORDINATION: Dr. Birgit Wüller
HERSTELLUNG: Ursula Schümer

DRUCK UND BINDUNG: Neue Stalling, Oldenburg
Printed in Germany

ISBN 3-8290-5665-6

10 9 8 7 6 5 4 3 2

Alle Rechte vorbehalten.

> *Das Meer bleibt ewig gleich, und alle seine Werke bleiben trotz aller Menschenworte ein Geheimnis.*
>
> Taifun, JOSEPH CONRAD (1857–1924), englischer Essayist polnischer Herkunft

INHALT

Vorwort und Einleitung
10

Kapitel 1
Wale und Delphine verstehen lernen
Mark Carwardine
12

Kapitel 2
Rettet die Wale
Mark Carwardine
32

Kapitel 3
Ursprünge und Anpassungen
R. Ewan Fordyce und Peter Gill
58

Kapitel 4
Sozial- und Individualverhalten
Peter Gill und R. Ewan Fordyce
80

Kapitel 5
Walbeobachtung in der Praxis
Peter Gill
102

Kapitel 6
Die Bestimmung von Walen und Delphinen
Mark Carwardine
122

Kapitel 7
Artenverzeichnis der Wale und Delphine
Erich Hoyt
142

Kapitel 8
Die Beobachtung von Walen und Delphinen
Erich Hoyt
194

Anhang
272

Vorwort

Jeder, der wie wir gerne reist und dabei Tiere in ihrem natürlichen Lebensraum beobachtet, hat sicherlich schon einmal am Lagerfeuer gesessen und von seinen Abenteuern erzählt. Und dann ist bestimmt auch die Frage gestellt worden, als welches Tier man am liebsten wieder auf die Welt kommen würde. Da gibt es viele Antworten: als Adler, Falke, Elefant, Löwe oder Tiger. Für mich gab es in den letzten 20 Jahren aber nur eines: Ich wäre am liebsten ein Wal.

Es wäre ganz einfach phantastisch, unter Wasser leben zu können in dieser außergewöhnlichen Umgebung. Noch außergewöhnlicher aber ist es, daß Wale aus den Meeren der Polargebiete mit ihren Eisbergen, der unerschöpflichen Menge an Nahrung und dem Tag und Nacht andauernden Sonnenlicht über Tausende von Kilometern in die warmen Gewässer der Tropen schwimmen. Dort würde man dann wieder monatelang verweilen und erleben, wie die Jungen zur Welt kommen – und das alles, ohne Nahrung zu sich zu nehmen. Schließlich würde man zurückschwimmen in die Polarregionen und erst dort wieder etwas fressen.

Es gibt noch so vieles, was man von Walen und Delphinen lernen und über sie erfahren kann. Wir alle sind in der Lage, in diesem Lernprozeß eine wichtige Rolle zu spielen, indem wir zum Beispiel die Walforschung dadurch unterstützen, daß wir die Möglichkeiten des Umwelttourismus wahrnehmen, die es mittlerweile in den Regionen gibt, in denen man die Wale am leichtesten zu Gesicht bekommt. Diese Möglichkeiten gibt es inzwischen weltweit, und dieses Buch wird sie Ihnen vorstellen. Nach seiner Lektüre haben Sie bestimmt den festen Wunsch, auf eine Walbeobachtungstour zu gehen, und Sie werden die Würde und die Bedeutung dieser wunderbaren Lebewesen noch mehr zu schätzen wissen.

Priscilla Wrubel
Gründerin von The Nature Company

Einleitung

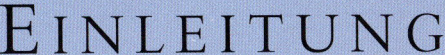

Wenn Sie sich in sechs Meter Entfernung von einem Wal befinden, wird sich ihre Perspektive verändern: Er ist nämlich größer als Sie sich je vorgestellt haben. Dann werden Sie erstaunliche Eindrücke wahrnehmen: Sie sehen Schrammen, Bißspuren von Haien, Wundmale von Harpunen und dünne Härchen auf seiner Haut. Falls Sie sich unter Wasser befinden, wird es Ihnen so vorkommen, als ob die Augen des Tieres herausstehen wie auf Stielen. Sie werden auch das vertraute Zusammensein einer Mutter mit ihrem Jungen erleben, aber auch die furchterregende Wildheit und Schärfe, mit der die Mutter das Junge ebenfalls behandeln kann.

Ich habe das Glück, zu einer Gruppe von Forschern zu gehören, die freilebende Wale auf See erforscht. Es ist noch gar nicht so lange her, daß man so etwas ganz einfach für unmöglich hielt – bis sich dann in verschiedenen Regionen weltweit eine Handvoll Forscher daran machte, mit kleinen Booten an die Wale heranzufahren und sie zu beobachten. Dieses Zusammentreffen von in Freiheit lebenden Tieren mit wissensdurstigen Menschen öffnete die Tür zum Verständnis der Natur und des Wesens der Wale.

Mehr als 80 Walarten leben in den Meeren und in den Flüssen unserer Welt, jede Art hat ihre ganz eigene Geschichte. Manche von ihnen leben in umfassenden Gemeinschaften mit einer komplexen Form der Kommunikation – ihre Stimmen kann man am Meeresgrund über Tausende Kilometer vernehmen. Manche Walarten haben sogar ihre eigenen Gesänge. Dieses Buch zeigt Ihnen Einblicke in das Leben der Wale, Delphine und Tümmler, und es nimmt Sie mit auf eine Reise durch den Lebensraum dieser faszinierenden Tiere, der drei Viertel unserer Erde einnimmt.

Jim Darling

JAMES DARLING
Direktor der West Coast Whale Research Foundation

Wir benötigen eine andere, eine weisere und vielleicht auch mystischere Vorstellung von Tieren.
The Outermost House,
HENRY BESTON (1888–1968), amerikanischer Schriftsteller

Kapitel 1
Wale und Delphine verstehen lernen

Wale und Delphine verstehen lernen

DIE WELT DER WALE UND DELPHINE

Wale, Delphine und Tümmler sind Meeressäuger, die zusammen die Gruppe der Cetaceen bilden.

Walforscher unterscheiden insgesamt 81 Spezies, wobei immer noch neue Arten entdeckt werden. So fand man z. B. im Juni 1986 auf den Juan-Fernández-Inseln vor der chilenischen Küste einen ungewöhnlichen Schädelknochen. Nach fast einem Jahrzehnt sorgfältiger Untersuchungen kam eine Gruppe von Walforschern zu dem Ergebnis, daß es sich bei dem Fund um etwas der Wissenschaft bislang Unbekanntes handelte. 1996 erhielt die Spezies die Bezeichnung „Bahamonde-Schnabelwal", womit sie zur jüngsten offiziell anerkannten Art der Cetaceen wurde. Bislang hat man aber noch keine lebenden Exemplare dieses Wales beobachtet.

In den letzten Jahren wurde eine Reihe von anderen Cetaceen-Arten weiter wissenschaftlich unterteilt. 1995 hat man z. B. den Gemeinen Delphin offiziell in zwei verschiedene Arten aufgegliedert, die nun als Cape-Delphin *(delphinus capensis)* und Gemeiner Delphin *(delphinus delphis)* bezeichnet werden.

UNTERSCHIEDE *Der Gemeine Delphin (oben), Atlantische Gefleckte Delphine (rechts). Ganz rechts die gebogene Rückenflosse eines Indischen Grindwals (oben) und die winzige Rückenflosse eines Buckelwals (unten)*

GRENZENLOSE VIELFALT
Wale, Delphine und Tümmler besitzen zahlreiche gemeinsame Merkmale. Dennoch zeichnen sie sich im Hinblick auf Form, Größe und Färbung durch beeindruckende Vielfalt aus. Sie sind in vielen verschiedenen Salz- und Süßwasser-Lebensräumen beheimatet und haben sich, um zu überleben, im Laufe ihrer Entwicklung auf erstaunliche Weise an ihre Unterwasserwelt angepaßt.

Hinsichtlich der Größe reicht die Bandbreite von kleinen Delphin- und Tümmlerarten mit einer Länge von nur 1,2 m bis zum riesigen Blauwal mit über 30 m. Einige Arten weisen eine lebhafte Färbung mit einem bunten Muster aus Flecken und Streifen auf; manche besitzen eine auffällige Schwarzweißzeichnung, andere wiederum eine relativ schlichte Braun- oder Graufärbung. Einige sind lang und schlank, andere kurz und gedrungen. Manche Spezies besitzen große sichelförmige Rückenflossen, andere wiederum haben überhaupt keine Rückenflosse. Selbst unter Angehörigen derselben Art gibt es Variationen: zwischen Männchen und Weibchen, zwischen Jung- und Alttieren sowie zwischen Beständen aus verschiedenen Regionen.

BESONDERE ANZIEHUNGSKRAFT
Von den Cetaceen geht eine einzigartige Anziehungskraft aus.

Manche sehen den Grund hierfür in der augenscheinlichen Intelligenz dieser Tiere; andere bewundern die Tatsache, daß sie als atmende Säugetiere in der fremden Welt

Die Welt der Wale und Delphine

CHAMPIONS *Pottwale (wie der oben abgebildete) können am längsten und am tiefsten tauchen.*

unter Wasser überleben können. Einige fasziniert ihre Fähigkeit, für uns unerreichbare Regionen zu erkunden, Dinge zu erfahren und zu sehen, die wir nie kennenlernen oder sehen werden. Andere sehen die Wale so, wie wir uns selbst gerne sehen würden – frei, anmutig, gefühlvoll, friedvoll und voller Energie.

Zweifellos stellt die beeindruckende Aura des Geheimnisvollen, die diese rätselhaften Tiere umgibt, einen wichtigen Teil ihrer Anziehungskraft dar. Wir wissen heute, daß viele unserer früheren Annahmen über Wale falsch waren oder zumindest nicht vollständig zutrafen. Je mehr wir jedoch über diese unglaublichen Tiere lernen, um so faszinierender wird für uns ihre Geschichte.

REKORDHALTER

Die perfekt an das Leben im Wasser angepaßten Wale, Delphine und Tümmler halten im Tierreich viele Rekorde. Hier einige Beispiele:

● Der Blauwal ist das größte Tier der Erde. Ein 1947 im Südpolarmeer gefangenes Blauwalweibchen war mit 190 t am schwersten. Den Längenrekord hält ein anderes, das 1909 – ebenfalls im Südpolarmeer – gefangen wurde und von der Schnauzenspitze bis zum Ende der Schwanzflosse 33,5 m maß.

● Die niederfrequenten Signale, mit denen Blau- und Finnwale über riesige Entfernungen hinweg mit Artgenossen kommunizieren, können Messungen zufolge eine Lautstärke von 188 dB erreichen – die lautesten von einem Lebewesen erzeugten Geräusche.

● Die längsten und komplexesten Gesänge, die aus dem Tierreich bekannt sind, stammen von männlichen Buckelwalen. Ein solcher Gesang besteht aus verschiedenen Abschnitten und kann über eine halbe Stunde dauern.

● Das Säugetier, das nachweislich am weitesten wandert, ist ebenfalls der Buckelwal (früher schrieb man Grauwalen den Rekord zu). So tauchte ein Buckelwal, der in seinen Nahrungsgründen vor der Antarktischen Halbinsel gesichtet worden war, weniger als fünf Monate später in seinem Fortpflanzungsgebiet vor der kolumbianischen Küste auf. Die kürzeste Strecke zwischen beiden Punkten zu Wasser beträgt 8 334 km.

● Der Pottwal ist vermutlich das Säugetier, das am tiefsten tauchen kann. Im Jahr 1991 erreichte ein Pottwalbulle vor der Karibikinsel Dominica eine Tiefe von 2 000 m, und es gibt Anzeichen dafür, daß Pottwale bis zu 3 000 m tief gelangen können. Den Rekord im Langzeittauchen hält ebenfalls der Pottwal: Am 11.11.1983 lauschten Biologen in der südwestlichen Karibik den Klickgeräuschen von fünf Pottwalen, deren Tauchgang erstaunliche 2 h 18 min dauerte.

Wale und Delphine verstehen lernen

DIE OZEANE

Meere und Ozeane bedecken über zwei Drittel der Oberfläche des Planeten Erde. Vielleicht wäre es daher passender, ihn als „Planet Wasser" zu bezeichnen.

Die Wissenschaft unterteilt den Lebensraum Meer gewöhnlich in vier ökologische Hauptzonen. Zunächst in die litorale oder Gezeitenzone, die bei Flut unter und bei Ebbe über Wasser liegt. Sandstrände, Salzsümpfe, Wattenmeere und Mangrovensümpfe zählen allesamt zu den litoralen Lebensräumen; sie werden zwar selten von den Walen selbst bewohnt, sind als Fortpflanzungsgebiete von Fischen und anderen Beutetieren jedoch von entscheidender Bedeutung.

Danach kommt die sublitorale oder Kontinentalschelfzone, der flache Meeresbereich, der den Kontinenten am nächsten liegt. Der Kontinentalschelf erstreckt sich normalerweise über etwa 70 km meerwärts. Vor flachen Regionen ist er aber oftmals breiter, vor Gebirgsregionen schmaler. Er fällt sanft von der Küste bis zu einer durchschnittlichen Tiefe von etwa 200 m ab und ist vor allem in gemäßigten Klimazonen eine üppige Nahrungsquelle für Wale und andere Beutejäger.

Dann folgt der Kontinentalabhang bzw. die Bathyalzone. Sie fällt weitaus steiler vom Rand des Schelfs zum Meeresboden ab und endet in einer Tiefe von etwa 1 100 m.

Der Meeresboden selbst (auch Abyssalzone genannt) stellt die vierte Zone dar. Er ist extrem flach. Seine Tiefe ist von Region zu Region sehr unterschiedlich, beträgt aber im Durchschnitt etwa 4 000 m. Nur wenige Lebewesen bewohnen diese ungastlichen, kalten und dunklen Gewässer. In einigen Regionen wird die Abyssalzone von Gräben und Schluchten unterbrochen, die phänomenale Tiefen erreichen. Der tiefste Punkt ist der Marianengraben im Westpazifik, der bis auf mindestens 11 000 m hinabreicht.

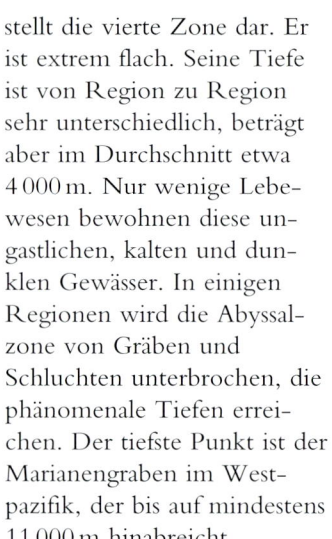

RIESIGE SEETANGWÄLDER *(oben rechts) vor der kalifornischen Insel Catalina. Ein leuchtend goldorangener Garibaldifisch schwimmt zwischen dem hohen Seetang. Ein Buckelwal in den Gewässern der Antarktis (oben links)*

WASSERTIEFE

Selbst innerhalb dieser ökologischen Hauptzonen gibt es verschiedene Lebensräume in verschiedenen Tiefen. Je tiefer man z. B. in der Wassersäule nach unten gelangt, um so dunkler wird es: Mit zunehmender Tiefe verschwinden nach und nach die einzelnen Farben des Sonnenlichts (Rot wird als erstes absorbiert, danach Orange, Gelb, Grün und schließlich Blau). Wo Licht vorhanden ist, gibt es winzige Pflanzen, von denen sich winzige Tiere ernähren, die wiederum größeren Tieren als Beute dienen.

Eine größere Wassertiefe bedingt zudem einen höheren Wasserdruck: bewegt man sich nach unten, steigt alle 10 m der Druck um eine Atmosphäre. Das bedeutet, daß ein Pottwal, der z. B. in eine Tiefe von 2 000 m taucht, in der Lage sein muß, einem Druck von über 200 Atmosphären standzuhalten.

Ozeane weisen zumeist verschiedene Temperaturzonen auf, wobei deren genaue Anordnung je nach Jahreszeit und Region variiert; die Temperaturveränderung von einer Zone zur nächsten stellt häufig eine entscheidende Barriere für verschiedene Meeresbewoh-

Die Ozeane

DIE FLACHEN, WARMEN GEWÄSSER
des Atlantiks um die Bahamas sind ideal für Atlantische Gefleckte Delphine (oben).

ner dar. Auch bei der Oberflächentemperatur weist der Ozean in verschiedenen Teilen der Welt große Unterschiede auf. Am Äquator, wo die Temperatur in flachen tropischen Lagunen manchmal 40 °C erreicht, ist sie am höchsten; am niedrigsten ist sie in den Hochpolarregionen, wo sie bis auf −1,9 °C fallen kann.

Lebensräume der Wale

Leider wissen wir nur sehr wenig über die spezifischen Ansprüche der meisten Wale und Delphine an ihren Lebensraum. Zwar steht fest, daß jede Spezies oder Population normalerweise Gewässer mit einem bestimmten Tiefen- und Temperaturbereich auswählt, doch müssen innerhalb dieser Anforderungen viele andere Faktoren berücksichtigt werden.

Die Verbreitung wird oft von der Ausrichtung der großen Meeresströme beeinflußt. Die Rotation der Erde läßt die Oberflächenströmungen in der nördlichen Hemisphäre im Uhrzeigersinn verlaufen, was dazu führt, daß sich warmes tropisches Wasser weiter nach Norden entlang der Ostküsten der kontinentalen Landmassen bewegt. Die Verbreitung von Warmwasserarten erstreckt sich deshalb oft weiter nach Norden, als man vermuten würde. In der südlichen Hemisphäre drehen sich die Oberflächenströmungen entgegen dem Uhrzeigersinn, so daß sich kaltes polares Wasser weiter nach Norden entlang der Westküsten der kontinentalen Landmassen bewegt. Das führt dazu, daß sich Kaltwasserspezies häufig überraschend nah zum Äquator hin ausbreiten.

Die Verbreitung wird zudem von einem Vorgang beeinflußt, den man als „Upwelling" bezeichnet. „Upwelling"-Gebiete entstehen durch das Zusammenwirken von Wind und Strömung, bei dem kaltes und nährstoffreiches Wasser aus den Tiefen des Ozeans an die Wasseroberfläche strömt. Nahrung ist in diesen Gebieten überaus reichlich, was dazu führt, daß in diesen Gebieten zahlreiche Wale und andere Beutejäger von den günstigen Bedingungen angezogen werden, die hier herrschen.

ABSEITS DES OZEANS

Wale bewohnen nicht nur die Meere. So leben z. B. vier Flußdelphinarten in den größten und schlammigsten Flüssen Asiens und Südamerikas. Der Amazonas-Delphin ist bis zu 3 200 km landeinwärts anzutreffen.

Einige andere Wale halten sich regelmäßig in Süßwasser auf. Manche wandern frei zwischen Flüssen und dem Meer, doch gibt es oft separate Flußpopulationen, die offenbar ihr gesamtes Leben in Süßwasser verbringen, wie z. B. Indische Schweinswale im Jangtsekiang (China; unten), Amazonas-Sotalias im Amazonas und Orinoko (Südamerika) und Irawadi-Delphine in mehreren großen Flußsystemen des Indo-Pazifiks.

Ein Wal? Ein Delphin? Oder ein Schweinswal?

Allgemein gebräuchliche Tiernamen sind schon oft verwirrend. Wale und Delphine stellen aber auch hierbei eine Klasse für sich dar.

Begriffe wie „Wal", „Delphin" oder „Schweinswal" sind nicht immer eindeutig. Sie besitzen keine wirkliche wissenschaftliche Grundlage und stiften häufig Verwirrung. In der Theorie sind Wale die größten Cetaceen, Delphine von mittlerer Größe und Schweinswale die kleinsten. Dies trifft jedoch nicht immer zu: Einige Wale sind kleiner als die größten Delphine, und einige Delphine sind kleiner als die größten Schweinswale.

In Nordamerika ist die Situation noch komplizierter. Dort werden sämtliche kleinen Cetaceen im allgemeinen Sprachgebrauch „porpoises" (eigentlich nur Schweinswale) genannt.

Es gibt insbesondere sechs „Wale", die man eigentlich als „Delphine" bezeichnen müßte. Trotz ihrer Namen zählen der Schwertwal, der Indische Grindwal, der Gewöhnliche Grindwal, der Kleine Schwertwal, der Pazifische Grindwal und der Zwerggrindwal allesamt zur Familie der Delphine, den Delphinidae. Man könnte anführen, daß der Schwert- oder Killerwal treffender als Killerdelphin bezeichnet werden müßte (obgleich ihn die meisten Fachleute Orca nennen, da er es nicht wirklich verdient hat, überhaupt als „Killer" bezeichnet zu werden). Zusätzliche Konfusion entsteht, weil diese sechs Arten im Englischen in der Gruppe der „blackfish" („Schwarzfische") zusammengefaßt werden, was besonders seltsam ist, da sie natürlich keine Fische und auch nicht alle schwarz sind. So gibt es einen „Delphinfisch", der aber tatsächlich ein Meeresfisch ist.

Gleichzeitig gibt es in vielen Sprachen schon mehrere umgangssprachliche Namen für ein und dieselbe Wal- bzw. Delphinart. So handelt es sich beim Baiji, dem Jangtse-Delphin, dem Beiji und dem Chinesischen Flußdelphin und dem Weißflossendelphin um ein und dieselbe Art. Ebenso ist der Blauwal auch als Großer Nördlicher Furchenwal oder Sibbalds-Furchenwal bekannt.

Klassifizierung der Cetaceen

Eine Lösung besteht darin, die heutigen Cetaceen in zwei verschiedene Gruppen anstatt in drei aufzuteilen: In die der Zahnwale, oder Odontoceten, die Zähne besitzen, und die der Bartenwale, oder Mysticeten, die keine Zähne haben. Diese Unterteilung beruht auf einer fundierten wissenschaftlichen Basis und verhindert die Konfusion, die in der Regel durch Bezeichnungen wie „Wal" oder „Delphin" entsteht. Die überwiegende Mehrheit der Cetaceen

DER ORCA oder Schwertwal (links) ist kein Wal, sondern ein Delphin aus der Unterordnung der Zahnwale. Der riesige Südkaper (oben) filtert kleine Beutetiere durch seine auffälligen kammartigen Bartenplatten.

Ein Wal? Ein Delphin? Oder ein Schweinswal?

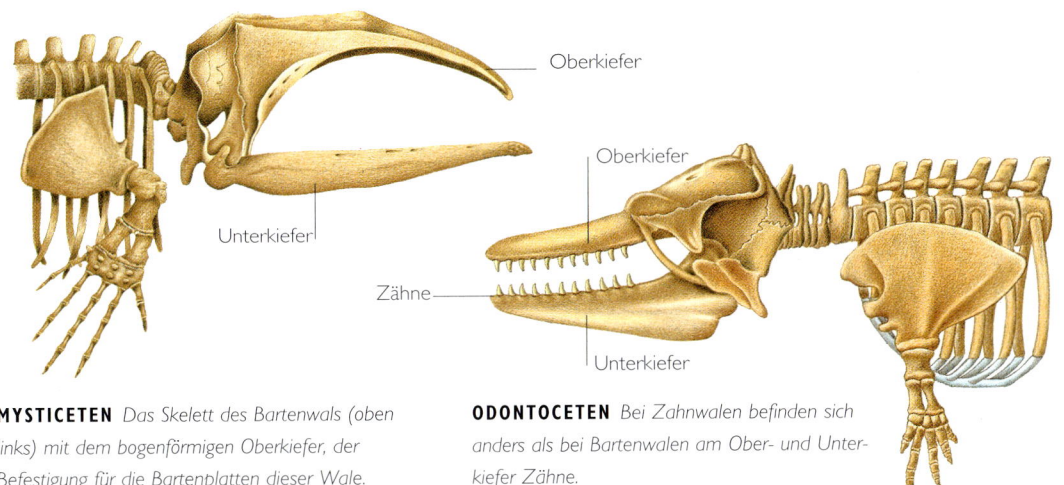

MYSTICETEN Das Skelett des Bartenwals (oben links) mit dem bogenförmigen Oberkiefer, der Befestigung für die Bartenplatten dieser Wale.

ODONTOCETEN Bei Zahnwalen befinden sich anders als bei Bartenwalen am Ober- und Unterkiefer Zähne.

gehört zu den Zahnwalen, von denen es insgesamt 70 Arten gibt. Hierzu gehören die Meeresdelphine, die Flußdelphine, die Schweinswale, die Schnabelwale und Pottwale ebenso wie die Narwale und Beluga. Die Anzahl, Größe und Form der Zähne variieren enorm. So besitzt der Ostpazifische Delphin die meisten Zähne, wobei die tatsächliche Anzahl zwischen 172 und 252 liegen kann. Das andere Extrem stellen einige Arten mit nur zwei Zähnen dar, die bei manchen Weibchen nicht durchbrechen (so daß sie gänzlich zahnlos wirken).

Zahnwale ernähren sich hauptsächlich von Fischen und Kalmaren, manche Arten auch von Krebstieren, einige wenige fressen auch Meeressäuger.

Die restlichen elf Spezies bilden zusammen die Gruppe der Bartenwale. Ihre geringe Zahl machen sie dadurch wett, daß sich unter ihnen die größten und bekanntesten Wale befinden, so z. B. der Blau-, Grau-, Buckel- und Grönlandwal. Anstelle von Zähnen haben sie Hunderte von fransigen, kammartigen Bartenplatten (oft auch als Fischbein bezeichnet), die vom Oberkiefer herabhängen. Diese Platten liegen im Maul des Wales eng aneinander und weisen steife Haare auf, mit denen sich die Nahrung wie mit einem Sieb aus dem Meerwasser filtern läßt. Bartenwale ernähren sich vornehmlich von kleinen Schwarmfischen und Krebstieren wie z. B. Krill oder Copepoden.

Es gibt weitere feine Unterschiede zwischen Odontoceten und Mysticeten. So haben Zahnwale ein einzelnes Blasloch, wogegen Bartenwale zwei nebeneinander liegende Blaslöcher besitzen.

WALE, DELPHINE UND SCHWEINSWALE

FAMILIE		Anzahl der ARTEN
Bartenwale (Mysticeten)		
Balaenidae	Glattwale und Grönlandwal	3
Neobalaenidae	Zwergglattwal	1
Eschrichtiidae	Grauwal	1
Balaenopteridae	Furchenwale	6
	Gesamt:	**11**
Zahnwale (Odontoceten)		
Kogiidae	Kleiner Pottwal und Zwergpottwal	2
Physeteridae	Pottwal	1
Monodontidae	Narwal und Beluga	2
Ziphiidae	Schnabelwale	21
Delphinidae	Meeresdelphine	33
Iniidae	Boto (Amazonas-Delphin)	1
Pontoporiidae	Jangtse-Delphin und La-Plata-Delphin	2
Platanistidae	Indus- und Ganges-Delphine	2
Phocoenidae	Schweinswale	6
	Gesamt:	**70**

DER BOTO (Amazonas-Delphin) lebt nur im Amazonas und im Orinoko. Er gehört zu den Zahnwalen.

Wale und Delphine verstehen lernen

DIE BENENNUNG VON WALEN UND DELPHINEN

Ein wichtiges Teilgebiet der Walforschung ist es, Cetaceen zu bezeichnen und festzustellen, welche Arten eng miteinander verwandt sind.

Mit der Bezeichnung *Balaenoptera musculus* können wohl fast nur Walforscher etwas anfangen: Es ist der wissenschaftliche Name des Blauwals. Viele Probleme entstehen dadurch, daß die Arten oft umgangssprachliche Namen führen. Der Blauwal hat z. B. mehrere verschiedene Bezeichnungen, im Englischen wie auch in anderen Sprachen. Sein wissenschaftlicher Name wird hingegen weltweit von allen Walforschern verwendet. Da keine Art mehr als einen wissenschaftlichen Namen hat und keine zwei Arten genau denselben wissenschaftlichen Namen besitzen, sind Verwechslungen ausgeschlossen. So können Biologen überall auf der Welt immer sicher sein, von derselben Walart zu sprechen.

Der wissenschaftliche Name ist latinisiert und wird kursiv oder unterstrichen geschrieben. Er besteht normalerweise aus zwei Wörtern: das erste, großgeschriebene Wort bestimmt die Gattung, während das zweite kleingeschrieben wird und die Art bezeichnet. Es kann noch ein drittes Wort dazukommen, das die Unterart beschreibt (wenn es diese gibt).

TAXONOMIE

Ein weiterer Grund, jeder Art einen eindeutigen wissenschaftlichen Name zuzuteilen, besteht darin, die Spezies in eine Struktur von Beziehungen innerhalb des Tierreichs einzuordnen. Biologen klassifizieren alle Lebewesen, indem sie sie in Gruppen entsprechend ihrer Ähnlichkeiten und Unterschiede einteilen. Diese hochspezialisierte Wissenschaft bezeichnet man als Taxonomie.

Die Taxonomie ähnelt gewissermaßen der Ausarbeitung eines enorm komplexen Stammbaums. Die Grundeinheit in dieser Systematik ist die Art – eine unter natürlichen Bedingungen entstandene Fortpflanzungsgemeinschaft.

CARL LINNÉ, *schwedischer Forscher (links), entwickelte ein noch heute verwendetes Klassifizierungssystem. Ein Südlicher Glattwal (oben links).*

Eine Gattung ist einfach eine Gruppe eng verwandter Arten. Ebenso bildet eine Gruppe von nahe verwandten Gattungen eine Familie; weiterhin werden eng verwandte Familien zu Ordnungen zusammengefaßt, nahe verwandte Ordnungen zu Klassen, usw.

Dies ist die Theorie der Klassifizierung – die in den meisten Fällen auch gut funktioniert. In der Praxis müssen wissenschaftliche Namen und Gruppierungen allerdings manchmal geändert werden, wenn neue Informationen auftauchen oder wenn sich Biologen über die Details einer bestimmten Gruppierung uneins sind. In anderen Fällen ist es auch notwendig, zusätzliche Gruppierungen

KLASSIFIZIERUNG DES ZWERG- UND BUCKELWALS

Zwergwal und Buckelwal werden wie folgt klassifiziert:

	Zwergwal	Buckelwal
Reich	Animalia (Tiere)	Animalia (Tiere)
Stamm	Chordaten (Chordatiere)	Chordaten (Chordatiere)
Unterstamm	Vertebraten (Wirbeltiere)	Vertebraten (Wirbeltiere)
Klasse	Mammalia (Säugetiere)	Mammalia (Säugetiere)
Ordnung	Cetaceen (Waltiere)	Cetaceen (Waltiere)
Unterordnung	Mysticeten (Bartenwale)	Mysticeten (Bartenwale)
Familie	Balaenopteridae (Furchenwale)	Balaenopteridae (Furchenwale)
Gattung	*Balaenoptera*	*Megaptera*
Art	*acutorostrata*	*novaeangliae*

Die Benennung von Walen und Delphinen

(Unterarten, Unterfamilien und Unterordnungen) hinzuzufügen, um komplexeren Beziehungen innerhalb des Systems gerecht zu werden.

Die Klassifizierung von Cetaceen

Die tatsächliche Herausforderung der Taxonomie besteht darin festzustellen, welche Tiere am engsten miteinander verwandt sind.

Frühe Taxonomiker klassifizierten Cetaceen fast ausschließlich anhand der äußeren Erscheinung. Das war aber kein zufriedenstellendes System. Auf die Spitze getrieben kam es in etwa der Annahme gleich, daß alle Männer mit grauen Bärten und kahlen Köpfen miteinander verwandt sein müssen. Dies führte manchmal dazu, daß nicht verwandte Arten zusammengebracht wurden und engverwandte Arten getrennt blieben.

Heute ist die Klassifizierung von Walen sehr weit fortgeschritten. Taxonomiker sammeln Informationen aus vielen Fachbereichen, so aus der Physiologie, Verhaltensbiologie, Ökologie, Paläontologie und der Biochemie.

DNS-Klassifizierung

Neue Erkenntnisse auf dem Gebiet der biochemischen Forschung, insbesondere bei der Analyse der DNS (Desoxyribonukleinsäure), hatten besonders einschneidende Folgen für die Klassifizierung des Tierreichs (vgl. auch S. 31). Durch die DNS-Analyse können die Forscher nunmehr den Grad der Beziehungen zwischen den Arten außerordentlich genau bestimmen.

Die DNS ist das in allen Lebewesen vorhandene genetische Grundmaterial. Sie stellt eine Art Anleitung für die Gestaltung und Zusammenstellung der Proteine des Körpers dar. Jede Körperzelle eines Lebewesens enthält eine exakte Kopie dieser Anleitung. Fast alle darin befindlichen „Seiten" dienen dazu, es zu dem zu machen, was es ist – zu einem Menschen, einem Hund, einem Buckelwal, einem Ostpazifischen Delphin usw. Die wenigen „Seiten", die übrig bleiben, helfen, ein Individuum vom anderen zu unterscheiden: Genau so, wie sich die Fingerabdrücke einer Person von denen jeder anderen unterscheiden, besitzen keine zwei Tiere exakt dieselbe DNS-Struktur.

Mittels der Analyse der DNS, einem hochkomplizierten Vorgang, konnte man mittlerweile eine Vielzahl offener Fragen bei der Klassifizierung von Walen, Delphinen und anderen Tieren beantworten.

BALAENOPTERA MUSCULUS besagt, daß der Blauwal (oben) seine Nahrung durch Barten filtert.

DER BUCKELWAL (links) springt häufiger aus dem Wasser als andere Bartenwale. Den Artennamen acutorostrata hat der Zwergwal (unten) wegen seiner schmalen und spitzen Schnauze.

Ordnung schreitet mit festem, wohlbemessenem Schritt einher; Unordnung ist stets in Eile.

Maximen der Kriegsführung,
Napoleon Bonaparte
(1769–1821), Kaiser von Frankreich

Wale und Delphine verstehen lernen

MYTHOLOGIE UND KUNST

Seit Tausenden von Jahren beschäftigen Wale und Delphine die Phantasie von Künstlern und Schriftstellern.

Von der klassischen griechischen Mythologie bis zu modernen Filmen wie *Im Rausch der Tiefe* und *Free Willy:* Wale spielen seit langem eine wichtige Rolle in Mythologie, Folklore, Religion und in jüngster Zeit auch in der populären Unterhaltung. In Island erzählte man einst Geschichten über Pferdewale, Eberwale und furchterregende rotköpfige Wale, die angeblich in riesigen Herden die Meere durchstreiften und alles, das ihren Weg kreuzte, sei es Schiff oder Mensch, vernichteten. Der Narwalbulle war das Vorbild für das sagenhafte Einhorn, ein weißes Pferd, dem ein Horn aus der Stirn wuchs. Lange Zeit verkauften geschäftstüchtige Händler aus dem Norden den Stoßzahn des Narwals als Horn des sagenhaften Einhorns. Es waren Walfänger aus Europa, die dann aufdeckten, was es mit diesem Horn in Wahrheit auf sich hatte. Noch heute erzählt man sich im Amazonasgebiet die Geschichte von den Flußdelphinen, die als Menschen verkleidet den einheimischen Mädchen den Hof machen.

DIE STOSSZÄHNE der Narwale wurden als Horn des sagenhaften Einhorns verkauft.

JONA UND DER WAL

Der bekannteste Wal der Bibel verschlang den Propheten Jona und spuckte ihn wieder aus. In Wahrheit hätte Jona natürlich im Bauch eines Wales niemals überlebt; der Mythos von Jona und dem Wal prägte die Werke vieler Schriftsteller, Dichter, Maler und Bildhauer.

Der Überlieferung nach wurde Jona von Gott befohlen, den ungläubigen Bewohnern Ninives, der assyrischen Hauptstadt, zu predigen. Jona aber hatte Angst vor den Assyrern und floh nach Jafo, wo er an Bord eines Schiffes ging. Das Schiff aber geriet in einen gewaltigen Sturm, den die Besatzung als ein Zeichen ansah für Gottes Zorn, woraufhin sie Jona über Bord warfen. Der bat Gott um Vergebung, und sofort „wurde das Meer still und ließ ab von seinem Wüten". Jona wurde von einem „großen Fisch" verschlungen (den man lange Zeit für einen Pottwal hielt) und blieb drei Tage und drei Nächte im Bauch des Wales, ehe der „Jona hinaus ans Land spie". Jona, der seine Lektion ver-

IM BAUCH DES WALES *Eine Bibelillustration (links) aus dem frühen 15. Jahrhundert zeigt Jona und den Wal.*

Mythologie und Kunst

standen hatte, tat daraufhin, was Gott ihm geheißen hatte.

FLIPPER, DER DELPHIN

Der erste Fernsehstar unter den Walen war ein Großer Tümmler, der durch die Fernsehserie *Flipper* aus den 60er Jahren berühmt wurde. Die Serie vermittelte das Bild vom „freundlichen" Delphin. Flipper und sein Freund, ein kleiner Junge, waren stets zur Stelle, um zu helfen und um für ein gutes Ende zu sorgen.

In Wahrheit wurden für die Flipper-Rolle sechs Delphine eingesetzt, unter ihnen ein Weibchen namens Patty, das sehr streitlustig war. Eines Tages beschloß Pattys Trainer, ihr eine Lektion zu erteilen, und verabreichte ihr im Vorbeischwimmen einen Schlag auf den Rücken. Ohne eine Reaktion zu zeigen, schwamm Patty weiter auf die andere Seite des Beckens, machte langsam kehrt, beschleunigte und raste

Man kann sich nicht auf sein Urteil verlassen, wenn die Phantasie nur undeutliche Bilder liefert.

Notebooks,
MARK TWAIN (1835–1910),
amerikanischer Schriftsteller

wie eine Rakete auf den Trainer zu. Der kam erst im Krankenhaus wieder zu sich.

MOBY DICK

Der Roman *Moby Dick* des amerikanischen Schriftstellers Herman Melville beschreibt die Blütezeit des amerikanischen Walfangs, als Hunderttausende von Pottwalen wegen ihres reinen, geruchlosen Öls abgeschlachtet wurden. Er handelt von Kapitän Ahab, der im Kampf mit Moby Dick, dem größten aller Pottwale, sein Bein verlor. Besessen von der Idee, den Wal zu töten, verfolgt Ahab ihn um die ganze Welt, bis Moby schließlich Ahabs Schiff versenkt und der dabei zu Tode kommt. Im Roman werden detailliert die Walarten sowie die Walfangschiffe, die Harpuniertechniken und andere Aspekte der Walfangindustrie dargestellt.

Herman Melville übrigens starb, ohne Anerkennung für sein Werk gefunden zu haben. Erst 40 Jahre nach seinem Tod wurde Moby Dick als Melvilles wahres Meisterwerk anerkannt.

MOBY DICK (unten), eine amerikanische Literaturlegende

HERMAN MELVILLE (1819–1891)

Herman Melville (Bild unten) war ein äußerst produktiver amerikanischer Romanautor, der durch eine Reihe von Büchern Berühmtheit erlangte, zu denen ihn seine Erfahrungen als Walfänger im Südpazifik inspirierten.

1841 stach er im Alter von 23 Jahren auf dem Pottwalfänger *Acushnet* zum ersten Mal in See. Die ersten Monate an Bord waren so hart, daß Melville flüchtete, als das Schiff in Nukaviah auf den Marquesasinseln anlegte. Wenige Wochen später machte er sich an Bord des australischen Walfängers *Lucy Ann* nach Tahiti auf. Doch auch auf dieser Fahrt gab es Probleme. Nach einer schlecht organisierten Meuterei mußte Melville einige Tage in einem tahitischen Gefängnis verbringen. Er wurde jedoch bald entlassen und heuerte schließlich innerhalb eines Jahres auf dem dritten Schiff an – dem Walfänger *Charles & Henry* aus Nantucket, der ihn nach Lahaina auf Hawaii brachte. Mittlerweile hatte er genug vom Walfang und kehrte als gewöhnlicher Matrose auf der Fregatte *United States* nach Hause zurück.

Die beiden ersten Bücher Melvilles, *Taipi* (1846) und *Omu* (1847), waren enorm erfolgreich, während sich *Mardi* (1847) in so geringer Stückzahl verkaufte, daß es seine Verleger praktisch ruinierte. Später hatte Melville mit den Titeln *Redburn* (1849) und *Weißjacke* (1850) wieder größeren Erfolg. Sein wahres Meisterwerk bleibt jedoch *Moby Dick* (1851). Herman Melville schrieb zwar in der Folgezeit weitere Bücher, konnte sein Auskommen aber nicht mehr allein durch die Schriftstellerei bestreiten. Um seine Familie ernähren zu können, war er schließlich gezwungen, als Zollbeamter in New York zu arbeiten.

Wale und Delphine verstehen lernen

ÜBER DIE JAHRHUNDERTE

… hielt man Wale für Seeungeheuer, Götter, Beschützer und wiedergeborene Wesen, betrachtete sie als Nahrungsquelle und sah in ihnen lebende Inseln.

Die älteste bekannte künstlerische Darstellung eines Wales ist eine in einen Küstenfelsen in Nordnorwegen geritzte Zeichnung eines Schwertwals. Ihr Alter wird auf etwa 9000 Jahre geschätzt. Mehrere Tausend Jahre später versahen dann griechische und römische Künstler – inspiriert von der Intelligenz und Liebenswürdigkeit der Delphine –, Vasen, Münzen, Mosaiken, Skulpturen und Gemälde mit Delphinmotiven. Das vor ca. 3500 Jahren von einem unbekannten Künstler geschaffene Delphinfresko an der Wand des Königinnenzimmers im minoischen Palast von Knossos zählt zu den ältesten und bekanntesten Werken dieser Art.

Der erste Walforscher der Geschichte war der griechische Philosoph und Wissenschaftler Aristoteles (384–322 v. Chr.). In seiner *Historia Animalium* beschreibt er neben einer Vielzahl verschiedener Delphinarten auch Schwert-, Pott- und Glattwale, die er allesamt als Säugetiere klassifizierte. Er wußte, daß Wale Luft atmen, und unterschied zwischen den zwei Hauptgruppen der Wale.

FRÜHER FORSCHER
Der griechische Philosoph Aristoteles (links)

Der römische Gelehrte Plinius der Ältere (23–79 n. Chr.) erweiterte Aristoteles' Entdeckungen in seiner *Naturalis Historia,* die bis ins 17. Jahrhundert eine bedeutende wissenschaftliche Quelle war. Leider unterschied er nicht zwischen Dichtung und Wahrheit. Dafür wußte er aber bereits, daß einige Wale zu verschiedenen Zeiten des Jahres an unterschiedliche Orte wandern und manchmal von Schwertwalen angegriffen und getötet werden.

WALMONSTER

Eine Reihe weiterer antiker Autoren erwähnt ebenfalls Wale. Berichte, die Wale so groß wie Inseln schildern, waren dann besonders im Mittelalter verbreitet. Aufzeichnungen aus dem 9. Jahrhundert besagen, daß die Norweger „sich rühmten, 23 Walarten zu kennen". Ein anonymer Bericht über Island aus dem 13. Jahrhundert mit dem Titel *Speculum Regale* (oder *Der Spiegel des Königshauses*) betrachtete die Wale wohl zu Unrecht als die einzige wirklich interessante Sehenswürdigkeit, welche die Insel bieten konnte.

Allein die Größe der Wale erfüllte die Menschen mit Schrecken. Ein islamischer Text spricht von einem Wal, der die Welt trägt. Wale tauchen auch in den Mythen der Inuit über die Entstehung

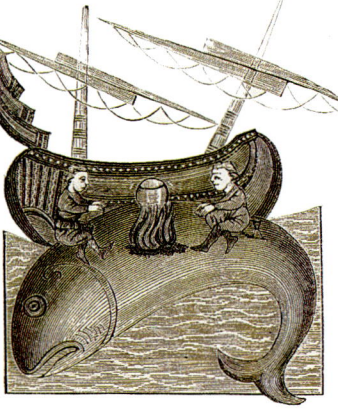

AUF DEM RÜCKEN EINES WALES
zelten Seefahrer (10. Jahrhundert).

der Erde auf. Im alten China glaubte man an eine seltsame Sagengestalt, die – mit einem riesigen Walkörper und menschlichen Händen und Füßen ausgestattet – die Meere beherrschte.

In der japanischen Mythologie tritt ein riesiger Wal an die Stelle des Hasen aus Äsops Fabel vom Hasen und der Schildkröte. Nachdem der Wal damit geprahlt hat, das großartigste Meerestier zu sein, fordert er eine niedere Meeresnacktschnecke zum Wettrennen heraus. Die Schnecke nimmt dies an und richtet es so ein, daß an verschiedenen Stränden entlang der Strecke immer einer ihrer Schneckenfreunde auf den Wal wartet.

Am Tag des Rennens geht der Wal sofort in Führung. Am ersten Strand angekommen ruft er: „Schnecke, wo bist du?" Die dort wartende Schnecke antwortet: „Was ist los, Wal? Bist du gerade erst angekommen?" Der überraschte Wal fordert die Seeschnecke zu einem weiteren Rennen heraus, das ebenso endet – am zweiten Strand wartet

Über die Jahrhunderte

bereits die nächste Schnecke. Schließlich muß der Wal seine Niederlage eingestehen.

Gegen Ende des 15. und Anfang des 16. Jahrhunderts verschwinden die Mythen und Legenden über Wale. Mit dem Aufkommen des kommerziellen Walfangs betrachtetete man Wale nicht mehr als sagenhafte Seeungeheuer, sondern als wichtige Einnahmequellen.

Freundliche Delphine

Schon seit den ersten überlieferten Kontakten mit Delphinen war der Mensch ihnen mehr zugetan als den Walen. Delphine galten als sanfte, vertrauensvolle Geschöpfe mit fast menschlicher Intelligenz. Seit mindestens 2 000 Jahren gibt es Berichte über besondere Freundschaften zwischen Delphinen und Menschen. Delphinen wurden auch göttliche Attribute zugesprochen: Einige Aborigines-Stämme sowie polynesische und indianische Völker sehen in ihnen Geister oder göttliche Boten.

Im antiken Griechenland erfuhren Delphine eine so hohe Wertschätzung, daß die Tötung eines Delphins dem Mord an einem Menschen gleichkam. In Rom war man von der außergewöhnlichen Freundlichkeit der Delphine und ihrer angeblichen Leidenschaft für Musik fasziniert. Die Römer zeigten sich

DAS DELPHINFRESKO *aus dem minoischen Palast von Knossos (oben). Eine Gruppe von Walbeobachtern erlebt Grauwale aus nächster Nähe (unten).*

gegenüber der Natur jedoch weniger emotional und sentimental als die Griechen: Ihre Delphingeschichten endeten zumeist ausgesprochen tragisch.

Viele Delphinmythen enthielten eine wichtige Botschaft oder Moral – insbesondere lehrten sie, die Natur zu respektieren, und warnten davor, daß jedem, der sie mit Geringschätzung behandelte, der Zorn der Götter gewiß sei.

Ansichten der Gegenwart

Heute werden Wale und Delphine von einigen Fischern als Ärgernis betrachtet, die Betreiber der Meeresparks und die an Bedeutung verlierende kommerzielle Walfangindustrie halten sie für eine ausbeutbare Ressource und Millionen Menschen lassen sich beim „whale watching" von ihnen faszinieren.

Obwohl sich unsere Einstellung zu Delphinen kaum verändert hat, ist die Haltung der Menschen gegenüber den Walen – vor allem in den letzten 20 bis 30 Jahren – doch eine deutlich andere geworden.

Die meisten Menschen sehen in ihnen heute nicht mehr die grauenerregenden Monster von einst oder Tiere, die man einfach aus Profitsucht tötet. Wenn auch langsam, so lernen wir endlich, Wale und Delphine als ganz außergewöhnliche Tiere zu respektieren, die unsere besondere Aufmerksamkeit verdienen.

Wale und Delphine verstehen lernen

PERSÖNLICHE BEGEGNUNGEN

Das große Maß an Vertrauen, das viele Wale und Delphine gegenüber Menschen zeigen, ist anrührend.

Wir stellen ihnen ohne Gnade nach, verschmutzen ihren Lebensraum, ertränken sie in Fischernetzen und fangen all ihren Fisch – dennoch scheinen Wale bereit zu sein, uns als Freunde zu akzeptieren. Manche suchen von sich aus menschliche Gesellschaft. Häufig sind sie sogar so neugierig, daß sich Walbeobachter, die einem Wal oder Delphin gegenüberstehen, oftmals fragen, wer nun eigentlich wen beobachtet. Manche Grauwale an der Pazifikküste von Baja California (Mexiko) heben in ihren Fortpflanzungslagunen sogar den Kopf aus dem Wasser und warten darauf, von den Touristen verwöhnt zu werden.

„Freundliche" Delphine sind besonders faszinierend. Einer der ersten, der weltweit bekannt wurde, war ein Rundkopfdelphin namens Pelorus Jack. 24 Jahre lang, von 1888 bis 1912, begleitete er die Fährdampfer durch den engen French Pass an der Nordspitze der Südinsel Neuseelands. Im April 1912 kam Pelorus Jack zu Tode, als ihn die Mannschaft eines norwegischen Walfangboots harpunierte.

Von mindestens zehn Delphinarten ist bekannt, daß sie sich gerne in menschlicher Gesellschaft aufhalten, wobei der Große Tümmler sicherlich der freundlichste von allen ist. Einer der berühmtesten ist der vielen nur als „Dingle-Delphin" bekannte Fungie. Er tauchte Mitte der 80er Jahre im Hafen von Dingle im irischen Bezirk Kerry auf und wurde zu einer der großen Touristenattraktionen Irlands (vgl. a. S. 238).

DELPHINE ALS RETTER

Berichte über Delphine, die in Not geratenen Schwimmern helfen oder sie vor Haien schützen, sind recht häufig. Im November 1988 erlitten zwei Seeleute bei stürmischer See vor der indonesischen Küste Schiffbruch. Als ihr Schiff unterging, erschien eine Gruppe von Delphinen. Die ganze Nacht hindurch stießen die Tiere die Männer an und begleiteten sie bis zum sicheren Festland.

Im Juli 1996 sprang ein Mann ins Rote Meer, um mit einer Gruppe von fünf Großen Tümmlern zu schwimmen. Nur Minuten später attackierte ihn ein Hai – ein Tigerhai, wie man später annahm –, der ihn fast 1,5 m aus dem Wasser katapultierte. Während ein Freund im Schlauchboot herbeieilte, umringten drei Delphine den Mann, schlugen mit Fluken und Flipper auf die Wasseroberfläche und verhinderten so einen weiteren Angriff.

TREUE FREUNDE *Große Tümmler (links) sind bekannt dafür, sich in menschlicher Gesellschaft wohl zu fühlen. Eine weitere „freundliche" Walart sind Grauwale (oben links).*

AUS NÄCHSTER NÄHE

Wir befanden uns an dem Punkt, an dem die Chathamstraße im Südosten Alaskas auf die Frederick-Meerenge trifft – ein abgelegenes Gebiet zerklüfteter Wildnis. Majestätische, schneebedeckte Berge ragen hoch aus dem Meer empor und bilden steilwandige Fjorde; hohe Gletscher kalben in die eiskalten Gewässer, Wasserfälle rauschen in den Tälern des Nadelwalds.

Wir waren in Alaska, um Buckelwale dabei zu beobachten, wie sie etwas Unglaubliches vollbringen: Sie fangen Fische mit Netzen aus Luftblasen. Aber es war beinahe unmöglich vorauszusagen, wann und wo genau dieses Schauspiel wohl statt-

Persönliche Begegnungen

HEILKRÄFTE *Große Tümmler sollen therapeutische Erfolge bei kranken Kindern verstärken können (rechts).*

Delphintherapie

Untersuchungen in verschiedenen Ländern weisen darauf hin, daß Delphine bei Menschen einen Heilungsprozeß auslösen können. Viele stehen dieser wissenschaftlich schwer nachweisbaren Aussage skeptisch gegenüber. Berichte über Delphine, die Fälle chronischer Depression oder Angst lindern, die Erfolge der Rehabilitationsmaßnahmen nach lebensbedrohlichen Krankheiten wie Krebs verbessern und auch die Lernfähigkeit behinderter Kinder beschleunigen, sind jedoch so zahlreich, daß weltweit Biologen und Ärzte diese Vorgänge mittlerweile ernst nehmen.

Horace Dobbs, ein Experte auf dem Gebiet der Delphintherapie, berichtet von einem Mann, der wegen chronischer Depressionen behandelt wurde und zwölf Jahre lang nicht in der Lage gewesen war zu arbeiten.

Seinen eigenen Worten zufolge lebte er in einem „schwarzen Loch der Verzweiflung". Im Jahr 1985 brachte Dobbs den Mann dazu, mit dem Großen Tümmler Simo zu schwimmen, der vor dem walisischen Fischerdorf Solva lebt. Schon bald wurden die beiden unzertrennlich.

Der Mann durchbrach sein Schweigen und sprach mit Simo wie mit einem alten Freund. Zum ersten Mal seit vielen Jahren war durch diese Begegnung etwas Licht in die Dunkelheit gedrungen, die ihn so lange umgeben hatte.

finden würde. Plötzlich kam eine Luftblase keine 9 m von unserem Standort an die Wasseroberfläche. Der tellergroßen ersten Blase folgten rasch weitere. Nach kurzer Zeit hatte sich auf der Wasseroberfläche ein Kreis aus Blasen gebildet.

Uns blieb nur der Bruchteil einer Sekunde, um zu reagieren. Dann geschah es. Plötzlich stießen 14 Buckelwale aus dem Wasser, eine riesige, schäumende Masse. Ihre Mäuler schnappten gleichzeitig auf – nur wenige Meter von der Reling unseres Schiffes entfernt. Die Wale schraubten sich fast 6 m in die Höhe, Wasser rauschte in ihre geweiteten Kehlfurchen, und es bildete sich eine Gischtwolke voller Heringe. Dann sanken die Wale wieder zurück. Die Wellen warfen unser Boot hin und her.

Als sich das Wasser beruhigt hatte, und wir unsere Fassung wiedergewonnen hatten, war es, als sei nichts geschehen. Wie ein Traum. Wir blieben allein zurück, nur der Ruf eines Seetauchers war in der Ferne zu hören. Die Wale waren einfach verschwunden und hatten keine Spur ihrer atemberaubenden Darbietung hinterlassen.

Mark Carwardine
Tagebuchauszug, Juli 1995

Wale und Delphine verstehen lernen

WIE WENIG WIR WISSEN

Das Leben der meisten Wale und Delphine ist noch immer voller Rätsel.

Trotz der Vielzahl neuer Erkenntnisse wissen wir überraschend wenig über die meisten Walarten, und unser Wissen über die restlichen Spezies weist große Lücken auf. Wir wissen mittlerweile genug, um die richtigen Fragen zu stellen. Doch je weiter wir vordringen, um so mehr erkennen wir, daß es noch viel zu lernen gibt.

Das Problem ist, daß Wale zu den am schwierigsten zu erforschenden Arten zählen. Sie leben oft weit auf dem offenen Meer in abgelegenen Regionen, verbringen die meiste Zeit unter Wasser und zeigen sich nur kurz, wenn sie zum Luftholen auftauchen. Es ist daher kein Wunder, daß unser Wissen von „gerade mal null" auf nicht einmal „minimal" gestiegen ist, wie es ein Forscher jüngst formulierte.

TIERKADAVER

In der Anfangszeit der Walforschung kamen die wenigen vorhandenen Informationen hauptsächlich durch Tiere, die von Walfängern und Fischern getötet oder die an Land gespült worden waren. Obduktionen ermöglichen es auch heute noch, viel über wenig bekannte Arten wie z. B. Schnabelwale zu erfahren. Ein einziger Walkadaver liefert eine erstaunliche Datenmenge, die in Verbindung mit weiteren Daten von großem Wert ist.

EINE STRANDUNG
Gewöhnlicher Grindwale bietet Gelegenheit für eine Obduktion (rechts). Laboruntersuchung eines jungen Delphins (unten).

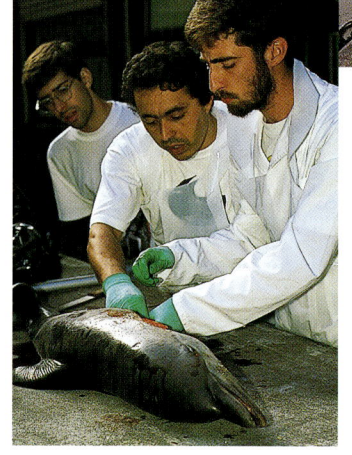

Die einzelnen Schritte einer Obduktion hängen weitgehend von den Zielen der Untersuchung und den benötigten Informationen ab. Normalerweise umfaßt sie drei aufeinanderfolgende Schritte, die oft von verschiedenen Fachleuten ausgeführt werden. Die erste Untersuchung findet schon am Fundort oder im Labor statt und liefert einen allgemeinen Überblick: Die äußeren Körpermaße werden genommen, der allgemeine physische Zustand festgehalten, das Geschlecht bestimmt, der Fortpflanzungsstatus überprüft.

Zur zweiten Phase, die normalerweise im Labor stattfindet, gehört eine weitaus detailliertere Analyse. Es wird unter anderem das Alter des Tieres geschätzt, das Körpergewebe auf Schadstoffe überprüft, der Mageninhalt bestimmt und das genetische Material untersucht. Die dritte Phase nimmt oft die meiste Zeit in Anspruch. Sie findet in der Regel im Büro am Computer statt und dient der Analyse sämtlicher Ergebnisse. Was bedeuten sie? Wie lassen sie sich mit Erkenntnissen aus ähnlichen Studien vergleichen? Sind sie statistisch bedeutsam? Welche weiteren Untersuchungen sind notwendig? Diese und andere Fragen müssen beantwortet werden, ehe die Arbeit schließlich zusammengefaßt und veröffentlicht werden kann.

TIERE IN GEFANGENSCHAFT

Mitte des 19. Jahrhunderts wurde eine weitere Informationsquelle verfügbar. Seit dieser Zeit können Biologen auch Untersuchungen an Tieren in Gefangenschaft durchführen; vornehmlich an Delphinen und anderen

Kleinwalen, die sich leicht in einem Bassin halten lassen.

Viele Menschen sprachen sich aus moralischen Gesichtspunkten gegen die Haltung von Walen für Forschungszwecke aus. Es gibt jedoch auch Bedenken gegen die Forschung selbst. Ein gefangenes Tier verhält sich zwangsläufig anormal, wodurch es zumindest zeitweilig ein Zerrbild seines natürlichen Verhaltens vermittelt. Selbst in einem großen Gehege kann es nicht alle natürlichen Aktivitäten seiner wilden Verwandten ausführen. Ergebnisse aus Gefangenschaftsuntersuchungen sollten jedenfalls mit Vorsicht betrachtet werden, da viele Untersuchungen eigentlich nur unter natürlichen Bedingungen erfolgreich durchgeführt werden können.

Die Beobachtung von Walen unter kontrollierten Bedingungen weist jedoch auch Vorteile auf. Man kann sie 24 Stunden am Tag aus nächster Nähe betrachten; Alter, Geschlecht, Fortpflanzungsstatus und Rang sind

Dank unseres Wissens sehen wir, nicht dank unserer Augen.

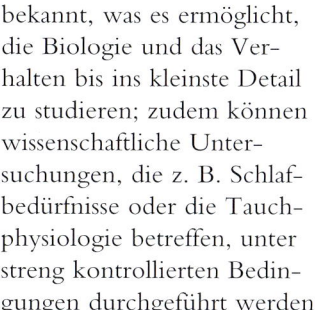

Panchatantra, ANONYMOS (ca. 5. Jhdt.)

bekannt, was es ermöglicht, die Biologie und das Verhalten bis ins kleinste Detail zu studieren; zudem können wissenschaftliche Untersuchungen, die z. B. Schlafbedürfnisse oder die Tauchphysiologie betreffen, unter streng kontrollierten Bedingungen durchgeführt werden.

AUF DEM MEER

Viele Informationen lassen sich nur durch das Studium wild- und freilebender Tiere in ihrer natürlichen Umgebung gewinnen. Bis Ende der 60er, Anfang der 70er Jahre versuchten das nur wenige Wissenschaftler, und erst in den 80er Jahren wurde die Erforschung wildlebender Wale zu einer hochentwickelten und populären Naturwissenschaft.

Die ersten Walforscher konzentrierten sich hauptsächlich darauf, die Wale und Delphine auf See zu zählen. Beobachter wurden an Aussichtspunkten auf dem Festland, in Booten oder in Leichtflugzeugen postiert. Sie verwendeten relativ einfache Methoden für die Berechnung der Populations- und Gruppengrößen. Auch heute gibt es noch immer keine perfekte Zählmethode, doch werden die Techniken ständig verbessert. Moderne Erhebungen berücksichtigen unter anderem die Anzahl der Tiere, die man auf einer Fahrt vermutlich übersehen hat, sowie wechselnde See- und Wetterverhältnisse.

Gleichzeitig schließt die Forschung neben der reinen Bestandsschätzung nun auch Sozial- und Verhaltensstudien mit ein, die in den letzten Jahren zahlreiche wichtige Ergebnisse brachten.

GEDULD

Geduld ist die Hauptvoraussetzung für jede Form der Walforschung. Es kann Jahre dauern, die vielen Informationen zu sammeln, die nötig sind, um ein komplettes Bild zusammenzusetzen – wobei das komplexe Walpuzzle wohl nie völlig fertig wird.

BIOLOGEN *untersuchen einen Großen Tümmler (oben) in Gefangenschaft. Im Golf von Kalifornien (rechts) gesammelte Exkremente von Blauwalen werden später im Labor untersucht.*

Wale und Delphine verstehen lernen

HIGHTECH-FORSCHUNG

Entwicklungsstand und Vielfalt von in der Walforschung eingesetzten Informationstechnologien haben im letzten Jahrzehnt ein unerwartetes Ausmaß erreicht.

Walforscher verbringen heute enorm viel Zeit damit, die immer gleichen Tiere über Tage, Monate, ja sogar Jahre hinweg zu beobachten. Die Ausrüstung, die sie dabei einsetzen, ist zum Teil erstaunlich einfach: Mit Fischkäschern für Kinder sammeln sie Nahrungsproben aus dem Wasser oder sie hängen sich mit Taucherbrille und Schnorchel über Bord ihrer Boote, um zu sehen, was unter ihnen passiert.

Zur gleichen Zeit nehmen die Wissenschaftler jedoch auch die Hilfe modernster Technologien und neuester Entwicklungen des Weltraumzeitalters in Anspruch. Dazu gehören Satelliten, Radiosender, Tauchboote, hochentwickelte Richt-Hydrophone, komplexe Computerprogramme, Glasfaseroptik, Tiefsee-Videountersuchungen, DNA-Fingerprinting und seit kurzem auch das U-Boot-Ortungssystem der US-Marine.

SATELLITENTELEMETRIE

So unwahrscheinlich es klingen mag: Die Antworten auf viele der Fragen zu Walen liegen im All. Genauer: Sie kommen von den Satelliten.

Die Idee, Wale per Satellit zu verfolgen, mag weit hergeholt sein, wurde jedoch bereits bei mehreren Arten mit beträchtlichem Erfolg eingesetzt.

SPION IM ALL *Dieser europäische Fernerkundungssatellit, hier über den Niederlanden (oben), kann markierte Tiere überall hin verfolgen. Der Sender an einem Beluga (rechts) sammelt eine erstaunliche Datenmenge.*

Forscher verwenden in der Regel ein umgebautes Gewehr oder eine Armbrust, um einen kleinen, batteriebetriebenen Sender in die dicke Speckschicht („Blubber") des Wales zu schießen. Der Sender übermittelt Signale an Kommunikationssatelliten in der Erdumlaufbahn, die die verschlüsselten Daten wieder an Empfangsstationen auf der Erde senden. Da Satelliten ständig die gesamte Erdoberfläche abtasten, können die Tiere überall beobachtet werden. Die Daten gelangen dann direkt zu den Computern der Walforscher.

Moderne Satellitensender übermitteln uns nicht nur die Bewegungen eines Wales, sondern auch Informationen wie die Schwimmuster, Herzfrequenzen und Tauchtiefen, über Wassertemperatur und -druck usw.

Die Satellitentelemetrie stößt jedoch auch auf Kritik. Sie bedeutet einen Eingriff, der den untersuchten Walen zumindest vorübergehende Beschwerden verursachen kann und unter Umständen sogar ihr Verhalten und somit die Forschungsergebnisse beeinflußt. Die Sender werden jedoch ständig verbessert

Hightech-Forschung

MARKIERUNG *Mit einer kleinen Harpune wird ein Röhrchen in die Haut eines Blauwals geschossen (oben). Molekülmodell (rechts) der DNS-Doppelhelix*

und dank großer Fortschritte in der Mikroelektronik jedes Jahr kleiner. Die neuesten Modelle sind nur noch wenige Zentimeter groß, können aber Informationen sammeln, die zuvor nur schwer oder überhaupt nicht zu erhalten waren.

Akustische Ortung

Die Möglichkeit, Wale einfach durch das Abhören ihrer Laute zu erforschen, ist keine Zukunftsmusik mehr, sondern wissenschaftliche Realität. Mit Hydrophonen, hochentwickelten Unterwassermikrophonen, lassen sich große Datenmengen sammeln (vgl. S. 115). Dieses Forschungsgebiet revolutioniert bereits unser Wissen über Wale – obgleich die Methode häufig eher dem Versuch ähnelt, mit Hilfe eines Mikrophons, das man von der Spitze des Empire State Buildings baumeln läßt, herauszufinden, was in New York vor sich geht.

Ein entscheidender Durchbruch gelang 1992, als die US-Marine beschloß, einigen Forschern den Zugang zu ihrem sogenannten Integrierten Unterwasserüberwachungssystem (IUSS) zu gestatten. Dieses besteht aus mehreren hochentwickelten Unterwasserabhörstationen auf dem Boden des Atlantiks, die den Ozean in ein riesiges Tonstudio verwandeln. Ursprünglich dafür entworfen, sowjetische U-Boote anhand ihrer schwachen akustischen Signale aufzuspüren und zu verfolgen, bietet es heute auch große Möglichkeiten für die Walforschung. Die Rufe Tausender Wale wurden bereits aufgenommen. Experten sind nun dabei, die Bewegungen dieser Tiere zu erforschen.

Es kann sogar einfacher sein, Wale durch Abhören anstatt mit der altmodischen Methode des Suchens zu zählen. Forscher der Cornell-Universität in Ithaka, New York, entwickelten ein geräuschempfindliches „akustisches Teleskop". Das „Teleskop" besteht aus 16 Hydrophonen, die an einer 1,5 km langen Leine befestigt hinter dem Forschungsschiff hergeschleppt werden. Durch Abhören der Wallaute können Wissenschaftler die Arten bestimmen und einzelne Tiere unterscheiden.

GENETISCHER FINGERABDRUCK

Die Untersuchung des genetischen Materials, der DNS (Desoxyribonukleinsäure), einer kleinen Probe aus der Walhaut ist sehr aufschlußreich.

Die DNS selbst stellt eine Art Anleitung für die Anordnung und Zusammenstellung der Proteine des Körpers dar. Alle Körperzellen enthalten eine exakte Kopie dieser Anleitung, und fast alle darin befindlichen „Seiten" dienen dazu, das Tier zu dem zu machen, was es ist – zu einem Schweinswal, einem Blau-Weißen Delphin usw. Anhand der wenigen verbleibenden „Seiten" lassen sich Individuen derselben Art voneinander unterscheiden. Ebenso wie die Fingerabdrücke jedes Menschen einzigartig sind, besitzen keine zwei Tiere exakt dieselbe DNS, bei verwandten Tieren treten jedoch Übereinstimmungen auf. Das Ergebnis des Untersuchungsverfahrens, das nötig ist, um diese äußerst komplexen Informationen zu interpretieren, wird als „Genetischer Fingerabdruck" bezeichnet und ist mittlerweile bei der Walforschung in der freien Natur unersetzlich.

Das Verfahren des genetischen Fingerabdrucks ist umstritten, da hierzu meist ein kleiner Pfeil mit einer Harpune abgefeuert wird, um die nötige Hautprobe zu entnehmen. Einige Biologen sammeln daher statt dessen winzige Hautpartikel auf, die sich beim Abtauchen eines Tieres von selbst ablösen.

Klag' die Natur nicht an, denn sie hat ihren Teil getan; nun tu' Du deinen.

Das verlorene Paradies,
JOHN MILTON (1608–1674), englischer Dichter

KAPITEL 2

Rettet die Wale

Die Blütezeit des Walfangs

Seit seinen Anfängen vor fast 1000 Jahren hat der kommerzielle Walfang eine lange und wechselvolle Geschichte erlebt.

AUF EINEM BAHNHOF in Durban (Südafrika) werden im Jahr 1939 Wale gewogen (oben).

Seine Ursprünge sind nicht belegt, doch vermutlich wurde kommerzieller Walfang im großen Stil zuerst von den Basken an der französischen und spanischen Küste betrieben. Um das Jahr 1200 jagten sie im Golf von Biskaya Nordkaper und fanden Verwendung für fast alle Körperteile des Wales.

Zu Beginn des 17. Jahrhunderts konkurrierten unter anderem Großbritannien und die Niederlande um die ergiebigsten Fanggründe. In den 40er Jahren des 17. Jahrhunderts entstand die amerikanische Walfangindustrie.

Die folgenden 200 Jahre sind in vielerlei Hinsicht dem Goldrausch vergleichbar, der später den Westen Nordamerikas erfaßte. Wie Goldschürfer auf der Suche nach dem großen Fund segelten die Walfänger rastlos von einem Fanggrund zum nächsten und töteten sämtliche Tiere, ehe sie weiterfuhren. Der Walfang wurde in kurzer Zeit ein bedeutender Industriezweig.

Amerikanische Walfänger

Jeder, der mit einer Walfangexpedition zu tun hatte, ging ein hohes Risiko ein. Schiffseigner setzten mit der Ausrüstung der Schiffe Tausende von Dollar aufs Spiel. Einige Schiffe kehrten regelmäßig mit gefüllten Frachträumen zurück und machten ihre Besitzer zu reichen Männern, während andere schon auf der Jungfernfahrt spurlos verschwanden.

Offiziere und Mannschaft dagegen setzten nicht ihr Geld, sondern ihr Leben ein. Viele kamen von den langen und gefahrvollen Fahrten nicht mehr zurück. Manche heuerten auch heimlich ab, wenn sie nicht vorher schon heftigen Stürmen, aggressiven Walen, Riffen, Unfällen, Krankheiten oder Prügeleien zum Opfer gefallen waren.

Ein amerikanisches Walfangschiff hatte normalerweise 30 bis 35 Mann Besatzung. Dazu gehörten der Kapitän, vier Harpuniere, vier Offiziere, ein Böttcher (zum Herstellen und Reparieren von Fässern), ein Steward, ein Schmied, ein Koch, ein

WALFÄNGER unter amerikanischer Flagge aus dem 19. Jahrhundert

Die Blütezeit des Walfangs

IMPRESSIONEN Walfänger (rechts) in einem Hafen in Neuengland (Stich von 1852). Unten: Auspeitschung eines Seemanns (undatierter Druck)

Schiffsjunge und 15 bis 20 einfache Seeleute. Während Kapitän und Offiziere achtern relativ gut untergebracht waren, lebten die einfachen Seeleute auf engstem Raum in Dunkelheit und Schmutz in der Nähe des Bugs.

Klagen über das Essen waren an der Tagesordnung. Walfleisch aß wegen des strengen Geschmacks kaum jemand, aber die Alternativen waren nicht viel besser. Zwar konnte man ab und zu frisches Fleisch, Obst und Gemüse eintauschen, die Grundernährung bestand aber aus gepökeltem Schweine- oder Rindfleisch, dickem, hartem Zwieback sowie Tee oder Kaffee. Es war üblich, den Zwieback in ein heißes Getränk zu tauchen, damit die Maden herauskrochen und man sie abstreifen konnte.

Auch das Los der zurückgelassenen Ehefrauen und Freundinnen war hart. Viele Walfangexpeditionen dauerten vier oder fünf Jahre, und es gab keine Garantie, daß die Männer je zurückkehren würden. Trotz eines weltweiten Systems behelfsmäßiger „Postämter" gab es kaum Briefkontakt. Von den über einhundert Briefen, die einmal eine Frau ihrem Mann während einer Expedition schickte, kamen nur sechs an. Als über die Häfen Neuenglands immer mehr üble Gerüchte an die amerikanische Öffentlichkeit drangen, wurde das romantische Bild vom Walfang verdrängt von realistischeren Geschichten

über die Gefahren, die Enge und den Schmutz, über tyrannische Offiziere, die Langeweile und die lange Abwesenheit von zu Hause. Ein geflügeltes Wort besagte: „Eine Fahrt mit einem Walfänger ist eine zuviel." Der Logbuchschreiber des aus Neuengland stammenden Walfängers *Brewster* schrieb: „Meiner Meinung nach gehört jeder Mann, der eine Blockhütte auf dem Festland hat und einen Maisfladen auf dem Herd und der sich dazu überreden läßt, [...] auf Walfang zu gehen, ins Irrenhaus."

Wegen der vielen schlechten Nachrichten und der schnellen Ausweitung des Walfangs nach 1815 hatten die Seehäfen Neuenglands zunehmend Schwierigkeiten, geschulte Mannschaften anzuheuern. Noch schwieriger wurde es in den fünfziger Jahren, als die Walindustrie mit der verlockenden Aussicht auf kostenloses Land und auf das Gold im Westen konkurrieren mußte. Häufig wurden skrupellose „Schiffsagenten" beauftragt, Seeleute anzuheuern – egal mit welchen Mitteln. Mit falschen Versprechungen von Geld und Abenteuer lockten sie entlang der Ostküste und im mittleren Westen naive junge Männer. Nicht selten wachten diese mit einem schweren Kater in einer Koje auf und fanden sich auf dem Weg zu den Walfanggründen wieder.

In einer Zeit ohne Erdöl und Kunststoffe konnte man mit dem Walfang immense Summen verdienen, was den Mannschaften aber kaum zugute kam. Alle erhielten einen Anteil am Nettoerlös der Fracht: Der Schiffseigner bekam etwa 66 Prozent, der Kapitän bis zu zehn Prozent, und die Offiziere, Harpuniere und Böttcher je bis zu einem Prozent. Ein gewöhnlicher Seemann erhielt um die 0,6 Prozent, ein Schiffsjunge maximal 0,4 Prozent. Davon wurden noch diverse „Unkosten" abgezogen, so daß am Ende die niedrigen Dienstgrade deutlich weniger verdienten als die Hilfsarbeiter an Land.

Die Verwertung von Walen und Delphinen

Einst lieferten Wale wertvolle Rohstoffe für unzählige alltägliche Gebrauchsgegenstände, heute jedoch gibt es passenderen Ersatz dafür.

Die Walfangindustrie fand für fast alle Teile des Wales einen gewinnbringenden Verwendungszweck: vom Öl über das Fleisch, die Barten, die Haut und das Blut bis hin zu den Sehnen. Die Vielzahl der Produkte, die über Jahrhunderte in fast allen Bereichen des Alltagslebens in Europa und Nordamerika anzutreffen waren, ist erstaunlich.

Walöl

Die dicke Fettschicht der Wale („Blubber") besteht aus einer faserigen und fetthaltigen Substanz, die von großen ölgefüllten Zellen durchsetzt ist. Das Walöl, das durch starkes Erhitzen des Blubbers gewonnen wurde, war als das „flüssige Gold" der Walfangindustrie bekannt.

Im Laufe der Jahre wurde daraus eine erstaunlich vielfältige Produktpalette entwickelt, zu der Seife, Shampoo, Reinigungsmittel, Lippenstift, Margarine, Speisefette, Eiscreme, Buntstifte, Farben, Schuhcreme, Möbelpolitur, Linoleum, Schmiermittel für Maschinen und sogar Glyzerin für die Sprengstoffherstellung zählten. Vor allem in Europa und Nordamerika erhellten Walratkerzen und -lampen die Wohnungen: Newton, Voltaire, Swift und Bach – sie alle arbeiteten beim Licht von Walratlampen.

Das feinste und wertvollste Öl lieferten Pottwale, allerdings stammte es nicht aus ihrem Blubber, sondern aus den riesigen Köpfen. Dieses als Spermaceti bezeichnete Walrat wurde zunächst für die Fertigung hochwertiger Kerzen verwendet und war später ein begehrtes Schmiermittel. Manche schrieben Walrat sogar heilende Eigenschaften zu bei fast allen Beschwerden – von Nierenkoliken und Katarrh bis hin zu offenen Wunden und Lungengeschwüren.

Fischbein

Die unter der irreführenden Bezeichnung „Fischbein" bekannt gewordenen Barten fanden ebenfalls vielfältige

VERGÄNGLICHE MODEN *Von Walfängern in ihrer Freizeit kunstvoll verzierte Pottwalzähne („scrimshaws") sind inzwischen wertvolle Sammlerstücke. Wespentaille (oben) dank Fischbeinkorsett. Voltaire (links) arbeitete bis in die Nacht im Schein von Walratlampen.*

Verwendung. Peitschengriffe, Reitpeitschen, Schuhlöffel, Regenschirme, Bürsten, Uhrfedern, Fensterläden, Fächer, Angelruten und sogar Serviertabletts wurden aus diesem ungewöhnlichen Material hergestellt oder damit verstärkt.

Auch auf die Mode des 19. Jahrhunderts nahm das Fischbein merklichen Einfluß. Die Frauen zwängten sich in aufwendig gearbeitete, mit Barten verstärkte Korsetts oder trugen Reifröcke aus Fischbein. Sogar die Locken modischer Perücken wurden mit Fischbein fixiert.

WALFLEISCH

In Europa und Nordamerika gab es – außer in kriegsbedingten Notzeiten – nie eine nennenswerte Nachfrage nach Walfleisch. Ein Teil davon wurde zu Dünger zermahlen, als Tierfutter eingesetzt und in Dosenfutter für Hunde und Katzen verwendet. Den größten Teil warf man jedoch lange Zeit einfach zurück ins Meer.

Es gibt mehrere Länder, in denen Walfleisch gegessen wird, z. B. Norwegen, Island und Korea; der wichtigste Absatzmarkt aber ist seit jeher Japan. In der Vergangenheit profitierten die japanischen Walfänger von dieser starken Nachfrage im Inland, heutzutage wird Walfleisch jedoch fast nur noch als Delikatesse in japanischen Nobelrestaurants serviert.

NICHTS WURDE VERSCHWENDET

Walskelette und -knochen fanden im Lauf der Zeit besonders ungewöhnliche Verwendungen. So fertigten

AMBRA: DAS GOLD AUS DEM WAL

Ambra galt einst als das wertvollste Walprodukt. Man konnte es gewinnen, ohne überhaupt einem Wal zu begegnen. Ambra taucht gelegentlich in Form von wachsartig verfestigten Klumpen auf, die man auf dem Meer treibend oder an die Küste angespült finden kann. Sie wird im Darm mancher Pottwale gebildet und von diesen ausgespieen. Trotz dieser wenig appetitlichen Herkunft meinte der britische Schriftsteller Alexander Pope, daß „ein kleiner Hauch davon [...] sehr angenehm" sei. Ambra besteht überwiegend aus Ambrein, einer fettigen Substanz, die dem Cholesterin ähnelt, und wird an der Luft fest. Oft sind Tintenfischschnäbel darin enthalten.

Walfänger waren begeistert, wenn sie einen Ambraklumpen im Meer oder in einem frisch getöteten Pottwal fanden, denn er wurde mit Gold aufgewogen. Ambra verwendete man ursprünglich als Arznei gegen Verdauungsprobleme, Krämpfe und andere Leiden sowie als Aphrodisiakum, später als Fixativ in Parfums.

Seit Anfang des 20. Jahrhunderts wurden wiederholt Ambraklumpen entdeckt, die eher an große Steine oder Felsen erinnerten als an etwas, das einem Pottwal entstammt. Der größte bekannte Brocken wog unglaubliche 635 kg und wurde bei Neuseeland von einem britischen Walfänger gefunden.

FISCHBEINSCHATULLE
Objekt aus fränkischer Zeit (links) mit einer Inschrift aus angelsächsischen Runen

Es gibt keinen Wert an sich auf dieser Welt. Man kann nur den Wert einer Sache für sich selbst ermessen.

„Sechzehnte Woche", Mein Sommer in einem Garten,
CHARLES DUDLEY WARNER (1829–1900), amerik. Schriftsteller

die Wikinger aus den Wirbelknochen von Walen Stühle an, während die Bewohner der Färöer-Inseln die Mauern ihrer Gehöfte aus Grindwalschädeln bauten. Die Walfänger fertigten aus Walknochen und -zähnen Knöpfe, Schachfiguren und andere kunsthandwerkliche Produkte.

Die Haut der Wale wurde zu Schnürsenkeln, Fahrradsätteln, Handtaschen und Schuhen verarbeitet. Das Blut war Zutat für Wurst, Düngemittel und Klebstoffe. Die Leber war ein Vitamin-A-Lieferant, aus dem Bindegewebe gewann man Gelatine.

Allmählich verschwanden alle Walprodukte vom Markt. Einige wurden durch andere Stoffe ersetzt. Zudem nahm die Zahl der Wale stark ab – die Walindustrie hatte schließlich nichts mehr zu verkaufen.

Der moderne kommerzielle Walfang

Eine Reihe von technischen Entwicklungen bei den Walfangschiffen, der Fangausrüstung und den Jagdmethoden wurde den Walen zum Verhängnis.

Die Entwicklung der Explosivharpune, die von einem am Bug befestigten Geschütz aus abgefeuert werden konnte, durch den Norweger Svend Foyn markiert den eigentlichen Beginn des modernen kommerziellen Walfangs. Foyns Erfindung war die erste einer ganzen Reihe, die über etwa 60 Jahre hinweg die Walfangindustrie revolutionierten und die Zahl der getöteten Wale stark erhöhten.

Weitere Entwicklungen waren schnellere und wendigere Fangboote, längere und festere Harpunentaue, verbesserte Winden, die den Zug verringerten, den der Wal beim Todeskampf auf das Boot ausübte, Pumpen, die den Kadaver durch Aufblasen schwimmfähig machten, und riesige Fabrikschiffe, die die Wale noch auf hoher See verarbeiten konnten. Dazu kamen neue und verbesserte Methoden für die Verarbeitung der Walerzeugnisse, bessere Navigationsinstrumente sowie genauere Wettervorhersagen. Ferner wurde die Sicherheit beim Walfang beträchtlich erhöht.

ÜBERFLUSS *Aquatinta (oben) eines Gemäldes von 1825: Szene aus den Anfängen des Walfangs in der Südsee*

SVEND FOYN (1809–1894)

Der Norweger Svend Foyn (links) gilt als Erfinder des modernen Walfangs. Er wurde 1809 geboren und wuchs in der kleinen Hafenstadt Tønsberg in der Nähe von Oslo auf. Schon früh beschloß er, Seemann zu werden, obwohl sein Vater auf See umgekommen war. Er begann seine Laufbahn in der Küstenschiffahrt, verließ jedoch 1846 das Frachtgeschäft und wandte sich der Robbenjagd zu. Durch die Robbenjagd vor Jan Mayen, einer kleinen Arktis-Insel zwischen Island und Spitzbergen, kam er rasch zu Reichtum; als aber die Profite Anfang der 1860er Jahre zurückgingen, suchte er nach neuen Herausforderungen.

Auf den Fahrten zu den Robbenjagdgebieten und zurück hatte Foyn zahlreiche Wale gesichtet, vor allem Blau- und Finnwale. Er erkannte, daß sie den Walfängern aus irgendeinem Grund bislang entgangen waren, und beschloß, selbst Jagd auf sie zu machen. Foyn, der tief gläubig war, schrieb später: „Gott ließ den Wal [diese Gewässer] zum Nutzen und Segen der Menschheit bewohnen. Ich sah es daher als meine Berufung an, diesen Zweig der Fischerei zu fördern."

In den folgenden Jahren veränderte Foyn die Walfangindustrie von Grund auf, indem er das erste dampfgetriebene Fangboot fertigte und eine Explosivharpune entwickelte, die von einem feststehenden Geschütz aus abgefeuert werden konnte.

Er war bis an sein Lebensende aktiv und starb mit 85 Jahren, als er gerade im Begriff war, eine Walfangexpedition in die Antarktis zu finanzieren.

Der moderne kommerzielle Walfang

ENTSCHEIDENDE TECHNISCHE ENTWICKLUNGEN IM MODERNEN WALFANG

Bis vor gut 100 Jahren hatte sich die Technik des Walfangs in über 700 Jahren kaum verändert. Die Walfänger jagten ihre Beute von offenen Ruderbooten aus und töteten sie mit Handharpunen, wie es die Basken im elften Jahrhundert im Golf von Biskaya bei der Jagd auf Nordkaper getan hatten. Doch kurz nach 1850 brach unaufhaltsam und mit stetig wachsendem Erfolg die Zeit des modernen kommerziellen Walfangs an.

1852 Ein Waffenschmied aus Connecticut (USA) konstruiert die erste brauchbare Explosivharpune (oben). Diese „bomb-lance" bestand aus einem mit einem Zeitzünder versehenen explosiven Geschoß, das den Wal tötete oder tödlich verwundete – normalerweise in sicherer Entfernung von den Walfängern.
1857 In Großbritannien werden erstmals Dampfmaschinen als Hilfsantrieb in Walfänger eingebaut.
1859 Die ersten als Dampfer konstruierten Walfänger laufen erfolgreich vom Stapel. Die zusätzliche Antriebskraft macht sie schneller und sicherer. Nach der Ankunft in den Fanggründen wird jedoch noch immer von herkömmlichen Ruderbooten aus gejagt.

1863 Der norwegische Kapitän Svend Foyn baut den 25 m langen Dampfschoner *Spes et Fides* („Hoffnung und Glaube"), der die Vorteile eines offenen Ruderbootes mit denen eines Schiffes vereinigt. Das Boot war relativ einfach zu manövrieren, gleichzeitig schnell genug, um Wale zu verfolgen (oben ein vergleichbares Boot aus dem Jahre 1890).
1865 Ein Walfangkapitän aus New Bedford (USA) entwickelt das Harpunengewehr, mit dem sich eine Explosivharpune mit der Zielgenauigkeit einer konventionellen Harpune abschießen läßt.
1868 Nach mehrjähriger Experimentierphase entwickelt Svend Foyn eine Explosivharpune, die von einem am Bug eines Walfangbootes drehbar gelagerten Geschütz aus abgefeuert werden kann (Bild unten: Kapitän Duncan Greys an einer solchen Harpune). Das Geschütz war massiv gebaut, um den Rückstoß abzufangen, und sorgsam ausbalanciert. Auf die Harpunenspitze war eine Granate aufgeschraubt, die aus einem Zünder und einer Ladung Schwarz-

pulver in einer mit Widerhaken versehenen Stahlkapsel bestand. Die Widerhaken waren so konstruiert, daß sie beim Aufprall aufklappten und sich fest im Fleisch des Wales verhakten. Zwei oder drei Sekunden später explodierte die Granate im Körper des Wales. Diese grausame Waffe ist – wenn auch in abgewandelter Form – noch heute in Gebrauch.
1925 Das Wachstum der Walfangindustrie stößt an seine Grenzen, da die Schiffe regelmäßig zu Küstenstationen zurückfahren müssen, wo die Wale verarbeitet werden. Die neuen Fabrikschiffe wie das unten abgebildete (beim Walfang bei Südgeorgien) sind dafür gedacht, ganze Walfängerflotten auf hoher See zu begleiten und verhelfen, mit Heckrampen ausgestattet, über die die Wale mit Winden an Bord gezogen werden können, dem Walfang zu neuer Effizienz: 1925 erreicht das erste Fabrikschiff die antarktischen Walfanggründe.

Die Folgen des Walfangs

Innerhalb von nur wenigen hundert Jahren wurden weltweit zigmillionen großer Wale getötet.

Die Gesamtzahl der getöteten Tiere ist erschreckend: etwa eine Million Pottwale, mindestens eine halbe Million Finnwale, über 350 000 Blauwale, fast eine Viertelmillion Buckelwale und buchstäblich Hunderttausende anderer Wale. Allein im Südpolarmeer wurden zwei Millionen Wale getötet. Einige Jahre waren besonders schlimm: In der Fangsaison 1930/31 wurden 28 325 Blauwale getötet. Über 30 Jahre später, 1963/64, fanden nicht weniger als 29 255 Blauwale den Tod. Heute sind von den ursprünglichen Populationen der meisten größeren Walarten nur noch fünf bis zehn Prozent übrig.

Als die Tiere offiziell unter Schutz gestellt wurden, war es schon beinahe zu spät. Tatsächlich werden sich einige Arten wohl nie wieder erholen. Die seltenste Walart der Welt, der Nordkaper, ist dem Aussterben so nahe gekommen, daß die Gesamtpopulation selbst 30 Jahre, nachdem die Art unter Schutz gestellt wurde, nur 300 Exemplare umfaßt. Inzwischen ist der Grönlandwal in weiten Teilen seines ehemaligen Verbreitungsgebiets fast völlig verschwunden.

Entgegen allen Befürchtungen scheinen jedoch manche Arten wieder Fuß zu fassen. Die größte Erfolgsgeschichte ist die des Grauwals (oben). Die nordatlantischen Bestände wurden vermutlich in der Frühzeit des Walfangs ausgerottet, und im westlichen Nordpazifik lebt nur noch eine Restpopulation. Im östlichen Nordpazifik dagegen hat sich der Bestand so stark erholt, daß er als zumindest ebenso groß wie vor der Zeit des Walfangs eingeschätzt wird. Inzwischen hat sich auch die Zahl der Blauwale vor der kalifornischen Küste enorm erhöht. Von Sommer bis Herbst sammeln sich dort etwa 2 000 Tiere – andernorts gibt es beim größten Tier der Erde aber kaum Anzeichen für eine Bestandserholung. Auch die Zahl der Buckelwale und der Südlichen Glattwale nimmt in vielen Regionen wieder zu.

Ohne Wale kein Walfang

Die Glattwale (Nordkaper) waren die ersten Opfer der kommerziellen Walfänger und wurden schon im elften Jahrhundert bejagt. Ihre englische Bezeichnung, „right whales" erhielten sie, weil sie für die Jagd genau die „richtigen" Opfer waren: Man konnte sich ihnen nicht nur problemlos nähern, sie schwammen auch langsam, lebten nahe der Küsten, trieben zumeist an der Oberfläche, wenn sie tot waren, und lieferten große Mengen an wertvollem Öl, Fleisch und Fischbein. Als die Bestände zurückgingen und die Walfänger weiter auf das offene Meer hinausfuhren,

ZU SCHWER *Die Jagd auf den Blauwal (links) war bis zur Einführung von Explosivharpunen und dampfgetriebenen Fangschiffen zu schwer.*

Die Folgen des Walfangs

Wen der Mensch tötet, dem gibt Gott das Leben wieder.

„Fantine", *Die Elenden*, Victor Hugo (1802–1885), französischer Romanautor

rückten Pottwale und andere Arten in den Mittelpunkt. Der schnelle und mächtige Blauwal blieb bis zum Ende des 19. Jahrhunderts vom Walfang verschont; nach der Verbreitung der Explosivharpune und des dampfgetriebenen Fangbootes wurde er jedoch rasch zur begehrtesten Walspezies. Nachdem die Blauwalbestände dezimiert worden waren, wandten sich die Walfänger den Finnwalen zu. Die riesigen Tiere wurden so lange gejagt, bis sie fast ausgestorben waren. Der Zwergwal wurde erst interessant, als seine größeren Verwandten der Walindustrie keine Grundlage mehr boten. Heute ist er der einzige Wal, der in Übereinstimmung mit internationalen Gesetzen kommerziell gejagt wird.

Eine sterbende Industrie

Als die Anzahl der Wale abnahm, war damit auch die Existenz der Walfangindustrie selbst bedroht. Die Walfänger schlossen sich schließlich zusammen und verabschiedeten 1931 das Internationale Abkommen zur Regelung des Walfangs, das diesen – noch sehr unzureichend – erstmals kontrollierte. 1946 wurde zur Regulierung des Walfangs die Internationale Walfangkommission (IWC) gegründet.

WELTWEITER SCHUTZ

Der Grönlandwal war zu Beginn der 1930er Jahre die erste Art, die weltweit vor kommerziellem Fang geschützt wurde. Seitdem wurden die meisten Arten unter regionalen oder weltweiten Schutz gestellt. Höhepunkt war das Walfangmoratorium im Jahr 1986, das allen großen Walarten weltweiten Schutz gewährte.

Leider ging das Töten noch lange, nachdem die Arten unter Schutz gestellt worden waren, weiter (zum Teil bis heute). Die folgenden Zahlen sind trotz allem aussagekräftig:

- 1931 Grönlandwal (1935 auch US-Gesetz)
- 1935 Nordkaper und Südlicher Glattwal
- 1946 Grauwal (Bild rechts)
- 1966 Buckelwal und Blauwal
- 1979 Seiwal (außer in der Danmarkstraße westlich von Island)
- 1984 Pottwal
- 1986 Das IWC-Moratorium tritt in Kraft

GESCHÜTZT Die Bestände des Buckelwals (links) und des Südlichen Glattwals erholen sich seit der Verhängung von Fangverboten.

WALFANG IST GRAUSAM

Trotz aller Fortschritte der Walindustrie ist es praktisch noch immer unmöglich, einen Wal auf „humane" Weise zu töten: Es ist extrem schwierig, von einem fahrenden Boot aus die lebenswichtigen Organe eines sich bewegenden Tieres zu treffen.

Die meisten getroffenen Wale sterben nach wenigen Minuten, bei einigen dauert der Todeskampf jedoch viel länger. So fand 1993 ein Zwergwal einen 55 Minuten dauernden, qualvollen Tod durch norwegische Walfänger. Die Schmerzen und Qualen, die er erlitt, nachdem eine Sprengharpune ein klaffendes Loch in seine Seite gerissen hatte, sind kaum vorstellbar. Japanische Walfänger töten harpunierte Wale mit Elektro-Lanzen, um den Vorgang zu beschleunigen. Die Stromstöße sind jedoch viel zu schwach, um den Tod herbeizuführen; sie verursachen statt dessen heftige Muskelkontraktionen und dadurch wahrscheinlich noch mehr Streß und Leiden.

Ein ehemaliger Walfänger hierzu: „Wenn Wale schreien könnten, gäbe es schon lange keinen Walfang mehr."

Rettet die Wale

DIE INTERNATIONALE WALFANGKOMMISSION

Seit 1946 treffen sich alljährlich im Rahmen der IWC Regierungsvertreter aus aller Welt zu Gesprächen über den Walfang.

Die IWC wurde ursprünglich geschaffen, um eine geordnete Entwicklung der Walfangindustrie zu ermöglichen. Sie unterstützte die Entwicklung des Walfangs aktiv, weshalb während der ersten 30 Jahre ihres Bestehens über zwei Millionen Wale getötet wurden – trotz der Beratung durch die Mitglieder des Wissenschaftsrats.

In jüngerer Zeit arbeitet die IWC auf die Verbesserung des Schutzes von Cetaceen hin, doch treten einige der 39 Mitgliedsstaaten noch immer vehement für den Walfang ein. Die Debatten innerhalb der IWC verlaufen daher zumeist leidenschaftlich und hitzig, wobei oftmals hinter den Kulissen Politik betrieben wird. Auch Bestechungen und Drohungen sind keine Seltenheit.

DAS WALFANGMORATORIUM

Ein Durchbruch gelang 1982, als die IWC-Staaten ein un-

UNTER DER IWC ZU WIRTSCHAFTLICHEN UND WISSENSCHAFTLICHEN ZWECKEN GETÖTETE WALE

Land	Fangregion	Art	1994	1995	1996
Norwegen	Nordostatlantik	Zwergwal	279	217	388
Japan	Nordpazifik	Zwergwal	21	100	77
Japan	Antarktis	Zwergwal	330	440	440
Summe:			630	757	905

befristetes Walfangmoratorium verabschiedeten. Dieses weltweite Walschutzabkommen ließ jedoch zu viele Schlupflöcher offen, als daß es wirklich wirksam wäre. Seitdem wurde die unglaubliche Zahl von 57 391 Walen getötet. Selbst nach dem Inkrafttreten des Fangverbots in der Saison 1985/86 haben Japan, Norwegen, Island, Rußland, Korea und traditionelle Walfänger in verschiedenen Ländern 21 760 Wale getötet.

1994 billigten Mitglieder der IWC das antarktische Walschutzgebiet, das ein Gebiet von 50 Mio. km² rund um die Antarktis umfaßt. Diese Schutzzone soll die lebenswichtigen Weidegründe für sieben große Walarten sichern. Doch selbst diese Zone ist für die bedrohten

TAUBE OHREN *Die IWC tritt im britischen Brighton zusammen (oben). Norwegische Walfänger gehen jedoch trotz der Verbote weiter auf Jagd (links).*

Tiere nicht sicher, da Japan auch in diesen Regionen Zwergwale jagt.

Zwei Staaten, Japan und Norwegen, setzen unter unverhohlener Mißachtung der öffentlichen Meinung und der Ziele der IWC die Jagd auf Wale fort und weiten diese beständig aus.

Norwegen stimmte offiziell gegen das Moratorium und ist daher gemäß den Regeln der IWC zur Fortsetzung des Walfangs berechtigt. In den ersten elf Jahren nach dem Fangverbot tötete die norwegische Fangflotte 2011 Zwergwale. Inzwischen steigt die von der Regierung festgelegte Fangquote jährlich an, und die aus mehreren Dutzend Schiffen bestehende Flotte fährt immer weiter auf den Nordostatlantik hinaus.

Japan schlug zunächst den gleichen Weg ein, zog dann seinen Widerspruch jedoch zurück und deklariert den Walfang nun als „wissen-

Die Internationale Walfangkommission

DIE GERLACHSTRASSE (oben) ist Teil des riesigen Walschutzgebiets in der Antarktis.

schaftliche Forschung". So wird ein weiteres Schlupfloch genutzt: Die IWC gestattet „zu Forschungszwecken" den Fang von beliebig vielen Walen. Zwar wird in beschränktem Umfang Forschung betrieben, doch bringt diese keine neuen Erkenntnisse, und die Walkadaver werden kommerziell verwertet. In den elf Jahren seit dem Moratorium hat Japan 6 083 Zwergwale, 634 Bryde-Wale und 400 Pottwale getötet.

TRADITION DES MISSBRAUCHS

In vielen Walfangnationen hat das Unterlaufen, Ignorieren und Mißbrauchen von internationalen Vorschriften zum Schutz der Wale eine lange Tradition. So stellte man Anfang der 90er Jahre fest, daß Rußland über 30 Jahre lang seine Walfangdaten gefälscht hatte. Zum einen waren geschützte Arten getötet worden, zum anderen wurden die IWC-Quoten für andere Arten weit überschritten. Im April 1996 beschlagnahmten japanische Zollbeamte 6,5 t norwegisches Walfleisch. In einer Ladung Makrelen versteckt, handelte es sich dabei um die erste Lieferung von insgesamt 60 t, die ins Land geschmuggelt werden sollten.

AUSBLICK

In den letzten Jahren kam es zu dramatischen Entwicklungen in der IWC. 1996 machten mehrere Staaten auf dem Treffen deutlich, daß sie den Walfang in jeglicher Form ablehnen. Diese Position war äußerst umstritten, da man befürchtete, einige Walfangnationen würden die IWC daraufhin verlassen; sie spiegelte jedoch eine moralische Einstellung wieder, die weltweit von Millionen Menschen geteilt wird.

Beim 1997er Treffen schlug Irland vor, kommerziellen Walfang in Küstengewässern eingeschränkt zu gestatten, wenn man sich darauf verständigen würde, das Walfleisch nicht ins Ausland zu verkaufen und den sonstigen Walfang zu beenden. Unglücklicherweise wurde dieser Vorschlag ernst genommen und wird auf dem nächsten Treffen diskutiert. Es wird sich erst herausstellen, welchen Weg die IWC gehen wird. Sicher aber ist: Die Wale sind noch nicht gerettet.

ILLEGALER WALFANG

Jedes Jahr werden unzählige Wale von sogenannten Piratenwalfängern gejagt und getötet. Diese umgehen internationale Vorschriften, indem sie ihre Schiffe in Nicht-IWC-Staaten registrieren lassen.

In den 70er und 80er Jahren gab es Unternehmen aus mindestens elf Ländern, die der Verlockung erlagen, illegal hohe Profite durch Walpiraterie zu erzielen.

Viele ihrer Schiffe waren oft von dubioser Herkunft. Das Piratenwalfangschiff *Sierra* (siehe Bild) jagte Wale im Atlantik, bis es in Südafrika beschlagnahmt und schließlich 1980 von Saboteuren versenkt wurde.

Die Eigner waren ein norwegischer Geschäftsmann und ein großes japanisches Fischereiunternehmen, das Schiff war in Liechtenstein registriert, fuhr unter somalischer Flagge und hatte eine südafrikanische Besatzung. Der Kapitän war Norweger, die Fleischprüfer kamen aus Japan; der illegale Fang wurde als „Spanisches Erzeugnis" deklariert und über die Elfenbeinküste nach Japan verkauft.

Auch heute noch gibt es Walpiraterie. So wurde erst im Sommer 1997 ein Fall im mittleren Atlantik bekannt. Matrosen auf Transatlantik-Yachten berichteten, tote und sterbende Walen gesehen zu haben, als sie sich von Westen den Azoren näherten. Die Tiere trieben an der Oberfläche oder waren an Bojen befestigt.

Mindestens ein Fabrikschiff und ein Fangschiff sind der Tat verdächtig, und die Indizien deuten darauf hin, daß auch gefährdete Pottwale zu den Opfern zählten.

Rettet die Wale

TRADITIONELLER WALFANG

Einige Volksgruppen hätten früher ohne Walfleisch als Grundnahrungsmittel wohl nicht überleben können. Ob sie auch noch im 21. Jahrhundert Wale jagen sollten, ist jedoch höchst umstritten.

Derzeit erlauben die Verordnungen der internationalen Walfangkommission (IWC) traditionellen oder existenzsichernden Walfang in der russischen Föderation, in den Vereinigten Staaten, auf Grönland und auf der Karibikinsel Bequia (zu St. Vincent und den Grenadinen). Die IWC genehmigt Sonderquoten, die es bestimmten Gruppen gestatten, eine bestimmte Anzahl Wale pro Jahr zu jagen.

Verglichen mit der Anzahl der durch den kommerziellen Walfang getöteten Tiere sind diese Mengen klein, und ironischerweise müssen einige Bevölkerungsgruppen mit dem Erbe der durch kommerziellen Walfang vor Ort dezimierten Bestände leben. Dennoch kann sich auch traditioneller Walfang spürbar auf Walpopulationen auswirken. Noch wichtiger sind wohl seine weitreichenden Folgen für den Walfang in anderen Teilen der Welt.

TRADITIONELL ODER MODERN?

Ein gewichtiges Argument gegen den traditionellen Walfang besteht darin, daß alte Volksgruppen in einigen Regionen heutzutage recht

VOR 1926 *Makah-Walfänger mit zwei Schwimmern aus Robbenleder. Sie kamen ans Harpunenseil, um die geworfene Harpune über Wasser zu halten.*

DER FALL DER MAKAH-INDIANER

Der Stamm der Makah lebt in einer abgelegenen Region der Nordwestküste der Vereinigten Staaten auf der Olympic-Halbinsel im Bundesstaat Washington. 1996 machten die Makah weltweit Schlagzeilen, als sie die US-Regierung dafür gewinnen konnten, eine Fangerlaubnis für fünf Grauwale zu beantragen. Die Delegation der Vereinigten Staaten nahm zur 48. IWC-Konferenz eine Abordnung der Makah mit, die sich dort auf die „Walfangtradition" ihres Volkes berief und behauptete, die Wiederaufnahme des Walfangs könnte soziale Probleme lindern, indem sie die Stammestradition festigt. Walfanggegner hatten inzwischen eine andere Gruppe von Makah eingeflogen, die sich gegen den Walfang aussprach, da sie diesen seit 1926 nicht mehr betreiben würden; im Jahr zuvor sei versehentlich ein Grauwal mit Netzen gefangen worden, berichtete eine alte Frau. Naturschutzgruppen befürchteten, eine Fangquote würde die Grenze zwischen traditionellem und kommerziellem Walfang verwischen und jeder Küstengemeinde, die nachweisen könnte, in der Vergangenheit Walfang betrieben zu haben, freie Hand geben. Die USA zogen ihren Antrag schließlich zurück und stellten ihn 1997, zusammen mit einem Antrag des Tschuktschen-Volkes aus Rußland, erneut. Die IWC nahm den Antrag an, formulierte den Beschluß aber so, daß er die Ansprüche der Tschuktschen anerkannte und es den Makah-Indianern zugleich für mindestens ein weiteres Jahr praktisch unmöglich machte, Grauwale zu jagen.

Traditioneller Walfang

modern geprägt sind. Ihr Überleben hängt nicht mehr von den Walen ab.

Ein gutes Beispiel ist Barrow, eine Stadt an der Nordspitze Alaskas. Seit über 2 000 Jahren jagen die dort ansässigen Inupiat und Yup'ik Grönlandwale. Auch heute wird ihnen noch eine Jahresquote von über 60 Walen eingeräumt.

Doch die Jagd ist ein heikles Thema. Zum einen ist der Grönlandwal in seinem Bestand gefährdet, zum anderen ist Barrow nicht mehr die primitive Siedlung, die es einst war. Auch die Jagd selbst hat sich radikal verändert. Die Walfänger benutzen Motorboote, Aufklärungsflugzeuge und schwere Eisenharpunen. Zudem verkaufen die Einheimischen Fischbeinschnitzereien an Touristen.

Die Inuit stecken in einer Zwickmühle: Einerseits sind sie auf dem besten Wege zu einer entwickelten Wohl-

JAHRESQUOTEN *In Barrow (Alaska) wird ein Wal an Land gezogen (unten). Im Nordwesten Grönlands harpuniert ein Inuit-Jäger (links oben) auf traditionelle Weise einen Narwal.*

Die Jagdlust ist dem Menschen tief in die Brust gepflanzt.

Oliver Twist,
CHARLES DICKENS (1812–1870),
englischer Romanautor

standsgesellschaft, andererseits wird von ihnen erwartet, sich den Naturschutz-Gedanken der Außenwelt anzueignen.

TRADITIONELL ODER KOMMERZIELL?

Wohl zwangsläufig stieß der traditionelle Walfang auch in Japan und Norwegen auf Interesse. Er stellt ein weiteres Schlupfloch im Regelwerk der IWC dar, und die beiden Länder haben bei mehreren Gelegenheiten versucht, ihre Walfangaktivitäten unter diesem Deckmantel auszudehnen. Wiederholt befürworteten sie „auf Gemeinschaften beschränkten Küstenwalfang im kleinen Umfang" für Städte und Dörfer „mit Walfangtradition". Dabei übersehen sie, daß in den meisten dieser „Walfanggemeinden" seit vielen Jahren nicht mehr gejagt oder – schlimmer noch – erst in den 30er oder 40er Jahren mit dem Walfang begonnen wurde.

Die eigentliche Herausforderung besteht darin, die Ernährungsbedürfnisse und die seit langem bestehenden kulturellen Rechte eingeborener Gesellschaften mit dem Schutz der Wale zu vereinbaren. Jeder Fall ist einzeln zu beurteilen, doch auch im besten Fall wird das erzielte Gleichgewicht instabil sein.

TRADITIONELLE WALFANGQUOTEN

Aktive Walfänger	Art	1995	1996	1997
Russische Föderation	Grauwal	140	140	140
West-Grönland	Zwergwal	155♦	155♦	155♦
	Finnwal	19	19	19
Ost-Grönland	Zwergwal	12	12	12
St. Vincent	Buckelwal	2	2	2
Vereinigte Staaten	Grönlandwal	68	67	66
Kanada*	Grönlandwal	2	2	2

♦ Die Zahlen ergeben sich aus einer Gesamtzahl von 465 Walen in drei Jahren (1995–1997) bei maximal 165 Fängen pro Jahr.
* Unterliegt nicht den Richtlinien der IWC.

Rettet die Wale

JAGD AUF KLEINWALE

Zehntausende, vielleicht sogar Hunderttausende von Kleinwalen und Delphinen werden jedes Jahr in den Meeren und Ozeanen der ganzen Welt gejagt.

Kleinwale werden aus den verschiedensten Gründen abgeschlachtet: Zumeist liefern sie Fleisch für den menschlichen Verzehr, sie dienen aber auch als Sündenböcke für schlecht organisierten Fischfang; zudem tötet man sie, um sie als Krebsköder zu verwenden oder zu Düngemittel bzw. Geflügelfutter zu vermahlen.

JAGD ZUR EXISTENZERHALTUNG

Nur wenige Volksgruppen sind in ihrem Überleben wirklich auf die Kleinwaljagd angewiesen. Belugas und Narwale werden jedoch seit Jahrhunderten in den arktischen Regionen Kanadas, der Vereinigten Staaten, Grönlands und Rußlands gejagt. Das Öl wird für Lampen und zum Kochen verwendet; Blubber und Haut *(muktuk)* gelten als Delikatesse; das Fleisch wird gegessen und an Schlittenhunde verfüttert. Die langen Stoßzähne der Narwalbullen wurden bis zum Fangverbot in jüngerer Zeit an Touristen verkauft.

Heute werden pro Jahr zirka 1 000 Narwale gefangen – vor allem von den Inuit im kanadischen Polargebiet und in West-Grönland (erlegt werden weit mehr, doch versinken viele, ehe sie geborgen werden können). Die Inuit Alaskas fangen jährlich um die 200 Belugas, anscheinend ohne negative Auswirkungen auf die Population. Die Inuit der kanadischen und russischen Arktis sowie West-Grönlands fangen hingegen mehr als 2 000 Belugas pro Jahr – mit möglicherweise ernsten Konsequenzen für den Fortbestand der Population.

KOMMERZIELLE JAGD

In vielen Teilen der Welt werden kleine Cetaceen auch kommerziell bejagt. Zwei der größten kommerziellen Jag-

---

DIE GRINDWALJAGD AUF DEN FÄRÖER-INSELN

Seit Jahrhunderten wird rund um die dänische Inselgruppe Färöer im Nordost-Atlantik Jagd auf Gewöhnliche Grindwale gemacht. Mit kleinen Booten werden ganze Schulen der vier bis sechs Meter langen Wale in sandige Buchten gedrängt, wobei die lautstarken Treibjagden oft Stunden dauern. Alle Tiere – auch trächtige und säugende Mütter einschließlich ihrer Kälber – werden mit Stahlhaken, die in den Kopf geschlagen werden, an Land gezogen. Man schlachtet sie mit langen Messern, und das Fleisch wird kostenlos an die Einheimischen verteilt. Ein Teil wird aber in Supermärkten und in Restaurants angeboten.

Seit 1584 gibt es Aufzeichnungen über den Walfang auf den Färöer-Inseln, seit 1709 ist er lückenlos dokumentiert. Bei etwa 1 700 Treibjagden wurden seitdem über 250 000 Gewöhnliche Grindwale getötet. Die offiziellen Jahresfangzahlen variieren von null bis zum Spitzenwert von 4 325 im Jahre 1941. In den letzten zehn Jahren waren es durchschnittlich 1 200 Wale pro Jahr. Die Bewohner der Färöer-Inseln berufen sich auf die lange Tradition und den Umstand, daß die Wale eine willkommene Proteinquelle darstellen. Tatsächlich ist dies in einer derart modernen Gesellschaft mit relativ hohem Lebensstandard nicht mehr nötig.

Jagd auf Kleinwale

DER BAIRDWAL (ganz links) ist eine von mindestens 16 Arten, die vor Japan noch immer gejagt werden. Der Narwal (rechts) ist wegen seines Horns begehrt. Burmeister-Schweinswale (rechts unten) wurden wegen ihres Fleisches von peruanischen Fischern gnadenlos bejagt.

den finden in Peru und Japan statt. Noch vor kurzem wurden von Fischern in mindestens 60 peruanischen Häfen alljährlich bis zu 20 000 Delphine und Tümmler getötet. Am schwersten waren Schwarzdelphine und Burmeister-Schweinswale betroffen, aber auch andere Arten wurden stark dezimiert.

Nach einer langen Kampagne lokaler und internationaler Naturschutzorganisationen verbot die peruanische Regierung schließlich 1990 die Delphinjagd. Allerdings wurde nichts unternommen, um das neue Gesetz durchzusetzen – selbst die örtlichen Polizeikräfte drückten beide Augen zu. Erst 1996 verbesserte die Regierung die Umsetzung des Gesetzes und führte lange Haftstrafen und andere strenge Strafen ein. Das Ausmaß des Problems wurde dadurch zwar verringert, die Jagd geht jedoch weiter.

Die Situation in Japan ist noch schlimmer. 16 bis 21 Arten kleiner Cetaceen werden von japanischen Küstenfischern gezielt gejagt. Jedes Jahr werden etwa 50 Bairdwale mit kleinen Küstenschiffen gejagt, die mit Explosivharpunen ausgestattet sind. Weißstreifendelphine und Dall-Hafenschweinswale erlegt man von kleinen Booten aus mit Handharpunen; mit Treibnetzen stellt man Blau-Weißen Delphinen, Rundkopfdelphinen, Großen Tümmlern und Fleckendelphinen nach, ebenso Indischen Grindwalen, Kleinen Schwertwalen und einigen anderen Arten (die Fischer treiben die Cetaceen in flaches Wasser und erlegen sie vom Ufer aus). Das Fleisch wird zumeist – oft in betrügerischer Absicht als Walfleisch deklariert – in ganz Japan verkauft.

SÜNDENBÖCKE

Fischer beschuldigen häufig Wale oder Delphine, ihre Netze zu beschädigen oder „ihre" Fische zu stehlen bzw. zu vertreiben. Als Vergeltung töten sie sie bei jeder sich bietenden Gelegenheit. Es gibt sogar organisierte „Reduktionsfänge" – manchmal mit Billigung oder sogar Unterstützung der Regierung –, bei denen so viele Kleinwale wie möglich beseitigt werden.

Auch die Jagdmethoden lösen Betroffenheit aus. In den 20er und 30er Jahren ließ die Regierung von Quebec Belugas buchstäblich aus der Luft bombardieren; auf der anderen Seite des Nordatlantiks besorgte sich die isländische Regierung 1956 ein amerikanisches Kriegsschiff, um Maschinengewehre, Raketen und Wasserbomben gegen Schwertwale einzusetzen.

Mitte der 80er Jahre benutzten Fischer in Alaska Sprengstoff und Feuerwaffen, um die heimischen Schwertwale zu beseitigen.

Die unkontrollierten Angriffe finden statt, obgleich es zumeist keine konkreten Beweise gibt, die die Konkurrenzvorwürfe der Fischerei-Industrie nachweislich bestätigen. Marine Ökosysteme sind sehr komplex, so daß die Auswirkungen von kleinen Cetaceen (oder anderen Beutejägern) auf die Fischerei nur sehr schwer einzuschätzen sind.

Darüber hinaus widerlegen die wenigen verfügbaren Daten meistens die Konkurrenzbehauptungen. So jagen Fischer und kleine Cetaceen in vielen Gegenden vollkommen verschiedene Fischarten. Die Fischknappheit anderer Regionen ist häufiger eine Folge der Überfischung durch die Menschen selbst.

WALE IN GEFANGENSCHAFT

Läßt es sich rechtfertigen, freilebende Wale einzufangen und in Gefangenschaft zu halten – oder geschieht dies aus rein finanziellen Interessen?

Wale und Delphine sind die unangefochtenen Stars der Aquarien, Meeresparks und Zoos in aller Welt.

Seit vor über 100 Jahren die ersten Großen Tümmler gefangen wurden, haben mindestens 25 Arten das gleiche Schicksal erlitten. Heute werden Weißstreifendelphine, Kleine Schwertwale, Belugas, Orcas, Irawadi-Delphine und viele andere in netzumspannten Becken, Betontanks und sogar in Hotel-Swimmingpools gehalten. Zwar sind einige davon bereits in Gefangenschaft geboren, die meisten stammen jedoch noch immer aus freier Wildbahn.

Es liegt auf der Hand, daß sich Tier- und Naturschutzverbände seit Jahren für ein absolutes Fangverbot von Cetaceen einsetzen. Auch sähen sie es gerne, wenn gefangene Tiere, wo dies möglich ist, freigelassen würden.

GRAUSAMKEIT

Die Halter von Walen und Delphinen behaupten, die Gefangenschaft sei ein einfaches Tauschgeschäft. Die Tiere verlieren ihre Freiheit und ihre natürlichen Gefährten. Im Gegenzug entgehen sie den beiden größten Problemen des Lebens in freier Wildbahn: Hunger zu leiden und gefressen zu werden. Tierschutzverbände wenden jedoch ein, Cetaceen seien für ein Leben in Gefangenschaft vollkommen ungeeignet. Die Haltung in kleinen Becken und Tanks sei daher ebenso unmoralisch wie grausam.

Anfangs starben sehr viele Tiere bereits in den ersten Stunden oder Tagen der Gefangenschaft, und die übrigen überlebten selten länger als ein paar Monate. Selbst heute, da wir mehr über ihre Bedürfnisse wissen, kann sich der Übergang von der Freiheit in die Gefangenschaft höchst traumatisch gestalten. Unzählige Tiere kommen dabei zu Tode.

Die endgültigen Bestimmungsorte der Tiere sind äußerst verschieden. Die besten Einrichtungen verfügen über Einzäunungen in Ufernähe, die von Natur aus mit Meerwasser gefüllt sind und bei jedem Gezeitenwechsel durchgespült werden; häufig sind sie mehrere Hektar groß und relativ tief. Die Tiere leben in sorgsam zusammengestellten Familienverbänden, bekommen abwechslungsreiches, gesundes Futter und werden regelmäßig von erfahrenen Tierärzten untersucht.

Leider sind solche Einrichtungen eher die Ausnahme. Die meisten bestehen aus kahlen, glatten Betontanks mit schmutzigem Wasser, und manchmal gibt es kein natürliches Sonnenlicht. Die Tiere werden einzeln bzw. zusammen mit fremden Artgenos-

Auch goldene Fesseln sind Fesseln, und selbst seidene Stricke schmerzen.

Englisches Sprichwort

Wale in Gefangenschaft

IHRE BEFÜRWORTER meinen, daß Einrichtungen wie das Vancouver Public Aquarium in Kanada (oben) und Sea World in Orlando (Florida) (links u. links unten) für die meisten die einzige Möglichkeit darstellen, jemals lebende Wale zu beobachten.

sen gehalten und müssen mit einer ungesunden Diät aus toten Fischen vorliebnehmen. Manchmal kommen sie damit nicht mehr zurecht. Sie schwimmen im Kreis, geben keine Töne mehr von sich, werden aggressiv oder depressiv und verletzen sich unter Umständen sogar selbst.

BILDUNG UND ERZIEHUNG

Ein Hauptargument für die Haltung von Cetaceen in Gefangenschaft ist die Bildungsfunktion. Seine Vertreter sehen die gefangenen Tiere als „Botschafter" ihrer freilebenden Verwandten. Doch die Tierschutzverbände halten dagegen, daß nur wenige Einrichtungen wirklich in der Lage sind, die Öffentlichkeit zu informieren und zu bilden.

Besonders umstritten sind die einstudierten Vorführungen. Die Trainer behaupten, diese hätten einen erzieherischen Effekt und hielten die Tiere körperlich und geistig fit. Die Tierschutz-verbände beharren darauf, daß solche Shows billige, profitorientierte Unterhaltung sind und kaum etwas anderes bewirken, als unsere herrschsüchtige und manipulative Einstellung zur Natur zu festigen. Außerdem werden die Tiere oft zu den Darbietungen gezwungen – manchmal läßt man sie so lange hungern, bis sie diese beherrschen.

Im Grunde genommen muß man Wale und Delphine nicht unbedingt lebend sehen, um sie zu verstehen und zu schätzen. Schließlich kann man auch etwas über den Mond erfahren, ohne ihn tatsächlich zu betreten. Zwar hat ein lebendes Tier eine stärkere emotionale Wirkung als Worte, Fotografien und Filme, doch können letztere als gute „Notlösung" dienen. Inzwischen stehen einige reizvolle Möglichkeiten in Aussicht. So könnten mit Computertechnologie Begegnungen mit Walen und Delphinen simuliert werden.

LASSEN SICH GEFÄHRDETE ARTEN IN GEFANGENSCHAFT ERHALTEN?

Trotz vieler gegenteiliger Behauptungen tragen die meisten Meeresparks und Aquarien nichts zum Schutz gefährdeter Wale und Delphine bei. Die bloße Haltung gefährdeter Arten hat keinen praktischen Nutzen und ist kein Artenschutz.

Eine spezielle Art ist jedoch so selten geworden, daß die einzige Hoffnung auf Überleben vielleicht in einer teilweisen Gefangenschaft liegt. Der Chinesische Flußdelphin oder Beiji ist die seltenste Cetaceen-Art der Welt. Weniger als 100 Tiere sollen noch in freier Wildbahn leben. Der Beiji ist so vielen Gefahren ausgesetzt – der Überfischung, gefährlichen Angelhaken, dem Bau von Staudämmen, der Wasserverschmutzung und der Flußschiffahrt –, daß er in seinem natürlichen Lebensraum, dem Jangtsekiang in China, bereits dem Untergang geweiht ist.

Versuche, in der relativen Sicherheit eines naturnahen Schutzgebietes eine kleine Brutkolonie aufzubauen, hatten bislang kaum Erfolg. Sollten diese letzten verzweifelten Versuche erfolglos bleiben, ist zu befürchten, daß der Beiji innerhalb von zehn Jahren ausgestorben sein wird. Selbst wenn das Projekt gelingt, bleibt die Frage offen, ob der Beiji jemals wieder in die Freiheit entlassen werden kann.

DIE FOLGEN DER FISCHEREI FÜR DIE CETACEEN

Die Zahl der in Fischernetzen verendenden Wale und Delphine ist erschreckend hoch – Jahr für Jahr kommen vermutlich Millionen so zu Tode.

Das genaue Ausmaß des Einflusses, den die meisten Fischereimethoden auf Cetaceen haben, ist noch weitgehend unbekannt. Noch weiter sind wir von der Durchsetzung praktischer Lösungen entfernt. Es bestehen jedoch kaum Zweifel daran, daß dringender Handlungsbedarf besteht, wenn katastrophale Bestandsrückgänge vermieden werden sollen. Vielleicht stellen nur drastische Maßnahmen wie die Sperrung mancher Fanggründe zu bestimmten Jahreszeiten die einzige effektive langfristige Lösung dar.

ÜBERFISCHUNG

Die Überfischung stellt seit den 1880er Jahren eines der größten Probleme für den Artenschutz dar. Allein die Größe einiger moderner Fischereiunternehmen könnte zu einer ernsten Bedrohung für Wale und Delphine werden.

Überfischung bedeutet, daß die Fische schneller gefangen werden, als sie sich vermehren können (Foto unten: Fang von Keta-Lachsen in China). Nach Angaben der Welternährungsorganisation der Vereinten Nationen (FAO) sind 70 Prozent der wirtschaftlich bedeutenden Seefischbestände entweder völlig abgefischt, überfischt, stark dezimiert oder erst in langsamer Erholung begriffen. Dennoch werden die Fangflotten weltweit vergrößert.

Die Auswirkungen des intensiven Fischfangs auf die Cetaceen-Bestände sind noch weitgehend unbekannt. Die Zukunft läßt aber nichts Gutes erwarten.

TREIBNETZFISCHEREI
Ein einziges Treibnetz kann bis zu 48 km lang sein. Normalerweise legt man es in der Abenddämmerung aus, läßt es von Meeresströmungen und dem Wind treiben und holt es am nächsten Tag oder nach mehreren Tagen wieder ein. Im Wasser hängend, ist das Netz so gut wie nicht wahrnehmbar und fängt buchstäblich alles, was ihm in die Quere kommt. In den Meeren dieser Welt treiben Tausende von Kilometern solcher „Todesvorhänge".

Im Dezember 1992 wurde eine UNO-Resolution verabschiedet, die die Länge der Netze auf 2,5 km begrenzt. Doch selbst ein Netz dieser Größe ist eine ernste Bedrohung, und viele Fischereibetriebe verwenden weiterhin weitaus längere Netze.

KÜSTEN-STELLNETZE
Diese werden in seichten Küstengewässern eingesetzt. Sie bestehen aus den gleichen Nylon-Monofasern wie Treibnetze und sind für Cetaceen im Wasser ebenso schwer auszumachen. Die Netze treiben an der Wasseroberfläche oder werden nahe dem Meeresboden verankert. Da sie billig sind und lange halten, sind sie in vielen Teilen der Welt sehr beliebt – von Neuseeland bis Sri Lanka und von Kanada bis Großbritannien; jedes Jahr kommen zahlreiche Cetaceen in ihnen um.

THUNFISCHFANG
Die Thunfischindustrie muß verdientermaßen eine umfangreiche negative Berichterstattung erdulden, da sie in den letzten 35 Jahren mehr Delphine getötet hat als jede

WAHLLOS *Ein gefährdeter Hafenschweinswal ist versehentlich in ein Netz geraten. Cetaceen ertrinken, wenn sie nicht zum Luftholen auftauchen können.*

Die Folgen der Fischerei für die Cetaceen

FISCHER achten sehr darauf, daß sich keine großen Cetaceen wie dieser Buckelwal (rechts) in den Netzen verfangen und sie beschädigen. Positiv verliefen Tests mit akustischen „Piepsern" an den kaum sichtbaren Netzen.

andere Maßnahme des Menschen. Sie ist unmittelbar verantwortlich für den Tod von sechs bis zwölf Millionen Gefleckter und Spinner-Delphine sowie anderer Arten. In der schlimmsten Zeit, in den 60er und frühen 70er Jahren, brachte die Thunfischindustrie bis zu 500 000 Delphine pro Jahr um. Das Problem besteht seit 1959, als im östlichen tropischen Pazifik (das Meer zwischen Südkalifornien und Chile, das ungefähr eine Fläche von der Größe Kanadas bedeckt) ein neuer Netztyp, das Ringwadennetz („purse-seine"), für den Fang von Gelbflossen-Thunfischen eingeführt wurde.

Zur selben Zeit begannen die Fischer, von der Anwesenheit von Delphinen auf ihre Beute zu schließen (Thunfische und Delphine schwimmen oft zusammen, aber nur die Delphine müssen zum Atemholen auftauchen). „Fishing-over-porpoise" (dt. etwa: „Hinter-Delphinen-Herfischen"), wie diese Technik genannt wurde, erhöhte die Rentabilität des Thunfischfangs beträchtlich, brachte aber auch Millionen Delphinen einen langsamen und qualvollen Tod in den riesigen Schleiern der losen Netzwerke.

Auch nach jahrelangen öffentlichen Protesten geht das Abschlachten von Thunfischen und Delphinen weiter – allerdings in viel geringerem Umfang. Der Thunfischfang ist heute zahlreichen Vorschriften und Auflagen unterworfen, die von speziellen Fluchtluken in den Netzen (die es ermöglichen, gefangene Delphine zu befreien) bis zur Anwesenheit von offiziellen Beobachtern auf Thunfischkuttern reichen. Ein weiterer Schritt in die richtige Richtung war 1990 die Einführung der Bezeichnungen „delphinsicher" bzw. „delphinfreundlich" für Thunfischprodukte. Allerdings gibt es hierfür noch immer kein unabhängiges Kontrollsystem, das diese Angaben überprüft. Weniger seriösen Thunfischunternehmen wurde bereits von den Behörden Betrug nachgewiesen.

1992 unterzeichneten mehrere Staaten ein Abkommen über die Erhaltung der Delphine, das als La-Jolla-Abkommen bekannt wurde. Darin wird pro Fangschiff eine Höchstzahl für getötete Delphine festgelegt. Dies führte zu enormen Erfolgen: Der Blutzoll fiel auf etwa 4 000 Delphine pro Jahr, was sicherlich noch immer zu hoch ist.

Bedenklich stimmen allerdings die vermehrten Anzeichen dafür, daß Thunfischflotten nun in anderen Teilen der Welt Delphine verfolgen – das Problem könnte sich also wiederholen.

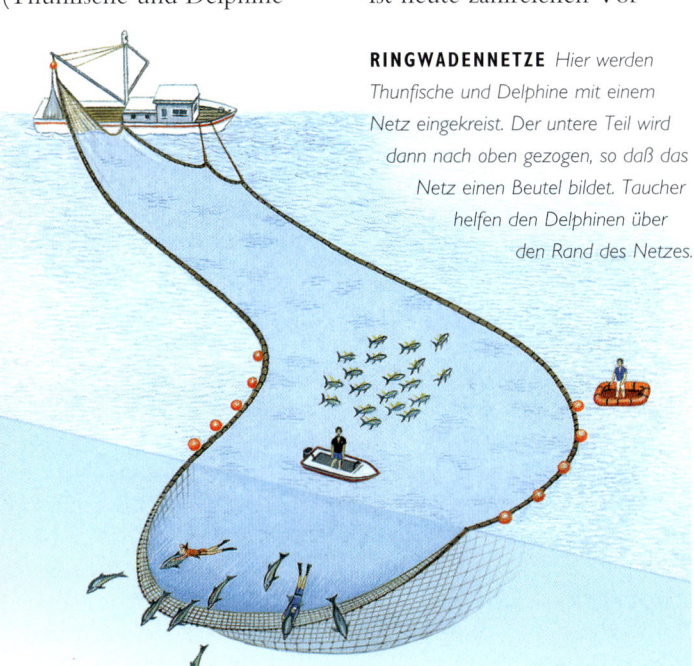

RINGWADENNETZE Hier werden Thunfische und Delphine mit einem Netz eingekreist. Der untere Teil wird dann nach oben gezogen, so daß das Netz einen Beutel bildet. Taucher helfen den Delphinen über den Rand des Netzes.

Rettet die Wale

Meeresverschmutzung

Sie tötet still und heimtückisch: Die weitverbreitete Meeresverschmutzung stellt eine ernste Bedrohung für die Zukunft der weltweiten Cetaceen-Bestände dar.

Stetig steigende Mengen von Industrieabfällen, landwirtschaftlichen Chemikalien, ungeklärten Abwässern, radioaktiven Abfällen, Öl, Plastikmüll und anderen Verschmutzungen werden entweder direkt ins Meer gekippt oder gelangen nach und nach über Flüsse und Niederschläge dorthin. Einmal in die Umwelt gelangt, gibt es keine Möglichkeit mehr, sie zu entfernen. Sie behalten ihre schädliche Wirkung über Jahre oder Jahrzehnte hinweg bei.

Man schätzt, daß weltweit nicht weniger als 63 000 chemische Substanzen gebräuchlich sind und jedes Jahr 1 000 neue auf den Markt kommen. Zu diesen Substanzen gehören DDT, Aldrin, Endrin, Dieldrin, PCBs, Blei, Quecksilber, Kadmium, Zink und eine große Zahl weiterer chlororganischer Verbindungen, Schwermetalle und ähnlich gefährlicher Stoffe.

Wegen der häufig unbekannten Menge der beteiligten Stoffe sind Messungen schwierig, außerdem hängen die Wirkungen von verschiedensten Faktoren ab wie der Art des Gifts und der Dauer der Einwirkung; darüber hinaus sterben die meisten Opfer draußen in den Meeren.

Einige Experten sagen bereits voraus, daß die Umweltverschmutzung in vielen Teilen der Welt die schwerste Bedrohung für das Überleben der Cetaceen darstellen wird.

Die Wirkung von Umweltgiften

Einige Gifte sind so toxisch oder in so großen Mengen vorhanden, daß sie den sofortigen Tod zur Folge haben können. Andere weisen eine schleichendere Wirkung auf und können wochen-, monate- oder jahrelanges Leiden verursachen.

Über die meisten Gifte sind noch keine Einzelheiten bekannt, man vermutet aber, daß sie die Tiere schwächen, indem sie das Hormongleichgewicht langsam stören, das Immunsystem beeinträchtigen und Hirnschäden und andere neurologische Störungen, Krebs, Leberschäden sowie weitere Anomalien und chronische Probleme hervorrufen. Sie können auch zur Minderung oder zum Totalverlust der Fruchtbarkeit führen.

ABWÄSSER *aus dem Kohlebergbau (oben) in der britischen Zeche Easington fließen in die Nordsee. Das Meer ist in einem Umkreis von Kilometern verfärbt, und die Strände sind schwarz.*

Winzige Toxinmengen werden vom Meeresplankton aufgenommen, von dem sich Fische oder Kalmare ernähren, die wiederum von Beutejägern am Ende der Nahrungskette wie Walen und Delphinen gefressen werden. Auf diese Weise reichern sich bei Tieren am Ende der Nahrungskette besonders hohe Giftkonzentrationen im Organismus an, der so für die schädlichen Wirkungen der Umweltverschmutzung besonders anfällig ist. Mit zunehmendem Alter reichern die Cetaceen immer mehr Toxine im Blubber und in Organen wie der Leber an. Der Großteil dieses Gift-

Meeresverschmutzung

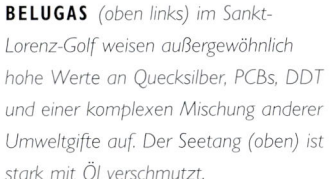

BELUGAS *(oben links) im Sankt-Lorenz-Golf weisen außergewöhnlich hohe Werte an Quecksilber, PCBs, DDT und einer komplexen Mischung anderer Umweltgifte auf. Der Seetang (oben) ist stark mit Öl verschmutzt.*

depots überträgt sich von einer Generation auf die nächste: So gibt eine säugende Kuh über die Milch hohe Giftdosen an ihr Kalb weiter.

Besonders schwer sind Arten betroffen, die an sehr stark verschmutzten Küsten oder in teilweise abgeschlossenen Meeren wie der Ostsee, dem Schwarzen Meer, der Nordsee oder dem Golf von Mexiko leben. Es gibt kaum Regionen, die frei von Verschmutzungen sind, und in manchen Gegenden sind die Tiere so stark kontaminiert, daß man sie eigentlich als Giftmüll deklarieren müßte. Arten, die auf hoher See oder in Ökosystemen weitab menschlicher Aktivitäten zu Hause sind, ergeht es nur wenig besser: Gezeiten, Meeresströmungen und Winde sorgen dafür, daß Umweltgifte schließlich auch die abgelegensten Regionen des Erdballs erreichen. So nimmt man an, daß Grönlandwale auch in der Arktis Schwermetallen, Chlorkohlenwasserstoffen und einer ganzen Reihe anderer Gifte ausgesetzt sind.

HANDLUNGSBEDARF

Trotz der Warnungen und aufsehenerregenden Kampagnen der Artenschutzverbände ignorieren viele Regierungen die Schwere des Problems der Meeresverschmutzung. Einige haben die Umweltschutzkontrollen verbessert – so ist z. B. die Einleitung von chlororganischen Verbindungen in Westeuropa, Nordamerika und einigen anderen Teilen der Welt strengen Regelungen unterworfen. Die meisten Länder entsorgen ihren Müll jedoch weiterhin gedankenlos in den Meeren. Noch gefährlicher wird diese unbekümmerte Haltung durch die Tatsache, daß viele Gifte, selbst wenn ihre Verbreitung heute verboten würde, noch jahrelang in den Meeren eine Gefährdung darstellen werden.

Es wird noch lange dauern, einen unmittelbaren Zusammenhang zwischen der Verschmutzung der Meere und dem Tod, den Krankheiten oder den Schwächungen der Meerestiere nachzuweisen. Nur mit brauchbaren Ergebnissen werden sich die Regierungen vom Handlungsbedarf überzeugen lassen. Aber gerade wegen der vielen Unbekannten sollten wir besonders vorsichtig sein und Grenzwerte und Umweltgesetze einführen, ehe noch mehr Schaden entsteht.

TOTER BUCKELDELPHIN *(links) – er liefert einen eindeutigen Hinweis auf eine giftige Ölpest.*

Rettet die Wale

VERSTECKTE GEFAHREN

Als wären Jagd, Umweltverschmutzung und Fischerei noch nicht genug, müssen Wale und Delphine noch mit einer Reihe anderer Bedrohungen zurechtkommen.

Auch die großen Umweltprobleme wie die globale Erwärmung oder das Schwinden der Ozonschicht könnten sich letzten Endes schädlich auf die Cetaceen-Bestände auswirken. Niemand weiß genau, welchen Einfluß sie auf die Gewässer und ihre Bewohner haben werden. Doch gibt es intensive Diskussionen darüber, wie die globale Erwärmung z. B. ein Ansteigen des Meeresspiegels verursachen könnte. Zudem ist zu befürchten, daß der Rückgang der Ozonschicht das Plankton schädigt.

Es treten bereits dringendere Probleme auf. So sehen sich insbesondere die Flußdelphine Gefahren ausgesetzt, die es fraglich erscheinen lassen, ob sie auch im 21. Jahrhundert überleben werden. Außer der Jagd, der Umweltverschmutzung und der Fischerei tragen intensive Binnenschiffahrt, Ufererschließung und Staudammprojekte vereint dazu bei. Der Jangtse-Delphin oder Beiji ist bereits so selten, daß ihm der Bau des weltgrößten Wasserkraftwerks bei den berühmten drei Schluchten in der chinesischen Provinz Hubei vielleicht den Todesstoß versetzt.

LEBENSRAUMVERLUST

Landgewinnung, kommerzielle Fischzucht, Erschließung von Küsten und Flußufern und Störungen durch Schiffsverkehr fordern ebenso ihren Tribut wie Rodungen und Staudammbauten auf dem Festland.

Am erschreckendsten wirkt sich der Lebensraumverlust auf Arten aus, die ohnehin nur ein beschränktes Verbreitungsgebiet haben oder derart auf einen Lebensraum spezialisiert sind, daß sie auf bestimmte Küstengebiete oder Flüsse angewiesen sind und nicht einfach „umziehen" können. Der Hafenschweinswal, die Flußdelphine, der Hector-Delphin, der Burmeister-Schweinswal und mehrere große Walarten, die zu bestimmten Zeiten zur Fortpflanzung flußaufwärts ziehen, sind in dieser Hinsicht natürlich besonders gefährdet.

Es geht jedoch nicht nur um die unmittelbaren Folgen des Lebensraumverlustes. Die Schädigung der Küstenzone kann auch die Vermehrung von Fischen und anderen Tieren schädigen, die das Fundament des komplexen Nahrungsgefüges im Meer bilden. Dies könnte sich unverhältnismäßig stark auf die Biomasseproduktion des gesamten marinen Ökosystems auswirken und kann langfristig eine der schwersten Bedrohungen für die Cetaceen sein.

LÄRMBELÄSTIGUNG

Meeressäuger, wirbellose Tiere und Fische bringen ein Potpourri verschiedenster Laute hervor: Das tieffrequente Stöhnen von Blau- und Finnwalen ist z. B. so laut, daß man es noch Tausende von Kilometern entfernt hören kann. Diese Kakophonie wird durch diverse Naturereignisse wie unterseeische Vulkanausbrüche, Stürme und schwere Regenfälle noch ergänzt.

In den letzten Jahren haben sich zu diesen natürlichen Lauten im beträchtlichen Umfang von Menschen verursachte Geräusche gesellt. Fachleute sind wegen der

KERNKRAFTWERKE
(links) an Küsten wirken sich auf den Lebensraum von Cetaceen aus. Auch das Habitat des Beijis (links oben) ist bedroht.

Versteckte Gefahren

LEBENSRAUMERHALTUNG

Wie viele Gesetze zum Schutz von Walen und Delphinen auch erlassen werden, sie sind wirkungslos, solange die Tiere nirgends in Sicherheit leben können. Habitatschutz erfordert die Einrichtung spezieller mariner Schutzgebiete, in denen die Tiere langfristig vor Lebensraumvernichtung und Störungen sowie vor Jagd, Fischerei und anderen Bedrohungen sicher sind. Diese Schutzgebiete müssen groß genug sein, um zu sicheren Zufluchtsorten zu werden, in denen die Tiere Nahrung finden und sich ungestört fortpflanzen können. So umfaßt z. B. das irische Walschutzgebiet sämtliche Küstengewässer Irlands (oben: Halbinsel Mizen Head in Cork). Diese Form des marinen Naturschutzes hinkt dem Habitatschutz auf dem Festland noch hinterher. Langsam begreifen aber die Regierungen die Notwendigkeit.

Folgen für das Leben im Meer ernstlich besorgt. Küstenerschließungen, Schnellboote, Wasserskier, Schleppnetze, große Schiffe wie Tanker und Containerschiffe, Tiefflieger, Militärmanöver, seismische Suchmethoden für Erdöl und Erdgas, Bohrinseln, Sonare und akustische Entfernungsmessung sind allesamt für die zunehmende Lärmbelästigung verantwortlich.

Dieses Gebiet ist bislang wenig erforscht, so daß die Schäden für Wale und Delphine weitgehend unbekannt sind. Zudem ist eine Lärmschädigung schwer abzuschätzen, da neben der Lautstärke eines Geräusches auch seine Frequenz wichtig ist. Vermutlich sind verschiedene Arten für bestimmte Frequenzen besonders empfindlich, d. h. größere Cetaceen für tiefere Frequenzen und kleinere Cetaceen für höhere.

Auch ohne umfangreiche Forschungen ist es logisch anzunehmen, daß Cetaceen sehr empfindlich auf Lärm reagieren. Schließlich leben sie in einer aus Klängen bestehenden Welt und verlassen sich hauptsächlich auf ihr gutes Gehör, um zu kommunizieren, ihren Weg zu finden, Beute zu orten und Raubtieren auszuweichen. Zudem gibt es immer mehr übereinstimmende Indizien dafür, daß von außen kommende Geräusche nicht nur die genannten alltäglichen Aktivitäten beeinträchtigen, sondern weitere Nebenwirkungen haben: Sie verringern die Sensibilität für wichtige Geräusche und verursachen schwere Streßzustände.

Experten befürchten inzwischen, daß die wachsende Zahl gestrandeter Pottwale in Großbritannien mit der seismischen Untersuchung des

LÄRMBELÄSTIGUNG

durch Bohrinseln stört möglicherweise Kommunikation und Orientierung der Cetaceen.

Meeresgrundes in den tiefen Gewässern westlich der Shetland-Inseln zusammenhängen könnte. Auf der anderen Seite des Atlantiks, vor der Küste Neufundlands, scheinen die Explosionen von in der Nähe stattfindenden Bohrungen dazu zu führen, daß Buckelwale häufiger in Fischernetze geraten.

Ebenso wurde bereits vermutet, daß der mit starkem Schiffsverkehr verbundene Lärm für die Stagnation der Nordkaperbestände mitverantwortlich sein könnte (die Anzahl der Südlichen Glattwale steigt hingegen jährlich um fünf bis sieben Prozent).

Selbst wenn der Lärm nicht die Hauptursache für manche dieser Probleme sein sollte – man kann sich kaum vorstellen, daß er für die Cetaceen etwas anderes ist als eine weitere Belastung, die sie ertragen müssen.

Der Schutz von Walen und Delphinen

Zwar kommen Wale und Delphine weiterhin weltweit durch menschliche Aktivitäten zu Tode, dennoch besteht noch immer Hoffnung für ihre Zukunft.

Jeder, der sich mit dem Schutz der Wale befaßt, ist von Zeit zu Zeit hilflos und verzweifelt. Im vergangenen Jahrzehnt waren aber auch viele Erfolge zu verzeichnen, so die Einrichtung des antarktischen Walschutzgebietes und die Verabschiedung eines Gesetzes zum Verbot der Delphinjagd in Peru.

Wie lautet die Lösung?

Zwar existieren Lösungen, doch sind diese oftmals selbst sehr komplex, so daß es noch viele Jahre dauern kann, bis sie umgesetzt werden.

Die Arbeit von Organisationen wie der britischen Whale and Dolphin Conservation Society, der größten gemeinnützigen Organisation ihrer Art, die sich um die Erhaltung, das Wohlergehen und die Anerkennung der Cetaceen kümmert, umfaßt zwangsläufig ein breites Spektrum. So müssen unter anderem gut funktionierende Beziehungen zu wichtigen Politikern und Grundlagen für den gegenseitigen Respekt und die Zusammenarbeit mit örtlichen Fischern geschaffen werden.

BILDUNG *Vorträge über Wale fördern das Interesse an den Cetaceen.*

Dazu zählt unter anderem, das Interesse von Schulkindern für den Artenschutz zu wecken und zu fördern und die Aufmerksamkeit der Weltöffentlichkeit auf Schlüsselthemen wie den kommerziellen Walfang und die zerstörerischen Fischfangmethoden zu lenken.

Aktionspläne zur Rettung gefährdeter Arten und Populationen müssen aufgestellt und realisierbare Alternativen zur Jagd und zum Töten erarbeitet werden.

Auch verdeckte Operationen, mit denen wichtige Informationen über verschiedenste illegale Aktivitäten gewonnen werden, sind Teil der Arbeit. Vor allem ist stete Wachsamkeit unabdingbar, da selbst wichtige Fortschritte, die erzielt worden sind, jederzeit abgeschwächt oder rückgängig gemacht werden können.

Wie kann man helfen?

Ohne öffentliche Unterstützung hätten die Schutzorganisationen kein Geld, um ihre unverzichtbare Arbeit zu erledigen; und ohne öffentlichen Druck gäbe es für die Entscheidungsträger keinen Anlaß, wichtige Maßnahmen zu ergreifen.

Hier einige Vorschläge, wie Sie Walen und Delphinen helfen können:

- Werden Sie Mitglied in einem Artenschutzverband Ihrer Wahl.
- Schreiben Sie Protestbriefe an wichtige Entscheidungsträger, organisieren Sie Unterschriftenaktionen, und unterstützen Sie Artenschutzkampagnen aktiv auf andere Weise.
- Beschaffen Sie Gelder durch gesponserte Veranstaltungen wie Wanderungen, Radtouren, Fallschirmspringen etc.
- Nutzen Sie einen Teil Ihrer Zeit und Ihres Wissens, wenn Sie besondere Fähigkeiten haben, die Cetaceen zugute kommen können (vielleicht als Journalist, Filmemacher, Drucker oder Computerexperte).
- Wenn Sie Unternehmer sind oder einem Unternehmen angehören, das

Der Schutz von Walen und Delphinen

PROTESTE

Walschutz-Aktivisten bilden in Wien eine blutrote Fluke (oben). Als Greenpeace die Treibnetzfischerei im Nordatlantik überwachte, griff ein französisches Patrouillenboot die Rainbow Warrior an (links).

DIE SELTENSTEN WAL-, DELPHIN- UND SCHWEINSWALARTEN DER WELT

Art und Verbreitung	Population	Anmerkungen
Jangtse-Flußdelphin oder Beiji		
Jangtsekiang, China (Mittel- und Unterlauf)	unter 100 (vielleicht unter 50)	Nur noch geringe Chancen, diese Art zu retten. Vermutlich wird sie als erste Cetaceen-Art in geschichtlicher Zeit aussterben.
Hafenschweinswal oder Vaquita		
Nördlichster Bereich des Golfs von Kalifornien (Mexiko)	unter 200	Weist das kleinste Verbreitungsgebiet aller Cetaceen auf. Am häufigsten in der Coloradomündung.
Nordkaper		
Westlicher Nordatlantik (seltene Sichtungen auch im östlichen Nordatlantik und östlichen Nordpazifik)	unter 320	Die seit über 60 Jahren offiziell geschützte Art hat sich von der Beinahe-Ausrottung durch kommerziellen Walfang nie erholt.
Indus-Delphin oder Bhulan		
Indus, Pakistan (vor allem im 160 km langen Abschnitt zwischen den Staudämmen von Sukkur und Guddu)	unter 500	Seit den 1930er Jahren ist die schwindende Population durch Staudämme in isolierte Gruppen geteilt.
Hector-Delphin *(siehe Foto)*		
Neuseeländische Küstengewässer (vor allem um die Südinsel)	unter 4000	Der seltenste Meeresdelphin der Welt ist vor allem durch Beifang in Küsten-Stellnetzen bedroht.
Ganges-Delphin oder Susu		
In Ganges, Meghna, Brahmaputra, Karnaphuli (Indien, Bangladesch, Bhutan, Nepal)	unter 4000	Der Farakka-Staudamm teilt die Population.

Wichtige Anmerkung: Bei vielen Cetaceen-Arten fehlen Bestandsschätzungen. Es ist daher möglich, daß einige wenig bekannte Spezies noch seltener sind als die hier aufgeführten. Auch gibt es Arten, die zwar etwas höhere Bestandszahlen aufweisen, aber mindestens so stark gefährdet sind.

Interesse an der Zusammenarbeit mit einem Verband zum Schutz der Cetaceen haben könnte, erkundigen Sie sich über die Möglichkeiten gemeinsamer Aktionen und des Firmensponsorings.

● Binden Sie Wale und Delphine in Ihr Leben ein, so gut Sie können: Wenn Sie Lehrer sind, erzählen Sie Ihrer Klasse etwas darüber; erzählen Sie es Ihren Kindern; erzählen Sie es Ihren Arbeitskollegen und jedem, der es hören will. Alles in allem ist ein persönliches Gespräch der beste Weg, um Unterstützung für Cetaceen zu gewinnen und auf diese Weise einen Beitrag für ihre Erhaltung zu leisten.

Kapitel 3
Ursprünge und Anpassungen

*Sie leben wie Fische mitten im Meer,
und doch atmen sie wie Landtiere.*

Naturgeschichte der Waltiere,
Bernard Germain Lacépède (1756–1825), franz. Zoologe u. Schriftsteller

Entwicklung und Ausbreitung

In ihrer Entwicklungsgeschichte gab es für Wale und Delphine zahlreiche Anpassungen.

Nach dem massenhaften Aussterben der Dinosaurier vor 65 Mio. Jahren nahmen Vielfalt und Verbreitung der Säugetiere rasch zu. Sie wurden die dominierenden Landtiere. Sie entwickelten flexible Nahrungsgewohnheiten, wobei basierend auf den grundlegenden Typen des Nahrungserwerbs (Pflanzen- oder Fleischfresser) zahlreiche Spezialisierungen entstanden. Weltweit erschlossen sich die Säuger neue Lebensräume – von den Meeresküsten bis zu den Gebirgen. Manche begaben sich unter die Erde, andere zog es in die Baumkronen oder in die Luft. Wieder andere entschieden sich für das Wasser.

Ursprung der Wale

Die Vorfahren der Wale und Delphine sind uns durch 50 Mio. Jahre alte Fossilien aus Indien und Pakistan bekannt. Diese Funde zeigen kleine, vielleicht delphingroße amphibische Säugetiere, die in einer flachen subtropischen Meeresstraße zwischen dem indischen Subkontinent und Asien lebten – dem Tethysmeer.

Zu den Urwalen (Archaeoceten) zählt der *Pakicetus,* den man im Sedimentgestein von Flüssen und seichten Meeresgewässern fand. Schädelknochen, Zähne und ein Unterkiefer deuten auf eine kleine, vermutlich weniger als 2 m große Cetaceen-Art hin. Andere frühe Archaeoceten wiesen zwar noch immer ein Becken und hintere Gliedmaßen auf, bewegten sich jedoch vermutlich ebenso wie heutige Wale durch die Auf- und Abwärtsbewegungen ihres kräftigen Schwanzes fort. Letztlich stellen diese Arten eine frühe amphibische Zwischenstufe beim Wechsel vom Land ins Meer dar.

Die landlebenden Verwandten der ersten Wale waren paarzehige Huftiere, Wiederkäuer aus der Ordnung Artiodactylia. Hinweise hierfür lieferten Untersuchungen der DNS, der

VERSTEINERTER SCHÄDEL und Kiefer (oben) eines ausgestorbenen Delphins. Ähnlich heutigen Haizähnen haben seine Zähne gezackte Ränder.

Chromosomen, der Blutzusammenstellung und der Anatomie des weichen Gewebes heute lebender Arten. Schafe und Rinder zählen somit zu den nächsten noch lebenden Verwandten der Wale und Delphine.

Die Ahnen der Urwale gehörten offenbar der ausgestorbenen Gruppe der Mesonychiden an. In ihr sind mehrere vornehmlich mittelgroße Tiere (etwa Hundsgröße) zusammengefaßt, die einst in Asien, Europa und Nordamerika lebten und sich auf unterschiedliche Weise ernährten. Vielleicht entwickelten sich die Cetaceen, als eine Linie der Mesonychiden dazu überging, sich ähnlich wie Otter von Fischen in Flüssen zu ernähren.

VORFAHREN Die Urahnen der Wale waren landlebende Tiere von der Größe eines Hundes, die dem Mesonyx (rechts) ähnelten.

Entwicklung und Ausbreitung

SPUREN DER VERGANGENHEIT
Dieses in der Antarktis entdeckte Walskelett (links) ist ca. 35 Mio. Jahre alt. 25–30 Mio. Jahre alt sind Schädel und Kiefer des urzeitlichen Bartenwals (unten).

AUSBREITUNG

Im Frühstadium ihrer Entwicklung, vor etwa 50 bis 35 Mio. Jahren, nahm die Artenvielfalt der Archaeoceten zu. Zudem breiteten sie sich von den Tropen bis in gemäßigte Gewässer aus. Ihre Schädelform wurde komplexer, um die Nahrungsaufnahme und das Hören unter Wasser zu erleichtern. Die hinteren Gliedmaßen bildeten sich zu Rudimenten zurück.

Vor etwa 35 bis 30 Mio. Jahren kam es zur raschen Entwicklung der Vorfahren von Bartenwalen, Zahnwalen und Delphinen, den ersten Mysticeten und Odontoceten. Bartenwale hatten eine neue Art der Nahrungsaufnahme: Sie filterten ihre Beute aus dem Wasser. Dieses Verhalten erlaubte es ihnen, die reichen Nahrungsressourcen der Polarmeere zu nutzen. Frühe fossile Mysticeten filterten ihre Beute durch siebartige Zähne. Die Barten entwickelten sich vor etwa 30 Mio. Jahren und stellen seitdem ein Schlüsselmerkmal der Mysticeten dar.

Urzeitliche Zahnwale benutzten vermutlich schon vor etwa 30 Mio. Jahren die Echoortung. Sie gaben hochfrequente Geräusche ab, um sich zu orientieren und ihre Beute aufzuspüren. Dieses Verhalten ist seitdem ein Merkmal der Zahnwale.

Seit dem Auftauchen der grundlegenden „modernen" Verhaltensweisen – Nahrungsaufnahme durch Filtern und Echoortung – vor 25 Mio. Jahren nahmen Artenvielfalt und Verbreitung der Wale dramatisch zu. Sie breiteten sich von den Polen bis zu den Tropen, von küstennahen Gewässern bis ins offene Meer, von der Wasseroberfläche bis zur Tiefsee aus und eroberten sogar Süßwasserregionen. Vor etwa 12 bis 15 Mio. Jahren erschienen schließlich die ersten Echten Delphine, Schweinswale und Belugas. Einige primitivere Arten verschwanden in der Folge allmählich. Möglicherweise ist dieser Wandel auch auf Veränderungen beim Nahrungsangebot und auf die Meeresströmungen zurückzuführen.

Der letzte große Einschnitt in der Entwicklung der Wale liegt ca. vier Mio. Jahre zurück, etwa zu der Zeit, als sich unsere Vorfahren in Afrika erstmals aufrecht fortbewegten. Während der allmählichen voreiszeitlichen Klimaverschlechterung verschwanden die letzten urzeitlichen Barten- und Zahnwalarten und hinterließen eine relativ moderne Wal-Fauna.

KÖRPERFORM

Die Körperform änderte sich vermutlich vor 50 bis 35 Mio. Jahren in größerem Umfang, als sich vierfüßige amphibische Vorfahren der Wale zu reinen Meerestieren entwickelten. Während sich die Schwanzfluken bildeten, wurden die Hinterbeine kleiner und verschwanden schließlich ganz. Obwohl es keine gesicherten fossilen Hinweise gibt, nimmt man an, daß zu dieser Zeit auch externe Ohrmuscheln und Körperhaare verschwanden und die Rückenfinne entstand. Die vorderen Gliedmaße verwandelten sich in Flossen mit steifen Ellenbogen. Später entwickelten die ersten Zahnwale vermutlich die gewölbte Stirn und das einzelne Blasloch der heutigen Arten sowie vielfältige Oberkieferformen, die von kurz und breit bis lang und schmal variierten. Die Kehlfurchen der Furchenwale bildeten sich wahrscheinlich in den letzten zehn Mio. Jahren heraus.

Ursprünge und Anpassungen

SÄUGETIERE ODER FISCHE?

Wale sind perfekt angepaßte aquatische Räuber. Ihr stromlinienförmiger Körper wird nicht durch Gliedmaßen, sondern durch einen Schwanz getrieben.

In Anpassung an ein Leben im Wasser weisen Wale viele fischartige Merkmale auf, die jedoch auf grundlegenden Säugerstrukturen aufbauen.

SÄUGERVARIATIONEN

Dem Körperbau der Wale fehlen die für die meisten Säuger typischen hervorstehenden Teile. Ihre Haut ist glatt. Haare tauchen nur als Kopfborsten bei jungen Walen und einigen erwachsenen Bartenwalen auf. Das für Landsäuger charakteristische ausdrucksvolle „Gesicht" wird durch den Blubber weitestgehend verdeckt. Die meisten Säugetiere besitzen nach vorne gerichtete Nasenlöcher, das ihnen entsprechende Blasloch befindet sich bei heutigen Walen auf der Schädeloberseite. Weiter hinten deuten Grübchen an den Schädelseiten auf die Position der Ohren hin, wobei jedoch externe Strukturen fehlen. Die meisten Wale haben einen kurzen und relativ starren Hals, der nur eingeschränkte Kopfbewegungen ermöglicht.

Hinter dem Kopf befinden sich flossenartige Vordergliedmaßen ohne erkennbare Ellenbogen und Fingerglieder. Generell sind nur kleine, tief im Körperinneren verborgene verknöcherte Gliedrudimente vorhanden, während Ansätze für Beine fehlen. Die Genitalien ragen nur bei sexuell aktiven Männchen hervor; ebenso fehlt ihnen ein Hodensack. Die Anpassung an das aquatische Leben erfordert Kompromisse: Einige Säugermerkmale können nicht völlig abgelegt werden und müssen statt dessen in veränderter Form beibehalten werden.

Die offensichtlichsten fischähnlichen Merkmale sind die Rückenfinne und die Schwanzflossen. Die Rückenfinne dient der Stabilisierung beim Schwimmen sowie der Thermoregulation. Zudem ist sie ein sexuelles Merkmal. Einige Wale besitzen nur eine kleine Rückenfinne, bei manchen fehlt sie ganz. Ob die Schwimmfähigkeit dadurch beeinflußt wird, ist unklar. An der Schwanzspitze befinden sich waagerechte Flipper, die nur in der Mitte von den hintersten Schwanzwirbeln gestützt werden und ansonsten aus hartem, nichtknöchernem Gewebe bestehen.

FLOSSENARTIGE Vordergliedmassen des Schwertwals wurden zu Brustfinnen ohne Ellenbogen oder Finger.

WALE ALS SÄUGER

Die meisten Säuger haben als aktive Landbewohner einen hohen Stoffwechsel und eine konstante Körpertemperatur. Ihr Körperbau ist auf diese grundsätzlichen Anpassungen abgestimmt. Von entscheidender Bedeutung ist die Luftatmung: Die Nase ist gut entwickelt, ein Zwerchfell und der Brustkorb unterstützen die Lungenatmung. Ein aus vier Kammern bestehendes Herz pumpt das Blut zu den Lungen und durch den Körper. Genitalien und After sind getrennt. Säugetiere tragen ihre Föten in einer Gebärmutter, säugen ihre Jungen und zeigen ein komplexes Fortpflanzungs- und Fürsorgeverhalten. Auch Wale zeichnen sich durch diese Eigenschaften aus. Das gilt auch für höher differen-

Säugetiere oder Fische?

zierte Säugetiermerkmale: So enthält das Ohr drei winzige Knöchelchen, der Unterkiefer besteht aus einem einzigen Knochen, und die Rückenwirbel sind entlang des Körpers in verschiedene Abschnitte unterteilt.

Die Grundbewegungen der Wale beim Schwimmen lassen sich auf ihre landlebenden Vorfahren zurückführen. Im Gegensatz zu vielen Reptilien und Amphibien, die seitliche Bewegungen durchführen, bewegen schnellaufende Landsäuger ihren Körper auf und ab. Dies ist mit schnellen Vorwärts- und Rückwärtsbewegungen der Extremitäten verbunden – wie auch bei galoppierenden oder springenden Säugetieren. Wale beugen ihre Wirbelsäule ebenfalls vertikal, obgleich sie die Vorder- und Hinterextremitäten nicht zur Fortbewegung benutzen. Statt dessen mobilisieren leistungsfähige Muskeln ober- und unterhalb der Wirbel Sehnen, die über eine schmale Schwanzwurzel nach hinten verlaufen und dort die Fluke bewegen.

Wale unterscheiden sich hinsichtlich der Größe und Verteilung ihrer Schwimm-

SÄUGERTYPISCHE MERKMALE
eines Seehunds: Fell und Tasthaare

HAARE *auf dem Oberkiefer des Grauwaljungen (rechts): letzte Reste der Körperbehaarung. Grübchen am Kopf des Großen Tümmlers (unten rechts): rudimentäre Ohröffnungen*

muskeln und der Gestalt der Fluke. Ebenso stark variieren Schwimmgeschwindigkeit und Wendigkeit der einzelnen Arten. So ist der Dall-Hafenschweinswal ein bemerkenswert schneller ozeanischer Zahnwal, während einige Flußdelphine wie der Amazonas-Delphin langsam, aber sehr wendig sind. Über Wechselwirkungen zwischen Körperbau und Schwimmleistung ist wenig bekannt.

WEITERE MEERESSÄUGER

Zwei weitere Meeressäuger-Ordnungen, die Pinnipeden (Seehunde, Walrösser und Seelöwen) und die Sirenen (Manatis und Dugongs), wurden den Anforderungen des aquatischen Lebens auf unterschiedliche Weise gerecht.

Alle Robben (Pinnipeden) sind leistungsfähige Schwimmer und hervorragend an das Leben im Meer angepaßt. Sie

haben sich aber nicht vollständig vom Festland getrennt. Zwar findet ihre Nahrungsaufnahme ausschließlich im Meer statt, doch müssen sie zum Ruhen, für den Fellwechsel und zur Jungenaufzucht an Land (und in einigen Fällen auf das Eis) zurückkehren.

Die ausschließlich im Wasser lebenden Sirenen (Seekühe) weisen ebenfalls keine äußeren Hinterextremitäten auf, sondern besitzen Schwanzfluken. Als langsame Pflanzenfresser ernähren sie sich von Wasserpflanzen.

Was ist faszinierender als die große, grenzenlose Vielfalt des Lebens bei seiner Entstehung?

Adventures in Contentment,
DAVID GRAYSON (1870–1946),
amerikanischer Journalist

Ursprünge und Anpassungen

Leben unter Wasser

Bei Walen und Delphinen haben sich extreme Anpassungen an ein Leben unter Wasser ergeben. Veränderungen in fast allen Körpersystemen unterscheiden sie von den übrigen Säugern.

Landsäugetiere besitzen tragfähige Glieder, die den Körper stützen und bewegen. Durch den Auftrieb des Wassers benötigen Wale keine Gliedmaßen, um sich zu stützen oder fortzubewegen.

Wale zeigen charakteristische Anpassungen des Wärmehaushalts und des Blutkreislaufs. Wie andere Säugetiere besitzen auch Wale eine konstante Körpertemperatur. Der Blubber schützt vor der auskühlenden Wirkung des Wassers, und wärmeregulierende Gegenstrom-Austauschsysteme reduzieren den Wärmeverlust an der Körperoberfläche. Aufgrund ihrer Körpergröße und Proportionen können Wale die bei der Fortbewegung entstehende überschüssige Energie nicht so einfach abbauen. Viele Arten nutzen auf dem Gegenstromprinzip basierende Wärmeaustauschsysteme in den Brustfinnen, der Rückenfinne und der Fluke, um überschüssige Wärme abzugeben oder zu speichern.

Schlafen ohne zu ertrinken

Beim Menschen führt Schlaf zu einer Reduzierung der Muskelaktivität und des Bewußtseins. Blutdruck und Atemfrequenz sinken, und die Augen schließen sich. Wale schlafen offenbar anders. In Aquarien ruhen die Tiere an bzw. dicht unter der Oberfläche, wobei ihr Blasloch aus dem Wasser herausschaut. Die Atemfrequenz ist niedriger als normal, die Augen können geschlossen sein. Dennoch scheint die Atmung noch immer willkürlich zu geschehen, was auf einen wachsamen Bewußtseinszustand hindeutet.

Entwicklung des Blaslochs

Wale können nur durch ihr Blasloch und nicht wie wir auch durch den Mund atmen. Sie besitzen daher wirksame

Mechanismen, um das Blasloch unter Wasser zu schließen. Bei Bartenwalen verschließen große Nasalzapfen die beiden Blaslöcher. Beim Luftholen werden die Zapfen von schnell kontrahierenden Muskeln, die vor den Blaslöchern am Oberkiefer ansetzen, zurückgezogen (beim Menschen befinden sich dieselben Muskeln zwischen Lippen und Nase). Dieser Vorgang vollzieht sich in dem Moment, in dem ein Wal die Wasseroberfläche durchstößt, erstaunlich schnell.

Zahnwale besitzen aufgrund der für die Lauterzeugung veränderten Nasalgänge ein komplexeres Blasloch (vgl. S. 76). Zwar sind noch zwei Nasalzapfen vorhanden, doch befinden sich diese tiefer im Kopfinneren, wo sie den inneren Bereich der Nasalgänge verschließen. Das einzelne externe Blasloch ist ein neomorphes (neugeformtes) Merkmal und stellt eine spezifische evolutionäre Anpassung der Zahnwale dar. Ihre Luftwege sind – anders als beim Menschen – relativ unabhängig von

SCHLAF *Ein schlafender Beluga mit geöffnetem Blasloch (oben). Ein Südkaper (links) ruht still an der Wasseroberfläche.*

Leben unter Wasser

TAUCHERKRANKHEIT UND TIEFENRAUSCH

Tiefes Tauchen birgt Gefahren für luftatmende Lebewesen. Der Tiefenrausch, ein narkotischer Zustand der Benommenheit oder Bewußtlosigkeit, entsteht beim Atmen unter hohem Druck.

Die Taucherkrankheit (Dekompressionskrankheit) wird durch zu rasches Auftauchen aus der Tiefe verursacht. Dennoch unternehmen einige Wale wie Pott- oder Schnabelwale offenbar tiefe und lange Tauchgänge, wobei sie relativ schnell ab- und auftauchen, ohne Schaden zu nehmen.

Mögliche Methoden, mit denen Wale Schädigungen verhindern können: Tauchen mit relativ geringen Luftmengen, Zusammenfallen von Brustkorb und Lungen in großen Tiefen, schneller Übergang des Stickstoffs aus dem Blut in die Lungen am Ende eines Tauchgangs sowie reduzierte Blutzirkulation in der Muskulatur.

Mundraum und Hals. Ein Teil des Kehlkopfs schmiegt sich in die Nasalgänge an der Rückseite des Gaumens, so daß Nahrungsaufnahme und Atemluftholen getrennt verlaufen können.

AUFTRIEBSSTEUERUNG

Bei den meisten Säugern liegt der Körperschwerpunkt hinter bzw. unter dem Punkt mit dem größten Auftrieb. Dadurch treiben diese Tiere mit erhobenem Kopf im Wasser. Der Körper eines Meeressäugers soll jedoch – außer beim Luftholen – unter Wasser bleiben. Die Ausrichtung von Kopf und Körper kann durch Ballastverteilung (Gewichtsausgleich) oder durch Hydrodynamik (Schwimmbewegungen) verändert werden. Ein Gewichtsausgleich läßt sich unter anderem durch eine leichtere Knochenstruktur erreichen, wie sie bei den porösen und fettgefüllten Wirbeln einiger Bartenwale festzustellen ist. Zusätzlich kann – z. B. in den Rippen – dichtere Knochenmasse eingelagert werden.

Die Grundlagen des Gewichtsausgleichs werden für die lebenden Vertreter der Cetaceen noch nicht vollkommen verstanden. Für einige fossile Arten und für Sirenen (Manatees und Dugongs) liegen jedoch schon Untersuchungsergebnisse vor. Der Gewichtsausgleich scheint hierbei mit langsamen Schwimmgeschwindigkeiten in Zusammenhang zu stehen.

WIE WALE UND FISCHE SCHWIMMEN

Auf den ersten Blick ähneln sich schnell schwimmende Fische und Wale.

Genau betrachtet, gibt es jedoch zahlreiche Unterschiede zwischen Walen und Fischen. Letztere zeigen weitaus vielfältigere Schwimmethoden als die Wale, so etwa unterschiedliche Wellenbewegungen des

ISOLIERUNG *Eine Schicht aus Blubber und Muskeln (hier die eines Finnwals) hält Wale warm (links).*

Körpers (einschließlich des typischen Windens, wie man es bei den Aalen sieht). Wale bewegen sich nicht vorrangig durch rhythmische Bewegungen der Gliedmaßen fort, wie es bei vielen Fischen und schwimmenden Landsäugetieren der Fall ist.

Statt dessen schlagen Wale ihren Schwanz auf und ab, was in etwa der Laufbewegung eines Landsäugers entspricht (vgl. S. 63).

Nahrungsaufnahme – Bartenwale

Zahlreiche Merkmale des Körperbaus und des Verhaltens der Bartenwale stehen mit dem Filtern der Nahrung in Zusammenhang.

Bartenwale sind ungewöhnliche Säugetiere. Trotz ihrer Größe ernähren sie sich von winzigen Beutetieren, die sie mit Hilfe einer bemerkenswerten Fangtechnik aus enormen Wassermengen filtern.

Bartenplatten

Mysticeten (Bartenwale) filtern ihre Nahrung mit Hilfe von Bartenplatten, die von der Oberseite des Mauls herabhängen. Die dünnen, breiten und langen Bartenplatten haben die Form eines schmalen Dreiecks. Sie bestehen – ähnlich wie Haare oder Fingernägel – aus einem harten und flexiblen organischen Material und wachsen aus dem Zahnfleisch.

Bartenplatten sind aus winzigen länglichen Röhrchen aufgebaut, die in den Abnutzungsbereichen an der Innenkante der Platten wie Haare hervorstehen. Anzahl, Größe und Farbe (hell, dunkel oder gemischt) der Bartenplatten variieren von Art zu Art.

Obwohl sie aus dem Zahnfleisch wachsen, haben Barten nichts mit Zähnen gemein. Im Embryonalstadium verfügen Bartenwale über Zähne, die sich noch vor der Geburt zurückbilden.

SIEB *In dieser Außenansicht der Bartenplatten des Grauwals sieht man die ausgefransten Bartenhaare der Innenseite. Sie bilden eine siebartige Matte, die die Beute im Maul gefangenhält.*

Fossilien belegen, daß Bartenwale von zahntragenden Vorfahren abstammen.

Schluckfiltern

Bartenwale kennen zwei Hauptmethoden der Nahrungsaufnahme: das „Schluckfiltern" und das

DIE NAHRUNGSAUFNAHME DES BUCKELWALS

Das Nahrungsverhalten der Buckelwale ist ausgesprochen flexibel. Sie stürzen sich einzeln oder in koordinierten Gemeinschaftsaktionen auf einen Beuteschwarm. Manchmal treiben sie sogar verstreute Beutetiere zusammen, die dann leichter zu fangen sind. Wale schwimmen auf der Seite, um besser manövrieren zu können, oder ziehen Kreise, um die erschreckte Beute dichter zusammenzutreiben, ehe sie durch den Schwarm stoßen. Bei der Luftblasennetz-Methode erzeugen die Buckelwale Luftblasensäulen, die die Beute dicht zusammendrängen. Ein durch eine kontinuierliche Spirale ausgeatmeter Luft gebildetes großes Luftblasennetz funktioniert offenbar wie ein herkömmliches Fischernetz. Die Wale kreisen hierbei einzeln oder zusammen unter Wasser und tauchen dann durch die Netzmitte nach oben, um die eingekreiste Beute zu fangen.

Nahrungsaufnahme – Bartenwale

RIESIGE BISSEN Wenn ein Buckelwal (oben) nach oben stößt, um nach einem Fischschwarm zu schnappen, weiten sich die Kehlfurchen aus. Danach ziehen sie sich zusammen und pressen das Wasser durch den Bartenfilter. Der gebogene Oberkiefer und die Barten eines schöpffilternden Südkapers (links)

„Schöpffiltern". Schluckfiltern ist typisch für Furchenwale. Diese besitzen zahlreiche Falten unterhalb des Mauls und entlang der Kehle. Ein schluckfilternder Wal stürzt sich mit heruntergeklapptem Unterkiefer und weit geöffnetem Maul auf einen Beuteschwarm, den er zusammen mit einer riesigen Wassermenge verschlingt. Die Kehlfurchen bilden einen geweiteten Sack unterhalb der Kehle und des Brustkorbs und vergrößern so den Mundraum enorm. Nun preßt der Wal mit geschlossenem Maul das Wasser durch die Bartenhaare und -platten, so daß die Beute, die er anschließend verschluckt, gefangen ist.

Die Schluckfiltermethode bedingt noch weitere Merkmale: Der Unterkiefer ist nach außen gewölbt und vergrößert so den Mundraum. Die kieferschließenden Muskeln sind auf besondere Weise mit dem Schädel verknüpft, um das Schließen der weit geöffneten Kiefer zu erleichtern.

SCHÖPFFILTERN

Glattwale nehmen ihre Nahrung auf andere Weise auf: Langsam nahe oder an der Oberfläche schwimmend, pressen sie einen Wasserstrom durch ihre langen Barten, um die Beute abzuschöpfen. Anders als bei Furchenwalen ist der schmale Oberkiefer auffällig gewölbt, um die langen Barten aufzunehmen, was dem Schädel seine ungewöhnliche Erscheinung verleiht. Kehlfurchen fehlen hingegen.

Manche Furchenwale wenden sowohl die Schöpffilter- als auch die Schluckfiltermethode an (die meisten schluckfiltern jedoch). Der Grauwal sucht seine Beute hauptsächlich auf dem Meeresgrund. Er wühlt den Schlamm auf und filtert aus diesem Gemisch kleine wirbellose Bodenbewohner. Er kann seine Nahrung auch einsaugen.

Bartenwale haben sowohl individuell als auch artbezogen ein breites Nahrungsspektrum. Im Südpolarmeer stellt der Krill (Euphausiiden), eine kleine, garnelenartige Krebstierspezies, die Hauptbeute dar. Unklar ist, wie Bartenwale die Krillschwärme aufspüren, doch könnte hierbei der Geruchssinn eine Rolle spielen. Copepoden (kleine, freischwimmende Krebstiere) sind eine weitere wichtige Nahrungsquelle.

Nördliche Bartenwale nehmen vielfältigere Nahrung zu sich, unter anderem Krill, Copepoden und Amphipoden, aber auch Schwarmfische wie Hering oder Capelin sowie Mollusken.

Während ihrer 120tägigen Nahrungssaison fressen antarktische Zwergwale bei einem Gewicht von etwa 6 t im Durchschnitt 40–120 kg Krill pro Tag. Über den Bedarf der größeren Seiwale, die ausgewachsen etwa 18 t wiegen, ist weniger bekannt. 100–200 kg pro Tag gelten als gesichert. Während ihrer 130tägigen Nahrungssaison verzehren Grönlandwale, die über 50 t erreichen können, pro Tag schätzungsweise 500–1 500 kg an Nahrung.

Ursprünge und Anpassungen

NAHRUNGSAUFNAHME – ZAHNWALE UND DELPHINE

Die Beutesuche mittels Echoortung ist ein typisches Merkmal der Zahnwale und Delphine.

Zahnwale und Delphine (Odontoceten) jagen und fressen einzelne und relativ große Beutetiere. Dies stellt eine universellere und flexiblere Methode der Nahrungsaufnahme dar als das Filtern, das die Bartenwale praktizieren.

Die Flexibilität des Nahrungserwerbs erklärt die größere Vielfalt der Zahnwalarten und das breitere Spektrum ihrer Lebensräume. Die Proportionen der Kiefer und des Schädels einiger Arten deuten auf ihre Nahrungsgewohnheiten hin. Im allgemeinen erlauben zangenartige lange und schmale Kiefer ein schnelleres, jedoch weniger kraftvolles Zupacken. Umgekehrt verleihen kurze und zumeist auch breite Kiefer Kraft anstelle von Schnelligkeit.

Die meisten Zahnwale besitzen gleichförmige konische Zähne, die innerhalb des Gebisses nur gering variieren. Anders als die verschiedenartigen Zähne, die für die komplexe Nahrungsverarbeitung der meisten Säuger nötig sind, dient dieses Gebiß offenbar nur dazu, die Beute zu packen. Allerdings gibt es auch Abweichungen von diesem allgemeinen Muster. Die Zähne des Rauhzahndelphins weisen z. B. eine gerillte Oberfläche auf, deren Funktion jedoch unklar ist. Beim Schweinswal sind die Zähne spatelförmig und an den Seiten zusammengedrückt; damit können sie ihre Beute nicht nur festhalten, sondern wahrscheinlich auch zerteilen. Die in kräftigen, kurzen Kiefern verwurzelten großen und robusten Zähne des Schwertwals eignen sich dafür, Fleischstücke aus großen Beutetieren zu reißen.

Odontoceten haben zumeist mehr Zähne als dies bei Säugetieren üblich ist. Manchmal befinden sich – wie beim Gemeinen Delphin und La-Plata-Delphin – Dutzende von Zähnen auf beiden Seiten der Kiefer. Arten, die Kalmare fressen, haben häufig weitaus weniger Zähne.

NAHRUNGSVIELFALT

Die Vielfalt der Kiefer- und Zahnformen weist darauf hin, daß sich die unterschiedlichen Arten entwickelt haben, um verschiedene Nahrungsquellen nutzen zu können. Dadurch wurde der Kon-

ZAHNVARIANTEN Einige Zahnformen der Odontoceten (von links): Ganges-Delphin, Schweinswal, spiraliger Stoßzahn eines Narwalbullen, Zahn eines Pottwals, eines Layard-Wals

IM LANGEN, KRÄFTIGEN KIEFER hat der Amazonas-Sotalia (links) zahlreiche rauhe Zähne, die im hinteren Kieferbereich relativ breit und kurz sind.

Nahrungsaufnahme – Zahnwale und Delphine

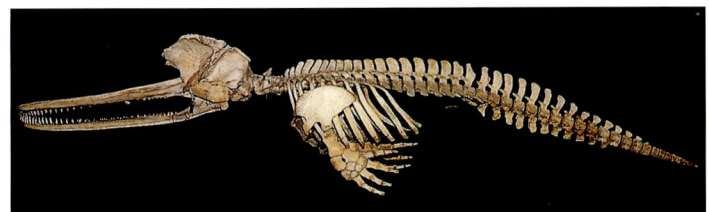

DIE SCHMALEN KIEFER des Ganges-Delphins (links) sind mit ineinandergreifenden, nadelartigen Zähnen besetzt.

kurrenzdruck zwischen den Arten verringert. Interessanterweise sind viele Zahnwale bei der Beutewahl recht flexibel. So ernähren sich Ostpazifische Delphine im offenen Meer von Fischen, Kalmaren und Garnelen aus mittleren Tiefen, während sie in seichten Gewässern auch Bodenbewohner und Rifforganismen fressen. Blau-Weiße Delphine ernähren sich in manchen Teilen ihres Verbreitungsgebiets hauptsächlich von Kalmaren, in anderen Regionen jedoch von Fischen aus mittleren Wassertiefen.

Einige Zahnwale sind Spezialisten ohne direkte Konkurrenten. So verfügt der Ganges-Delphin über sehr schmale und lange Kiefer mit ineinandergreifenden, nadelartigen Zähnen, die ein schnelles Packen beweglicher Beutetiere ermöglichen. Der Ganges-Delphin schwimmt – vielleicht, um besser manövrieren zu können – zumeist auf der Seite.

Männliche Schnabelwale (Familie Ziphiidae) weisen im Unterkiefer ein Paar höchst charakteristischer, hervorstehender Zähne auf; den Weibchen fehlen dagegen große funktionstüchtige Zähne.

Die Zähne der Bullen entspringen an der Spitze des Kiefers (Cuvier-Schnabelwal) oder ein gutes Stück weiter hinten (Sowerby-Zweizahnwal). Männliche Schnabelwale weisen häufig längliche, offenbar aus Kämpfen stammende Narben auf.

Zahnwale arbeiten bei der Jagd zusammen. Gruppen von Amazonas-Sotalias können Fischschwärme mit einem koordinierten Angriff umzingeln. Kleine Schwertwalgruppen stellen einzelnen Bartenwalen nach und greifen diese auch an.

Auch die Großen Tümmler in den Flußmündungen entlang der nordamerikanischen Ostküste zeigen ein kooperatives Jagdverhalten (vgl. S. 93).

NAHRUNGSAUFNAHME DES POTTWALS

Der Pottwal ist nicht nur der größte Zahnwal, sondern zählt wegen seines seltsamen Gebisses, seines riesigen Kopfes und der großen Stirn auch zu den außergewöhnlichen Arten. Die zapfenartig herausstehenden Zähne im schmalen Unterkiefer fügen sich in die Taschen des breiten Oberkiefers ein. Die im Zahnfleisch verborgenen oberen Zähne sind zurückgebildet. Fossilienfunde deuten jedoch darauf hin, daß die Vorfahren des Pottwals die oberen Zähne noch gebrauchten.

Pottwale tauchen regelmäßig (rechts) in sehr große Tiefen, um riesige Tintenfische zu jagen. Man nimmt an, daß Pottwale ihre Beute mit Echoortung aufspüren und die Tintenfische einsaugen. (Auch Wale mit deformierten Kiefern können noch fressen; das Gebiß scheint somit keine große Rolle zu spielen.) Beweise für verbissene Tiefseekämpfe zwischen Kalmaren und Walen liegen nicht vor. Angesichts des Größenvorteils des Wales wäre dies auch eine sehr einseitige Angelegenheit. Mittelgroße Kalmare und – in Küstennähe – auch einige Fischarten dienen Pottwalen ebenfalls als Nahrungsquelle.

Ursprünge und Anpassungen

FEINDVERMEIDUNG

Wale mußten im Laufe ihrer Millionen Jahre währenden Existenz Strategien entwickeln, um den Angriffen ihrer Feinde zu begegnen.

Die natürlichen Feinde der Wale sind Orcas und Haie, in der Arktis auch Eisbären (oben), die gestrandete Belugas erbeuten. Nahe Verwandte des Schwertwals, der Kleine Schwertwal und der Zwerggrindwal, wurden ebenfalls bei Angriffen auf andere Wale beobachtet. Keine Walart ist vor Angriffen sicher (vielleicht mit Ausnahme des Schwertwals selbst): Auch die größten Wale, der Blau- und der Finnwal, können attackiert und getötet werden.

GRUPPENBILDUNG

Die einfachste Verteidigungsstrategie, die Wale entwickelt haben, ist die Gruppenbildung. Die Entdeckung von Räubern wird durch das Zusammenwirken des Sehsinns, des Gehörs und der Echoortung aller Gruppenmitglieder erleichtert. In einer großen Gruppe ist das Risiko des Individuums, erbeutet zu werden, weitaus geringer als dies bei Einzelgängern der Fall wäre. Die Gruppenmitglieder können zudem helfen, Angreifer zu vertreiben. Meeresdelphine wie der Ostpazifische Delphin und der Zügeldelphin bilden manchmal Gruppen aus Tausenden von Tieren.

Zweifellos stellen Haie in vielen Regionen der Welt Delphinen heftig nach. Bei Sarasota (Florida) haben 20 Prozent der Großen Tümmler von Haien verursachte Wunden und Narben, während über ein Drittel der Tümmler in der australischen Moreton-Bucht Spuren von Haiangriffen aufweist. Gelegentlich wird berichtet, daß Delphingruppen Haien nachstellen und diese angreifen.

Allerdings gehört die oft vertretene Ansicht, Delphine seien Haien überlegen, tatsächlich ins Reich der Fabel. Die meisten der an Delphinen und anderen Zahnwalen sichtbaren Narben stammen jedoch wahrscheinlich von aggressiven Interaktionen der Wale untereinander.

KAMPF ODER FLUCHT?

Werden Wale attackiert, können sie auf verschiedene Weise reagieren. Entweder sie fliehen, oder sie stellen sich dem Kampf – wenn sie z. B. langsame Schwimmer sind oder Junge haben. Die langsamen Pottwale nehmen manchmal die sogenannte „Margeriten-Formation" ein. Hierbei bilden die Alttiere einen Kreis, wobei ihre Köpfe in Richtung des Zentrums und ihre Fluken (als Verteidigungswaffen) nach außen weisen. Junge oder verletzte Tiere werden innerhalb des Kreises plaziert. In einem Fall näherten sich Walfänger einer um einen verletzten Pottwal gebildeten „Margerite" und harpunierten fast alle Gruppenmitglieder, da diese sich weigerten, ihre Gefährten zu verlassen. Pottwale und andere Arten tauchen manchmal in große Tiefen ab, um Angreifern zu entkommen.

Viele Zahnwalarten sind für ihr „fürsorgliches" Verhal-

FLOWER POWER *Wenn eine Schwertwalschule angreift, ordnen Pottwale ihre Körper in einem schützenden Kreis an, der sogenannten „Margeriten-Formation", um Junge oder verletzte Alttiere zu schützen. Nur wenige Räuber würden sich in die Nähe der peitschenden Schwänze und Fluken wagen, die ihnen auf diese Weise zugewandt sind.*

70

Feindvermeidung

EIN BUCKELWALWEIBCHEN (links) schirmt ihr Junges mit dem Körper ab. Ostpazifische Delphine bei Lanai (Hawaii) suchen in einer großen Gruppe Schutz.

ten bekannt, bei dem einzelne Tiere einen kranken oder bedrohten Artgenossen begleiten und ihn sogar verteidigen. Diese Form des Altruismus hat normalerweise seine biologische Grundlage in einer genetischen Verwandtschaft. Solche Tiere sind in der Regel direkt miteinander verwandt, oder es handelt sich bei ihnen um Weibchen, die den Nachwuchs verwandter Artgenossen betreuen.

Bartenwale bilden kleinere Gruppen als Zahnwale und verfügen über weniger feste und dauerhafte soziale Bindungen. Mit Ausnahme der Mütter, die ihre Kälber verteidigen, gibt es keine sicheren Belege, daß Bartenwale Artgenossen gegen Angriffe verteidigen. Viele Buckelwale und andere Arten tragen Narben an den Fluken, die vermutlich von Schwertwalangriffen stammen.

Buckelwale wurden dabei beobachtet, wie sie mit heftigen Schwanzschlägen, mit Drehen und mit Rollen auf Schwertwalangriffe reagieren. Solange er sich nicht kraftvoll zur Wehr setzt, gibt es nur wenig, was ein einzelner Bartenwal unternehmen kann, um sich gegen einen derart übermächtigen Angriff zu verteidigen. Dennoch reagieren nicht alle Bartenwale auf diese Weise.

Ein von Schwertwalen im Golf von Kalifornien getöteter Bryde-Wal schien lediglich zu versuchen, davonzuschwimmen. Ein Grauwalmuttertier mit seinem Kalb bemühte sich ebenfalls nur, einem Schwertwalangriff durch Flucht zu entkommen. Wahrscheinlich hätten die Schwanzschläge dem Kalb ebenso schaden können wie dem Angreifer. Ein Südkaperweibchen, dessen Kalb vor Südaustralien von einem großen Weißhai übel zuge-

Selbsterhaltung ist das oberste Prinzip der Natur.

A Full Vindication,
ALEXANDER HAMILTON
(1757–1804), amerik. Politiker

richtet wurde, wies allerdings ebenfalls schwere Verletzungen auf – vielleicht verursacht bei dem Versuch, das Kalb zu verteidigen.

WEITERE TAKTIKEN
Pottwale zeigen manchmal ein außergewöhnliches Verteidigungsverhalten, das faszinierende Parallelen zu der Taktik ihrer bevorzugten Beute aufweist – den Kalmaren, die in eine Tintenwolke eingehüllt fliehen. Wenn sie bedroht werden, können Pottwale und Kleine Pottwale Tarnwolken aus Exkrementen abgeben. Es stellt sich die Frage, ob sie diese Taktik aufgrund der Millionen Jahre langen Tintenfischjagd entwickelt haben. Eine passivere Form der Tarnung ist die für viele kleinere Wale typische kontrastierende Färbung, die sie für Haie schwerer erkennbar macht. Weitere defensive Verhaltensweisen sind unter anderem Scheinangriffe, das „Aufplustern", lautes Blasen, Drohgebärden wie Flukeschlagen und Springen.

EIN SCHWERTWAL fühlt sich durch ein Boot bedroht und schlägt deshalb mit der Fluke.

Ursprünge und Anpassungen

Die Wahrnehmung der Unterwasserwelt

Wale haben ihre Sinnesorgane in bemerkenswerter Weise an das Leben im Wasser angepaßt.

Das Sinnessystem der Wale ist hervorragend dafür geeignet, Signale unter Wasser wahrzunehmen. So bewegt sich Schall in der Luft mit etwa 340 m pro Sekunde, ist im Wasser jedoch etwa 4,5mal schneller. Dennoch können Wale den Schall wahrnehmen und interpretieren. Düfte hingegen verteilen sich in der Luft weitaus rascher als im Wasser, und eine Säugernase ist nicht dafür geschaffen, unter Wasser zu riechen.

Licht spielt im Oberflächenwasser eine wichtige Rolle, wobei die Augen mit Blautönen anstelle des vollen Farbspektrums auskommen müssen. Der Auftrieb des Wassers hebt die Schwerkraft fast völlig auf und erlaubt weitaus mehr dreidimensionale Bewegungen. Das bedingt jedoch auch eine andere Form von Körperkontrolle, wie sie die Landsäuger nicht haben müssen.

Die Bedeutung der Sinne

Hören, Sehen und Fühlen scheinen für Wale ebenso wichtig zu sein wie für andere Säuger. Diese Sinne sind an der Orientierung, der Kommunikation, der Nahrungsaufnahme und der Fortpflanzung beteiligt und wirken zudem mit allen anderen Sinnen zusammen, um die Umgebung beständig zu überwachen. Man nimmt an, daß auch noch weitere Sinne vorhanden sind und benutzt werden, ihre Funktionsweise ist jedoch unklar. Zu diesen Sinnen zählen neben dem Geschmacks- und Geruchssinn die Fähigkeiten, Schwerkraft, Beschleunigung, Druck, Temperatur und magnetische Felder wahrzunehmen.

Sehen

Das Walauge muß in einer besonderen Umgebung funktionieren: Temperatur und Druck können sich zu jeder Zeit rasch ändern, die Lichtverhältnisse variieren von nahezu Sonnenlichtstärke bis hin zu völliger Dunkelheit, und beim Schwimmen im Wasser trommelt ein steter Strom aus Partikeln und vielen Kleinorganismen auf das Auge ein, das ein sehr sensibles Organ ist.

Es wird jedoch durch eine dicke Schleimschicht geschützt. Die Augenmuskeln können die Lider nur teilweise schließen, dafür aber das Auge zurückziehen und wahrscheinlich auch hervortreten lassen. Die Ziliarmuskeln, die bei anderen Säugern Größe und Schärfeeinstellung der Linse regulieren, fehlen bei Walen völlig.

Da die Schärfeeinstellung des Walauges auf das Medium Wasser abgestimmt ist, sind Wale an der Oberfläche etwas kurzsichtig.

Dennoch können gefangene Tiere zweifellos über Wasser sehen und komplexe Bewegungen ausführen, die eine rasche visuelle und physische Koordination erfordern.

AUSSCHAU *Obgleich er an der Luft vermutlich kurzsichtig ist, orientiert sich dieser Buckelwal (links) beim „spyhopping" visuell.*

Die Wahrnehmung der Unterwasserwelt

BERÜHRUNGEN Ein Pottwalweibchen und ihr Junges (oben) berühren sich und suchen ständigen Körperkontakt. Die Zunge des Großen Tümmlers (links) besitzt Geschmacksknospen.

TASTEN

Wale und Delphine sind ausgesprochen sensibel für Berührungen. Diese haben eindeutig eine soziale Funktion. Aneinanderreiben und sexuelle Kontakte – auch zwischen gleichgeschlechtlichen Tieren und zwischen verschiedenen Arten – sind weit verbreitet.

Walen fehlen die für viele Säuger typischen hervorstehenden Tasthaare. Zahlreiche Arten besitzen allerdings vereinzelte Sinneshaare. So weisen junge Zahnwale oft einige Borsten an der Oberlippe auf, während erwachsene Bartenwale häufig über gut entwickelte Lippenhaare verfügen.

SCHMECKEN UND RIECHEN

Anatomische Untersuchungen der Zunge belegen die Existenz von Geschmacksknospen. Gefangene Delphine können ein geringes Spektrum an Geschmacksrichtungen unterscheiden. Sie zeigen auch Vorlieben für bestimmte Nahrungsobjekte, was für eine gewisse Schlüsselrolle des Geschmackssinns spricht. Man vermutet, daß der Geschmackssinn für das Erkennen der verschiedenen Körpersekrete wichtig ist, die als soziale Signale sexuelle Empfänglichkeit oder Gefahren anzeigen. Bei einigen Arten befindet sich an der Vorderseite des Mauls das sogenannte Jacobsonsche Sinnesorgan, das die Geschmacksfähigkeit wahrscheinlich noch erweitert.

Das Vorhandensein eines Geruchssinns ist etwas umstritten. In der Nase der Bartenwale befindet sich eine kleine Nasenhöhle mit schnörkelartigen Knochen für die Riechschleimhäute und Geruchsnerven, deren Größe auf einen im Vergleich mit Landsäugetieren sehr reduzierten Geruchssinn hindeutet. Bei Zahnwalen, die keine separate Nasenhöhle besitzen, konnten Geruchsnerven noch nicht endgültig nachgewiesen werden.

WEITERE SINNE

Das Vorhandensein von druckkompensierenden Mechanismen bei Cetaceen legt die Existenz entsprechender Sensoren nahe.

Wie bei allen Säugern nehmen auch bei Walen drei winzige Bogengänge im Innenohr Beschleunigung und Schwerkraft wahr. Bei Walen sind diese Bogengänge kleiner als erwartet, was darauf hindeutet, daß sie bei der Wahrnehmung von Drehung und Beschleunigung eine untergeordnete Rolle spielen.

Magnetit (Eisenoxid) ist ein biomagnetisches Mineral, das in zahlreichen Organismen – einschließlich einiger Wale – vorkommt. Der Biomagnetismus ermöglicht es Tieren, sich am Magnetfeld der Erde zu orientieren. Bei Cetaceen ist er möglicherweise bei Wanderungen und Massenstrandungen von Bedeutung.

> *Sehen, Hören und Fühlen sind Wunder, und jeder Teil und jeder Fetzen von mir ist ein Wunder.*
>
> „Gesang von mir selbst", Grashalme,
> WALT WHITMAN (1819–92), amerik. Dichter

Ursprünge und Anpassungen

STIMMEN AUS DER TIEFE

Wale und Delphine erzeugen bewußt ein breites Spektrum von Lauten, die sie zur Kommunikation verwenden.

Wale nutzen die Eigenschaften des Schalls unter Wasser hervorragend aus. Schall eignet sich sowohl über als auch unter Wasser besser für die Kommunikation über lange Strecken als sichtbare Signale. Er bewegt sich im Wasser fast fünfmal schneller fort als in der Luft; tatsächlich können niederfrequente Schallwellen sehr lange Strecken zurücklegen. Zahnwale setzen hochfrequente Töne zur Echoortung ein (vgl. S. 76).

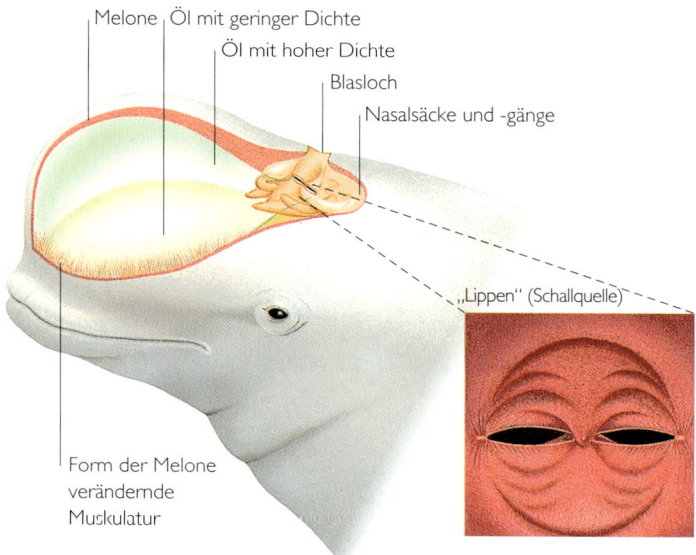

GERÄUSCHE *Noch immer ist ungeklärt, wie Belugas Laute produzieren. Die hochfrequenten Echoortungstöne werden jedoch vermutlich in der Melone gebündelt.*

LAUTÄUSSERUNGEN

Wale produzieren Laute, deren Bandbreite insgesamt von sehr tiefen bis zu sehr hohen Frequenzen reicht. Auch einzelne Arten weisen einen breiten Frequenzbereich auf, und die meisten Spezies erzeugen mehrere verschiedene Laute. Die Geräuschpalette der Bartenwale umfaßt neben sehr niederfrequenten Stöhn- und Rülpslauten auch bellende, niesende, blubbernde, klopfende, grunzende und jaulende Geräusche. Delphine produzieren höherfrequente Pfeif-, Quiek- und Klicktöne, die einzeln, explosionsartig gehäuft oder kontinuierlich ausgestoßen werden. In Konfliktsituationen können Delphine auch „zähneklappernde" Laute erzeugen. Andere, mit dem Körper verursachte Geräusche wie Schläge auf das Wasser können ebenfalls Kommunikationszwecken dienen.

ERZEUGEN UND HÖREN VON TÖNEN

Normalerweise produzieren Säugetiere Laute mit Hilfe des Kehlkopfs, einem komplexen Organ innerhalb der Atemwege. Die elastischen Stimmbänder im Kehlkopf vibrieren, wenn die Luft über sie streicht. Trotz jahrelanger

MIT KREISCHLAUTEN *drohen diese Atlantischen Gefleckten Delphine.*

Stimmen aus der Tiefe

LAUTE UND DIALEKTE DER SCHWERTWALE

Der Schwertwal (rechts) erzeugt komplexe „diskrete Rufe" – charakteristische Laute, die eventuell als akustische „Erkennungszeichen" einzelner Schulen dienen. Diese zumeist pulsartig wiederholten Töne sind sehr stereotyp; häufig sind sie auf Wanderungen und bei der Nahrungssuche zu hören. Jede Schule besitzt einen typischen und relativ stabilen Dialekt, wobei die Rufe einzelner Tiere leicht variieren können. Das hängt vielleicht mit dem individuell unterschiedlichen Erlernen der Rufe zusammen. Befinden sich Orcas dicht beieinander, werden die Rufe variabler.

Studien ist nicht klar, wie und ob Wale ihren Kehlkopf überhaupt für die Lauterzeugung einsetzen. Bei Bartenwalen vermutet man die Geräuschquelle im Kehlkopf, da andere lautgenerierende Strukturen offensichtlich fehlen.

Allerdings haben Bartenwale keine Stimmbänder, so daß wohl andere Teile des Kehlkopfs zur Geräuscherzeugung beitragen. Bartenwalen fehlen zudem die komplexen weichen Gewebestrukturen in der Nähe des Blaslochs, mit denen Zahnwale die hochfrequenten Töne für die Echoortung produzieren.

Der bei Menschen und anderen Säugetieren offene Gehörgang wird bei Bartenwalen von einem Wachspfropfen verschlossen. Der Gehörgang ist bei Zahnwalen nur noch rudimentär vorhanden.

Bei Odontoceten überträgt sich der Schall durch ein dünnes „akustisches Fenster" bzw. einen „Pfannenknochen" im Unterkiefer. Von dort aus leitet ein fetthaltiges Gewebe den Schall an große Ohrenknochen und danach an die verstärkenden Gehörknöchelchen weiter.

Wie Bartenwale hören, ist unklar, da die existierenden Arten kein Merkmal wie den noch bei ausgestorbenen Spezies vorkommenden „Pfannenknochen" besitzen. Sowohl bei Zahn- als auch bei Bartenwalen sind das linke und rechte Ohr durch komplexe luftgefüllte Hohlräume im Schädel voneinander isoliert.

Vermutlich ermöglichen diese Hohlräume den Cetaceen, die Richtung der Schallquelle besser zu erkennen.

FERNKONTAKT

Niederfrequente Geräusche legen unter Wasser lange Strecken zurück. So wurden Töne von Bartenwalen noch aus einer Entfernung von Hunderten von Kilometern wahrgenommen; auch Distanzen von Tausenden von Kilometern sind denkbar. Im Ozean können Unterschiede in Salzgehalt und Temperatur zur Bildung von ausgedehnten Tiefwasserbereichen mit ungewöhnlichen Dichteeigenschaften führen, die für den Schall wie Langstreckenkanäle wirken und niederfrequente Geräusche sogar über ganze Ozeane hinweg transportieren können.

BUCKELWALGESÄNGE

Buckelwalbullen (unten) singen unter Wasser, indem sie eine komplexe Abfolge von tiefen Grunzern sowie kreischende, zirpende, pfeifende und heulende Töne produzieren. Ein Gesang besteht aus zwei bis neun Einzelthemen, die in einer bestimmten Abfolge gesungen werden und wenige Minuten bis zu einer halben Stunde dauern können.

Die Gesänge sind hauptsächlich in den tropischen (winterlichen) Fortpflanzungsgebieten zu hören, teilweise aber auch im Sommer und Herbst in den kalten Nahrungsgebieten.

Die Funktion der Gesänge ist unklar. Einige Forscher halten sie für einen Teil des Fortpflanzungsverhaltens, andere Wissenschaftler sind der Ansicht, daß diese Gesänge der Aufrechterhaltung der sozialen Ordnung dienen.

Ursprünge und Anpassungen

ECHOORTUNG

Zahnwale und Delphine nutzen die Echoortung zur Orientierung und zur Beutejagd.

Delphine stoßen bei der Echoortung einen starken und gewöhnlich hochfrequenten Schallimpuls aus. Dieser prallt von einem Objekt ab, kehrt als Echo zurück und ermöglicht es, Entfernung, Position und Größe des Objekts zu bestimmen.

Zahnwale erzeugen rasch aufeinanderfolgende Klicklaute mit variablem Frequenzbereich. Die normalerweise in hohen bis sehr hohen Frequenzen angesiedelten Klicks variieren im Aufbau und weisen bei jeder Spezies typische Frequenzen und Muster auf.

Die Echoortung konnte nur bei etwa einem Dutzend in Gefangenschaft studierten Arten eindeutig nachgewiesen werden. Alle untersuchten freilebenden Zahnwale produzierten jedoch ähnliche Geräusche wie gefangene Tiere. Dies deutet darauf hin, daß die Echoortung ein entscheidendes Verhaltensmuster ist, das alle Zahnwale teilen – Pottwale, Zwergpottwale, Schnabelwale, Ganges- und Indus-Delphine ebenso wie andere Flußdelphine, Echte Delphine, Schweinswale, Narwale und Belugas. Anscheinend gehört auch eine erlernte Komponente zur Echoortung, da sie nicht alle Tiere von Natur aus beherrschen.

WIE FUNKTIONIERT SIE?

Zahnwale erzeugen die bei der Echoortung verwendeten Geräusche in den komplexen weichen Gewebestrukturen der Nasalgänge, die sich in der Stirn zwischen Schädeldecke und Blasloch befinden. Die große fetthaltige Melone (vgl. Abb. S. 74) ermöglicht es anscheinend, den Schall als gebündelten Impuls ins Wasser zu senden und wieder zu empfangen. Beim Pottwal ist vermutlich der Schädelknochen selbst ein akustischer Reflektor, der den Schallimpuls zusätzlich verfeinert.

Wenn Schall durch unterschiedlich dichte Medien wie Knochen, Gewebe und Wasser übertragen wird, wäre eine Abschwächung zu erwarten. Unklar ist, wie Zahnwale solche „Übertragungsverluste" beim Senden und Empfangen der Töne verhindern.

Die Echoortung erfordert eine komplexe Unterscheidung verschiedener Geräuscharten. Der Abstand zum Ziel läßt sich anhand der Zeitspanne bestimmen, die das Echo benötigt, um zurückzukehren. Dies bedeutet jedoch, daß die ausgehenden Töne von den schwachen Echos unterschieden werden müssen. Ebenso muß das empfindliche Ohr vom intensiven Geräuschpegel der schallerzeugenden Region abgeschirmt werden. Diese Isolierung bilden komplexe luftgefüllte Hohlräume im Kopf. Vermutlich trennen sie auch die beiden Ohren voneinander und ermöglichen so ein Richtungshören.

Der zurückkehrende Schall wird an der Seite des Kopfes aufgefangen und über eine Reihe von Strukturen an das Ohr weitergeleitet: einen „Pfannenknochen" im Kiefer, einen fetthaltigen Hohlraum, einen großen Ohrenknochen (der die Funktion des Trommelfells erfüllt) und einer verstärkenden Kette von drei winzigen Knöchelchen. Im Innenohr nimmt die spiralförmige Cochlea (Schnecke) den Schall auf und

EIN GROSSER TÜMMLER (oben) spürt mit der Echoortung Fische im Meeresboden auf: Ein Schallimpuls prallt von einem Objekt ab (rechts), dessen Echos ausgewertet werden.

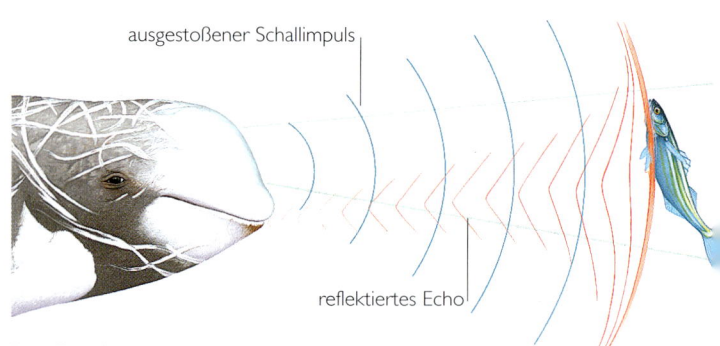

ausgestoßener Schallimpuls

reflektiertes Echo

Rundkopfdelphin

Echoortung

sendet akustische Reize an das Gehirn. Wie das Gehirn diese Reize verarbeitet und interpretiert, ist nicht genau bekannt.

WARUM IST SIE SO WICHTIG?

Die Echoortung funktioniert auch dort, wohin kein Tageslicht mehr vordringt: im sedimentgetrübten Wasser der Küsten und Flüsse und in den dunklen Wassertiefen unterhalb von etwa 45 m. So erschließt die Echoortung den Zahnwalen fast alle Gewässer dieser Welt. Aus der Form fossiler Schädel und Ohrenknochen läßt sich schließen, daß Zahnwale seit ihren frühesten Anfängen vor etwa 30 Mio. Jahren die Fähigkeit der Echoortung besitzen. Vielleicht erklärt dieses hochentwickelte Verhalten auch, weshalb Zahnwale bei Körperbau und Lebensgewohnheiten eine größere Vielfalt als jede andere Gruppe von Meeressäugern haben.

ECHOORTUNG, SONAR UND RADAR

Zahnwale setzen Töne auf genau dieselbe Weise ein wie der Mensch das Sonar. Allerdings verwenden wir es erst seit etwa 50 Jahren, während Wale die Echoortung seit Millionen von Jahren benutzen. Das Sonar nimmt anhand von Schallwellen und deren reflektiertem Echo die Existenz, Distanz und Position von Objekten wahr. Neben den Zahnwalen bedienen sich auch Fledermäuse dieser Methode. Auch viele andere Säugetiere (z. B. Nagetiere, Insekten- oder Fleischfresser) nehmen hohe Frequenzen wahr, aber es gibt nur wenige gesicherte Beweise, daß sie Echoortung anwenden.

WIE EFFEKTIV IST ECHOORTUNG?

Die Echoortung wurde durch Beobachtungen an Zahnwalen in Gefangenschaft entdeckt. In den 50er Jahren gelang der Beweis, daß sich Delphine mühelos mit verbundenen Augen zwischen Hindernissen bewegen

ZIELSICHER *Ein Atlantischer Gefleckter Delphin ergreift einen winzigen Nadelfisch.*

GEEIGNETE MITTEL *Trotz der Fähigkeit zur Echoortung orientieren sich diese beiden Orcas visuell, um vielleicht einen der Kaiserpinguine zu erwischen.*

können, ohne an diese zu stoßen, und sich ebenso gut im Dunkeln zurechtfinden. Versuche zeigen, daß einige Arten die Echoortung so perfekt beherrschen, daß sie aus bis zu 10 m Entfernung Objekte mit einem Durchmesser von etwa 1,5–3 mm erkennen.

Berichten zufolge können einige Delphine Kugellager mit einem Durchmesser von 5 cm und 6,5 cm voneinander unterscheiden. Generell scheint das Zahnwal-Sonar ein Sinn für kurze und mittlere Distanzen zu sein, der im Abstand von ca. 10 m am besten funktioniert.

Ursprünge und Anpassungen

Die Wanderungen der Wale

Die saisonalen Wanderungen der Wale zwischen ihren Fortpflanzungs- und Nahrungsgebieten bezeichnet man als Migration.

Die Jahreszeiten bestimmen die Wanderungsbewegungen vieler Lebewesen, so auch die einiger Wale. Die Auswirkungen des Jahreszeitenwechsels sind in hohen Breitengraden, in denen lange Sommertage und das schmelzende Eis des Meeres eine massive Blüte des mikroskopischen pflanzlichen Planktons (oder Phytoplanktons) auslösen, am stärksten. Dieses wird von Krill, Copepoden und anderem Zooplankton gefressen, von dem sich wiederum Vögel, Robben, Kalmare, Fische und Wale ernähren. Wenn die Polarmeere im Winter zufrieren, verlangsamt sich die Bioproduktion, und viele Arten wandern in wärmere Regionen, deren Gewässer vergleichsweise arm an marinem Leben sind.

Bartenwale

Bartenwale sind die größten Wanderer unter den Cetaceen und verbringen fast ebensoviel Zeit auf ihren Wanderungen wie in ihren Fortpflanzungs- und Nahrungsgebieten. Außer den Bryde-Walen, die ganzjährig in warmen Gewässern bleiben, unternehmen alle Arten Nord-Süd-Migrationen zwischen den kalten Gewässern der sommerlichen Nahrungsgebiete und den gemäßigten bis tropischen Fortpflanzungsgebieten, wo sie sich im Winter aufhalten.

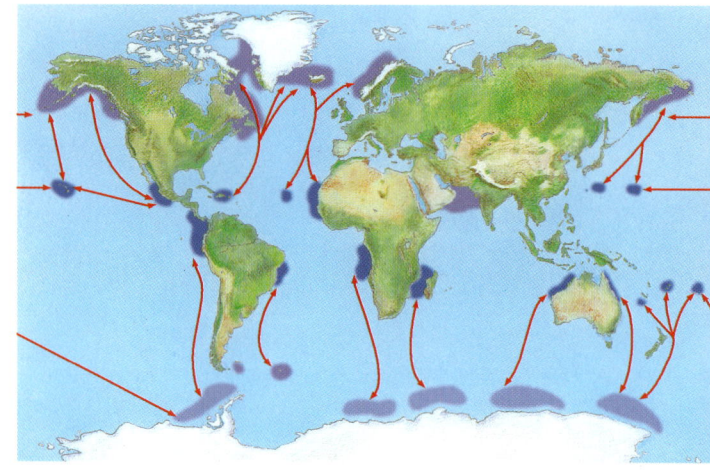

● *Fortpflanzungsgebiete*
● *Nahrungsgebiete*

OHNE GRENZEN *Karte der Migrationsmuster verschiedener Buckelwalpopulationen. Der Finnwal (oben links) ist ein schneller und leistungsfähiger Wanderer.*

Pazifische Grauwale lassen dabei ein typisches Verhaltensmuster erkennen. Zu Beginn des Winters ziehen sie – vielleicht als Reaktion auf durch die kürzeren Tage ausgelöste hormonale Veränderungen – südwärts in die warmen, seichten Lagunen entlang der mexikanischen Küste, um sich fortzupflanzen. Ab Februar wandern sie nach Norden, um entlang der Küste Alaskas und in der Beaufort-See Nahrung zu suchen. Mütter mit neugeborenen Kälbern bleiben länger als die anderen in den Aufzuchtgebieten, damit ihre Jungen für die bevorstehende Reise Kraft sammeln können.

Buckelwale zeigen ein ähnliches Verhalten. Sie paaren sich im Nordatlantik in der Nähe der Karibischen Inseln und wandern im Frühjahr entlang der Westseite des Atlantiks nordwärts in die sommerlichen Nahrungsgebiete zwischen dem Golf von Maine und Island. Eine kleinere Population pendelt zwischen Norwegen und Westafrika bzw. den Kapverdischen Inseln. Nordpazifische Buckelwale pflanzen sich vor der Küste von Mexiko, bei Hawaii und vor den japanischen Südinseln fort, während die Nahrungssuche vor den Küsten des nördlichen Pazifikrandes stattfindet.

Auf der Südhalbkugel ist der Ablauf der Jahreszeiten umgekehrt, so daß sich Buckelwale zwischen Juni und Oktober an den tropischen Küsten der südlichen Kontinente und vor Pazifikinseln wie Neu-Kaledonien und Tonga vermehren. Den Sommer verbringen diese Populationen im krillreichen Südpolarmeer. Die längsten Wanderungen aller Säugetiere

Die Wanderungen der Wale

BUCKELWALE (rechts) können zwar bis zu 8 km/h schnell schwimmen, rasten auf ihren ausgedehnten Wanderungen jedoch häufig, weshalb sie pro Stunde tatsächlich nur 1,6 km vorankommen. Ein einjähriges Grauwaljunges (unten) vor Kalifornien

unternehmen Buckelwale, die sich im Sommer vor der Antarktischen Halbinsel südlich von Kap Hoorn aufhalten und sich an den Küsten Kolumbiens und Costa Ricas fortpflanzen.

Im Arabischen Meer ist eine außergewöhnliche Buckelwalpopulation beheimatet, die nicht wandert, da das in den Fortpflanzungsgebieten warme und produktive Wasser eine umfangreiche Nahrungsgrundlage stellt.

Die meisten Südkaper bleiben im mittleren Südpolarmeer, wobei manche aber an der antarktischen Packeisgrenze Nahrung aufnehmen. Ihre Aufzuchtgebiete befinden sich hauptsächlich an den Südküsten Afrikas, Südamerikas und Australiens. Über die von Blau-, Finn-, Sei- und Zwergwalen aufgesuchten Fortpflanzungsgebiete ist – außer daß sie wahrscheinlich in warmen und tiefen Tropengewässern liegen – kaum etwas bekannt.

ZAHNWALE

Die meisten Zahnwale unternehmen nicht die für Bartenwale typischen ausgeprägten Wanderungen. Viele leben eher nomadisch anstatt zu wandern. Lange dachte man, daß Schwertwale die antarktischen Gewässer verlassen, doch überwintern und vermehren sich zumindest einige von ihnen im Eismeer. Eine Art, deren Wanderrouten bekannt sind, ist der Pottwal, der ein einzigartiges Migrationsverhalten aufweist. Während die Muttertiere und die sexuell unreifen Bullen den Sommer über in gemäßigten tropischen Gewässern bleiben, wandern geschlechtsreife Bullen in Polargewässer, wo sie sich von den gewaltigen Tintenfischvorkommen ernähren, ehe sie im folgenden Winter in die Aufzuchtgebiete zurückkehren.

WARUM WANDERN WALE?

Die langen Wanderungen der Wale sind mit hohem Energieaufwand verbunden. Man nimmt an, daß Bartenwale auf ihrer Wanderung die meiste Zeit über fasten und bis zu acht Monate des Jahres von ihrem Blubber und Fett leben. Bei einem Muttertier, das während der Wanderung kalbt, kann der Gewichtsverlust insgesamt bis zu 50 Prozent betragen, was bei einem vollständig ausgewachsenen Blauwalweibchen einen Verlust von etwa 81 t bedeuten würde.

Wandernden Walen steht somit wohl nur ein „knapp kalkuliertes Energiebudget" zur Verfügung.

BEI POTTWALEN unternehmen nur erwachsene Bullen (unten) lange Wanderungen.

*Als sie auf die Seite fielen,
spritzte das Wasser hoch auf,
und es donnerte wie eine entfernte Breitseite.*
Reise um die Welt 1831–36,
CHARLES DARWIN (1809–1882), englischer Naturforscher

KAPITEL 4
SOZIAL- UND INDIVIDUALVERHALTEN

Sozial- und Individualverhalten

GEMEINSCHAFTSLEBEN

Die soziale Organisation der Wale ergibt sich häufig aus der Ökologie ihrer Beutetiere und dem Grad der Zusammenarbeit bei der Jagd.

Zu den faszinierendsten Aspekten der Walbeobachtung zählt das Studium des Sozialverhaltens. Dabei geht es vor allem um drei Dinge: Ernährung, Fortpflanzung und Schutz vor Räubern. Bei allen Arten bilden Muttertiere und Junge die Grundeinheit der Gruppe; darüber hinaus treten jedoch Unterschiede auf.

Die Nahrungsbeschaffung ist vermutlich der wichtigste Faktor, der die Struktur einer Wal-Gesellschaft bestimmt. Darüber hinaus ist die grundlegende Unterscheidung zwischen Barten- und Zahnwalen zu treffen. Die erste Gruppe verfügt über Bartenplatten, die zum Verschlingen von Kleintierschwärmen dienen; die andere besitzt Zähne, um einzelne, größere Beutetiere zu packen.

ZAHNWALE

Zahnwale bewohnen eine Vielfalt aquatischer Lebensräume, die sich von den

tiefen Polarmeeren bis zu tropischen Flüssen und Flußmündungen erstrecken. Die Gruppengröße reicht vom Fast-Einzelgänger bis hin zu großen Verbänden mit Tausenden von Tieren. Zwar sind Zahnwalherden zumeist stabiler und größer als die der Bartenwale, doch treten z. B. Flußdelphine auch in sehr kleinen Gruppen oder sogar einzeln auf. Sie leben in einer beständigen Umgebung, in der die Beute relativ gleichmäßig verteilt ist, und sie müssen sich seltener gegen andere Räuber behaupten. Delphine, die nahe der Küste leben, sind dagegen Räubern stärker ausgesetzt und treffen auf eine ungleich-

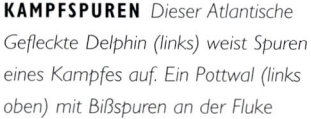

KAMPFSPUREN *Dieser Atlantische Gefleckte Delphin (links) weist Spuren eines Kampfes auf. Ein Pottwal (links oben) mit Bißspuren an der Fluke*

mäßige aber zum Teil dichtere Beuteverteilung. Sie schließen sich entsprechend zu größeren Gruppen zusammen. Die größten Wal-Verbände bilden Hochseedelphine, die auf der Suche nach ihrer verstreuten Beute weite Strecken zurücklegen. Sie bewegen sich in kleinen, dauerhaften Gruppen mit engen Verwandtschaftsbeziehungen, die sich mit gleichartigen Gruppen zeitweise zu Herden mit Tausenden von Tieren vereinigen.

Zahnwalgemeinschaften erlangen ihre Stabilität durch die engen Beziehungen untereinander. Die meisten Arten sind auf die Weibchen ausgerichtet, d. h. erwachsene Weibchen bilden den Kern der Gruppe. Die Männchen verlassen in der Pubertät die Gruppe und schließen sich anderen Gruppen an, was Inzucht verhindert. Ausnahmen hiervon stellen z. B. Schwert- und Grindwal dar: Alle Mitglieder gehören lebenslang der gleichen Gemeinschaft an, nur die Paarung findet zwischen verschiedenen Gruppen statt. Dies führt zu einem starken

DIESES BUCKELWALPAAR *(links) sucht Nahrung oder erfreut sich einfach an der Gesellschaft des anderen.*

Gemeinschaftsleben

UNABHÄNGIG Zahnwale wie den Amazonas-Delphin (links) trifft man oft einzeln oder in Kleingruppen an.

sozialen Zusammenhalt und zu Kooperation, die besonders bei den gut koordinierten Jagdzügen der Orcas zum Ausdruck kommt.

Ein anderes, bekanntes und häufig tragisches Beispiel für den Zusammenhalt von Zahnwalgemeinschaften ist das Phänomen der Massenstrandungen (vgl. S. 98). Die Wissenschaft kann bisher noch keine Aussagen zur persönlichen Beziehung zwischen einzelnen Walen machen. Aber im Sinne der Arterhaltung ist es das Risiko wert, verwandten Artgenossen zu helfen, wenn dadurch die gemeinsamen Gene eine bessere Überlebenschance erhalten.

Im Sozialleben herrscht jedoch nicht nur eitel Sonnenschein. Es gibt Rangordnungen, in denen untergeordnete Individuen nachdrücklich an ihre Stellung erinnert werden, was sich am besten bei Delphinen in Gefangenschaft beobachten läßt. In freier Wildbahn dient die Rangordnung dazu, Anrechte auf Nahrung oder Geschlechtspartner zu regeln.

Der Sozialstatus wird durch Körpersprache und akustische Signale ausgedrückt, oft kommt es auch zu körperlichen Auseinandersetzungen.

BARTENWALE

Unser Wissen über Bartenwale stammt vor allem von Buckelwalen und Südlichen Glattwalen, da sich diese am einfachsten beobachten lassen. Die soziale Organisation in den Nahrungsgebieten hängt von der Nahrung ab – normalerweise verstreute Ansammlungen kleiner Fische und Crustaceen, die am besten von einer kleineren Walgruppe genutzt werden können. In so unterschiedlichen Nahrungsgebieten wie dem Golf von Maine und der Antarktis bestehen die Gruppen in der Regel aus zwei Tieren. Dabei handelt es sich meistens um zwei Weibchen bzw. um ein Männchen und ein Weibchen. In letzter Zeit fand man heraus, daß diese Paare oft jahrelang zusammenbleiben können, was darauf hindeutet, daß sie gute „Jagdteams" bilden.

Über das Sozialverhalten anderer Furchenwale ist wenig bekannt. In reichen Nahrungsgebieten treten manchmal große Verbände auf. In antarktischen Gewässern wurde einmal eine Gruppe von 50 Finnwalen und eine Gruppe von 25 Blauwalen gesichtet. Es gibt auch einen Bericht über 1 000 Zwergwale, die einen riesigen Krillschwarm abweideten.

Über die sozialen Beziehungen dieser Tiere weiß man jedoch fast nichts. Vor allem auf der Südhalbkugel sind die Blauwale so dezimiert worden, daß ihnen die Kontaktaufnahme und Gruppenbildung wohl sehr schwer fällt.

In dieser Welt hat nur der

einen Vorteil,

der ihn sich nimmt.

Adam Bede,
GEORGE ELIOT (1819–1880),
englische Romanautorin

Sozial- und Individualverhalten

Von der Paarung zur Geburt

*Nichts im Leben der Wale ist wichtiger
als die Erhaltung des eigenen Erbguts
und somit der eigenen Art.*

Tiere besitzen einen angeborenen Fortpflanzungstrieb. Bei jeder der 81 Cetaceen-Arten gibt es bestimmte Zeitabläufe, Verhaltensstrategien und physiologische Anpassungen, die ihr Überleben sichern.

Cetaceen weisen im Vergleich zu vielen anderen Säugetieren niedrige Fortpflanzungsraten auf. Das liegt daran, daß sie nur langsam wachsen, frühestens nach fünf oder sechs Jahren geschlechtsreif werden (viel später als manche andere Arten) und fast immer ein einzelnes Junges zur Welt bringen, das frühestens nach einem Jahr selbständig ist.

Die niedrige Reproduktionsrate wird dadurch wettgemacht, daß Wale im allgemeinen langlebig sind und die Weibchen während ihres Lebens viele Kälber austragen.

INTIMER MOMENT
Atlantische Gefleckte Delphine bei der Paarung

FORTPFLANZUNGSZYKLUS

Mehrjährige wissenschaftliche Untersuchungen toter Wale und Delphine erbrachten Erkenntnisse über die Fortpflanzungsfähigkeit der Wale zu verschiedenen Jahreszeiten. So scheint die Reproduktion eine zyklische Aktivität zu sein.

Bei vielen Walarten ist der Fortpflanzungszyklus eng mit den Jahreszeiten und – bei den wandernden Spezies – mit den Wanderungen verknüpft.

Dies trifft besonders auf die Bartenwale zu; bei beiden Geschlechtern steigt die Hormonausschüttung an, wenn sie sich dem Fortpflanzungsgebiet nähern, was vermutlich durch die veränderte Tageslänge oder Wassertemperatur hervorgerufen wird. Eine Ausnahme ist der in den Tropen lebende Bryde-Wal, der sich ganzjährig vermehrt.

Bei einigen Meeresdelphinen gibt es zwei Fortpflanzungsperioden – Frühjahr und Herbst. Andere Arten wie der

GRAFIKEN *der männlichen und weiblichen Fortpflanzungsorgane eines typischen Delphins (rechts)*

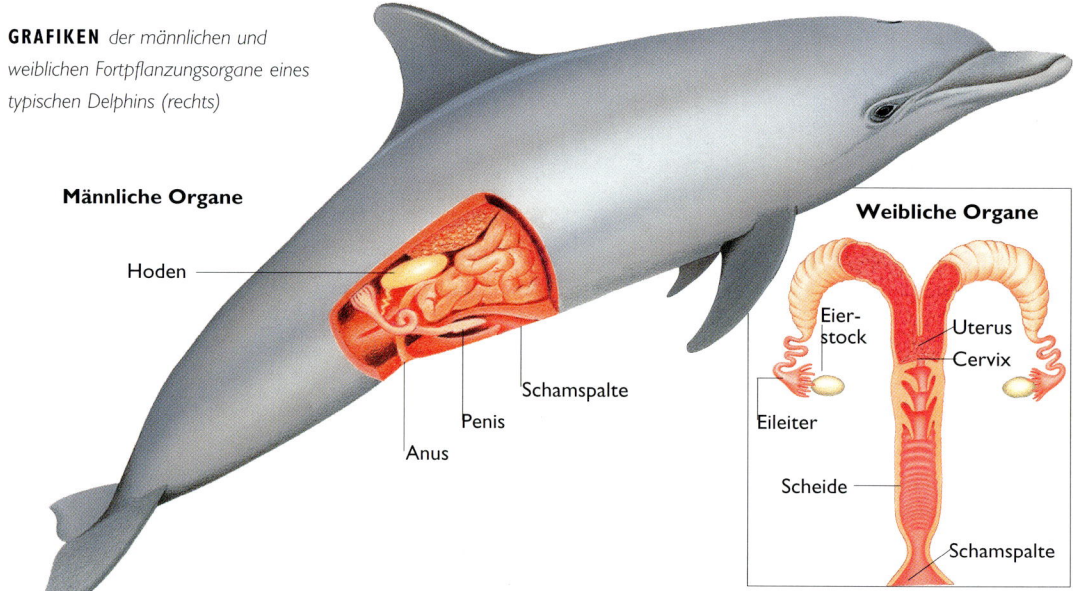

Von der Paarung zur Geburt

Geburt, Kopulation und Tod. Das ist es, worum sich letztlich alles dreht.

Sweeny Agonistes,
T. S. Eliot (1888–1965),
engl. Schriftsteller amerik. Herkunft

in Küstennähe lebende Große Tümmler, pflanzen sich das ganze Jahr über fort, da sich ihre Umwelt im Jahreslauf kaum verändert.

Die Verknüpfung von Migrations- und Fortpflanzungszyklus bedingt, daß die Paarungszeit kurz und intensiv ist. Die Tragzeit beträgt bei den meisten Arten etwa zwölf Monate, so daß die Paarung in den Fortpflanzungsgebieten stattfindet. Das Weibchen kehrt ein Jahr später zum Kalben dorthin zurück.

Aufgrund des hohen Energiebedarfs der trächtigen Weibchen, zu dem auch das Fasten während der Wanderung beiträgt, können sich diese nur selten mehrere Jahre in Folge paaren. Bei Bartenwalen dauert der Fortpflanzungszyklus somit zwei oder drei Jahre. Bei Zahnwalen kann er wegen der längeren Tragzeit noch länger sein.

Die Paarung

Sobald die Bullen und Weibchen in den Fortpflanzungsgebieten angekommen sind, beginnen komplexe Paarungsrituale. Keine Cetaceen-Art ist monogam: Entweder herrscht Promiskuität (beide Geschlechter haben jeweils verschiedene Partner; dies kommt bei Grauwalen und vielen Delphinarten vor), oder sie sind polygyn (Männchen paaren sich mit mehreren Weibchen, was bei Pott-, Schwert- und Narwalen der Fall ist).

Die Gesänge der polygynen Buckelwalbullen signalisieren den Weibchen, daß sie zwischen mehreren Partnern wählen können. Es folgt ein heftiger Wettbewerb der Männchen, in dem jeder Bulle versucht, die anderen aus der Rolle des „Hauptbegleiters" eines Weibchens zu verdrängen; dies bildet das Vorspiel zu den zärtlicheren Werbungs- und Paarungsritualen.

Die Männchen anderer Spezies wenden die verschiedensten Strategien an – diese reichen von den Paarungsgemeinschaften der Großen Tümmler (s. S. 92) bis zum

ZWEI ATLANTISCHE Gefleckte Delphine paaren sich, ein Rivale versucht dazwischenzugehen.

DUELL Narwalbullen nutzen ihre auffallend gedrehten Hörner im Kampf mit Rivalen.

Kampf um die Vormachtstellung bei Narwalen. Letztere setzen dabei – manchmal mit fatalen Folgen – ihre Hörner ein. Eine friedlichere Lösung stellt die Spermienkonkurrenz (s. S. 96) der Glattwale dar. Selbst nicht verwandte Bullen leisten sich gegenseitig Hilfe bei der Paarung und überlassen es ihren Samenzellen, den Kampf auf dem Weg zur Eizelle auszufechten.

Arten, die auf Spermienkonkurrenz vertrauen, besitzen einen längeren Penis, da die größere Länge einen entscheidenden Vorteil bedeuten kann.

Die Trächtigkeit

Bei wandernden Arten wie Buckel- und Grauwalen verlassen trächtige Weibchen als erste die Fortpflanzungsgebiete und kehren zu den sommerlichen Nahrungsgebieten zurück. Ein trächtiges Weibchen muß rasch genügend Fett ansetzen, um sich und den heranwachsenden Fötus über das nächste Jahr zu bringen.

Das ist keine leichte Aufgabe, da die meisten Bartenwale während der Wanderungen fasten. Hochträchtige Weibchen kehren auch als erste in das Geburtsgebiet zurück, weil ein frühzeitiges Kalben dem Jungen mehr Zeit zum Wachsen gibt, ehe es selbst auf Wanderschaft gehen muß.

Sozial- und Individualverhalten

Von der Geburt bis zum Tod

Obwohl sie von Geburt an vielen Gefahren ausgesetzt sind, haben viele Wale eine ähnlich hohe Lebenserwartung wie der Mensch.

Geburten wurden bisher fast nur bei in Gefangenschaft lebenden Walen beobachtet. Die Geburt ist eine gefährliche Phase für die Mutter, aber auch für das Junge, das auf die Mutter (eventuell auch auf „Tanten" oder Helfer) angewiesen ist. In Gefangenschaft gebären Delphine ihre Jungen mit dem Schwanz voraus und unter Wasser. Ein Grauwaljunges in der Baja California kam hingegen mit dem Kopf zuerst und über der Wasseroberfläche zur Welt.

Einzelgeburten sind bei Walen der Normalfall, wobei das Junge zumeist ein Drittel der Körperlänge der Mutter mißt.

Wenn das Junge geboren ist, führt die Mutter es zum entscheidenden ersten Atemzug an die Oberfläche. Dies ist der Beginn einer innigen Beziehung, die bei manchen Arten ein Leben lang dauert, bei anderen jedoch nach einem Jahr abgebrochen wird.

Der Vater hat nach der Paarung seine Aufgabe erfüllt, auch wenn Bullen manchmal Jungtiere verteidigen, die nahe mit ihnen verwandt oder wahrscheinliche Nachkommen sind. Bei Pott- und Grindwalen ist der Schutz der Jungen Gemeinschaftsaufgabe.

Frühe Kindheit

In den ersten Lebenswochen weicht das Junge kaum von der Seite der Mutter, und beide pflegen häufigen Körperkontakt. Die schwachen und wehrlosen Jungen können weder tief tauchen noch weit schwimmen und müssen ständig gesäugt werden, bis sie groß genug sind, um für sich selbst zu sorgen. Wenn sie kräftiger werden, wagen sie es, sich weiter aus der Sicherheit ihrer Mutter oder der Herde zu entfernen. Die Stillzeiten werden länger, aber seltener.

Walmilch ist sehr nahrhaft und enthält bis zu 40 Prozent Fett. Die Stillzeit variiert beträchtlich: Buckelwale stillen ihre Jungen fast elf Monate lang, während Zwerg-, Sei- und Finnwale zwischen vier und sechs Monaten stillen. Bei Blauwalen beträgt die Stillzeit sieben Monate; das Kalb nimmt dabei täglich um 85 kg zu, bis es schließlich fast 23 t wiegt.

Bartenwale entwöhnen ihre Kälber nach dem ersten Lebensjahr. Südkaper kommen exakt zwölf Monate nach der Geburt im Fortpflanzungsgebiet an. Sie lassen

EINE BUCKELWALMUTTER *mit ihrem Jungen (oben links). Ein Pottwaljunges (links) wird jahrelang gesäugt, manchmal bis zum 15. Lebensjahr. Am Bauch des neugeborenen Pottwals (unten) hängt noch ein Teil der Nabelschnur.*

Das Leben ist ein Glücksspiel mit grausig schlechten Chancen – man würde nicht darauf wetten wollen.

Rosencrantz und Guildenstern sind tot, Tom Stoppard (geb. 1937), englischer Dramatiker

Von der Geburt bis zum Tod

ENGE BANDE Vier bis sechs Monate lang wird die Seiwalmutter (links) ihr Junges säugen.

WIE ALT WERDEN WALE?

Eine Grundregel der Natur ist, daß große Tiere länger leben als kleine. Der Schweinswal, einer der kleinsten Wale, wird höchstens 15 Jahre alt, während große Wale bis zu 100 Jahre alt werden. Freilebende Große Tümmler erreichen ein Alter von 50 Jahren.

Bislang war eine Altersbestimmung nur anhand von Längsschnitten durch die Zähne von Zahnwalen oder durch die Wachspfropfen in den Ohren der Bartenwale möglich. Beide bauen sich aus Schichten auf, die jeweils einem Jahr entsprechen. Auch die dünne Zahnzementschicht unter dem Zahnschmelz besteht aus Schichten, die genaueste Berechnungen zulassen. Heute kann man besondere Kennzeichen fotografieren und dann vergleichen. So ist man in der Lage, das Leben einzelner Wale zu studieren, ohne ihnen Schaden zuzufügen.

Längsschnitt durch den Zahn eines Zahnwals mit Wachstumsschichten

Längsschnitt durch einen wächsernen Ohrpfropfen mit Wachstumsschichten

---

dann die Jungen einfach allein und schwimmen davon. Von nun an sind die Jungtiere Heranwachsende und haben kaum noch Kontakt zur Mutter.

Dies könnte die Ursache für die scheinbar losen Sozialbeziehungen in Bartenwal-Gesellschaften sein. Die meisten Zahnwale stillen ihre Jungen hingegen zwei Jahre oder länger; manche betagte Pottwalweibchen stillen ihre Jungen noch bis zum 10. oder 15. Lebensjahr.

Nachdem junge Wale ihre Mütter verlassen haben, müssen sie in einer Welt voller Gefahren zurechtkommen. Die Sterblichkeitsrate bei Walen ist deshalb in den ersten fünf Lebensjahren auch am höchsten; in dieser Zeit fordern Krankheiten, Raubtiere, Parasiten, Umweltgifte, Verletzungen, Fischernetze, Kollisionen mit Booten und die Jagd ihren Tribut. Trotz dieser Risiken erreichen die meisten Wale jedoch das Erwachsenenalter.

Heranwachsen

Während Wale heranwachsen, wird aus Spiel allmählich der Ernst des Lebens. Aus den spielerischen Kämpfen der Jungtiere entstehen die Paarungskämpfe der Erwachsenen.

Es werden Bündnisse geschlossen, die für eine erfolgreiche Paarung und Nahrungssuche wichtig sind. Das Leben der Wale ändert sich, wenn sie sich der Geschlechtsreife nähern. Bartenwale erlangen meist recht früh, d. h. im Alter von fünf bis sieben Jahren, ihre Geschlechtsreife, die mit der Körpergröße in Zusammenhang steht.

In dezimierten Populationen (z. B. bei den arktischen Seiwalen) steht jedem Einzeltier mehr Nahrung zur Verfügung, so daß sie schneller wachsen und früher geschlechtsreif sind. Die meisten männlichen Zahnwale leben bis zur Pubertät in der Herde der Mutter und schließen sich dann zu Gruppen junger Bullen zusammen.

Sozial- und Individualverhalten

DIE INTELLIGENZ DER WALE

Viele Wale besitzen ein relativ großes und komplexes Gehirn, doch sind sie deshalb bereits „intelligent"?

Schon in bezug auf Menschen ist „Intelligenz" ein schwieriger Begriff. Er kann vieles bedeuten – Wissen, die Fähigkeit, mit Vernunft und Urteilskraft zu analysieren, schnelles Denken oder rasche Auffassungsgabe. Was aber sagen diese unterschiedlichen Bedeutungen von Intelligenz wirklich aus? Und wie kann man die Intelligenz anderer Lebewesen feststellen?

DER INTELLIGENZ-QUOTIENT

Die menschliche Intelligenz ist kontextabhängig. Ihre Messung wird stark durch die jeweilige Versuchsanordnung bestimmt. Messungen menschlicher Intelligenz – IQ-Tests – sind deshalb standardisiert, um einen einfachen Ergebnisvergleich zu gewährleisten; allerdings bringt die Standardisierung selbst einen Kontextverlust mit sich.

Um die Intelligenz verschiedener Arten einzuschätzen, wird neben deren Verhalten auch die Struktur ihres Nervensystems untersucht. In zahlreichen Säugetierstudien wurden die beiden cerebralen Hemispären – die größten Teile des Gehirns – untersucht. In diesen Hirnlappen weist eine gut entwickelte Hirnrinde (Kortex) auf eine höhere Intelligenz hin. Eine weitere Kenngröße ist der sogenannte „Encephalisations-Quotient". Er bezeichnet das Verhältnis zwischen Gehirn- und Körpergröße und ist wohl ebenfalls mit der Intelligenz verknüpft. Arten, die ein größeres Gehirn haben, als es ihre Körpergröße erwarten ließe, sind anscheinend intelligenter.

Gerade im Vergleich zu anderen Säugern sind Cetaceengehirne generell größer, als man von der Körpergröße der Wale her schließen könnte. Der Encephalisations-Quotient ist also hoch. Das große Gehirn deutet auf die im Zusammenhang mit dem komplexen Hörsinn, der Kommunikation und der Fortbewegung notwendige Informationsverarbeitung hin. Doch nicht immer ist die relative Hirngröße hoch: Bei kleinen Flußdelphinen und beim großen Pottwal ist sie kleiner als erwartet.

An Walen wurden zahlreiche Verhaltenstests durchgeführt. Da sie jedoch nicht manipulativ sind und ihre Umgebung nicht in der gleichen Weise verändern und gestalten wie die meisten Säuger, ist unklar, welche Schlüsse die Versuche zulassen.

LERNFÄHIGKEIT

Untersuchungen an einigen Zahnwalarten in Gefangenschaft zeigen, daß sie kom-

ERLERNTES VERHALTEN *Ein Schwertwal (oben) spielt mit einem jungen Seelöwen. In einem Forschungszentrum wird die Lernfähigkeit eines Delphins (links) untersucht.*

Die Intelligenz der Wale

FÜRSORGEVERHALTEN
Ein Indischer Grindwal (rechts) hält sich mit anderen Mitgliedern der Schule in der Nähe eines toten Jungtiers auf.

plexe Abläufe rasch erlernen können. Sie lernen, auf menschliche Gesten oder Laute zu reagieren und ihr Verhalten auf feine Veränderungen der Anweisungen hin abzustimmen. Es gibt Anzeichen dafür, daß Erlerntes von einem Tier an das andere weitergegeben wird. Aber eine Sprache, die der menschlichen vergleichbar wäre, mit all ihrem Ausdruck von Intelligenz, ist bislang bei Walen nicht eindeutig nachweisbar.

PROBLEMLÖSUNG

Das Verhalten freilebender Wale zeigt, daß viele Arten ein ausgefeiltes Problemlösungsverhalten zeigen. Die gemeinsame Nahrungsbeschaffung der Buckelwale mit Hilfe von Luftblasen-Netzen (vgl. S. 66) und die Robbenjagd der Schwertwale an Stränden sind Beispiele für komplexe Beobachtung und physische Koordination.

Wildlebende Wale zeigen fürsorgliches Verhalten und helfen z. B. Jungtieren oder kranken Artgenossen (vgl. S. 71). Manche Arten weisen ein eindeutiges Gruppenabwehrverhalten auf (vgl. S. 71). Wale reagieren also in komplexer Weise auf rasch wechselnde Bedingungen. Falls diese Verhaltensweisen erlernt sind, sind sie Ausdruck hoher Intelligenz, wenn sie aber genetisch festgelegt (instinktiv) sind, stellen sie keinen so überzeugenden Beweis mehr dar.

WALE IM VERGLEICH ZU ANDEREN TIEREN

Die meisten Wale weisen ein hohes relatives Hirngewicht auf. Aus Fossilienfunden geht hervor, daß sich ihr Gehirn schon früh in der Entwicklungsgeschichte vergrößerte, lange bevor das menschliche Gehirn begann, sich zu vergrößern. Die Gehirngröße allein ist jedoch mit Vorsicht zu interpretieren, da auch Tiere mit absolut und relativ betrachtet kleinen Gehirnen enorm komplexe Verhaltensweisen zeigen.

Das Schlüsselmerkmal der Wale ist vielleicht ihr Kortex, der im Vergleich zu anderen Säugern ähnlich wie der des Menschen hochgradig gefurcht ist. Die geräuschverarbeitenden Hirnregionen sind bei Walen ebenfalls hoch entwickelt.

ÄHNELT DIE INTELLIGENZ DER WALE JENER DER MENSCHEN?

Welchen Schluß können wir aus der ähnlichen Größe und Komplexität der Gehirne ziehen? Beim Menschen hängt die Komplexität des Gehirns und der Intelligenz offenbar mit strukturierter Sprache und der Gestaltung der Umwelt zusammen. Wale verändern ihre Umwelt nicht wie Menschen, sie tun dies auch weniger als andere Säuger. Eine Sprache, die derjenigen der Menschen entspricht, ließ sich bislang nicht nachweisen. Vielleicht hat die Komplexität des Gehirns mit der Geräuschverarbeitung zu tun. Unklar ist, wieso die Gehirne von Zahn- und Bartenwalen gleichermaßen komplex sind, obwohl sie verschiedene Laute verwenden.

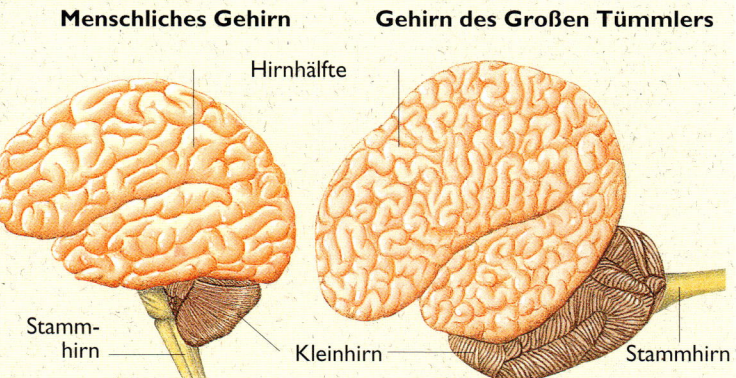

Sozial- und Individualverhalten

DEUTUNG DES VERHALTENS

Eines der größten Rätsel der Wale ist die Frage, was genau sie machen, während man sie beobachtet.

Verhaltensweisen variieren von dramatischer Offensichtlichkeit bis hin zu unmerklicher Subtilität. Um das Verhalten einer Art verstehen zu können, sind zahlreiche Untersuchungen nötig.

SPRINGEN UND „PORPOISING"

Wir stellen uns Wale meist als springende Tiere vor, die während der Fortbewegung auf- und abtauchen („porpoising") oder Sprünge vollführen („breaching"). Dies sind alles Verhaltensweisen, bei denen der Körper vollständig – oder zumindest der größte Teil von ihm – aus dem Wasser ragt. Kleinere Tiere wie Delphine springen generell und bringen damit einen allgemeinen Erregungszustand oder auch spezifischere Gefühle zum Ausdruck. Schwarzdelphine vor der argentinischen Küste springen aus dem Wasser, um zu signalisieren, daß sie Fischschwärme gefunden haben. Sie zeigen damit, daß weitere Artgenossen notwendig sind, um die Fische zusammenzutreiben und so der ganzen Herde Nahrung zu verschaffen. Die spektakulärsten Sprünge vollführen Spinner-Delphine. Man nimmt an, daß sie mit ihren geschraubten Sprüngen das Verhalten der Tiere in der Gruppe aufeinander abstimmen.

Obwohl es dem Springen ähnelt, ist das „porpoising" kein Sozialverhalten, sondern eine kraftsparende und effiziente Fortbewegungsmethode. Kleine Wale springen beim Luftholen aus dem Wasser, zumal der Widerstand der Luft kleiner ist als der des Wassers. Die Tiere springen hierbei häufig synchron, und es ist ein Erlebnis, größeren Schulen beim Wandern zuzusehen.

„BREACHING"

Das als „breaching" bezeichnete Springen der Wale zählt zu den großartigsten Anblicken in der Natur. Die Tiere scheinen in Zeitlupe aus dem Wasser zu schießen. Buckelwale können wohl am beeindruckendsten springen: Es wurden schon Tiere beobachtet, die über einhundert Mal hintereinander aus dem Wasser sprangen. Ob dies nun pure Lebensfreude ausdrückt oder der Parasitenentfernung dient, aber auch dem Beobachten von Booten oder dem Verscheuchen von Eindringlingen, ist umstritten. Auf jeden Fall ist das „breach-

RÄTSELHAFTER DRANG *Buckelwale wedeln häufig mit den Brustflossen (ganz oben). Ein Buckelwal (oben) springt oft viele Male hintereinander.*

ing" eine Form der visuellen und akustischen Kommunikation – auch wenn es schwer ist herauszufinden, was eigentlich mitgeteilt werden soll. „Breaching" kann eine Reaktion auf die Störung durch andere Wale oder durch Boote sein. Manchmal scheint es ansteckend zu sein: Wal-Paare wie Mutter und Jungtier springen oft gleichzeitig.

KOPFRECKEN UND AUSSCHAUHALTEN

Zu den Verhaltensweisen, bei denen der Kopf aus dem Wasser ragt, zählen das Kopfrecken und das Ausschauhalten. Beim Kopfrecken hebt das Tier in der Vorwärtsbewegung kurz den Kopf aus dem Wasser, beim Ausschauhalten steht der Wal normalerweise still. Wale halten oft Ausschau, um ihre Umgebung zu beobachten.

Deutung des Verhaltens

Manchmal inspizieren sie dabei Boote oder halten wie antarktische Schwertwale Ausschau nach Robben und Pinguinen auf Eisschollen.

Finnen und Fluken

Das Wedeln oder Schlagen mit den Brustfinnen oder der Schwanzfluke ist Teil einer anderen Reihe von Verhaltensweisen. Buckelwale zeigen oft das sogenannte „pec-slapping": Der Wal liegt dabei auf der Seite und schlägt mit den langen Brustfinnen auf das Wasser, so daß laute, weithin hörbare Klatschgeräusche entstehen. Werbende Tiere tauschen sanfte Brustfinnenschläge aus, wenn sie sich nahe kommen. Glattwale und andere Arten beruhigen einander mit Brustfinnenschlägen oder streicheln sich bei der Werbung.

Die Schwanzfluke dient nicht nur der Fortbewegung, sie ist auch eine Verteidigungswaffe. Glattwale müssen z. B. einem anderen Tier nur die Fluke zuwenden, um es

deutlich davor zu warnen näher zu kommen. Viele Arten schlagen mit der Fluke auf die Wasseroberfläche. Ebenso wie „breaching" und „pec-slapping" ist dieses Flukeschlagen ein sicht- und hörbares Signal mit verschiedenen Bedeutungen. Es kann ein spielerisches Verhalten sein, aber auch eine eindringliche Drohgebärde.

Bugwellenreiten

Eine weitere typische Verhaltensweise ist das Bugwellenreiten. Vor allem

WAS IST LOS? Buckelwale schlagen oft ungestüm mit den Brustfinnen auf die Wasseroberfläche (links). Der Breitschnabel-Delphin (unten) hat einen guten Überblick.

MEISTERHAFT Spinner-Delphine (oben) drehen sich in der Luft mehrfach um ihre Längsachse.

Delphine kann man immer wieder dabei beobachten, wie sie fast mühelos auf der Druckwelle reiten, die vor einem Schiffsbug oder vor dem Kopf eines Wales entsteht. Auch größere Wale wie Schwertwale reiten auf Bugwellen.

Bei Delphinen lassen sich dabei häufig auch andere Verhaltensweisen beobachten, die Aggression oder sexuelle Aktivität ausdrücken. Hierzu zählen Beißen, Stoßen, das Abdrängen rangniederer Tiere aus der Bugwelle und offene sexuelle Aktivitäten bis hin zur Kopulation.

Sozial- und Individualverhalten

DER GROSSE TÜMMLER

Der Große Tümmler ist der bekannteste Vertreter der Cetaceen. Da er an vielen Küsten der Welt zu Hause ist, wird er häufig gesichtet und ist daher die am besten erforschte Walart.

Wissenschaftliche Studien an küstennah lebenden Tümmlergemeinschaften, die zum Teil über 20 Jahre dauerten, lieferten ein genaues Bild von Verhalten und Sozialstruktur der küstennahen Tümmler. Über das Leben ihrer Verwandten auf hoher See ist viel weniger bekannt.

SOZIALE EINHEITEN

Eine von Dr. Randall Wells und seinen Mitarbeitern in der Sarasota Bay (Florida) durchgeführte Langzeitstudie identifizierte vier Grundtypen von sozialen Einheiten: Muttertier und Junges, gemischtgeschlechtliche Gruppen von Heranwachsenden, Gruppen erwachsener Weibchen mit ihren Jungen und Gruppen erwachsener Männchen. Die Beziehungen der Gruppen zueinander werden weitgehend von der Fortpflanzungsbiologie dieser Art bestimmt. In dieser „Fission-Fusion-Gesellschaft" verlassen ständig einzelne Tiere die eine Gruppe und schließen sich einer anderen an.

MÄNNERFREUNDSCHAFTEN

Große Tümmler vermehren sich langsam; die Weibchen gebären nur alle vier bis fünf Jahre, so daß paarungsbereite Weibchen in jeder Population selten sind. Die Männchen haben daher Strategien entwickelt, um jede sich bietende Gelegenheit zur Paarung optimal zu nutzen.

Pubertierende Männchen verlassen die Gruppe ihrer Mütter und schließen sich anderen Heranwachsenden an. Mit zunehmendem Alter

ENGER KONTAKT *Große Tümmler (oben und ganz oben) kennen verschiedene Formen des Zusammenlebens, hier Weibchen und Junges (links).*

werden die Gruppen immer kleiner, bis die ausgewachsenen Männchen Kleingruppen aus zwei oder drei Tieren bilden. In der westaustralischen Shark-Bucht wurde beobachtet, wie solche Kleingruppen gemeinsam erwachsene Weibchen einschüchterten und zusammentrieben, vermutlich als Vorbereitung zur Paarung. Unwillige Weibchen werden dabei nicht selten grob behandelt

Der Große Tümmler

MIT VEREINTEN KRÄFTEN *Große Tümmler treiben Fische an ein Flußufer.*

und gestoßen, gebissen und durch Rufe eingeschüchtert. Manchmal arbeiten die Männchen zusammen, um die Weibchen zusammenzutreiben; dann konkurrieren sie wieder und kämpfen um die Weibchen. Es scheint gesellschaftliche Hierarchien zu geben, die oft von den größten Männchen beherrscht werden. Viel Zeit verwenden die Tiere darauf, bestehende Bindungen zu festigen. Wenn Fischkutter ihre Fangabfälle ins Meer zurückwerfen, wird die Hackordnung deutlich – einige Tiere halten sich zurück und lassen anderen die besten Stücke.

Weibliche Bindungen

Zwar scheinen die Verbindungen der Männchen die beständigsten Beziehungen bei den Großen Tümmlern zu sein, doch auch weibliche Gruppen bleiben jahrelang zusammen. Das Säugen der Jungen kann über vier Jahre dauern. Manche weiblichen Jungtiere begleiten die Mutter ein Leben lang. Andere Jungtiere schließen sich Gruppen von Heranwachsenden an, die vornehmlich aus Männchen bestehen, um das Sozialverhalten zu erlernen und zu entwickeln.

Viele erwachsene Weibchen bilden lose Verbände in wechselnder Zusammensetzung. In einfachen biologischen Begriffen ausgedrückt, verwenden die Männchen ihre Energien darauf, möglichst viele Weibchen zu schwängern, während diese ihre Kräfte für die Aufzucht der Jungen einsetzen. Enge und dauerhafte Beziehungen brächten den Muttertieren keine Vorteile bei der Aufzucht; wenn sie jedoch Hilfe benötigen – bei der Futtersuche, zur Verteidigung, vereinzelt auch zum Verjagen liebestoller Männchen –, können sie sich ihrer Artgenossinnen sicher sein. In manchen Fällen leisten „Tanten" einer Mutter auch Geburtshilfe.

Delphine berühren sich häufig gegenseitig, und sexuelles Verhalten - bis hin zur Kopulation – wird von ihnen auch eingesetzt, um soziale Bindungen zu festigen. Von Bissen herrührende Narben zeigen jedoch, dass auch aggressives Verhalten nicht selten ist.

Kooperation

Kooperatives Verhalten läßt sich regelmäßig bei der Futtersuche der Großen Tümmler beobachten. Sie besitzen nämlich die erstaunliche Fähigkeit, sich an verschiedene Nahrungssituationen anzupassen, und haben intelligente Beutefangtechniken entwickelt. In South Carolina treiben Große Tümmler gemeinsam Fische an das Flußufer, um dann kurzzeitig anzulanden und die zappelnden Fische zu packen.

Es liegt nahe, daß Tiere, die ihr ganzes Leben zusammen verbringen, ein hohes Maß an gegenseitiger Abstimmung zeigen; die gemeinsame Nahrungsbeschaffung hat aber nicht unbedingt selbstlose Motive – jedes Individuum für sich profitiert von der Zusammenarbeit. Beim Durchkämmen beutearmer Gebiete gehen Große Tümmler aber auch oft alleine oder in Kleingruppen auf Nahrungssuche.

DIE SOZIALBEZIEHUNGEN *werden ständig durch Berührungen gefestigt, vom sanften Streicheln bis zu kräftigeren Stößen.*

Sozial- und Individualverhalten

DER POTTWAL

Ein Tier von ebenso einzigartiger Erscheinung wie außergewöhnlichen Fähigkeiten

In seinem Klassiker *Moby Dick* erklärt Herman Melville den Pottwal zum König der Wale und schildert die Faszination, die dieser urtümliche Wal auf Seeleute und Walfänger ausübte. Der Pottwal ist die größte Zahnwalart und kann am tiefsten tauchen. Vermutlich steigt er bei der Jagd auf Kalmare in Tiefen von bis zu 3000 m hinab. Er kommt in allen Meeren vor, vom Äquator bis zur Polareisgrenze.

POTTWALE im Nordatlantik schließen sich zu verschiedenen Formen von Gemeinschaften zusammen – je nach Nahrungsangebot wechseln sie von einer Gruppe in die andere.

ÜBERHOLTE ANSICHTEN

Das Sozialverhalten der Pottwale wurde lange Zeit nach Aspekten der menschlichen Gesellschaftsordnung beurteilt. Geschlechtsreife Bullen sind weitaus größer als die Weibchen, und es schien, als würde die Pottwalgesellschaft von starken Männchen beherrscht, die sich Harems aus Weibchen mit ihren Jungen hielten.
Die Haremsbesitzer herrschten, so diese Einschätzung, indem sie Herausforderer im Kampf besiegten und die Weibchen nur für die alljährliche Wanderung in polare oder subpolare Nahrungsgebiete verließen. Erst in den letzten 20 Jahren haben sich die Forschungsansätze stark genug verändert, um die Wahrheit über diese faszinierenden Tiere ans Licht bringen zu können. Nun kommt ein komplexes Mosaik zum Vorschein, dessen Fertigstellung noch viele Jahre in Anspruch nehmen wird. Letztendlich unterscheidet sich die Lebensweise erwachsener Männchen und Weibchen erheblich.

„KINDERGÄRTEN"

Im Zentrum der Pottwalgemeinschaft stehen regelrechte „Kindergärten" – Mutter-Kind-Schulen, die aus erwachsenen Weibchen und heranwachsenden Tieren beiderlei Geschlechts bestehen, einschließlich Jungtieren im Säuglingsalter. Mutter-Kind-Schulen findet man häufig in der Nähe ozeanischer Inseln, unterseeischer Gebirge und der Kontinentalschelfe äquatorialer bis temperierter Regionen. Selten bewegen sie sich über den 45. nördlichen oder südlichen Breitengrad hinaus. Ein Forschungsteam unter der Leitung von Hal Whitehead stellte vor den Galápagosinseln drei Organisations-

CHARAKTERISTISCHE GESTALT *Der plattnasige Pottwal (links) erreicht als größte Zahnwalart eine Länge von über 18 m.*

Der Pottwal

AUF DER SPUR DER POTTWALE

Im Jahr 1983 segelte Dr. Hal Whitehead mit mehreren Begleitern auf der 10 m kleinen Schaluppe *Tulip* in den Indischen Ozean. Im dortigen Walschutzgebiet (insbesondere in den Gewässern vor der Ostküste Sri Lankas) begann er ein einzigartiges Pottwal-Forschungsprogramm. Anhand ihrer Unterwasser-Klicklaute spürte Whitehead Walschulen auf und begleitete sie mit dem kleinen hochseetüchtigen Schiff über Tage und Wochen. Es gelang ihm schließlich, einzelne Individuen zu unterscheiden und zu identifizieren, wodurch sich einzigartige Einblicke in die soziale Organisation, das Verhalten und die Ökologie der Pottwale gewinnen ließen.

Die geographische Abgelegenheit und zunehmend bürgerkriegsähnliche Unruhen in Sri Lanka verhinderten es, die Forschung in den dortigen Gewässern fortzusetzen, so daß Hal (siehe Foto) mit seiner Frau Lindy und seinen Kollegen ab 1985 die Studien vor den Galápagosinseln im tropischen Ostpazifik fortführte. Dort erforschen sie weiterhin die komplexe Sozialbindung und Kommunikation dieser geheimnisvollen Wale und gewinnen neue Erkenntnisse über deren Freß- und Tauchgewohnheiten und ihre Ökologie.

ebenen innerhalb der Mutter-Kind-Schulen fest.

Kleine Gruppen mit durchschnittlich 13 Tieren, „Einheiten" genannt, bleiben jahrelang zusammen, vielleicht sogar ein Leben lang. Diese Einheiten bilden häufig „Gruppen" von durchschnittlich 23 Tieren, die etwa eine Woche zusammenbleiben. Mehrere Gruppen bilden zusammen „Verbände", die nur einige Stunden Bestand haben und durchschnittlich 43 Wale umfassen. Wahrscheinlich sind die Gruppen um so größer, je reichlicher das Nahrungsangebot in der Region ist.

Die Zusammenarbeit innerhalb der Mutter-Kind-Schule ist hoch entwickelt. Eine stillende Mutter, die eine halbe Stunde oder länger nach Nahrung tauchen muß, benötigt Hilfe, um ihr Junges zu beschützen, das nahe der Wasseroberfläche bleibt. In dauerhaften Einheiten ist das Hüten der Jungen eine Gemeinschaftsaufgabe.

Die in der Einheit geborenen Weibchen bleiben ihr vermutlich ein Leben lang treu und entwickeln starke Bande zu den anderen Mitgliedern. Dagegen verlassen junge Männchen offenbar mit Erreichen der Pubertät, also im Alter von sieben bis zehn Jahren, die Gruppe oder werden regelrecht aus ihr vertrieben.

JUNGGESELLEN-SCHULEN

Die jungen Bullen schließen sich mit anderen nicht geschlechtsreifen Männchen zu „Junggesellen-Schulen" zusammen, die von den Mutter-Kind-Schulen getrennt leben, auch wenn sie sich im selben Gebiet aufhalten. Wenn die Tiere dann mit 27 Jahren ausgewachsen sind, betrachten sie andere Bullen als Konkurrenten und nicht mehr als Verbündete. Von nun an leben sie häufiger alleine. Man nimmt sogar an, daß vollkommen ausgewachsene Männchen fast immer Einzelgänger sind. Unter Wasser geben sie charakteristische Laute von sich, die wohl dazu dienen, andere Männchen auf Distanz zu halten.

Sozial- und Individualverhalten

DER SÜDLICHE GLATTWAL

Südliche Glattwale haben ein Sozialsystem von erstaunlicher Komplexität.

Im Jahr 1970 begannen Roger Payne und seine damalige Frau Katherine mit der Erforschung der Südlichen Glattwale vor der argentinischen Halbinsel Valdés. Man hatte entdeckt, daß sich die Südlichen Glattwale jedes Jahr dort versammeln. Das waren aufregende Neuigkeiten, denn sowohl die Südlichen als auch die Nördlichen Glattwale (Nordkaper) waren im 19. Jahrhundert in großem Umfang abgeschlachtet worden. Selbst nachdem man sie 1935 unter Schutz gestellt hatte, beeinträchtigte illegaler Walfang die Erholung der Bestände.

In der Fortpflanzungszeit sammeln sich die Südlichen Glattwale oftmals in seichten Buchten. Deshalb waren sie früher sehr leicht zu töten, heutzutage kann man sie aus dem gleichen Grund besonders gut beobachten. Daher kann man ihnen in Gebieten wie dem Golf von San José auf der Halbinsel Valdés von Landzungen und Klippen aus zusehen, ohne sie zu stören. Roger und Katherine stießen auf ein variantenreiches soziales Gebilde.

DIE PAARUNG

Wie bei vielen anderen Walarten auch, so paaren sich Glattwalweibchen mit mehreren Männchen nacheinander. Die Bullen ziehen von Weibchen zu Weibchen, um die paarungsbereiten unter ihnen zu finden. Anders als z. B. bei Buckelwalen kommt es zwischen den Bullen kaum zu gewalttätigen Auseinandersetzungen um die Begattung der Weibchen; tatsächlich sind Glattwale im allgemeinen sehr friedlich. Anstelle von körperlichen Wettkämpfen bedienen sie sich der „Spermienkonkurrenz". Die Glattwalbullen besitzen die größten Hoden des Tierreichs: Ein Paar wiegt etwa eine Tonne und produziert gewaltige Mengen Sperma.

Man nimmt an, daß der tatsächliche Wettstreit zwischen den Spermien selbst stattfindet (vgl. S. 85). Die Bullen warten mit der Paarung geduldig, bis ihr Vorgänger fertig ist – vorausgesetzt, das Weibchen ist dann noch willig. Die Männchen kooperieren sogar bei der Paarung, indem sie den Bewegungsspielraum des Weibchens einschränken, um die Begattung zu erleichtern. Wenn ein Weibchen nicht paarungswillig ist, kann es vom kleineren Männchen kaum dazu gezwungen werden. Um seine Verehrer abzuwimmeln, begibt es sich in flaches Wasser, dreht sich auf den Rücken oder schwimmt einfach davon.

FASZINATION FORSCHUNG
Eine Südliche-Glattwal-Mutter (oben) mit Jungtieren am Head of Bight in Südaustralien. Roger und Katherine Payne (unten) beobachten Südkaper im argentinischen Golf von San José.

Der Südliche Glattwal

SOZIALE GEWOHNHEITEN

Lange Zeit dachte man, Glattwale seien Einzelgänger, die keine langfristigen Beziehungen eingehen. Die Weibchen scheinen jedoch zumindest saisonal mit anderen Muttertieren Präferenzgruppen zu bilden. Der Walforscher Stephen Burnell erforscht seit 1991 Südkaper in einem der Hauptaufzuchtgebiete am Head of Bight (Südaustralien). Die Weibchen der Südkaper halten ihre Jungen zumeist von anderen Walen fern. Wenn die Jungen aber heranwachsen und beginnen, ihre Umgebung zu erkunden, dürfen sie schließlich mit anderen Walen Kontakt aufnehmen. Zumeist handelt es sich dabei um Mutter- und Jungtiere.

Gelegentlich schwimmt ein Junges mit der falschen Mutter weg; seine richtige Mutter muß dann umkehren und dafür sorgen, daß sie wieder Anschluß an das Junge gewinnt. Heranwachsende streifen auch in kleinen Gruppen umher, ganz so, wie es unternehmungslustige Jugendliche auf der Straße tun.

GUTE SICHT *Eine Gruppe von drei heranwachsenden Walen (oben) trifft auf eine Mutter mit Jungen am Head of Bight (Südaustralien). Nahaufnahme (rechts) eines Südkapers*

KOMMUNIKATION MIT DEM KÖRPER

Glattwale sind äußerst taktile Tiere mit sehr subtilen Verhaltensweisen. Während Buckelwale sehr kommunikative (lautorientierte) Tiere sind und einen großen Teil ihres Verhaltens durch Unterwassergeräusche vermitteln, wenden Glattwale viel Zeit für den körperlichen Kontakt auf, obwohl erwachsene Tiere auch Laute von sich geben. Ein Glattwal signalisiert sein Mißfallen über die Annäherung eines anderen nicht durch besonderes Imponiergehabe. Er dreht sich einfach so, daß die Fluke, seine stärkste Waffe, dem Eindringling zugewandt ist. Diese Botschaft wird auch aus beträchtlicher Entfernung erkannt und führt meistens zu einer Kursänderung weg von dem abweisenden Tier. Werbende Alttiere setzen ihre Brustfinnen erstaunlich

liebevoll ein, wenn sie Zärtlichkeiten austauschen.

Mütter und sehr junge Kälber halten fast ständig Körperkontakt; auch wenn die Jungen älter werden und sich weiter entfernen, kehren sie immer wieder zurück, um sich ihrer Mutter zu vergewissern.

Trotz der innigen Mutter-Kind-Beziehung in den ersten Lebensmonaten verläßt die Mutter ihr Junges unvermittelt bei der Rückkehr in das Aufzuchtgebiet im folgenden Jahr; das Einjährige muß sich selbst in der Gesellschaft zurechtfinden. Bislang gibt es keine Hinweise auf eine besondere Beziehung zwischen Mutter- und Jungtieren in späteren Lebensjahren.

Sozial- und Individualverhalten

DAS PHÄNOMEN DER STRANDUNGEN

Strandungen bewegen die Öffentlichkeit mehr als jedes andere Ereignis im Leben der Wale.

Die Medien berichten meist ausführlich darüber: Große Gruppen gestrandeter Wale oder Delphine liegen sterbend am Strand oder werden von der Brandung hin und her geworfen. Dieser Anblick ruft Gefühle des Mitleids, des Nicht-Begreifen-Wollens und der Machtlosigkeit hervor. Wie können derart perfekt angepaßte Meerestiere aus ihrem Element heraus und in diese hilflose Lage geraten?

KLEINE SCHWERTWALE strandeten bei Seal Rocks an der australischen Ostküste im Jahr 1992.

FORMEN DER STRANDUNGEN

Es stranden sowohl tote als auch lebende Wale sowie Einzeltiere und – zum Teil sehr große – Gruppen. Die überwiegende Mehrheit der Wale und Delphine stirbt jedoch im Meer; entweder werden sie noch treibend von Haien gefressen oder sie sinken in die Tiefe, wo sie den kleineren Meeresbodenbewohnern als Nahrung dienen. Gestrandete Kadaver wurden wahrscheinlich von Strömung und Wind ans Ufer getrieben, in einem Stadium, als sie noch von den Verwesungsgasen aufgebläht waren. Es handelt sich zumeist um einzelne Tiere, es sei denn, eine lokale Population wurde von einer tödlichen Epidemie betroffen. Manchmal findet man bei Totstrandungen wichtige Hinweise auf die eigentliche Todesursache (z. B. Fischernetze, Spuren von Kollisionen mit Schiffen oder Umweltgifte).

WESHALB STRANDEN WALE?

Strandungen lebender Tiere waren lange Zeit ein Rätsel. Prähistorische Küstenbewohner hätten gestrandete Wale bestimmt als willkommene Nahrungsquelle angesehen und sich ihren eigenen Reim auf die Ursachen der Strandung gemacht. Der griechische Philosoph und Naturforscher Aristoteles, der als einer der ersten davon berichtete, räumte aber bereits ein, daß die Wale „ohne ersichtlichen Grund" strandeten.

Später wurden die Spekulationen vielfältiger. So glaubte man lange Zeit, daß die Wale Selbstmord begehen würden. Selbst kosmische Einflüsse und Außerirdische wurden als Strandungsursachen ins Spiel gebracht. Einer anderen Theorie zufolge versuchen die Tiere, zu ihren entwicklungsgeschichtlichen Wurzeln auf dem Festland zurückzukehren.

Seriöse Studien liefern plausiblere Erklärungen. So fand man heraus, daß Arten, die stabile soziale Gruppen bilden und in tiefen Gewässern fern der Küste leben, am häufigsten stranden. Hierzu zählen Grind-, Kleine Schwert- und Pottwale. Ihre Unkenntnis der regionalen Küstenverhältnisse könnte dabei eine Rolle spielen. Arten wie der Buckelwal und der Südliche Glattwal, die sich häufig an Küsten aufhalten, stranden nur selten.

Andere Zusammenhänge deuten auf „Fehlfunktionen"

Das Phänomen der Strandungen

GESTRANDET
Ein heranwachsender Buckelwal (links) in Westaustralien. Über 400 Gewöhnliche Grindwale (unten) in der Catherine Bay in Neuseeland.

des Orientierungssinns hin. Die Gehörgänge und Gehirne von Walen sind manchmal stark von Würmern befallen, was Koordination, Orientierung, Gleichgewichtssinn und Gehör beeinträchtigen kann. Vielleicht treibt Schwäche oder Verwirrung verletzte oder kranke Tiere in seichte Gewässer, in denen sie dann noch eine Zeitlang überleben können, ohne zu ertrinken.

Die Küstenform scheint eine entscheidende Rolle zu spielen. Die meisten Strandungen geschehen an flach auflaufenden Stränden. Möglicherweise streut der flach ansteigende Grund an solchen Stellen die Echosignale der Zahnwale, so daß für sie der Eindruck offenen Wassers entsteht.

Von besonders geformten Landzungen in Neuseeland nimmt man an, daß sie die Wale in gefährliche Gewässer leiten, vor allem wenn der benachbarte Grund schräg abfällt. Sandbänke wandern im Laufe der Zeit, was selbst Tiere, die das Gelände kennen, irritieren kann. Auch das Wetter kann eine wichtige Rolle spielen: Auflandige Winde und schwerer Seegang können vor allem bei einsetzender Ebbe verhindern, daß die Wale sich aus dem seichten Wasser zurückziehen können.

Eine weitere Ursache könnte sein, daß sich Wale anhand von Anomalien des Erdmagnetfelds orientieren, eine Fähigkeit, wie sie Zugvögel und Meeresschildkröten besitzen. Im Gehirn einiger Wale fand man Magnetit, ein Mineral, das bei anderen Tieren mit zur geomagnetischen Orientierung beiträgt. Dies könnte die erstaunliche Fähigkeit der Wale erklären, sich im gleichförmig wirkenden offenen Meer über große Entfernungen zu orientieren.

Dieses Orientierungsvermögen kann die Wale allerdings auch in die Irre führen. In Großbritannien entdeckte man einen Zusammenhang zwischen Strandungen und solchen Stellen, an denen magnetische Feldlinien die Küste im rechten Winkel schneiden; eine neuseeländische Studie konnte diese Ergebnisse jedoch nicht bestätigen.

Die bislang folgenreichste Strandung war die einer Herde mit über 400 Gewöhnlichen Grindwalen 1985 in Neuseeland. Daß Dutzende oder Hunderte von Tieren stranden, ist keine Seltenheit. Ursache hierfür könnten die starken sozialen Bindungen zwischen den Mitgliedern innerhalb von Zahnwalgesellschaften sein.

IN DIE IRRE führte der flach abfallende Strand in Seal Rocks (Australien) diese Kleinen Schwertwale.

Sozial- und Individualverhalten

Was tun bei Strandungen?

*Zeuge einer Walstrandung zu werden,
ist ein sehr anrührendes Erlebnis.*

Selbst bei gutem Wetter und ruhiger See scheint man gestrandeten Tieren kaum helfen zu können. Auf große Wale trifft das in der Regel sicherlich zu. Allein ihre Größe macht sie unbeweglich, und außerhalb des Wassers kann sie ihr eigenes Körpergewicht ersticken oder schwere innere Schäden verursachen.

Strandungen toter Tiere stellen ein großes Entsorgungsproblem dar. Verwesende Wale sind eine potentielle Gefahr für die öffentliche Gesundheit, weshalb meistens versucht wird, sie zu entfernen und an gekennzeichneten Stellen zu vergraben, um die Knochen für wissenschaftliche Sammlungen später wieder zu exhumieren. Bei besonders großen Walen kann dies zum Problem werden. Es wurde schon versucht, große Walkadaver mit Sprengstoff zu entsorgen – mit höchst unangenehmen Folgen.

FREIWILLIGE HELFER halten eine Schule von 65 gestrandeten Gewöhnlichen Grindwalen (oben) bis zur nächsten Flut feucht und schützen sie vor der Sonne.

HILFE FÜR HILFLOSE RIESEN

Was können Sie tun, wenn Sie als erster eine Strandung bemerken? Zunächst sollte man umgehend die Polizei- oder die Wildschutzbehörde informieren. Oft wird versucht, das Tier sofort wieder ins Meer zu schaffen (siehe Foto unten). Dabei kann es allerdings verletzt werden, oder es strandet erneut. Hier einige Erste-Hilfe-Maßnahmen, mit denen Wale stabilisiert werden können, bis fachkundige Hilfe eintrifft:

● Ziehen Sie niemals am Kopf, der Rückenfinne, den Brustfinnen oder der Schwanzfluke; versuchen Sie, das Tier auf den Bauch zu rollen, damit das Blasloch frei von Wasser oder Sand bleibt.

● Der Kopf sollte weg von der Brandung zum Strand zeigen. Kommen Sie Schwanzfluke und Zähnen nicht zu nahe; da ein in Not geratenes Tier um sich schlagen und Sie unter Umständen verletzen kann.

● Spülen Sie den Sand aus Augen und Blasloch; achten Sie dabei darauf, daß kein Wasser oder Sand ins Blasloch dringt, während es geöffnet ist.

● Verhindern Sie das Austrocknen, indem Sie Wasser über die Haut kippen oder – noch besser – das Tier mit Stoff bedecken, den Sie dann feucht halten. Wenn möglich, besorgen Sie Eimer und Decken bzw. Tücher.

● Bewahren Sie Ruhe, reden Sie dem Tier gut zu und streicheln Sie es. Bitten Sie Schaulustige, Abstand zu halten und leise zu sein.

● Wenn man die Wale in eine bequeme Lage bringt und sie nicht durch Lärm oder Menschenmengen belästigt werden, kommen sie eine Weile gut zurecht.

Was tun bei Strandungen?

HELFER (oben) ziehen einen gestrandeten Gewöhnlichen Grindwal auf eine schwimmende Matte. Kleine Schwertwale (rechts) bei Augusta (Westaustralien) werden daran gehindert, erneut zu stranden.

Lebend gestrandete Wale und Delphine sind mehrfachen Belastungen ausgesetzt und stellen ein weitaus komplexeres Problem dar. Außerhalb ihres Elementes befinden sie sich in großer Not, nicht zuletzt wegen der Trennung von ihrer Schule. Sie sind der Brandung ausgeliefert, werden an Felsen gespült oder auf den Rücken gedreht. Sand dringt in Blaslöcher und Augen ein. Häufig ertrinken gestrandete Tiere oder ersticken am Sand. Wenn sie Glück haben, treibt sie die nächste Flut zurück. Häufig werden die Tiere jedoch wieder auf den Strand geworfen, wo sie durch Wind und Sonne austrocknen.

Angesichts der Tatsache, daß Zahnwale kranke oder verletzte Artgenossen auch bis zur Strandung begleiten, ist es sinnvoll, das erste gestrandete Tier etwa mit einer Fahne zu markieren. Die Rettungsversuche können sich zunächst auf dieses Tier konzentrieren, oder aber ein Tierarzt kann entscheiden, es schonend einzuschläfern, wenn keine Hoffnung mehr auf eine erfolgreiche Rückkehr ins Wasser besteht. Dies erleichtert unter Umständen die Rettung der anderen Tiere. Einzelne gestrandete Tiere werden normalerweise ins Meer zurückgebracht, in manchen Fällen auch zur Pflege in Rehabilitationseinrichtungen transportiert. Wenn sie dort nicht ihren Verletzungen oder Krankheiten erliegen, setzt man sie nach der Genesung fast immer wieder im Meer aus. Massenstrandungen erfordern die Logistik einer militärischen Operation und die Hilfe vieler Menschen; die Rettungsmethoden wurden über Jahre hinweg perfektioniert.

Manchmal läßt sich nur wenig bewirken, doch gab es auch schon erstaunliche Erfolge. So wurden 1986 in der Nähe von Augusta (Westaustralien) innerhalb von drei Tagen 96 von 114 Kleinen Schwertwalen erfolgreich zurück ins Meer gebracht.

Strandungen gestatten Biologen kurze Einblicke in das Leben der jeweiligen Art. Vielleicht trifft man dabei Wissenschaftler an, die lebend gestrandete Tiere vermessen und fotografieren oder bereits verendete sezieren. Sie gewinnen so wertvolle Informationen über die Ernährung der Tiere sowie über ihren körperlichen Zustand. Auch mögliche Todesursachen wie Parasiten oder Umweltgifte können ermittelt werden. Manche finden dieses Vorgehen makaber, aber die Wissenschaftler handeln so, weil ihnen die Tiere am Herzen liegen. Viele Informationen, die zum richtigen Umgang mit diesen Tieren beitragen, stammen aus Strandungen.

Nichts bringt den Kreislauf so in Schwung wie die unmittelbare Begegnung mit einem freundlichen Hai oder Wal.
SYLVIA A. EARLE (GEB. 1936), amerik. Meeresbiologin u. Naturschützerin

Kapitel 5
Walbeobachtung in der Praxis

Walbeobachtung in der Praxis

Der richtige Einstieg

*Wer Wale in freier Wildbahn beobachten möchte,
muß sich fragen, wie er das am besten anstellt.*

Das Reich der Wale ist weit und vielgestaltig. Die Möglichkeit, Wale zu beobachten, hängt davon ab, wieviel Geld und Zeit man aufwenden kann und – in einem gewissen Rahmen – auch davon, wo man lebt. Wer in Monterey (Kalifornien) oder in Sydney (Australien) wohnt, hat es leichter, Wale zu beobachten, als ein Bewohner im Landesinneren.

Der erste Schritt ist herauszufinden, wo und wann man Wale und Delphine sehen kann. Die Aktivitäten vieler Arten sind jahreszeitlich bedingt. Im Kapitel „Die Beobachtung von Walen und Delphinen" (S. 194) werden 30 Orte vorgestellt, an denen Sie die größten Chancen haben, Walen zu begegnen. Wie Zugvögel überqueren auch Wale bei ihren Wanderungen Staatsgrenzen, so daß man z. B. dieselbe Grauwalpopulation im Juli bei der Nahrungsaufnahme im Golf von Alaska und im Februar bei

der Paarung an der Pazifikküste der Baja California (Mexiko) beobachten kann. In vielen Regionen sind Wale ganzjährig anzutreffen. Manche Gebiete sind dafür bekannt, daß sich eine Art besonders gut beobachten läßt, in anderen Regionen können es mehrere Arten sein.

Hintergrundwissen

Nehmen Sie sich für Ihre persönliche Forschung Zeit. Vielleicht wollten Sie schon immer mal eine bestimmte Küstengegend bereisen und können dies nun mit der Möglichkeit der Wal- oder Delphinbeobachtung verbinden. Wenn Sie an bestimmten Arten interessiert sind, können Sie Ihren Urlaub auch

ZWEI VOM FLUGZEUG *aus gesichtete Grauwale, von denen einer bläst*

auf deren Wanderungen abstimmen. Wale sind nicht nur an den bekannten (und gut besuchten) Beobachtungsorten anzutreffen, sondern auch in zahlreichen weniger bekannten Gebieten. Ortskenntnisse vermitteln Naturkundemuseen oder staatliche Naturschutzbehörden der jeweiligen Länder wie z. B. der National Marine Fisheries Service in den USA. Erkundigen Sie sich auch bei Einheimischen oder kommerziellen Touranbietern der jeweiligen Region. Holen Sie sich Informationen aus dem Internet. Erweitern Sie Ihr Wissen, indem Sie einem Verein beitreten, der Beobachtungstouren organisiert, bei denen auch wissenschaftlich verwertbare Erhebungen durchgeführt werden. Adressen hierzu finden Sie im Ressourcenverzeichnis (S. 272).

Arten der Begegnung

Welche Art von Erfahrungen wollen Sie bei der Walbeobachtung machen? Möchten Sie die kurzen, intensiven Begegnungen, die kommerzielle Tourveranstalter anbieten? Ziehen Sie es vor, wandernde Wale vom Fest-

WUNDERBARE WESEN *Atlantische Gefleckte Delphine spielen mit einer Taucherin und ihrem Unterwasser-Scooter*

Der richtige Einstieg

Blaue Meere ... sind das angestammte Reich des größten Geschöpfes, das je geschaffen wurde ...

Kontinent der Wale,
HEATHCOTE WILLIAMS
(geb. 1941), britischer Dichter

land aus auf bequeme und weniger aufdringliche Art zu beobachten? Oder möchten Sie mit Ihrem eigenen Schiff walreiche Regionen besuchen? Wale selbständig zu beobachten bedingt eine flexible Zeit- und Routenplanung. Wenn man sich hingegen anderen anvertraut, sieht man vielleicht Wale, die man sonst nicht zu Gesicht bekommen hätte, und kann zudem auf das Wissen und die Erfahrung von Experten zurückgreifen.

Denken Sie daran, daß die Walbeobachtung in der Regel Geduld erfordert. Wenn Sie wenig Zeit haben, sollten Sie unbedingt eine kommerzielle Tour buchen und so Ihr Glück versuchen – vielleicht sehen Sie Tiere, vielleicht auch nicht. Je mehr Zeit man für die Beobachtung aufwendet, desto vielfältigere und interessantere Verhaltensweisen bekommt man zu sehen.

Die Walbeobachtung vermittelt ganz unterschiedliche Erfahrungen. Sie können bei Monkey Mia (Westaustralien) neben Großen Tümmlern im Meer waten, vor der Antarktischen Halbinsel von einem Schlauchboot aus Buckelwale beobachten oder im Amazonas von einem Holzkahn aus Flußdelphine. Vorbeiziehende Grauwale sind von den Landzungen Kaliforniens aus zu sehen, Finnwale bei der Nahrungsaufnahme

NEUE FREUNDE
Ein Tourist füttert Delphine an der Shark-Bucht vor Monkey Mia (Westaustralien).

BUCKELWALE *nahe der Melchor-Insel (Antarktische Halbinsel)*

im kanadischen Sankt-Lorenz-Golf. Man kann Buckelwale beobachten, die durch die warmen, seichten Gewässer der Silver Bank (Dominikanische Republik) gleiten, oder vor der Südinsel Neuseelands tauchende Pottwale bestaunen.

Diese Beispiele lassen sich fortführen. Eines ist sicher: Noch nie standen Walliebhabern so vielfältige Möglichkeiten zur Verfügung.

Walbeobachtung in der Praxis

VORBEREITUNGEN

Wie jede andere Aktivität in der freien Natur muß man auch die Walbeobachtung sorgfältig vorbereiten.

Wenn man sich entschieden hat, wo und wann man Wale beobachten will, gilt es mehrere Dinge zu bedenken. Soll dies vom Festland oder vom Schiff aus geschehen? Wird man Wind und Wetter längere Zeit ausgesetzt sein? Handelt es sich um eine schwer zugängliche Region?

Wenn man aufs Meer hinauswill und nicht weiß, ob man gegen Seekrankheit gefeit ist, sollte man davon ausgehen, daß man es nicht ist. Fragen Sie Ihren Arzt oder Apotheker nach geeigneten Mitteln wie Akupressurheftpflastern oder Tabletten.

SCHUTZMASSNAHMEN

Auf kommerziellen Walbeobachtungsschiffen sollte man Ihnen die Sicherheitsausrüstung erklären und zeigen, wo sie verstaut ist.

Jede Form von Walbeobachtung beinhaltet, daß man Wind, Sonne, Regen, Hitze und Kälte, ja sogar Hagel und Schnee ausgesetzt ist. Daher muß man auf jede Art von Wetter vorbereitet sein. Sonnenbrand, Nässe oder Kälte können nicht nur das Erlebnis ruinieren, sondern auch gefährlich werden.

Bedenken Sie also, wohin Sie fahren und welche Klimaverhältnisse dort auch im Extremfall herrschen, damit Sie nicht überrascht werden. So ist in den Tropen nicht immer die „sanfte Brise" zu spüren, die Urlaubsprospekte versprechen. Häufig weht der Passatwind – auch wochenlang – fast mit Sturmstärke. In Wüstengebieten wie der Baja California kann es extrem heiß und windig sein, während in gemäßigten Zonen wie Südaustralien auch im Sommer plötzliche Kälteeinbrüche auftreten. Nehmen Sie lieber mehr warme und trockene Kleidung mit als nötig – vielleicht braucht auch einer Ihrer Begleiter irgendwann zusätzlichen Schutz. Winddichte Regenkleidung und eine gute Sonnencreme sind vor allem auf See die wohl wichtigste Ausrüstung. Bei kaltem Wetter sollten Sie mehrere dünne Schichten von Kleidung anziehen, zwischen denen isolierende Luftschichten erhalten bleiben. So kann man bei Temperaturveränderungen eine oder zwei Schichten Kleidung aus- oder anziehen. Unterkühlung und Überhitzung können tödlich enden. Angesichts der Zerstörung der Ozonschicht stellt auch UV-Strahlung eine ernste Gefahr für die Gesundheit dar. Sonnenschutz ist daher wichtiger als eine tiefe Bräunung. Hochwertige polarisierte oder UV-beständige Sonnenbrillen schützen die Augen vor den gleißenden Spiegelungen der Sonne auf dem Wasser und erleichtern es, Wale bei grellem Licht zu sehen. Über den Kopf werden 35 Prozent der Körperwärme abgegeben; nehmen Sie also unabhängig vom Wetter stets eine warme Kopfbedeckung mit.

PERSÖNLICHER KOMFORT

Auf langen Walbeobachtungstouren muß auch für das leibliche Wohl gesorgt werden. Ein kleiner Imbiß ist stets willkommen, in extremen Klimazonen sollte man auf jeden Fall kalte bzw. heiße Getränke dabeihaben.

NEHMEN SIE *stets warme und wasserdichte Kleidung mit und denken Sie daran, sich vor dem gleißenden Licht der Sonne auf dem Meer zu schützen.*

Vorbereitungen

BESTIMMUNGSHILFEN
Anhand eines verläßlichen Artenführers (unten) lassen sich typische Merkmale wie die Fluke dieses bei der Stellwagen-Bank (Neuengland) gesichteten Buckelwals überprüfen.

Erwachsene benötigen etwa 1 l Flüssigkeit pro Tag, bei heißem und trockenem Wetter jedoch weitaus mehr. Für heiße und kalte Getränke lohnt es sich, eine Thermoskanne anzuschaffen.

Richten Sie sich auch auf ereignislose Phasen ein, in denen keine Wale zu sehen sind. Sie können lesen, zeichnen, malen, Vögel beobachten oder die Stimmungen des Meeres genießen.

GRUNDAUSRÜSTUNG

Die Grundausrüstung eines Walbeobachters ist einfach: Man braucht etwas, um die Tiere zu beobachten, und Informationen, um sie zu bestimmen.

EIN TELESKOP
(links) eignet sich ausgezeichnet für Beobachtungen vom Ufer aus.

Am wichtigsten ist für jeden Naturbeobachter das Fernglas, das stets zur Hand sein sollte. Ein gutes Fernglas verwandelt so manchen fernen Wasserspritzer in einen lebenden Wal. So kann man auch weit entfernte Wale bestimmen und ihre Gestalt und ihr Verhalten genau studieren, was mit bloßem Auge unmöglich ist. Wenn man es sich leisten kann, lohnt es sich, ein hochwertiges Fernglas anzuschaffen. Mit Billigprodukten sparen Sie am falschen Ende, da deren schwache Optik eine schlechtere Sicht bietet und die Augen rasch ermüden. Wählen Sie ein Fernglas mit 7- bis 10facher Vergrößerung. Modelle mit geringerer als 7facher Vergrößerung sind zu schwach, Gläser mit mehr als 10facher Vergrößerung dagegen meist zu schwer, um länger gehalten werden zu können. Ermitteln Sie die für Sie passende Mischung aus Gewicht, Sehschärfe und Vergrößerungsfaktor. Teurere Ferngläser mit Dachkanten-Prismen sind kompakter und leichter als Porro-Prismen-Modelle mit der gleichen Vergrößerung. Wasserdichte Ferngläser sind ebenfalls teurer.

Teleskope eignen sich vor allem für Beobachtungen vom Ufer oder von Kreuzfahrtschiffen aus, sind aber zu stark (meist zwischen 15- und 60mal), als daß man sie auf kleinen Booten ruhig halten könnte. Sie sind ideal, um einen weit entfernten Wal vom Festland aus zu beobachten. Dennoch sind Teleskope kein Ersatz für Ferngläser und werden meist erst eingesetzt, wenn man den Wal schon mit bloßem Auge oder durchs Fernglas gesehen hat.

Wenn sie auf Walbeobachtungstour gehen, sollten sie auch einen guten Artenführer wie das vorliegende Buch zur Hand haben (oder eines, das sich speziell mit der jeweiligen Region beschäftigt). Es ist viel interessanter, wenn man weiß, welche Art man gerade beobachtet. Ihre eigenen Beobachtungen werden so zu einem Teil des Wissens, das wir über Wanderungen oder Verhalten dieser Art haben.

Walbeobachtung in der Praxis

BEOBACHTUNGEN AUFZEICHNEN

Die Sichtung eines Wales oder Delphins bleibt meist ein unvergeßliches Erlebnis. Dennoch sollte man seine Beobachtungen auch in greifbarer Form festhalten.

Neben Fotos und Videoaufnahmen gibt es zahlreiche andere Methoden, eine Beobachtung festzuhalten, vom persönlichen Tagebuch über Notizbücher für ausführlichere Anmerkungen bis hin zu Datenbanken. Möglicherweise möchten Sie Ihre Beobachtungen auch zeichnerisch dokumentieren.

FÜHREN EINES NOTIZBUCHS

Dies ist eine ausgezeichnete Methode, um Beobachtungen präsent zu behalten. Das Notizbuch sollte klein genug sein, um in einen Tagesrucksack zu passen. Wählen Sie ein stabil gebundenes Buch, am besten aus wasserfestem Papier. Ein Bleistift (HB oder weicher) ist das einfachste und zuverlässigste Schreibgerät im Freien, solange man Spitzer oder Taschenmesser zur Hand hat. Die Kunst, exakte Notizen zu machen, kommt mit der Übung. Es gibt aber grundlegende Informationen, die – konsequent berücksichtigt – nicht nur Ihre Erfahrung und Ihr Wissen vergrößern, son-

LOGBÜCHER
Durch geeignete Notizen und Zeichnungen läßt sich ein wertvoller Beitrag zur Walforschung leisten.

dern auch der Forschung nützen können. Bei der Beschäftigung mit Walen besteht das Geheimnis darin, zur rechten Zeit am rechten Ort zu sein. Vielleicht sind Sie eines Tages die einzige Person vor Ort und beobachten etwas, über das noch niemand berichtet hat.

WAS IST WICHTIG?

Bei jeder Sichtung sollten der Ort (Ortsbezeichnung oder geographische Position) und die genaue Zeit notiert werden. Notieren Sie die momentanen Bedingungen auf See, einschließlich des Wetters und anderer Umstände, die mit der Sichtung zu tun haben: Fischschwärme an der Oberfläche, Seevögel in großer Anzahl, Schiffsverkehr oder Feinde der Wale wie z. B. Haie.

Wale machen es uns nicht leicht und lassen oft nur kurz einen kleinen Teil ihres Körpers sehen. Hierbei ist es nützlich, darauf zu achten, ob bestimmte Merkmale vorhanden sind oder fehlen.

Zum Beispiel:
● Sind die Tiere groß, mittelgroß oder klein? Dies sind die einfachsten Größenkategorien.

ZWEI FORSCHER *schlagen in ihren Aufzeichnungen nach, um eine gesicherte Bestimmung durchzuführen.*

- Versuchen Sie anhand eines Vergleichsmaßstabs (Länge des Bootes, Entfernung zur Küste etc.) die Größe zu schätzen.
- Ist eine Rückenfinne vorhanden? Ist sie ausgeprägt oder klein? Besitzt sie eine typische Form? Sind die Flipper lang oder kurz?
- Sind charakteristische Zeichnungen, Muster oder Narben an Körper oder Fluke zu sehen? Welche Farbe haben die Tiere?
- Ist die Kopfoberseite flach oder weist sie Beulen, Höcker oder Furchen auf? Sind auffällige weißliche Auswüchse am Kopf erkennbar? Ist ein abgesetzter Schnabel oder eine gewölbte „Melone" zu sehen?
- Sind (bei geöffnetem Maul) Zähne oder Barten zu sehen?
- Ist der Blas stark oder schwach, tritt er geballt oder als hohe Säule, senkrecht oder schräg aus? Besitzt er eine deutliche V-Form?
- Aus wie vielen Tieren besteht die Gruppe? Schwimmen sie nahe beisammen oder verstreut? Gibt es Hinweise auf Jungtiere?

Wichtig ist, keine bloßen Vermutungen anzustellen. So sollte man während der Wanderungszeit der Buckelwale nicht jeden vor der Küste gesichteten Wal sofort für einen Buckelwal halten. Am besten beschreibt man nur, was man sieht: „Drei große Wale; geballter Blas; sichtbare Rückenfinne; dunkle Färbung". Das ist vielleicht schon alles, was man notieren kann, ehe die Tiere verschwinden.

Viele Arten werden leicht mit ähnlichen verwechselt. Wenn Sie jedoch eine höckrige Stirn, sehr lange Brustfinnen oder eine gezackte Fluke mit weißer Unterseite erkennen, dürfen Sie das Tier als Buckelwal identifizieren. Die Beschreibung „Großer bis sehr großer Wal, glatter Rücken ohne Finne, weiße Höcker am Kopf" paßt ohne Zweifel nur auf einen Glattwal.

Der Einsatz eines Diktiergeräts, um die Details einer Beobachtung aufzunehmen, ist sehr empfehlenswert. Statt zu versuchen, sich das Gesehene einzuprägen oder es gleichzeitig zu notieren, lassen sich Anmerkungen auf Band sprechen und später niederschreiben.

Für Bestimmungszwecke ist es sinnvoller, beobachtete Merkmale in ein Notizbuch zu zeichnen, statt sie auf Band zu sprechen. Ein paar Minuten nach der Sichtung sind

NOTIZBUCH ODER LAPTOP:
Sichtungen lassen sich auf vielfältige Weise dokumentieren.

VERHALTENSBESCHREIBUNG

So lassen sich Hinweise auf wichtige Verhaltensweisen wie Nahrungserwerb und Fortpflanzung oder die Art der Tiere erhalten:

- Liegen die Tiere ruhig im Wasser? Schwimmen sie schnell oder langsam? Schwimmen sie stetig vorwärts, oder ziehen sie Kreise, Kurven oder halten an? Sind sie nahe am Ufer, an Riffen, Eisschollen oder nahe an ihrem bzw. anderen Booten?
- Tauchen sie für Sekunden, für wenige Minuten oder länger ab? Das Mitstoppen der Tauchzeiten und der Dauer anderer Verhaltensweisen ist sehr aufschlußreich.
- Verhalten sie sich ruhig oder aktiv? Gibt es markante Verhaltensweisen wie Springen, Ausschauhalten (wie bei diesem Schwertwaljungen, rechts), Flukeschlagen oder Brustfinnenwedeln? Bewegen sie sich schnell und in Gruppen vorwärts? Ist dies mit viel Lärm und offensichtlicher Aufregung verbunden?
- Treten sie zusammen mit vielen Seevögeln oder Robben auf? Fressen sie gerade?

wichtige Details, die später sehr nützlich sind, noch gut im Gedächtnis. Achten Sie nicht zu stark auf die Qualität der Skizze, sondern bringen Sie sie so schnell wie möglich zu Papier, ehe die Erinnerungen verblassen. Das Verhalten von Walen ist bekanntermaßen schwer zu deuten; machen Sie sich also keine Gedanken, wenn Sie nicht verstehen, was die Tiere tun. Beschreiben Sie einfach, was Sie sehen – später entdecken Sie vielleicht den Sinn ihres Verhaltens oder können jemanden um Rat fragen.

Wenn Sie auf dem neuesten Stand sein möchten, können Sie Ihre Beobachtungen auch auf einem Laptop speichern.

Walbeobachtung in der Praxis

WALE FOTOGRAFIEREN

Wenige Motive sind so schwierig festzuhalten und gleichzeitig so lohnend wie Wale und Delphine.

EIN SCHWERTWAL taucht vor einem Leuchtturm auf (links). Walbeobachter sichten einen Buckelwal (unten).

Jeder, der schon einmal Wale fotografiert hat, möchte eine brillante Aufnahme machen. Um z. B. einen springenden Wal zu fotografieren, müssen mehrere Voraussetzungen erfüllt sein: Die Gelegenheit und das Timing müssen stimmen, und man muß wissen, wie Film und Kamera zusammenwirken.

FOTOAUSRÜSTUNG

Trotz des immer vielfältigeren Angebots an Kompaktkameras mit Zoomobjektiven eignen sich Spiegelreflexkameras noch immer am besten dafür, Wale zu fotografieren. Sie sind relativ kompakt und je nach Situation mit verschiedenen Objektiven bestückbar. Eine Alternative sind Zoom-Objektive mit variablen Brennweiten, die von der Weitwinkel- bis zur Tele-Perspektive reichen. Wenn es schnell gehen muß – z. B. bei springenden Walen –, ist ein automatischer Filmtransport sehr hilfreich. An der Brennweite des Objektivs läßt sich der Vergrößerungsfaktor erkennen. Ein 200-mm-Teleobjektiv liefert eine 4fache Vergrößerung, ein 300-mm-Objektiv 6fache Vergrößerung usw. Teleobjektive sind beim Fotografieren von Walen und Delphinen unverzichtbar, da man meist nicht sehr nahe an die Tiere herankommt. Wenn Wale nahe ans Boot heranschwimmen, reicht oft ein Standard- oder Weitwinkelobjektiv aus. Wenn Sie sich auf ein Objektiv beschränken müssen, ist ein 200-mm-Teleobjektiv wohl die beste Lösung. Je größer die Brennweite eines Objektivs, desto mehr Licht benötigt es. Objektive weisen jedoch noch eine zweite Kennzahl auf – die Lichtstärke (die Lichtmenge, die ein Objektiv aufnehmen kann). Je höher die Lichtstärke ist, um so effektiver nimmt die Linse das Licht auf. Ein Objektiv der Lichtstärke 1:1,8 erreicht bei denselben Lichtverhältnissen eine kürzere Verschlußzeit als ein Objektiv mit 1:4,0. Die „schnelleren" Objektive sind teurer.

Auch Filme sind unterschiedlich „schnell": Je höher der ISO/ASA-Wert ist, um so weniger Zeit ist zur Belichtung nötig. Der Film ist also lichtempfindlicher, liefert jedoch körnigere Bilder. Um Bewegungen festzuhalten, sollten Sie eine Belichtungszeit von 1/500 Sek. einstellen, wobei häufig auch 1/250 Sek. genügt.

Filme mit einem ASA/ISO-Wert von 200 eignen sich meist für 200- bis 300-mm-Objektive, ohne allzu körnige Bilder zu liefern.

AN LAND

Obwohl man Walen vom Land aus nicht näher als bis zur Wasserlinie kommen kann, lassen sie sich auch an der Küste sehr gut beobachten.

Sie benötigen mit Sicherheit ein 200-mm-Teleobjektiv, eventuell auch größere Modelle. Zwar sind Objektive mit bis zu 1 000 mm im Einsatz, doch sind lange Objektive schwer und nicht leicht ruhig zu halten; ab 300 mm Brennweite ist ein Stativ unverzichtbar. Wenn die Tiere länger in einem

Wale fotografieren

UNTER WASSER Ein Fototaucher bei der Nahaufnahme eines Blauwals

Gebiet verweilen, können Sie ihnen entlang der Klippen sehr nahe kommen. Man kann aber auch bequem an einem Ort bleiben, sie beobachten und auf ein interessantes Verhalten warten.

Wenn Staub oder Sand aufgewirbelt werden, ist beim Objektivwechsel Vorsicht angebracht. Starker Wind kann das Kamerastativ umwerfen. Auch Regen kann Ihre Fotoausrüstung ruinieren.

Am frühen Morgen und am späten Nachmittag ist das Licht zum Fotografieren oft am besten – solange Sie nicht gegen das Licht fotografieren. Unterbelichtete Aufnahmen einer Walsilhouette bei Gegenlicht können zwar beeindruckend wirken, aber überbelichtete Bilder liefern selten gute Resultate.

AUF SEE

Wale auf dem Meer zu fotografieren wirft neue Probleme auf, die gewöhnlich um so größer werden, je kleiner das Boot ist. Während das Deck eines Schiffes festen Halt

Man sagt, daß die wundersame See Dinge enthält, wie sie ähnlich auch an Land zu sehen sind.

Fish Women:
On Landing at Calais,
WILLIAM WORDSWORTH
(1770–1850), englischer Dichter

bieten kann, sind die Bewegungen kleiner Boote unberechenbar. Eine nützliche Regel alter Seebären lautet: „Eine Hand für dich und eine Hand fürs Boot" – in unserem Fall also eine Hand an der Kamera, die andere am Boot. Halten Sie sich stets mit einer Hand fest, wenn Sie sich auf Deck bewegen, und verlassen Sie sich nicht auf Ihre Balancekünste. Suchen Sie sich einen Platz, an dem Sie sicher sitzen können und Oberkörper und Hände frei haben, um die Bewegung des Bootes auszugleichen und die Kamera zu bedienen. Auch wenn es schwerfällt, ver-

suchen Sie, den Horizont im Sucher zu behalten – die Qualität Ihrer Fotos kann sich dadurch deutlich verbessern. Die Belichtungszeit sollte 1/500 Sek. oder kürzer sein, da bei längeren Belichtungszeiten die gleichzeitigen Bewegungen des Bootes und des Wales scharfe Fotos fast unmöglich machen.

Salzwasser ist der Todfeind jeder Kameraausrüstung; Gischt kann die Elektronik überraschend schnell ruinieren. Schützen Sie die Kamera (z. B. unter Ihrer Jacke) vor Wasserspritzern, bis Sie sie wirklich benutzen. Wenn sie naß wird, spülen Sie sie so gut wie möglich mit Trinkwasser ab – es richtet weitaus weniger Schaden an als Salzwasser. In den meisten Fotogeschäften sind spezielle Regenüberzüge für Kameras erhältlich (man kann auch selbst einen anfertigen). Wechseln Sie den Film nur an Orten, an denen kein Wasser in die geöffnete Kamera gelangen kann.

VIDEO

Hochwertige Videokameras sind eine gute Alternative zur Fotografie. Die meisten besitzen Zoom-Objektive und funktionieren anders als die meisten Fotoapparate auch bei sehr schwachem Licht. Videos fangen die Bewegungen eines Wals oder Delphins natürlich besser ein als Fotokameras. Allerdings sind Videokameras noch anfälliger für Salzschäden als Fotoapparate.

AM UFER (rechts) bieten sich etliche Orte an, von denen aus Wale oder Delphine häufig aus knapp 100 m Entfernung fotografiert werden können.

Walbeobachtung in der Praxis

WALBEOBACHTUNG VOM LAND AUS

Die Walbeobachtung von Land kann auf ihre Art genauso viel bieten wie eine Beobachtung auf See.

Das typische Bild, das sich viele Menschen von der Walbeobachtung machen, ist das einer hautnahen Begegnung vom Deck eines Beobachtungsschiffes aus. Hält man sich jedoch die enorme Ausdehnung der Küsten und die Häufigkeit, mit der Wale dort anzutreffen sind, vor Augen, wird deutlich, wie gut die Möglichkeiten sind, Wale vom Festland aus zu sehen.

Walbeobachtung vom Land aus ist nicht nur kostenlos und jederzeit durchführbar, man kann sich dabei auch soviel Zeit lassen wie man will, und die Beobachtungen mit Urlaubsreisen verbinden. Zudem kann man die oft herrliche wilde Küstenlandschaft genießen. Der größte Vorteil ist, daß man das Verhalten der Tiere nicht beeinflußt, da man nicht in ihren natürlichen Lebensraum eindringt.

Der Hauptnachteil der Beobachtung vom Ufer aus ist, daß man warten muß, bis die Tiere in Sichtweite kommen. So ist es frustrierend, wenn man von einer Delphinschule verursachte Wasserspritzer oder den Blas eines großen Wales am Horizont erblickt, die Tiere jedoch nicht bestimmen kann.

WALBEOBACHTER halten von den Klippen der amerikanischen Westküste Ausschau nach Grauwalen (links).

DIE WAHL DES ORTES

Viele wissenschaftliche Studien machen sich die Einfachheit der Walbeobachtung von der Küste aus zunutze. Wandernde Arten wie Buckel- oder Blauwale schwimmen zwar meist etwa 10 km vor der Küste; wenn sie die Pazifikküste der USA passieren, sind sie aber oft nur noch einen Steinwurf vom Land entfernt. Die Klippen von Point Reyes bieten wie viele Landzungen Kaliforniens einen atemberaubenden Blick auf wandernde Wale. In den geschützten Wasserwegen des US-Staates Washington und in Britisch-Kolumbien lassen sich Schwertwale und andere Arten gut beobachten. Weiter nördlich ziehen Grönlandwale bei ihrer Wanderung in die Beaufort-See an Point Barrow (Alaska) vorbei. An der Ostküste der USA sind die Möglichkeiten zur Walbeobachtung weniger gut. Auf der Südhalbkugel lassen sich wandernde Buckelwale täglich vor Australiens östlichstem Punkt, Cape Byron, beobachten, das auch für seine wellenreitenden Delphine bekannt ist. Die beste Beobachtungsstelle liegt unbestritten an der Küste von Nullarbor (Südaustralien). Dort versammeln sich monatelang Südkaper vor den Kalksteinklippen, um sich buchstäblich zu Füßen der Beobachter zu paaren und ihre Jungen aufzuziehen – ohne sich bewußt zu sein, welche Aufmerksamkeit sie erregen.

Walbeobachtung vom Land aus

DIE MIGRATIONSMUSTER vieler Arten sind gut erforscht. Südkaper (links) schwimmen in Küstennähe. Muttertier mit Jungem (oben)

Im Golf von San José in Patagonien (Argentinien) bestehen wie vor der Südküste Südafrikas gute Chancen, Glattwale vom Ufer aus zu beobachten.

Delphine schwimmen oft in Fjorde oder Buchten, um sich auszuruhen oder um zu fressen. Große Tümmler sind die weltweit am häufigsten gesichteten Cetaceen, da sie sich gerne in unmittelbarer Küstennähe aufhalten und oft in Häfen, Buchten und Flußmündungen auftauchen. Manche gewöhnen sich an die Gesellschaft von Menschen, so z. B. in Monkey Mia (Australien), wo der Kontakt zwischen Menschen und Delphinen ein Ausmaß erreicht hatte, das eine Regulierung erforderte. Auch andernorts entstanden ähnliche Situationen, und in manchen Gebieten können Menschen sogar neben Delphinen herschwimmen.

Planung der Expedition

Sie können Ihre Expedition auf zwei verschiedene Arten planen: Entweder wählen Sie einen Ort aus, den Sie besuchen möchten, oder eine bestimmte Spezies, die Ihr Interesse weckt. Die Auswahl ist dabei natürlich beschränkt, da nicht alle Arten regelmäßig in Küstennähe kommen. Viele wie z. B. der Pottwal leben auf offener See und werden gewöhnlich vom Schiff aus beobachtet. Auch die Jahreszeiten und die entsprechenden Wanderungen der Wale bestimmen Ihre Möglichkeiten. Küsten mit hohen Klippen und Landzungen bieten natürlich die besten Chancen, Wale zu entdecken. Von einer Klippe aus ist der Horizont um ein Vielfaches weiter entfernt als auf Meereshöhe. Von dort oben kann man stundenlang die entfernten Blaswolken der vorbeiziehenden Wale verfolgen. Ein Fernglas oder Teleskop ist dabei unabdingbar. Zudem müssen Sie lernen, eine bequeme Position einzunehmen, in der Sie stundenlang sitzen können. Wind und Sonne können ihren Tribut fordern; suchen Sie sich eine geschützte Stelle, und nehmen Sie einen Hut und Sonnencreme mit. Vielleicht können Sie an einem geeigneten Aussichtspunkt übernachten – nichts ist schöner, als morgens beim ersten Auftauchen eines Wales eine Tasse Kaffee oder Tee zu genießen.

Bei wandernden Arten wie Grau- oder Buckelwalen sollten Sie den Blick dorthin richten, wo die Tiere vermutlich erscheinen werden, und geduldig warten. Suchen Sie regelmäßig die Umgebung nach außergewöhnlichen Erscheinungen ab wie z. B. einer schwimmenden dunklen Gestalt, aufspritzendem Wasser oder der Blaswolke eines Wales.

In der Wanderungssaison können den ganzen Tag über Wale vorbeiziehen, wobei oft mehrere Schulen auf einmal auftauchen. Denken Sie daran, daß Wale zehn Minuten oder länger abtauchen können. Wale behalten über und unter Wasser gewöhnlich dasselbe Tempo bei – blicken Sie also von der Abtauchstelle aus immer ein Stück voraus, um sie wieder auftauchen zu sehen.

WINDSURFER entdecken eine neue Möglichkeit, Buckelwale nahe der Küste von Bonavista Bay in Neufundland (Kanada) zu beobachten.

Walbeobachtung in der Praxis

WALBEOBACHTUNG VOM BOOT AUS

*Die Walbeobachtung vom Boot aus vermittelt Erfahrungen,
die sich vom Ufer aus meist nicht so unmittelbar erleben lassen.*

Die Walbeobachtung auf See läßt sich auf sehr verschiedene Weise durchführen: Sie können mit dem Kajak zwischen Walen paddeln, einen Nachmittag auf dem Beobachtungsschiff eines kommerziellen Touranbieters verbringen oder aber die Tiere von einer Fähre oder der Brücke eines Luxusdampfers aus beobachten. Grundsätzlich haben Sie zwei Möglichkeiten: selbst auf Tour zu gehen oder sich von anderen leiten zu lassen.

MIT EIGENEN BOOTEN
Wale und Delphine lassen sich von fast jedem Boot aus beobachten. Die Eignung verschiedener Bootstypen hängt von der Umgebung, dem Wetter und der Erfahrung des Skippers ab. Dabei ist auf richtiges Verhalten in der Nähe von Meeressäugern zu achten (vgl. S. 118). In geschützten Wasserstraßen nähert man sich den Walen zuweilen mit kleinen, wackeligen Bootstypen wie Seekajaks oder Ruderbooten. Allerdings sollten diese Boote von erfahrenen Skippern gesteuert werden, denn Wale gehen zwar gewöhnlich rücksichtsvoll mit kleinen Booten um, doch bei lebhaften Aktivitäten wie dem Nahrungserwerb oder sozialen Kontakten können sie ihnen zu nahe gekommene Boote anstoßen oder umkippen.

Einige Bootstypen beeinflussen ihre Umgebung weniger als andere. Segelboote verursachen kaum Lärm unter Wasser. Untertourige Motoren haben nicht so gravierende Auswirkungen wie kreischende Außenbordmotoren bei hoher Geschwindigkeit, die Kommunikation und Verhalten der Wale schon aus großer Entfernung stören. Die Fahrtgeschwindigkeit selbst ist ein Problem: Fahren Sie in einem Gebiet, das von Meeressäugern frequentiert wird, langsam und vorausschauend. Auch die Anbringung einer Schiffsschraubenabdeckung ist überlegenswert, da Wale und Delphine immer häufiger Schiffsschrauben zum Opfer fallen.

Viele Menschen nähern sich Walen in kleinen Motorbooten, wie sie z. B. Freizeitangler benutzen. Boote müssen auf offenen Gewässern stets verantwortungsvoll gesteuert werden. Man sollte nicht nur erfahren im Umgang mit dem Boot sein, sondern auch eine geeignete Sicherheits- und Kommunikationsausrüstung mitführen und wissen, wie sie funktioniert. Warme und wasserdichte Kleidung sowie ausreichende Verpflegung sind genauso unerläßlich.

Wenn Sie einen Wal oder Delphin sichten, gilt es, die Regeln der Walbeobachtung (vgl. S. 118) einzuhalten. Jedoch kann nichts die Tiere davon abhalten, sich Ihnen zu nähern. Es gehört zu den schönsten Erlebnissen einer Beobachtungstour, einer lebhaften Delphingruppe beim

DER KÄLTE TROTZEN (rechts) diese Beobachter von Buckelwalen im Packeis der Antarktischen Halbinsel. Ein Schwarzdelphin (oben) reitet bei Kaikoura (Neuseeland) auf der Bugwelle eines kleinen Bootes.

EIN KAJAKFAHRER trifft in Britisch-Kolumbien (Kanada) auf Schwertwale.

Wellenreiten zuzusehen: Die Delphine kämpfen um den besten Platz in der Druckwelle vor dem Bug, stoßen Klicks und Pfiffe aus und suchen den Blickkontakt mit den Menschen an Bord. Verlangsamen Sie die Fahrt, wenn sich Delphine nähern. Sie bevorzugen ein langsameres Tempo und bleiben so länger bei Ihnen.

Walen und Delphinen scheint die ruhige Fortbewegungsart von Segeljachten zu gefallen. Delphine reiten oft lange Zeit auf ihren Bugwellen.

KOMMERZIELLE ANBIETER

Die kommerzielle Walbeobachtung ist eine weltweit boomende Branche, die vielen Küstenorten, darunter auch ehemaligen Walfangstationen, eine neue wirtschaftliche Grundlage bietet. Viele Menschen begegnen Walen und Delphinen zum ersten Mal auf solchen kommerziellen Touren, die unvergeßlich sein können. Die meisten kommerziellen Veranstalter sind verantwortungsvoll und haben ein großes Interesse am Wohlergehen der Wale. Sie erklären ihren Gästen die Geschichte und das Verhalten der Wale, so daß die meisten Touristen mit einem besseren Verständnis für diese faszinierenden Tiere von den Exkursionen zurückkehren. Die Walbeobachtung ist jedoch mittlerweile ein umkämpfter Markt.

Um etwa spektakuläre Sprünge zeigen zu können, belästigen einige Bootsführer die Wale. Sie selbst zeigen Verantwortungsgefühl, wenn Sie sich für einen angesehenen Veranstalter entscheiden oder den Bootsführer auf ein Fehlverhalten hinweisen.

HYDROPHONE

Töne spielen eine wichtige Rolle bei den sozialen Aktivitäten der Wale. Viele kennen die berühmten Gesänge der Buckelwale. Auch andere Wale drücken sich häufig „stimmlich" aus. Die Geräuschwelt unter Wasser, die mit Unterwasser-Mikrophonen, sog. Hydrophonen, erkundet wird, liefert wichtige Erkenntnisse. Neben den Stöhn-, Kreisch- und Klicklauten der Wale sind auch die herrlichen Rufe der Robben, das Klappern der Garnelenscheren und verblüffend vielfältige Geräusche der Fische zu vernehmen. Vielleicht bekommen Sie auch mit, wie durchdringend der Lärm des eigenen Bootes ist.

Die für den „Lauschangriff" auf Wale und Delphine notwendige Technik ist relativ einfach und preiswert. Das Hydrophon (s. Bild) wird vom stehenden Boot aus 6–9 m tief ins Wasser abgeseilt. Es ist mit einem Vorverstärker verbunden, der die Signale an das Aufnahmegerät weiterleitet. Komplett-Sets bzw. Hydrophon- und Vorverstärker-Komponenten können im Versandhandel bestellt werden.

Walbeobachtung in der Praxis

GEFÄHRLICHE BEGEGNUNGEN

Ziel der Walbeobachtung ist es, Menschen und Wale zusammenzubringen, doch für beide Seiten kann es auch gefährlich werden.

Selbst kleine Arten wie Delphine und Schweinswale sind verglichen mit uns kräftige Tiere und können Menschen und Booten schweren Schaden zufügen. Umgekehrt können Boote auch sehr leicht Wale verletzen.

UNABSICHTLICH kann ein Wal ein Boot zertrümmern oder einen Schwimmer töten.

BOOTE

Tödliche Begegnungen zwischen Walen und Menschen sind kein neues Phänomen. Tatsächlich stellte der Walfang mit offenen Booten im Grunde seit jeher eine Form des Nahkampfes dar, der Menschen das Leben kostete, wenn Boote kenterten oder zertrümmert wurden. Walfänger in offenen Booten hielten Pott- und Grauwale für besonders gefährlich. Die Tiere reagierten jedoch nur auf den Versuch, sie zu töten – eine Absicht, die der heutigen Walbeobachtung natürlich völlig fremd ist.

Dennoch sind Zusammenstöße zwischen Walen und Booten möglich. Sie können sich zufällig ereignen, aber auch Folge des Abwehrverhaltens eines Wales sein, der sich bedroht fühlt. Viele Nordatlantische Glattwale tragen Narben von Schiffskollisionen. Vor allem kleine, PS-starke Motorboote sollten Gewässer, in denen Wale vorkommen können, nie mit hoher Geschwindigkeit befahren. Auftauchenden Walen ist es fast unmöglich, Booten auszuweichen, die ihren Kurs abrupt ändern. In vielen Ländern ist daher die Annäherung an Wale durch Vorschriften geregelt, die den Mindestabstand und das Verhalten den Tieren gegenüber festlegen (vgl. S. 118). Die Vorschriften drücken einfache Benimmregeln aus, die auf das natürliche Verhalten der Wale ausgerichtet sind. Einfacher gesagt: Nehmen Sie Rücksicht. Wer dies nicht tut, bringt sich selbst in Gefahr.

Die Wale selbst nehmen im allgemeinen Rücksicht auf kleine Boote oder Jachten und greifen nicht an, solange man sie nicht provoziert. Eine Provokation muß nicht absichtlich geschehen: Ein Boot, das auf ein untergetauchtes Muttertier mit deren Jungen zuhält, stellt eine Bedrohung für die Mutter dar, die sich – zur Verblüffung der Segler – eventuell entsprechend verteidigt. Viele Berichte über „Angriffe" auf Jachten und kleine Boote beruhen auf zufälligen Konfrontationen und Kollisionen, die manchmal dazu führen, daß Boote sinken oder der Wal schwer verletzt oder getötet wird.

Andererseits können sich Wale auch aus freien Stücken nähern. Manchmal stellt man fest, daß man plötzlich von Walen umgeben ist, obwohl man den gebührenden Abstand eingehalten hat. Zu Walen, die Aktivitäten wie dem Nahrungserwerb oder Paarungskämpfen nachgehen,

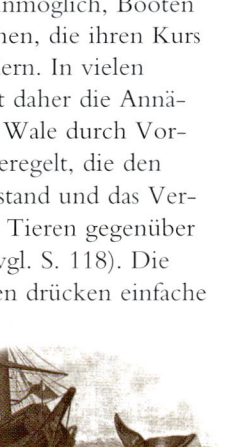

HOLZSCHNITT einer Kollision zwischen Schiff und Wal (oben). Grauwal (links) mit Narben von einer Schiffsschraube

Gefährliche Begegnungen

RISKANT Ein Schnorchler (links) beobachtet einen Südkaper.

muß man großen Abstand halten. Diese Verhaltensweisen beanspruchen die volle Aufmerksamkeit des Wales, so daß kleine Boote in diesen Situationen in Gefahr sind. Bereits ein kurzer Schlag mit der Fluke kann ein kleines Boot zerstören.

Schwimmen

Das Schwimmen mit Delphinen hat sich vielerorts zu einer beliebten Freizeitaktivität entwickelt. Man muß jedoch bedenken, daß Wale die Aufregung und Freude, die wir dabei empfinden, nicht unbedingt teilen und sich manchmal bedroht fühlen. Obwohl es viele Beispiele für freundschaftliche Kontakte mit Delphinen im Meer gibt, ist es nicht gänzlich ungefährlich, mit ihnen zu schwimmen. Zumindest ist belegt, daß ein Großer Tümmler, der sich häufig den Badegästen eines brasilianischen Strandes näherte, einen Schwimmer, der ihn anscheinend belästigt hatte, mit tödlichen Folgen rammte.

Viele Menschen betrachten Delphine als zahme Wesen – freundliche, lächelnde Kreaturen, die uns nie gefährlich werden können. Vor kurzem wurde jedoch eine Frau, die mit freilebenden Indischen Grindwalen schwamm, von diesen am Bein gepackt und so lange unter Wasser gehalten, daß sie fast ertrunken wäre.

Zwar verhalten sich Wale uns gegenüber oft neugierig und respektvoll (oder desinteressiert), doch sollten wir nie davon ausgehen, daß sie ihr Verhalten nicht aus uns unbekannten Gründen ändern. Große Wale bewegen sich zwar graziös und achten sehr auf anwesende Schwimmer, verfügen aber auch über unvorstellbare Kräfte. Ein erfahrener argentinischer Unterwasserfotograf erlitt mehrfache Knochenbrüche, als ihn ein Südkaper streifte. Tauchen mit Walen ist nicht zu empfehlen, da vielen Arten die in Blasen aufsteigende ausgeatmete Luft nicht behagt. Manche Spezies wie der Buckelwal stoßen Blasen aus, um anderen Walen zu drohen.

In vielen Ländern ist das Schwimmen mit Walen nicht gestattet. Nichts kann einen Wal aber davon abhalten, mit Ihnen zu schwimmen, nachdem Sie sich ihm bis auf den vorgeschriebenen Mindestabstand genähert haben. Vergessen Sie nicht, daß der Satz „Wo es Delphine gibt, gibt es keine Haie" falsch ist – vielerorts machen Haie Jagd auf Delphine und sogar auf größere Wale.

Wale und Delphine sind nicht einfach niedlich, sondern intelligente und von uns verschiedene Tiere. Wir wissen noch immer nicht, was sie von uns halten oder ob wir für sie überhaupt eine Rolle spielen. Behandeln Sie Wale und Delphine also mit größtem Respekt – nicht nur, weil sie von Natur aus bewundernswerte Tiere sind, sondern auch, weil sie in der Lage sind, uns zu verletzen oder zu töten.

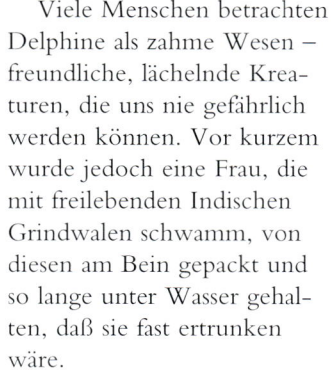

FORSCHER betrachten die imposante Schwanzflosse eines Glattwals aus nächster Nähe.

Walbeobachtung in der Praxis

RICHTLINIEN DER WALBEOBACHTUNG

In einigen Ländern sind nun Gesetze zum Schutz der Wale in Kraft, die auch Richtlinien zur Walbeobachtung enthalten.

Die folgenden Richtlinien sollte man als Gesetz betrachten. Sie dienen dazu, mögliche Störungen von Walen durch Boote und Flugzeuge zu minimieren. Ein Ziel der Bestimmungen ist es, die Sicherheit der Menschen an Bord zu gewährleisten (vgl. S. 114), die in Situationen, in denen sich der Wal bedroht fühlt, in Gefahr geraten können. Hauptziel ist jedoch das Wohlergehen der Wale, da diese empfindlich gegen Störungen sind, auch wenn diese unabsichtlich geschehen.

Unterwasserlärm ist ein bedeutender Störfaktor für Wale, der oft vergessen wird, da er nicht zu sehen ist. Schall breitet sich im Wasser viel schneller aus als in der Luft. Wale besitzen ein sehr gutes Gehör und setzen Schall zur Kommunikation, zur Orientierung und zur Beutesuche ein. Manche Boote erzeugen Motoren- oder Schraubenlärm, der kilometerweit zu hören ist und somit auf kurze Entfernung viele Arten stören kann. Bestimmte Frequenzen sind je nach Hör- und Stimmbereich der jeweiligen Art besonders problematisch.

Selbst der Lärm eines Flugzeugs kann bis ins Wasser dringen: Ein Unterwassermikrophon zeichnete den Lärm eines tieffliegenden Kampfflugzeugs noch in 18 m Tiefe auf. Diese Fakten verdeutlichen das Störungsrisiko, das von einer Gruppe lärmender Beobachtungsboote sowie von tieffliegenden Flugzeugen und vor allem von Hubschraubern ausgehen kann.

Störende Annäherungen

Die Störung durch Annäherung ist ebenfalls ein Thema. Die Anwesenheit von Booten kann die normalen Aktivitäten einer Walgruppe und auch eines Einzeltiers stören. Das Leben der Wale und Delphine richtet sich nach einem strikten Zeit- und Energiehaushalt. Sie können es sich kaum leisten, lebenswichtige Aktivitäten wie Fortpflanzung, Nahrungssuche oder Säugen zu unterbrechen, um Booten auszuweichen.

Schiffe können eine konkrete Bedrohung für Wale darstellen, wenn sie keinen „Höflichkeitsabstand" ein-

STRESSANZEICHEN *Ein möglicher Hinweis für eine Störung: Ein Beluga (oben links) und ein Buckelwal (oben) blasen unter Wasser.*

halten oder einzelne Tiere von der Gruppe trennen, was besonders bei Muttertieren und Jungen gefährlich ist.

Wale reagieren unterschiedlich auf die Beobachtung durch Menschen. Wenn man sich ihnen behutsam und rücksichtsvoll nähert, setzen sie ihre Aktivitäten meist unbeeindruckt fort. Manchmal tun sie genau das, was sich die Beobachter wünschen, und unterbrechen ihr Treiben, um das Schiff zu inspizieren. Wenn den Walen die Aufmerksamkeit unangenehm ist, drücken sie dies auf verschiedene Weise aus.

Der Schlüssel zum Erfolg ist, diese Verhaltensänderungen zu erkennen – eine Kunst, die sich jeder, der regelmäßig Wale beobachtet, aneignen sollte. Beim ersten

Richtlinien der Walbeobachtung

EIN TOURIST greift nach einem Grauwal in der Baja California (Mexiko), um ihn zu berühren. Der Buckelwal (unten) schlägt mit der Fluke, weil er sich von den vielen Walbeobachtern vor Neuengland bedroht fühlt.

Hinweis auf eine Störung – z. B. ungewöhnliches oder plötzlich verändertes Verhalten – sollten Sie sich sofort zurückziehen.

WENN WALE SICH BELÄSTIGT FÜHLEN

„Belästigung" bedeutet, sich Walen zu nähern oder ihnen zu folgen, wenn sie flüchten oder sich offensichtlich gestört fühlen. Entscheiden Sie sich lieber zugunsten des Tieres, wenn Sie nicht sicher sind, ob Sie es stören. Hier einige Anzeichen, an denen Fluchtverhalten oder eine Störung erkennbar sind: abrupte Geschwindigkeits- und Richtungsänderungen; höhere Atemfrequenz; längere Tauchphasen oder Richtungsänderungen unter Wasser; Ausatmen unter Wasser; lautes, „knurrendes" Ausatmen von Muttertieren, die ihr Junges abschirmen; Schlagen mit der Fluke; Springen sowie plötzliche „Beschleunigungsmanöver" neben dem Boot. All dies kann, muß aber nicht darauf hinweisen, daß die Wale durch Ihre Gegenwart aufgebracht sind. Manche rücksichtslose Menschen belästigen Wale absichtlich, um solche Reaktionen auszulösen. Diese extrem egoistische Haltung mißachtet jedoch die Bedürfnisse der Wale. Als Walfreund müssen Sie sich mit den entsprechenden Vorschriften und Verhaltensmaßregeln vertraut machen. Versuchen Sie, Ihre eigenen Regeln auf den strengsten Vorschriften aufzubauen.

Die Richtlinien basieren jedoch nicht auf biologischen Gegebenheiten, sondern stellen einen Kompromiß dar, der Walbeobachtern Begegnungen mit Walen aus nächster Nähe gestatten soll. Der erlaubte Mindestabstand beträgt zwar meist 100 m, viele Wale nehmen Sie jedoch schon aus größerer Entfernung wahr und weichen Ihnen aus. Einen Wal zu verfolgen, um bis auf den Mindestabstand heranzukommen, ist bereits eine schwere Belästigung. Ein verantwortungsvoller Walbeobachter weiß, wann er die Tiere in Ruhe lassen muß.

WIE MAN SICH WALEN NÄHERT

Verfolgen Sie nie einen Wal, der einen verstörten Eindruck macht, und trennen Sie nie einzelne Tiere von der Schule. Wenn Wale sehr beunruhigt sind, ändern sie ihren Kurs, tauchen länger ab als üblich oder flüchten sogar aus einem Gebiet. Wenn man sich mit einem Boot nähert, sollte man entweder 300 m seitlich vor dem Wal beidrehen (A) und warten, bis er vorbeischwimmt, oder sich langsam von der Seite nähern (B), jedoch nie näher als 100 Meter. Schwimmer sollten 30 m Abstand zu Walen einhalten. (Abb. nicht maßstabsgetreu)

Walbeobachtung in der Praxis

WALBEOBACHTUNG MIT VERANTWORTUNG

Walbeobachtung schadet den Tieren nicht – vorausgesetzt, man handelt verantwortungsvoll und umsichtig.

Was unser Verhältnis zu Walen betrifft, leben wir in einer privilegierten Zeit. Noch nie war es so einfach, die Welt zu bereisen, um Wale in ihrem natürlichen Lebensraum zu beobachten. Unser Wissen über diese Tiere – aber auch über ihre Probleme – war noch nie so groß wie heute.

In der Vergangenheit nahm die kommerzielle Ausbeutung der Wale oft abscheuliche Formen an. Heute erkennen wir, warum: Unwissenheit und Habgier sind starke Kräfte in unserer Gesellschaft, und solange man nicht den tatsächlichen Wert der wilden Meeressäuger erkannt hatte und diesen Kräften entgegenwirkte, war ihre Ausbeutung unvermeidlich.

In den letzten 25 Jahren hat sich die Situation dank des sprunghaften Zuwachses an wissenschaftlichen Erkenntnissen und der respektvolleren Einstellung gegenüber Walen in vielen Teilen der Welt dramatisch verändert. Trotz der Wertschätzung, die wir Walen heute entgegenbringen, hat sich ihre Gesamtsituation weltweit verschlechtert. Die Ausbeutung zahlreicher Arten eskaliert, und ihr Lebensraum (das Meer) ist einer ständig wachsenden Gefährdung ausgesetzt.

EINE FRAGE DER EINSTELLUNG

Wie wirkt sich dies auf die Walbeobachtung und unsere Verantwortung aus? Letztendlich ist es eine Frage unserer Einstellung zu Walen und Delphinen. Sind sie reine Nahrungslieferanten? Einige sind dieser Auffassung. Betrachten wir sie als wilde, lebende Attraktionen eines Themenparks, die man kurz bestaunt und wieder vergißt? Oder sind sie intelligente Kreaturen, die ein vom Menschen unabhängiges Leben führen und weitaus ältere Ansprüche auf unseren Planeten haben als wir?

Leider beeinträchtigen menschliche Aktivitäten – Walfang, Delphinjagd, Überfischung, Umweltverschmutzung, Lebensraumzerstörung und Lärmbelästigung in den Ozeanen – heute fast überall das Leben der Wale. Mindert auch die Walbeobachtung die Lebensqualität der Wale? Oder handelt es sich dabei um etwas, das unseren Erfahrungsschatz erweitert und zugleich den Walen und Delphinen den Respekt und die Rücksicht entgegenbringt, die sie verdienen?

EIN GESCHÄFT

Mit der Erholung der Bestände bestimmter Walarten in den letzten 20 Jahren hat sich ein weltweiter Boom in der Walbeobachtungsbranche

BELÄSTIGUNG *Walen wurde in der Vergangenheit übel mitgespielt (ganz oben). Beobachter (oben) bedrängen diese Schwertwale. Das lärmende Auftauchen des Bootes (links) ist Streß für den Buckelwal.*

Walbeobachtung mit Verantwortung

DAS NATÜRLICHE VERHALTEN der Südkaper (oben) zu beobachten, ohne sie dabei zu stören, ist sicherlich eine wertvollere Erfahrung, als z. B. diesem Schwertwal (rechts) bei seinen Kunststücken im Freizeitpark zuzusehen.

ergeben. Wale und Delphine stellen eine Marktnische dar, die von Unternehmern rasch ausgenutzt wurde. In Küstenregionen entlang der Wanderrouten der Wale und in einigen ihrer Nahrungs- und Fortpflanzungsgebiete gilt die Walbeobachtung heute als wichtige Touristenattraktion, und die Zahl der Veranstalter wächst enorm. Mancherorts ist die Zahl der Lizenzen bereits begrenzt, allerdings hauptsächlich wirtschaftlicher Erwägungen wegen oder aus Gründen der Wettbewerbsbeschränkung, weniger zum Wohl der Tiere.

Viele Länder verfügen über Richtlinien für die Walbeobachtung (vgl. S. 118), um die Tiere vor übereifrigen Beobachtern zu schützen. Wenn jedoch ein wettbewerbsorientierter Wirtschaftszweig auf der Beobachtung von Tieren in freier Wildbahn basiert, kommt es immer zu Spannungen zwischen kommerziellen Zwängen und den Bedürfnissen der Tiere.

Forschung und Aufklärung

Es ist wichtig, daß die Wale von ihrer Beobachtung profitieren – durch Aufklärung, Forschung und Artenschutz. Informative Beobachtungstouren wecken das Interesse an den Tieren und letzlich auch am Schutz der Meere. In Nordamerika und anderen Regionen kommt es häufig zu einer erfolgreichen Form der Zusammenarbeit, bei der Biologen als Experten an Bord fungieren. Sie helfen, die Wale aufzuspüren, liefern Informationen und unterhaltsame Kommentare und beantworten die Fragen der Tourteilnehmer. Dafür dürfen sie an jeder Fahrt kostenlos teilnehmen, um ihre Forschungen durchzuführen, und Souvenirs verkaufen, um ihren Etat aufzubessern. Mancherorts spenden Tourveranstalter einen Teil ihrer Ticketeinnahmen und finanzieren Forschungsprojekte, z. B. durch den Kauf wissenschaftlicher Ausrüstung.

Der einzelne

Wir alle sind dafür verantwortlich, daß Wale vor Schäden und Belästigungen geschützt werden – ob dies nun gesetzlich vorgeschrieben ist oder nicht. Das Handeln jedes Bootsbesitzers oder Skippers hat in positiver oder negativer Hinsicht Folgen für das Wohlergehen der Wale. Die sorglose und laienhafte Handhabung eines Schiffes kann Wale nicht nur stören oder belästigen, sondern ihnen auch gefährlich werden oder sie aus Gegenden vertreiben, die sie seit ungezählten Generationen aufsuchen. Viele Bootsbesitzer und Skipper wissen nicht, wie man sich in der Nähe von Walen verhält, was zu extremen Belästigungen führen kann.

Wir können zumindest selbst dafür sorgen, daß sich unser Verhalten gegenüber Walen nicht negativ auf diese auswirkt, indem wir die Grundlagen ihres Verhaltens und Soziallebens erlernen und sie interpretieren (was allein schon faszinierend ist) und uns mit den strengen Richtlinien der Walbeobachtung vertraut machen.

Kapitel 6
Die Bestimmung von Walen und Delphinen

Der Wal ist das größte aller Tiere, die im Wasser leben,
Ein wahres Ungeheuer scheint er, hoch auf den Wellen schwimmend.
Betrachtet man ihn, kann man ihn für einen Berg im Meer halten,
Oder für eine Insel, die mitten im Meer entstanden ist.

Theobaldus (ca. 1022)

Die Bestimmung von Walen und Delphinen

BEOBACHTUNGS-METHODEN

Es ist nicht einfach, Wale im Meer aufzuspüren. Mit Übung, Geduld und ein wenig Glück kann es jedoch gelingen.

Zunächst muß das Gebiet bestimmt werden, in dem gesucht werden soll. Das kann in Küstennähe sein, über unterseeischen Schluchten oder Gebirgen, am Rande des Kontinentalschelfs, in einem Gebiet mit Aufwärtsströmungen (sog. „Upwelling"-Regionen, vgl. S. 17) oder großem Tidenhub, in der Nähe von Flußmündungen, oder anderen Orten, an denen sich die gesuchte Walart aufhalten könnte. Um die besten Stellen herauszufinden, ist es hilfreich, mit einheimischen Fischern zu sprechen, Seekarten zu studieren und Bücher über die jeweilige Region zu lesen.

EIN WALBEOBACHTER
sucht vom Mast aus (rechts) die Gewässer südöstlich von Alaska ab. Biologen (unten) halten Blauwal-Sichtungen im Golf von Kalifornien (Mexiko) fest und bereiten ihre Ausrüstung vor.

SUCHMETHODIK
Bei der eigentlichen Suche kann man sich entweder auf Intuition und Glück verlassen oder aber systematisch vorgehen und so genannten Transekten (feste Routen entlang eines Gitternetzes) folgen. Jede der beiden Methoden hat ihre Vor- und Nachteile. Walforscher bevorzugen vor allem bei offiziellen Untersuchungen die Transekten, da sich bei diesem System die Ergebnisse einzelner Erhebungen unmittelbar miteinander vergleichen lassen und kein Teil des Untersuchungsgebiets ausgelassen wird.

Egal, welche Methode man wählt: Man sollte in jedem Fall genug Zeit mitbringen. Zwar mag es auf den ersten Blick besser erscheinen, eine möglichst große Fläche abzudecken. Tatsächlich ist die Zahl der gesichteten Wale aber oft umgekehrt proportional zur Fahrtgeschwindigkeit.

Ihr Ausguck sollte möglichst hoch über dem Wasserspiegel liegen – gute Aussichtspunkte sind zum Beispiel der Mastkorb oder das Dach der Brücke. Suchen Sie mit dem Fernglas den Horizont ab, überprüfen Sie den mittleren Entfernungsbereich, und vergessen Sie nicht, die direkte Umgebung des Schiffes abzusuchen (Delphine, die auf den Bugwellen reiten, werden leicht übersehen, wenn man den Blick weit aufs Meer richtet). Denken Sie daran, in einem Umkreis von 360° zu suchen, da Wale auch hinter oder neben dem Schiff auftauchen können. Nur weil das Schiff vorwärts fährt, muß sich längst nicht alles vor Ihnen abspielen.

Das Erkennen ist nicht nur für Philosophen, sondern für jeden Menschen die höchste Lust.

Poetik,
ARISTOTELES (384–322 v. Chr.),
griechischer Philosoph

WONACH MAN SUCHT

Walbeobachter mit langjähriger Erfahrung erkennen instinktiv die kleinsten Hinweise. Bei großen Walen ist dies meist der Blas. Je nach Wetterlage ist er mehr oder weniger gut auszumachen. Oft ist er aber erstaunlich deutlich zu sehen. Die weiße Blaswolke steigt auf wie Rauch oder eine Fontäne.

Eventuell sieht man auch nur den Rücken eines Wales oder seinen Schwanz aus dem Wasser ragen. Aus der Ferne sieht dies dann aus wie eine etwas seltsam anmutende Welle.

Aufspritzendes Wasser ist ebenfalls ein verräterisches Zeichen. Es kann von dem Sprung eines Wales herrühren oder vom Schlag seiner Brustfinnen oder der Schwanzfluke. Ein nützlicher Hinweis sind auch Vögel, besonders wenn sie auf ein kleines Gebiet konzentriert sind oder anscheinend Nahrung aufnehmen. An einer solchen Stelle könnte es viele Fische geben, denen Wale oder Delphine unter Wasser nachstellen.

DAS UHRZEIGERSYSTEM

Wenn man seinen ersten Wal oder Delphin sichtet, ist man versucht, „Dort drüben!" oder „Seht mal!" zu rufen. Bis jeder gesehen hat, wohin man zeigt, und selbst in diese Richtung blickt, ist der Wal meistens schon wieder verschwunden. Die sogenannte „Uhrzeigermethode" löst dieses Problem: „12 Uhr" heißt vor dem Bug, „6 Uhr" steht für achtern, „3 Uhr" für Steuerbord, „9 Uhr" für Backbord und so weiter. „Wal auf 6 Uhr!" heißt demnach, daß ein Wal genau hinter dem Schiff gesichtet wurde.

DIE ANNÄHERUNG

In vielen Teilen der Welt regeln strenge Vorschriften die Annäherung an Wale (vgl. S.118). Die wichtigste Regel lautet: Stets langsam fahren. Wenn Sie in Reichweite der Wale sind, stellen Sie den Motor ab und lassen Sie die Wale den weiteren Verlauf der Begegnung bestimmen.

AKUSTISCHE ORTUNG VON POTTWALEN

Pottwale sind manchmal schwer aufzuspüren. Da sie die meiste Zeit tief unter Wasser im Verborgenen verbringen, gleicht ihr Verhalten eher dem eines Tiefseebewohners als dem eines luftatmenden Säugetiers. Eine unmittelbare Begegnung ist somit sehr unwahrscheinlich, wenn man nicht das Glück hat, zur rechten Zeit am rechten Ort zu sein.

Es gibt aber eine Alternative. Mit Hilfe eines ins Wasser gelassenen Unterwassermikrofons bzw. Hydrophons (vgl. S. 115 und Abb. rechts) kann man den Walen zuhören. Da Pottwale in der Dunkelheit der Tiefsee nicht sehen, wohin sie schwimmen, bauen sie ein „Klangbild" ihrer Umgebung auf, indem sie laute Klicklaute erzeugen und das reflektierte Echo empfangen.

Ein erfahrener Forscher kann anhand dieser Laute die Bewegungen eines Pottwals verfolgen und sogar sehr genau abschätzen, wo das Tier kurzzeitig zum Atmen auftauchen wird.

ALLE AUGEN *richten sich auf diesen Wal vor Hawaii. Aus der Beobachtung seines Verhaltens lassen sich wertvolle Erkenntnisse gewinnen.*

Die Bestimmung von Walen und Delphinen

BESTIMMUNGS-METHODEN

Die Bestimmung von Walen auf hoher See ist manchmal schwierig und frustrierend – selbst Experten können nicht jedes Tier identifizieren.

Es bereitet durchaus Freude, wenn man lernt, die einzelnen Arten zu unterscheiden. Die Tiere machen es einem dabei aber nicht leicht. Den größten Teil ihres Lebens verbringen sie unter Wasser. Obwohl sie zum Atmen an die Oberfläche kommen, sind sie oft schon wieder verschwunden, bevor man einen näheren Blick auf sie werfen kann. Wenn sie sich deutlicher zeigen oder länger an der Oberfläche bleiben, ähneln viele Arten einander so sehr, daß es fast unmöglich ist, sie zu bestimmen. Selbst innerhalb einer Art gibt es jedoch auch viele Unterschiede, kein Individuum gleicht exakt einem anderen: Wale unterscheiden sich in Färbung, Größe und Verhalten. Auch die Rückenfinnen sind nicht immer gleich geformt.

Daß Wale und Delphine im Meer leben, bereitet weitere Probleme. Stellen Sie sich vor, wie Sie versuchen, sich ein genaues Bild von einem sich bewegenden Tier zu machen, während Sie auf einem schwankenden und rutschigen Deck stehen und um ihr Gleichgewicht kämpfen. Schaumkronen, Windböen, schwere Dünung und Reflektionen vom Sonnenlicht erschweren die Aufgabe zusätzlich.

Trotzdem gibt es geeignete Methoden, um Wale und Delphine zu bestimmen. Die beste Bestimmungsmethode ist ein relativ einfaches Ausschlußverfahren. Gehen Sie jedesmal, wenn Sie ein neues Tier sichten, im Geiste eine Liste von Schlüsselmerkmalen durch. Je mehr Merkmale Sie in Betracht ziehen können, desto größer ist die Chance einer gesicherten Bestimmung. Dieser Prozeß läuft schließlich fast automatisch ab. Man lernt, ein Tier aufgrund seiner einmaligen Merkmalskombination zu erkennen, die Vogelkundler als „jizz" bezeichnen, nach der englischen Abkürzung „GIS" („general impression and shape"; dt. „allgemeiner Eindruck und Gestalt").

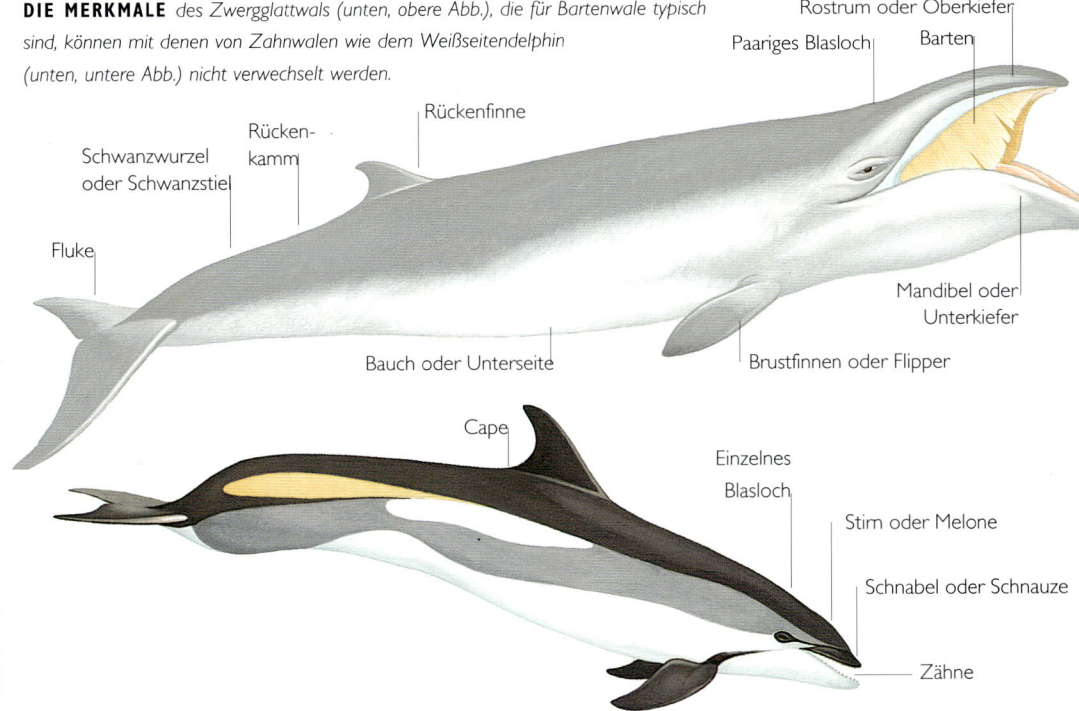

DIE MERKMALE des Zwergglattwals (unten, obere Abb.), die für Bartenwale typisch sind, können mit denen von Zahnwalen wie dem Weißseitendelphin (unten, untere Abb.) nicht verwechselt werden.

Bestimmungsmethoden

BEACHTENSWERT Diese Schwertwalschule ist an den großen Rückenfinnen dreier Bullen (rechts) zu erkennen. Typisch für den Grauwal ist die herz- oder V-förmige Blaswolke (ganz links). Der vorstehende Schnabel ist eines der kennzeichnenden Merkmale des Delphins (unten).

BESTIMMUNGS-CHECKLISTE

Es ist sehr hilfreich, die wichtigsten Merkmale des Beobachtungsobjekts zu kennen.

Sichtungsort Es gibt weltweit nur wenige Orte, an denen mehr als ein paar Dutzend Wal- und Delphinarten gesichtet wurden. Die Berücksichtigung der geographischen Position grenzt folglich die Möglichkeiten rasch ein.

Habitat So wie Spechte eher in Waldgebieten als in Küstenregionen vorkommen und der Große Panda das Gebirge einem Feuchtgebiet vorzieht, haben sich auch Wale und Delphine an spezielle Lebensräume im Salz- oder Süßwasser angepaßt.

Ungewöhnliche Merkmale Die große Rückenfinne des Schwertwalbullen, der lange Stoßzahn des Narwals, die gebogenen Zähne des Layard-Wals und die charakteristischen Merkmale anderer Arten ermöglichen häufig eine rasche Bestimmung.

Größe Eine exakte Schätzung auf See ist schwierig, wenn kein direkter Vergleich mit der Länge eines Schiffes oder eines anderen Objekts möglich ist. Allein durch die Feststellung, ob das Tier klein, mittelgroß oder groß ist, lassen sich jedoch bereits mehrere Möglichkeiten ausschließen.

Farbe und Zeichnung Deutliche Zeichnungen und leuchtende Farben sind nützliche Bestimmungsmerkmale. Da sich Farben auf See je nach Wasserklarheit und Lichtverhältnissen ändern, können sie jedoch trügen.

Rückenfinne Größe, Form und Stellung der Rückenfinne sind von Art zu Art sehr verschieden. Einige Spezies haben überhaupt keine Rückenfinne. Diese Details reichen zwar selten für eine eindeutige Bestimmung, können aber zusammen mit anderen Merkmalen nützlich sein.

Brustfinnen Brustfinnen oder Flipper sind selten deutlich zu sehen; zwischen den Arten gibt es jedoch eindeutige Unterschiede hinsichtlich Länge, Farbe und Position der Finnen.

Körperform Die Gesamtgestalt des Tieres kann manchmal von Nutzen sein, auch wenn man von den meisten Walen und Delphinen nur selten genug sieht, um sich ein zufriedenstellendes Bild machen zu können.

Schnabel Bei Meeresdelphinen und anderen Zahnwalen ist das Vorhandensein oder Fehlen eines ausgeprägten Schnabels ein besonders nützliches Bestimmungsmerkmal.

Fluken Einige große Wale heben die Fluke hoch in die Luft, ehe sie abtauchen, andere nicht. Allein dieser Unterschied hilft bei der Bestimmung. Es lohnt sich jedoch auch, die Form der Fluke zu überprüfen, die von Art zu Art beträchtlich variiert.

Blaswolke oder -fontäne Der Blas ist bei der Bestimmung größerer Wale äußerst hilfreich, da er von Art zu Art in Größe, Form und Sichtbarkeit variiert.

Die Tauchsequenz Die Art und Weise, in der ein Wal oder Delphin zum Atmen auf- und wieder abtaucht, wird als Tauchsequenz bezeichnet.

Verhalten Die meisten Wale und Delphine zeigen von Zeit zu Zeit typische Verhaltensweisen wie z. B. Sprünge oder das Fluke- und Flipperschlagen. Jede Art hat dabei ihre eigene Technik.

Gruppengröße Die Anzahl der zusammen gesichteten Tiere liefert einen nützlichen Hinweis; manche Arten sind Herdentiere, während andere zumeist alleine oder in Kleingruppen leben.

127

Die Bestimmung von Walen und Delphinen

Wie man Artenkenntnis erwirbt

Meeresbiologen und erfahrene Walbeobachter scheinen jede flüchtige Blaswolke, jede Finne, jeden Rücken und jede Fluke auf den ersten Blick identifizieren zu können. Worin besteht ihr Geheimnis?

Einen Wal oder Delphin nicht eindeutig bestimmen zu können kann sehr frustrierend sein. Natürlich ist oft die Versuchung groß, einfach zu raten. Manch einer ist vorsichtig und entscheidet sich für die in dem jeweiligen Gebiet häufigste Spezies, ein anderer ist mutiger und will gar eine eher seltene Art entdeckt haben.

Solches Verhalten ist grundsätzlich falsch. Die oberste Regel bei der Bestimmung von Walen lautet: Niemals voreilige Schlüsse ziehen! Professionelle Walforscher wissen, daß dies Erhebungen und Forschungsergebnisse unzuverlässig macht. Hobby-Walbeobachter sollten voreilige Schlüsse ebenso vermeiden, da sie ihre Artenkenntnis dadurch kaum verbessern. Wenn eine genaue Bestimmung nicht möglich ist, dürfen Sie ohne weiteres „nicht identifizierter Delphin" oder „nicht identifizierter Wal" notieren. Tatsächlich finden sich in den Aufzeichnungen fast jeder offiziellen Walerhebung zumindest einige derartige Einträge über nicht bestätigte Sichtungen.

Notizen anlegen

Wenn man eine Sichtung als „nicht identifiziert" einträgt, ist es wichtig, sich weitere Notizen zu machen. Die detaillierte und genaue Aufzeichnung der Feldbeobachtungen ist eine wesentliche Grundlage für die Walbestimmung (vgl. S. 108). Sie verbessern dadurch ihre Beobachtungsfertigkeit und können die betreffende Art bei einer späteren Begegnung vielleicht zuverlässig bestimmen – seien es Stunden, Tage, Wochen, Monate oder sogar Jahre später. Ein weiterer Vorteil guter Aufzeichnungen ist, daß Sie das Tier zu Hause bestimmen können, wo Sie Zeit haben, Bestimmungsbücher und andere Nachschlagewerke zu Rate zu ziehen. Je schneller Sie sich Notizen machen, um so besser. Gehen Sie die Liste der auf Seite 127 kurz beschriebenen Bestimmungsmerkmale von der Tauchsequenz bis zur Schnabelform durch. Halten Sie anschließend Datum, Uhrzeit, Position, Wetter, Seegang und andere potentiell relevante Daten fest.

Der Anfänger sollte sich besser zu viele Notizen machen als zu wenige, auch wenn es scheinen mag, daß er mehr Zeit mit schriftlichen Aufzeichnungen über die Wale verbringt als mit deren Beobachtung. Mit etwas Übung fällt es leichter zu entscheiden, was man berücksichtigen muß. Verzichten Sie

SPONTANE NOTIZEN (oben) lassen sich später mit Informationen aus Nachschlagewerken vergleichen. Das Flukeheben des Blauwals (rechts) ist ein begehrtes Motiv.

Ein unbeteiligter Zuschauer überblickt das Spiel vielleicht besser als der Spieler.

A Critical Essay Upon the Faculties of the Mind, Jonathan Swift (1667–1745), irischer Satiriker

Wie man Artenkenntnis erwirbt

BEOBACHTUNG von Belugas im Sankt-Lorenz-Golf (oben rechts). Die unverkennbare Fluke eines Buckelwals (oben). Eine Zoologin (rechts) mit den Teilnehmern einer Tour in der Samaná-Bucht (Dominikanische Republik)

aber niemals völlig auf Notizen und Skizzen. Mit Hilfe von Fotografien und anderen Erinnerungshilfen können Sie aus Ihren regelmäßigen Aufzeichnungen eine beständige Sammlung Ihrer Sichtungen machen, die Sie später als Informationsquelle und Tagebuch schätzen werden.

Von Fachleuten lernen

Um seine Fertigkeiten zu vertiefen, empfiehlt es sich, Bücher, Filme und Fotos zum Thema „Wale" heranzuziehen und seine Beobachtungsgabe anhand der heimischen Tierwelt zu schärfen. Die gemeinsame Walbeobachtung mit einem Fachmann läßt sich aber durch nichts ersetzen. Daher ist es entscheidend, sich bei Beobachtungstouren für einen kenntnisreichen Biologen oder Zoologen zu entscheiden.

Hören Sie den Ausführungen zu, und scheuen Sie sich nicht, Fragen zu stellen, denn die meisten Leute, die auf Walbeobachtungsschiffen arbeiten, reden gerne über Wale und begrüßen jede Frage, die aus echtem Interesse heraus gestellt wird.

Menschen, die viel Zeit in der Nähe von Walen verbringen, entwickeln ein Gefühl für den „jizz" bzw. den generellen Habitus der unterschiedlichen Arten. Unbewußt bedienen wir uns alle einer ähnlichen Technik, um uns gegenseitig zu erkennen. Freunde und Verwandte erkennen wir mittels einer unbestimmten Kombination einiger oder aller ihrer Merkmale instinktiv wieder. Bei Tieren ist der „jizz" nicht immer absolut verläßlich und kann die spätere Überprüfung der Details nicht ersetzen. Dennoch lohnt es sich, diese Technik zu erlernen.

Genau wie der Erwerb anderer Fertigkeiten erfordert die Bestimmung von Walen Zeit, Beharrlichkeit und Übung. Letztlich ist es eine Sache der inneren Einstellung: Beobachten Sie genau, hören Sie aufmerksam zu, machen Sie sich gute Notizen, und gehen Sie bei der Bestimmung bedachtsam vor.

Die Bestimmung von Walen und Delphinen

GRÖSSE UND GESTALT

Wale und Delphine ähneln einander zwar weitgehend in ihrer Körperform, neben der Größe offenbaren sie aber viele kleinere und weniger offensichtliche Unterschiede.

An Land läßt sich die Größe von Tieren relativ genau einschätzen, indem man Bäume, Telegraphenmasten, Büsche, Felsen, Gebäude oder andere Objekte als Vergleichsmaßstab heranzieht. In der endlosen Weite des „leeren" Meeres ist es jedoch schwierig, die Größe eines Wales, eines Delphins, eines Vogels, eines Bootes oder anderer Objekte zu schätzen.

Wenn das Tier nahe genug an das Schiff herankommt, läßt sich ein direkter Vergleich anstellen. So ist ein Wal, der zwei Drittel der Länge eines 30 m langen Schiffs mißt, offensichtlich ca. 20 m lang. Meistens muß man die Größe jedoch ohne die Hilfe solcher Vergleichsmöglichkeiten abschätzen.

Auch wenn sie nicht ganz einfach ist, so ist die Bestimmung der Länge kein unüberwindliches Problem. Der Trick besteht einfach darin, lediglich zwischen kleinen (bis 3 m), mittelgroßen (3–10 m) und großen (über 10 m langen) Tieren zu unterscheiden. Versuchen Sie nicht, auf den Zentimeter oder auch nur auf einen halben Meter genau zu schätzen. Durch diese Größeneinteilung engen Sie die Auswahl nämlich sofort ein: Es gibt 42 „kleine", 28 „mittlere" und nur elf „große" Arten.

DIE KÖRPERFORM
Leider zeigen viele Wale und Delphine nur selten so viel von sich, daß ihre gesamte Gestalt erkennbar ist. Wenn sie springen oder unter Wasser sichtbar sind, kann die Körperform jedoch eine sehr nützliche Bestimmungshilfe sein. So unterscheidet

HECTOR-DELPHINE (links) mit ihren ungewöhnlich gerundeten Rückenfinnen

ERKENNUNGSMERKMALE
Indischer Grindwal mit gut sichtbarer Brustfinne (oben). Der Entenwal (links) hat eine gewölbte Stirn und einen delphinartigen Schnabel

sich der riesige, rundliche Leib des Nordkapers deutlich vom langen, relativ schlanken Körper des Finnwals. Viele Unterschiede zwischen den Arten sind für das ungeübte Auge zu fein, mit etwas Übung kann man sie jedoch leicht erkennen.

DIE RÜCKENFINNE
Die Gestalt der Rückenfinne allein genügt selten für eine definitive Bestimmung, da sie von Tier zu Tier stark variiert. Zusammen mit anderen Merkmalen kann sie jedoch hilfreich sein. Hierbei gilt es vor allem, Größe, Form und Position der Finne auf dem Körper zu beachten.

Typisch für den Blauwal ist die kleine, gedrungene Rückenfinne, die sich auf dem hinteren Viertel des Rückens befindet. Der Seiwal hat dagegen eine große

Größe und Gestalt

Leviathan …

Auf Erden ist nicht seinesgleichen …

Die Bibel,
BUCH HIOB, Kap. 41, Vers 25

sichelförmige Finne, die viel weiter vorne liegt. Schwertwalbullen besitzen eine unverkennbare große Rückenfinne, die die erstaunliche Höhe von 1,8 m erreichen kann; die Finne vieler Buckeldelphine sitzt auf einem länglichen Buckel in der Rückenmitte. Die Rundung der Finne des Hector-Delphins erinnert an ein Mickymaus-Ohr.

Lediglich acht Arten haben keine Rückenfinne: der Indische Schweinswal, der Südliche Glattdelphin, der Nördliche Glattdelphin, der Narwal, der Beluga, der Nord- und Südkaper sowie der Grönlandwal. Andere Spezies wie die meisten Flußdelphine, der Irawadi-Delphin, der Pottwal und der Grauwal weisen nur winzige Rückenfinnen oder kleine Buckel auf.

DIE BRUSTFINNEN (FLIPPER)
Bei der Walbeobachtung auf See sind die Brustfinnen nur selten deutlich zu sehen. Buckelwale wedeln manchmal mit ihren riesigen Brustfinnen, was ihre Bestimmung erleichtert. Das ist aber eher die Ausnahme. Bei den meisten Arten bleiben die Brustfinnen verborgen und sind nur während eines Luftsprungs oder bei außergewöhnlich guter Unterwassersicht zu sehen.

Länge, Farbe, Form und Position der Brustflossen variieren jedoch von Art zu Art beträchtlich, was zusammen mit anderen Bestimmungsmerkmalen von Nutzen sein kann. Die Flipper können kurz oder lang, schmal oder breit, fahl oder leuchtend gefärbt sein, wobei jeweils eine Reihe von Zwischenstufen möglich ist.

DER SCHNABEL
Das Vorhandensein oder Fehlen eines langen, deutlich ausgeprägten Schnabels ist ein wertvolles Bestimmungsmerkmal vieler Zahnwale. Einige Arten besitzen einen charakteristischen Schnabel, der sich deutlich von der Stirn absetzt, während er bei anderen kaum zu erkennen ist oder völlig fehlt. Grindwale weisen z. B. eine gewölbte Stirn und einen wenig ausgeprägten Schnabel auf, während Entenwale bei einer ähnlich geformten Stirn markante, delphinartige Schnäbel besitzen. Die 27 Meeresdelphinarten sind auf See nur schwer zu unterscheiden. Die einfache Feststellung, ob ein Schnabel vorhanden ist oder nicht, reduziert die Zahl der Möglichkeiten jedoch sofort auf die Hälfte.

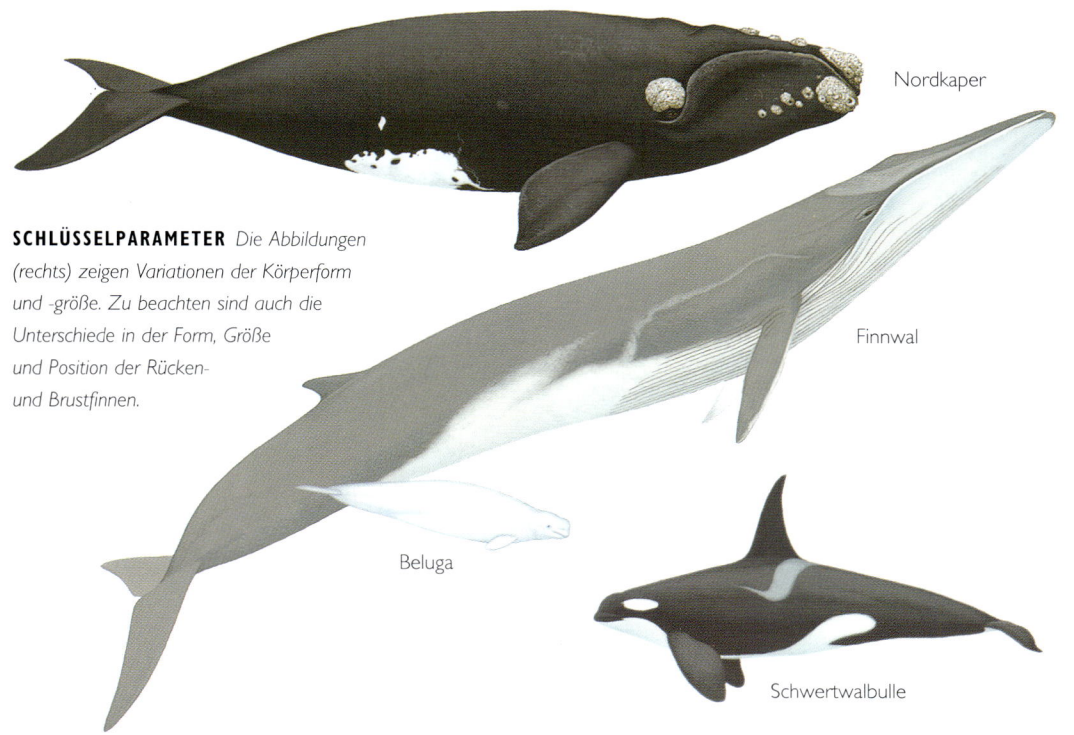

SCHLÜSSELPARAMETER *Die Abbildungen (rechts) zeigen Variationen der Körperform und -größe. Zu beachten sind auch die Unterschiede in der Form, Größe und Position der Rücken- und Brustfinnen.*

Nordkaper

Finnwal

Beluga

Schwertwalbulle

Die Tauchsequenz

Oft ermöglicht schon die Art und Weise, in der bestimmte Wale und Delphine zum Atmen an die Wasseroberfläche kommen und wieder untertauchen, eine sichere Bestimmung.

Obwohl zahlreiche Faktoren berücksichtigt werden müssen, kann die Tauchsequenz vor allem bei der Bestimmung großer Wale hilfreich sein. Die Art und Weise des Auftauchens hängt unter anderem vom Alter eines Wales ab und davon, ob er säugt, trächtig ist oder mit der Aufzucht von Jungen beschäftigt ist. Die Schwimmgeschwindigkeit und die Tiefe, aus der er auftaucht, spielen ebenso eine Rolle wie der Umstand, ob der Wal aufgeregt oder entspannt ist. Die Tauchsequenz verändert sich auch je nachdem, ob der Wal einfach nur Luft holt oder zu einem tieferen Tauchgang aufbricht. Ein Grauwal kann vor einem Tauchgang ein halbes Dutzend Mal zum Luftholen auftauchen, hebt aber nur beim letzten Mal seine Schwanzfluke aus dem Wasser. Diese letzte Tauchsequenz eignet sich meist am besten für die Bestimmung.

Sieben große Walarten heben vor dem Abtauchen die Fluke: Grauwal, Blauwal, Grönlandwal, Nordkaper, Südlicher Glattwal, Buckelwal und Pottwal. Auch wenn das Heben der Schwanzfluke ein nützliches Bestimmungsmerkmal ist, so hebt doch keiner dieser Wale ausnahmslos bei jedem Tauchgang die Fluke: Manchmal bleibt sie einfach unter Wasser. Form und Zeichnung der Fluke helfen ebenfalls bei der Bestimmung, da sie von Art zu Art beträchtlich variieren. So haben Pottwale breite, dreieckige Fluken, während die Hinterkante der Grauwalfluke deutlich konvex geformt ist.

Bryde-, Zwerg-, Sei- und Finnwale heben vor dem Tauchen fast nie die Fluke. Aber es gibt auch Ausnahmen: So wurden einige Finnwale im Golf von Kalifornien (Mexiko) beobachtet, die regelmäßig ihre Fluken hoben.

Der Zwergwal
Der Zwergwal zeigt eine sehr charakteristische Tauchsequenz. Meist tritt zuerst die

TAUCHSEQUENZEN
Die Tauchsequenz ist häufig ein nützliches Bestimmungsmerkmal.

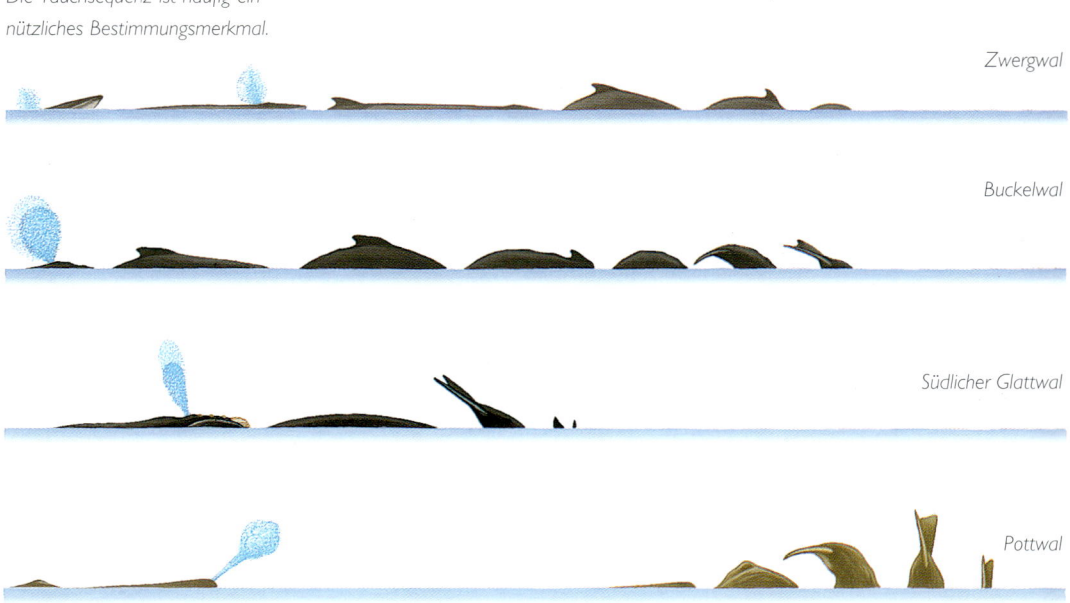

Zwergwal

Buckelwal

Südlicher Glattwal

Pottwal

Die Tauchsequenz

AUSNAHMEERSCHEINUNG Dieser Finnwal im Golf von Kalifornien (Mexiko) hebt beim Abtauchen die Fluke.

spitze Schnauze im flachen Winkel aus dem Wasser. Sobald der Rest des Kopfes erscheint, wird der Winkel noch flacher, der Wal bläst, und die Blaslöcher werden sichtbar. Häufig sieht man gleichzeitig die Blaslöcher und die Rückenfinne, was den Zwergwal von allen Mitgliedern seiner Familie unterscheidet – mit Ausnahme des Seiwals und kleinerer Jungtiere anderer Arten.

DER BUCKELWAL

Wenn ein Buckelwal zum Luftholen auftaucht, erscheinen zuerst der Spritzschutz und die Blaslöcher an der Wasseroberfläche. Danach kommt die niedrige, gedrungene Rückenfinne zum Vorschein, und der charakteristisch gekrümmte Rücken bildet einen stumpfen Winkel über der Wasseroberfläche. Am Ende der Tauchsequenz, wenn die Rückenfinne ins Wasser taucht, ist die Schwanzwurzel stark gebogen, und der Wal taucht steil vornüber ab.

DER SÜDLICHE GLATTWAL

Der Südliche Glattwal hält beim Luftholen seinen Kopf meist hoch über Wasser und zeigt seine typischen Schwielen. Nachdem er seinen charakteristischen V-förmigen Blas ausgestoßen hat, verschwindet der Kopf unter Wasser, so daß nur noch der glatte, breite und finnenlose Rücken zu sehen ist, der typischerweise weder Seepocken noch Schwielen aufweist.

Normalerweise heben Südliche Glattwale vor dem Abtauchen die Fluke aus dem Wasser, manchmal täuschen sie dieses Manöver jedoch nur an und belassen dann beim Tauchvorgang die Fluke im Wasser.

DER POTTWAL

Der Pottwal liegt beim Luftholen oft regungslos im Wasser, manchmal vollführt er aber auch gemächliche Schwimmbewegungen. Wenn er seinen Kopf zum letzten Atemzug vor dem Abtauchen hebt, sind normalerweise nur zwei Drittel der Körperlänge sichtbar. Der Pottwal spannt nun seinen Körper an, streckt sich mit leicht gebeugtem Rücken und taucht kurz ab. Dann beschleunigt er und taucht ein kleines Stück weiter wieder auf. Nun krümmt er den Rücken, bis dieser hoch aus dem Wasser ragt und der rundliche Buckel sowie Erhebungen auf der Oberseite deutlich sichtbar sind. Danach wirft er die Fluke mitsamt dem hinteren Körperdrittel hoch in die Luft und taucht senkrecht ab.

KLEINWALE

Auch einige Kleinwale zeigen eine charakteristische Tauchsequenz. So vollführt der Schweinswal beim Luftholen häufig kopfüber eine Rollbewegung, so daß es scheint, als sei die Rückenfinne an einem sich drehenden Rad befestigt.

Die Indus- und Ganges-Delphine tauchen manchmal so steil auf, daß Kopf und Schnabel vollständig zu sehen sind.
Der Kleine Pottwal hingegen läßt sich – anders als die meisten Wale, die mit einer Vorwärtsrolle abtauchen – einfach in die Tiefe sinken.

TYPISCHE SEQUENZEN Grauwale (links) heben vor jedem Tauchgang die Fluke, während Kleine Pottwale (unten) einfach absinken.

GRÖSSE UND GESTALT DES BLAS

Erfahrene Walbeobachter können einzelne Arten oft anhand von Höhe, Form und Sichtbarkeit der Blaswolke oder -fontäne unterscheiden.

Lange Zeit dachten die Walfänger, daß Wasser aus den Köpfen der Wale spritzte. Plinius der Ältere behauptete sogar, ein Pottwal könne mit seiner Fontäne ein Boot mit Wasser füllen und so zum Kentern bringen. Ein anderer weitverbreiteter Aberglaube besagte, daß sich die Haut bei Kontakt mit dem Nebel wie nach einer Verbrennung ablösen würde. Selbst Herman Melville meinte, daß „[…] der Strahl zum Erblinden führt, wenn er direkt in die Augen trifft."

WORAUS BESTEHT DER BLAS?

Entgegen allen Mythen spritzt aus dem Kopf der Wale kein Wasser, sondern Luft. Wenn das Tier zum Luftholen auftaucht, öffnet sich das Blasloch, es kommt zum explosionsartigen Ausatmen, dem sofort das Einatmen folgt. Das Blasloch schließt sich wieder, der Wal taucht ab. Dieser Vorgang dauert auch bei den größten Walen nur ein paar Sekunden.

Niemand weiß genau, warum der Blas so gut sichtbar ist. Bei kühlem Wetter ist er meistens heller und besser sichtbar, was darauf hindeutet, daß er Wasserdampf enthält, der in kalter Luft kondensiert. Außerdem enthält er geringe Mengen Meerwasser, das sich am Blasloch ansammelt und dann zu feinem Nebel zerstäubt wird. Ein dritter Bestandteil könnten Öltröpfchen und Schleim aus Nasenhöhlen, Luftröhre und Lungen des Wals sein. Der Blas ist also auch eine Art gigantisches Niesen.

IDENTIFIZIERUNG DER BLASWOLKE

Kleine Wale und Delphine erzeugen zumeist einen kurzen und niedrigen Blas, der selten sichtbar ist und keine typische Form hat. Die meisten großen Wale haben hingegen einen sehr charakteristischen Blas, der bei ruhigem Wetter selbst aus beträchtlicher Entfernung erkennbar ist.

Bei Regen oder Wind kann sich die Form des Blas leicht verzerren. Auch bei gutem Wetter kann eine V-förmige Blaswolke von der Seite betrachtet wie eine Einzelfontäne wirken. Ebenso hängen Druck, Höhe und Form des Blas von der Größe des Wales ab und davon, was er gerade tut. Die erste Ausatmung nach einem langen Tauchgang kann einer Explosion gleichkommen, die auch 1,5 km entfernt noch zu hören ist, während nachfolgende Blasvorgänge schwächer sind oder in der Form leicht abweichen können.

BLASLÖCHER *Zahnwale wie der Große Tümmler (links) haben nur ein Blasloch, Bartenwale wie der Buckelwal (unten) dagegen zwei.*

WUNDERTIERE *Stich eines blasenden Wales (links) aus einem deutschen Bildband (19. Jh.). Seitenansicht der Blaswolke des Grauwals (ganz oben links)*

Größe und Gestalt des Blas

Charakteristische Blaswolken (Frontalansicht)

BRYDE-WAL

Der dünne, neblige Blas des Bryde-Wals ist unterschiedlich hoch, erreicht jedoch meistens 3–4 m; aus der Ferne ist er selten deutlich sichtbar, vor allem wenn der Wal ausatmet, ehe er die Oberfläche erreicht.

SEIWAL

Der Blas des Seiwals wird manchmal als umgedrehter Kegel oder als birnenförmig beschrieben; er erscheint als einzelne schmale Wolke und ähnelt dem Blas des Finn- und Blauwals, erreicht aber nur eine Höhe von 3 m.

POTTWAL

Der einzigartige schräge Blas des Pottwals ist besonders bei Windstille sehr deutlich und erreicht eine Höhe von über 2 m. Da sich das Blasloch an der linken Stirnseite befindet, tritt der Blas nach vorne links aus.

GRÖNLANDWAL

Mit zwei weit auseinanderstehenden Blaslöchern produziert der Grönlandwal einen buschigen und V-förmigen Blas mit einer Höhe von bis zu 7 m.

FINNWAL

Der kräftige und senkrechte Blas des Finnwals erscheint als hohe und schmale Nebelsäule; er erreicht gewöhnlich 4–6 m.

GLATTWALE

Glattwale erzeugen mit ihren auseinanderstehenden Blaslöchern eine V-förmige Blaswolke mit einer maximalen Höhe von 5 m.

BLAUWAL

Der Blauwal bläst, sobald der Kopf aus der Wasseroberfläche tritt, und erzeugt so eine spektakuläre Nebelsäule, die über 9 m erreichen kann. Die größte und kräftigste Blasfontäne aller Wale ist auffällig schmal und senkrecht.

GRAUWAL

Der Blas des Grauwals ist normalerweise V-förmig. Die beiden Säulen berühren sich jedoch manchmal in der Mitte und bilden eine deutliche Herzform; der Blas erreicht eine Höhe von 3–4,5 m.

BUCKELWAL

Der einteilige, buschförmige Blas des Buckelwals ist 2,5–3 m hoch und erstaunlich gut sichtbar; normalerweise ist er im Vergleich zur Höhe relativ breit und kann aus der Distanz auch V-förmig wirken.

FARBE UND ZEICHNUNG

Wale und Delphine sind manchmal auch an ihrer Grundfarbe oder an Mustern und Zeichnungen wie Streifen oder Augenflecken zu erkennen.

Manche Wale und Delphine sind so einzigartig gefärbt, daß sie im Grunde unverwechselbar sind. Die gespenstisch wirkende, einheitlich helle Färbung des Beluga ist ein besonders gutes Beispiel: Wegen seiner für das Leben in der Arktis hervorragenden Tarnung ist dieser Wal zwischen Schaumkronen und Treibeis erstaunlich schlecht auszumachen, wegen seines weißen, gräulich- oder gelblichweißen Körpers jedoch sehr leicht zu bestimmen.

Andere Arten kann man an einer typischen Zeichnung oder einer einmaligen Kombination von Zeichnungen erkennen. Der Heaviside-Delphin ist z. B. kaum zu verwechseln. Seine vordere Hälfte ist einfarbig grau, die hintere Hälfte überwiegend blauschwarz. Er hat dunkle Brustflossen und dunkle Flecken um Augen und Blasloch; die „Achselhöhlen" und die Unterseite sind weiß; zudem weist er typische fingerförmige weiße Ausbuchtungen an beiden Seiten der Schwanzwurzel auf. Die Kombination dieser Merkmale reicht in der Regel bereits für eine eindeutige Bestimmung aus.

Manchmal sind die Muster, die sich durch typische Zeichnungen ergeben, ebenso charakteristisch wie die Farben selbst. Zwei anerkannte Unterarten des Gemeinen

WIRKUNGSVOLLE TARNUNG *Aufgrund ihrer einheitlich hellen Färbung sind Belugas (oben) zwischen Eisschollen schwer auszumachen, dafür aber leicht zu bestimmen.*

Delphins kommen z. B. in zahlreichen Farbvarianten vor. Alle besitzen jedoch ein gemeinsames Merkmal: ein kunstvolles Muster, das über Kreuz oder in Form einer Sanduhr auf beiden Flanken verläuft. Die dunkle Farbe des unteren Teils der Rückenfinne, der bräunliche oder gelbliche Seitenfleck, das Blaßgrau der Schwanzwurzel und das Weiß oder Beige der Unterseite – sie alle treffen sich an einem Punkt in der Mitte und bilden ein verläßliches Bestimmungsmerkmal. Die einzige andere Art mit einem Sanduhr- bzw. Stundenglasmuster auf den Flanken ist der danach benannte Stundenglas-Delphin. Sein Muster ist jedoch vergleichsweise schlicht und zudem schwarz-weiß.

Manche Zeichnungen eignen sich weniger gut für die Bestimmung, da sie besonders fein oder nicht immer sichtbar sind. So ähnelt der Zwergwal einigen größeren Verwandten in der Färbung.

SICHTVERHÄLTNISSE
Leider ändern sich die Farben auf dem Meer je nach Lichtverhältnissen und Wasserklar-

Farbe und Zeichnung

BESTIMMUNG
Vor allem die Zwergwale (links) der Nordhalbkugel weisen an der Brustflosse ein weißes Band auf. Beim Dall-Hafenschweinswal (unten) variiert die Verteilung von Schwarz und Weiß.

heit. Selbst bei gutem Wetter können sie sich stündlich, täglich oder saisonal drastisch verändern. Derselbe Wal kann je nachdem, ob man ihn im Morgengrauen, in der hellen Mittagssonne oder nach Sonnenuntergang antrifft, sehr unterschiedlich wirken. Außerdem kann die tiefstehende Sonne dunkle Schatten auf den Wal werfen und so den Eindruck von Streifen oder anderen Zeichnungen erwecken. Im Gegenlicht erscheint der Wal zudem weitaus dunkler als bei von vorne einfallendem Sonnenlicht. Wolken und Regen können den Eindruck abermals verändern.

Eines der besten Beispiele hierfür liefert der Blauwal. Seine Grundfarbe ist ein blasses Blaugrau, das über Wasser jedoch oft die Farbe von Meer und Himmel annimmt. Wenn die Sonne untergeht und die Dunkelheit hereinbricht, ändert sich die Färbung des Blauwals von Blau, Gelb, Orange und Rot über Lavendel und Dunkelgrau bis hin zu Schwarz.

INDIVIDUELLE VARIANTEN

Eine mögliche Fehlerquelle bildet der Umstand, daß Angehörige derselben Art nicht immer exakt gleich aussehen (vgl. S. 158). Zwar ändern sich die Zeichnungen nicht wie z. B. bei brütenden Vögeln, aber sie wandeln sich mit zunehmendem Alter. Männchen und Weibchen weisen manchmal verschiedene Farben und Muster auf, zudem kann das Aussehen individuell variieren. So ist es riskant, Schnabelwale allein anhand der Farbe zu bestimmen, da es von Tier zu Tier zahlreiche Varianten gibt.

Wie immer ist Vorsicht geboten, selbst bei Arten, die scheinbar typische Grundfarben, Muster und Zeichnungen zeigen. Dall-Hafenschweinswale stechen z. B. besonders hervor: Sie sind überwiegend pechschwarz und besitzen einen auffälligen weißen Fleck, der sich vom Bauch bis zu den Flanken zieht. Die Größe des Flecks variiert jedoch enorm, so daß sich eine Reihe individueller Färbungen von völlig schwarz bis völlig weiß mit zahllosen Zwischenstufen ergibt. Glauben Sie also nicht, daß ein Tier gleich einer anderen Art angehört, nur weil es nicht genau mit der Abbildung im Bestimmungsbuch übereinstimmt. Überprüfen Sie zur Sicherheit auch andere Bestimmungsmerkmale.

ALLE GEMEINEN DELPHINE *lassen sich anhand ihrer Flankenzeichnung in Form eines Stundenglases bestimmen.*

Die Bestimmung von Walen und Delphinen

BESONDERE KENNZEICHEN

Manche Wale und Delphine lassen sich an besonderen Kennzeichen wie Narben, ungewöhnlichen Zähnen oder Verwachsungen sofort wiedererkennen.

Ehe man eine Art definitiv bestimmt, ist es immer ratsam, mehrere Merkmale zu überprüfen. Manche Arten sind jedoch so einzigartig, daß man sie bei einigermaßen guten Beobachtungsbedingungen kaum verwechseln kann. Hier einige der deutlichsten Beispiele:

DER LAYARD-WAL

Weibliche Layard-Wale sind auf See fast unmöglich zu identifizieren, die Bullen gehören jedoch zu den wenigen wirklich unverkennbaren Schnabelwalen. Sie haben zwei auffällige Zähne, die aus der Mitte des Unterkiefers rückwärts nach oben wachsen und sich dann über den Oberkiefer legen.

Bei älteren Tieren werden diese Zähne über 30 cm lang und treffen sich sogar in der Mitte. Dann bilden sie eine Art Maulkorb, der verhindert, daß der Wal das Maul weiter als ein paar Zentimeter öffnet.

DIE EINZIGARTIGE senkrechte Furche auf der Stirn des Rundkopfdelphins (links). Der riesige quadratische Kopf eines Pottwals (unten)

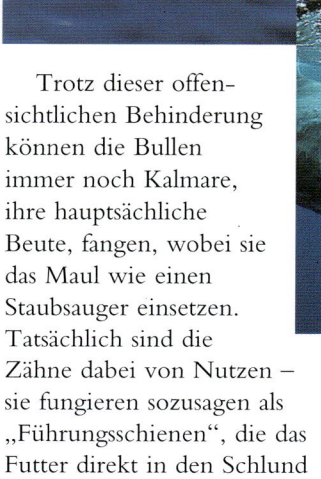

Trotz dieser offensichtlichen Behinderung können die Bullen immer noch Kalmare, ihre hauptsächliche Beute, fangen, wobei sie das Maul wie einen Staubsauger einsetzen. Tatsächlich sind die Zähne dabei von Nutzen – sie fungieren sozusagen als „Führungsschienen", die das Futter direkt in den Schlund leiten.

DER RUNDKOPFDELPHIN

Bei einem größeren Delphin, der deutlich ramponiert wirkt, handelt es sich wahrscheinlich um einen Rundkopfdelphin (vgl. S. 183). Die zahlreichen Narben erwachsener Tiere stammen von den Zähnen der Artgenossen, manchmal auch von Kämpfen mit Kalmaren. Jungtiere weisen relativ wenige Narben auf. Erst mit zunehmendem Alter treten die Narben dann deutlicher hervor.

Rundkopfdelphine besitzen zudem eine tiefe senkrechte Furche in der Stirnmitte, die aus geringer Entfernung sichtbar ist und ein einzigartiges Merkmal für diese Art darstellt.

DER POTTWAL

Obwohl von Pottwalen (vgl. S. 156) nur selten viel an der Oberfläche zu sehen ist, sind sie auf See leicht zu bestimmen.

Sie sind die einzigen großen Wale mit einem riesigen quadratischen Schädel, der normalerweise ein Drittel der Körperlänge ausmacht und bei erwachsenen Bullen besonders groß und ausgeprägt ist.

Drei weitere Merkmale kennzeichnen den Pottwal: Er ist der einzige große Wal mit einzelnem Blasloch, einer schrägen Blaswolke und einer unverwechselbaren runzeligen Haut.

WAFFEN *Der typische gedrehte linke Zahn des Narwals (links) bricht bei Kämpfen häufig ab.*

Besondere Kennzeichen

EINE GELUNGENE AUFNAHME *der unverkennbar langen Flipper eines Buckelwals (oben) beim Sprung.*

DER NARWAL

Männliche Narwale haben zwei Zähne (vgl. S. 190). Der rechte ist normalerweise nicht sichtbar, der linke Zahn erreicht jedoch eine bemerkenswerte Länge. Er durchsticht die Oberlippe und entwickelt sich zu einem langen Stoßzahn, der einem knorrigen, gedrehten Spazierstock gleicht. (Von der Wurzel aus betrachtet, ist er immer gegen den Uhrzeigersinn gewunden.) Vermutlich dient der Stoßzahn ähnlich wie das Geweih der Hirsche dazu, sexuelle Dominanz zu zeigen.

NORDKAPER UND SÜDLICHER GLATTWAL

Beide Arten (vgl. S. 147f.) sind sofort an den aufgerauhten Hautpartien auf ihren riesigen Köpfen zu erkennen. Diese sogenannten Schwielen bedecken den Oberkiefer, das Kinn, die „Wangen", die Unterlippe und die Partien oberhalb der Augen und Blaslöcher. Ihre Funktion ist unklar, vermutlich werden sie aber bei aggressiven Handlungen eingesetzt.

In der Praxis lassen sich Nord- und Südkaper nur anhand der geographischen Position unterscheiden. Glücklicherweise überschneiden sich ihre Verbreitungsgebiete nicht.

DER BUCKELWAL

Die außergewöhnlich langen Brustfinnen (Flipper) des Buckelwals sind unverwechselbar. Bei großen Tieren messen sie meistens etwa

Vom Weltall aus gesehen,

Ist der Planet ein blauer.

Vom Weltall aus gesehen,

Ist der Planet die Welt

Des Wales. Und nicht des

Menschen.

Kontinent der Wale, HEATHCOTE WILLIAMS (geb. 1941), englischer Dichter

4,5 m, können jedoch theoretisch über 5,5 m lang werden, da sie einem Drittel der Körperlänge des Wales entsprechen. Kein anderer Wal weist auch nur annähernd so lange Brustfinnen auf (vgl. S. 155).

Buckelwale besitzen zudem eine typische Schwarz-Weiß-Zeichnung an der Schwanzunterseite, die beim Heben der Fluke vor einem tiefen Tauchgang deutlich zu sehen ist.

DER BRYDE-WAL

Bryde- und Seiwal sind sich in Größe und Erscheinungsbild frappierend ähnlich und wurden lange Zeit häufig miteinander verwechselt. Aus der Entfernung sind sie sehr schwer zu unterscheiden. Bryde-Wale haben aber als einzige Art drei Kopfleisten (andere Furchenwale haben nur eine) und können aus der Nähe nicht verwechselt werden. Leider sind die äußeren Kopfleisten unterschiedlich stark ausgeprägt, so daß sie bei manchen Individuen auf See schwer zu erkennen sind.

Die Bestimmung von Walen und Delphinen

DIE IDENTIFIZIERUNG EINZELNER WALE

Wenn man die verschiedenen Arten unterscheiden kann, ist der nächste Schritt, einzelne Individuen an ihrer natürlichen Zeichnung wiederzuerkennen.

Seit vielen Jahren identifizieren Biologen im Rahmen ihrer Forschungen einzelne Tiere. Da sie Tag für Tag und Jahr für Jahr dieselben Individuen beobachten, können sie die Bewegungen der Wale verfolgen, deren Reviere abstecken, spezielle Partnerschaften erkennen, die zeitliche Abfolge wichtiger Ereignisse im Leben der Wale bestimmen, durchschnittliche Lebensspannen ermitteln und viele andere Dinge, von der Gruppenstabilität bis zu den Eigenarten einzelner Tiere, erforschen.

In ihrer klassischen Studie über Schimpansen im Gombe-Nationalpark in Tansania benutzte Jane Goodall beispielsweise Gesichtszüge, um alle Tiere zu erkennen; sie stellte fest, daß jedes Gruppenmitglied eine eigene „Frisur", typische Augen und Ohren, einen unverwechselbaren Mund und eine charakteristische Nase hatte. Neuere Studien verwenden die Streifenmuster von Zebras, die Anordnung der Schnurrhaare von Löwen und die Formen, Einkerbungen und Narben von Elefantenohren, um einzelne Tiere zu unterscheiden.

DIE IDENTIFIZIERUNG EINZELNER WALE

Walforscher setzen je nach untersuchter Tierart und Zweck des Forschungsprojekts ähnliche Methoden unterschiedlich ein, um einzelne Wale und Delphine zu identifizieren. Blauwale weisen z. B. eine individuelle Sprenkelung und verschieden geformte Rückenfinnen auf; Glattwale lassen sich an der Anordnung der Schwielen auf dem Kopf erkennen, Schwertwale an der Rückenfinne und dem dahinterliegenden grauen Sattel. Der Körper der Rundkopfdelphine weist charakteristische Narbenmuster auf.

Buckelwale erkennt man an der typischen Schwarz-Weiß-Zeichnung auf der Schwanzunterseite; sie variiert von Pechschwarz bis Reinweiß, mit zahllosen Zwischenstufen. Da es keine zwei Buckelwale mit identischen Fluken gibt, gleicht diese Zeichnung dem menschlichen Fingerabdruck. Mit ausreichender Erfahrung lassen sich Individuen durch einen kurzen Blick auf die Schwanzunterseite – wenn der Wal die Fluke kurz vor einem tiefen Tauchgang in die Luft hebt – unterscheiden.

„FAHNDUNGSFOTOS" *Jeder Rundkopfdelphin (oben) hat ein einzigartiges Narbenmuster. Das Schwielenmuster auf dem Kopf dieses Südlichen Glattwals (links) hilft bei der Identifizierung.*

Die Identifizierung einzelner Wale

UNVERKENNBAR Blauwale lassen sich durch ihre Sprenkelung und die Form der Rückenfinne unterscheiden.

Viele in der Feldforschung tätige Biologen sind so geübt im Erkennen einzelner Tiere, daß es beinahe so ist, als führten „ihre" Tiere einen Ausweis mit. Manchmal kennen sie sogar jedes Tier mit Namen. So tragen die meisten Buckelwale, die vor den amerikanischen Neuenglandstaaten leben, als Gedächtnishilfe für die Forscher Namen, die ihre Schwanzmuster beschreiben. „Cat's Paw" (Katzenpfote) hat z. B. einen pechschwarzen Schwanz, aus dem ein einzelner weißer Pfotenabdruck auf der linken Seite heraussticht; „Seal" (Robbe) weist auf der Unterseite ein Abbild seiner Namenspatronin auf; „Fracture" (Bruch) hat einen schwarzen Schwanz, der in der Mitte von einer deutlichen weißen Linie unterbrochen wird.

FOTOIDENTIFIKATION

Da die Wahrscheinlichkeit eines Irrtums sehr hoch ist, verlassen sich die wenigsten Walbiologen allein auf ihre Beobachtungen und ihr Gedächtnis und fotografieren deshalb jedes Tier. Diese „Fahndungsfotos" helfen, die Identität zu bestätigen, und bieten zudem eine dauerhafte Dokumentation der Zeichnungen, was besonders nützlich ist, wenn sich Forscher über bestimmte Tiere austauschen möchten.

Diese als „Fotoidentifikation" oder kurz „Foto-ID" bekannte Methode ist von unschätzbarem Wert und hat unser Wissen über das Verhalten und die Gewohnheiten freilebender Wale in den letzten Jahren enorm erweitert.

SALT: DER BESTERFORSCHTE WAL DER WELT

Das Buckelwalweibchen „Salt" (Salz) wurde bereits von Hunderten von Walbiologen studiert und von Tausenden von Walbeobachtern gesichtet. Ihr Name beruht auf dem charakteristischen weißen Fleck und der weißen Sprenkelung auf ihrer Fluke und entstand in einer Zeit, als noch niemand daran dachte, die Schwarz-Weiß-Zeichnung der Schwanzunterseite zur Identifikation zu verwenden. „Salt" war einer der ersten von inzwischen Tausenden offiziell identifizierten Buckelwalen. Seit der ersten Sichtung am 1. Mai 1976 erscheint sie jeden Sommer im Golf von Maine (USA).

Jahrelang wußte niemand, ob „Salt" männlich oder weiblich ist. Erst 1980, als sie mit einem Jungen erschien (das man später in Anspielung an ein kleines Salzkristall „Crystal" taufte), gab sie ihr Geheimnis preis.

1978 wurde „Salt" vor der Küste der Dominikanischen Republik fotografiert und schrieb damit Forschungsgeschichte: Durch sie wurde die Verbindung zwischen den Nahrungsgründen der Buckelwale im Golf von Maine und dem 2 400 km entfernten Fortpflanzungsgebiet in der Karibik bestätigt. Seit langem hatte man diese Verbindung vermutet, aber „Salt" lieferte den ersten klaren Beweis dafür. Ein großer Durchbruch für die Erforschung der Buckelwale.

Kapitel 7
Artenverzeichnis der Wale und Delphine

Kein anderes Tier herrscht über ein solch riesiges Gebiet; sein Wasserreich erstreckt sich von der Oberfläche bis zum tiefsten Grund des Meeres.

Naturgeschichte der Waltiere,
Bernard Germain Lacépède (1756–1825), franz. Zoologe u. Schriftsteller

Artenverzeichnis der Wale und Delphine

DIE HANDHABUNG DES ARTENVERZEICHNISSES

Der Wunsch, Wale und Delphine in all ihren außergewöhnlichen Formen, Größen, Farben und unterschiedlichen Verhaltensweisen kennenzulernen, kann rasch zu einer großen Leidenschaft werden.

Die Artenübersicht beschreibt und illustriert einige der zahlreichen Wal- und Delphinarten, die die Ozeane, Flußmündungen und Flüsse dieser Welt bevölkern. Sie erläutert wichtige Merkmale und Verhaltensweisen, die Ihnen bei der Bestimmung eines Tieres nützlich sein können, und gibt das Verbreitungsgebiet an, in dem Sie die Spezies antreffen können. Je mehr Informationen Sie haben, um so besser werden Sie die Wale, denen Sie begegnen, verstehen lernen.

Das Hauptfoto soll einen möglichst umfassenden Eindruck von der Spezies vermitteln; es ist jedoch nicht immer einfach, in freier Wildbahn lebende Tiere zu fotografieren.

Gebräuchlicher und *wissenschaftlicher Name.* Anordnung der Arten nach taxonomischer Zugehörigkeit.

Der Text gibt folgende Informationen zu den Walen und Delphinen: äußere Erscheinung, gebräuchliche Bezeichnungen, Lebensraum und was bei einer Begegnung beachtet werden muß. Er liefert Hinweise, wie man ähnlich aussehende Arten unterscheiden kann, beschreibt das Nahrungs- und Wanderverhalten der Wale sowie ihre Fortpflanzungsgebiete. Die Geschichte ihrer Begegnung mit Menschen, z. B. beim Walfang, wird dargestellt; ferner das Ausmaß, in dem diese Kontakte und die Zerstörung der Umwelt die Walbestände reduziert haben.

Zusätzliche Fotos zeigen eine typische Verhaltensweise oder ein besonderes Merkmal, anhand dessen die Art bestimmt werden kann. Manchmal zeigen sie einen Ausschnitt des Lebensraums der Wale.

Die Handhabung des Artenverzeichnisses

Der illustrierte obere Rand zeigt an, daß es sich hier um eine Artenbeschreibung handelt.

Der Rahmentext gibt die Familie an, zu der die Walart gehört.

Gemeiner Delphin
Delphinus delphis

STECKBRIEF
- Männchen: 1,7–2,2 m
  Weibchen: 1,5–2 m
  Neugeborene: 0,7 m +
- Kleine Fische und Cephalopoden
- Vor allem Hochsee
- Gemäßigte und tropische Gewässer einschließlich der Binnenmeere (Schwarzes Meer)
- Unzureichend erforscht, wird aber weltweit von Fischern gefangen

[...] ser mittelgroße Delphin, der meistverbreiteten [...], ist an dem Sanduhr- [...] Flanken leicht zu [...] s Muster bildet unter- [...] finne ein dunkles [...] eine Spiegelung der [...] zahlreiche Formen [...] weitverbreiteten [...] e der Zeit mehr [...] rtbezeichnungen [...] der verworfen. [...] zumindest eine neue Art [...]). Die nachfolgende [...] s gilt für beide Arten;

spezielle anatomische Abweichungen werden im untenstehenden Eintrag abgehandelt.

Gemeine Delphine leben in den meisten Regionen in Gruppen von zehn bis 500 Tieren, im tropischen Ostpazifik auch von bis zu 2 000 und mehr. Diese Herden zeigen akrobatische Kunststücke. Wenn sie auf Bugwellen reiten, geben sie oft hochfrequente Töne von sich.

Obwohl beim Fang von Thunfischen und anderen Fischen Delphine in bedeutender Anzahl getötet werden, sind die Bestandszahlen vermutlich recht hoch.

Gewöhnlicher Grindwal
Globicephala melas

STECKBRIEF
- Männchen: 4–7,6 m
  Weibchen: 3–5,6 m
  Neugeborene: 1,9 m
- Kalmare
- Hochsee
- Kalt-gemäßigte bis subpolare Gewässer im Nordatlantik und im Südpolarmeer
- Unzureichend erforscht; im Nordpazifik ausgestorben, wird im Nordatlantik immer noch gejagt

Cape-Delphin
Delphinus capensis

STECKBRIEF
- Männchen: 2–2,6 m
  Weibchen: 1,9–2,3 m
  Neugeborene: 0,7 m +
- Diverse kleine Fische, Cephalopoden
- Küstengewässer
- Gemäßigte und tropische Gewässer
- Unzureichend erforscht

Gemeiner Delphin (oben) und Cape-Delphin

Beide Grindwalarten werden manchmal als „potheads" („Kesselköpfe") bezeichnet, ein [...], der wie viele Walnamen von [...] Walfängern stammt, die den [...] en als erste begegneten. Er grün- [...] sich auf die Ähnlichkeit des [...] indwalkopfes mit einem Eisenkessel [...] er einem Topf. Der [...] ewöhnliche Grindwal [...] wird im Nordatlantik noch immer beharrlich gejagt (siehe S. 46).

Der Gewöhnliche Grindwal lebt wie der Indische Grindwal in Familienverbänden; die Gruppenstärke beträgt zehn bis 50, manchmal auch 100 oder mehr Tiere. Es gibt Berichte über Herdenverbände mit Tausenden von Tieren. Wenn man eine Gruppe schwarzer, mittelgroßer Wale mit rundlichen Köpfen und sehr breiten, dicken, rückwärts gebogenen Rückenfinnen sichtet, kann es sich nur um Grindwale handeln. Junge Gewöhnliche Grindwale springen manchmal, doch bei ausgewachsenen Tieren beobachtet man dies selten.

In einigen gemäßigten Gewässern überschneiden sich die Verbreitungsgebiete des Indischen und des Gewöhnlichen Grindwals, was die Unterscheidung der beiden Arten erschwert. Anhand ihres Aussehens

sind sie kaum zu unterscheiden, auch wenn der Gewöhnliche Grindwal längere Brustfinnen und einige Zähne mehr hat – auf See ist es schwierig, die Brustfinnen zu erkennen, geschweige denn die Zähne. Manchmal ist eine sichere Bestimmung unmöglich. In den meisten Gebieten genügt zur Bestimmung der Arten jedoch ihre unterschiedliche Verbreitung.

Der Gewöhnliche Grindwal bewohnt die kalt-gemäßigten bis subpolaren Gewässer der Nord- und Südhalbkugel, mit Ausnahme des Nordpazifiks. Die Art war zumindest bis zum 10. Jahrhundert im Nordpazifik vor Japan heimisch, ist aber seither völlig verschwunden.

Gewöhnliche Grindwale stranden oft und werden möglicherweise häufiger Opfer von Massenstrandungen als alle anderen Wale. Regelmäßig stranden Grindwale bei Cape Cod, in Südaustralien, Neuseeland und im südlichen Südamerika. Wenn ein Grindwal strandet, bleiben die anderen aufgrund ihrer sozialen Bindungen bei ihm.

Lange Brustfinne

Kurze Brustfinne

[...] hnten [...] apensis". [...] hiede [...] dest in [...] erhalb [...] vas

länger und weniger stämmig, der Kopf weniger abgerundet, und die dunkle Linie vom Schnabel bis zur Brustfinne ist breiter. Am auffälligsten ist aber, daß der Cape-Delphin einen längeren Schnabel hat als der Gemeine Delphin.

Über das Verhalten des Cape-Delphins auf See weiß man wenig mehr als über den Gemeinen Delphin. Da sie an den Küsten in großer Zahl vorkommen, sind Sichtungen von Gemeinen Delphinen in Wirklichkeit oft Cape-Delphinen zuzuschreiben.

Auf einen Blick: Der Steckbrief
- Größe beim Erreichen der sexuellen Reife, Maximallänge; durchschnittliche Größe bei der Geburt
- Hauptnahrung
- Habitat
- Verbreitung
- Status: IUCN-Kategorie (International Union for the Conservation of Nature), weitere Anmerkungen

Farbige Zeichnungen zeigen grundlegende Merkmale des jeweiligen Wales oder Delphins.

Eschrichtiidae: Grauwal

Grauwal

Eschrichtius robustus

Walfänger nannten den Grauwal früher auch „Teufelsfisch", was auf das wilde und entschlossene Verhalten von Weibchen zurückgeht, die von ihren Kälbern getrennt wurden. Walbeobachter werden noch heute angewiesen, nicht zwischen die Mütter und die Jungtiere zu geraten.

Erwachsene Grauwale leiden unter Walläusen und Seepocken und tragen zahllose Kratzer und Narben. Junge Grauwale sind dunkler als die Alttiere und haben auch keine Seepocken oder Läuse.

Erwachsene Tiere haben stämmige Körper, die massiger als die der Furchenwale sind, jedoch schlanker als die der Glattwale. Der Rückenfinne, die nur aus einem kleinen Buckel besteht, schließen sich sechs bis zwölf Erhebungen an, die den Rücken entlang bis zur Fluke hervortreten. Grauwale sind häufig an der Wasseroberfläche aktiv, wo sie Ausschau halten oder springen. In flachen Gewässern schlagen sie manchmal mit der Fluke oder „segeln".

Grauwale sind die einzige bekannte Walart, die häufig Sand und Schlamm nach Nahrung durchsucht.

Grauwale sind anhand ihrer typischen grauen Sprenkelung leicht zu bestimmen. Auf ihren Wanderungen sind sie oft nahe der Küste.

STECKBRIEF
- Männchen: 11,1–14,6 m; Weibchen: 11,7–14,9 m; Neugeborene: 4,6 m
- Verschiedene benthische Amphipoden, Polychaeten, Isopoden, Röhrenwürmer
- Küstennähe bis Hochsee
- Nordpazifikküste
- Nicht in der IUCN-Bestandsliste aufgeführt; wurde intensiv gejagt, kalifornischer Bestand offenbar gesund, koreanische Population weiterhin niedrig

Dabei saugen sie neben beträchtlichen Mengen von Wasser, Sand und Steinen auch benthische Amphipoden auf. Aus irgendeinem Grund drehen sich Grauwale beim Fressen auf die rechte Seite, einige Tier sind jedoch auch „Linkshänder".

Grauwale begeben sich jedes Jahr auf eine 20 000 km lange Rundreise, die sie von Mexiko nach Alaska und zurück führt. Auf Wanderungen beträgt ihre Reisegeschwindigkeit ca. 1,6 bis 4,8 km/h. Einige wenige – vor allem jüngere – Wale unternehmen von Mexiko aus kürzere Wanderungen und machen zwischen Nordkalifornien und Britisch-Kolumbien halt.

Nachdem sie Ende des 19. Jahrhunderts beinahe ausgerottet waren, wird die Zahl der Grauwale im Ostpazifik heute wieder auf über 20000 geschätzt.

Balaenidae: Grönlandwal und Glattwale

Nördlicher Glattwal

Eubalaena glacialis

STECKBRIEF
- Männchen: 14,9–16,4 m;
  Weibchen: 15,5–18,3 m;
  Neugeborene: 4,9 m +
- Copepoden und anderes Zooplankton
- Küstennähe und offenes Meer
- Gemäßigte und subpolare Gewässer der Nordhalbkugel
- Vom Aussterben bedroht

Ihre englische Bezeichnung, „right whales", erhielten die Glattwale, weil sie von den ersten baskischen Walfängern als die „richtigen" Wale für die Jagd erachtet wurden – sie lieferten reichlich Öl und waren leicht zu fangen. Der Nördliche Glattwal (Nordkaper) ist die bedrohteste Walart der Ozeane. Sein Bestand ist auf etwa 300 im Nordatlantik und möglicherweise eine Handvoll Tiere im Nordpazifik gesunken.

Die großen und massigen Tiere sind überwiegend schwarz. Am Kopf befinden sich charakteristische Flecken, die sogenannten „Schwielen". Diese Schwielen sind mit Walläusen – Krebstieren der Familie Cyamidae – bedeckt, durch die sie weißlich-gelb, orange oder rosa erscheinen. Die größten Schwielen befinden sich über den Augen und an der Spitze des Oberkiefers. Ihre besondere Anordnung gestattet es, einzelne Tiere zu identifizieren und ihre Wege zu verfolgen.

Nordkaper können kaum mit anderen Arten verwechselt werden, da sie innerhalb ihres Verbreitungsgebietes in den gemäßigten Breiten die einzigen Wale ohne Rückenfinne und mit Schwielen am Kopf sind. Die Brustfinnen sind breit und weisen eine unverkennbare Spatelform auf; die breiten Fluken besitzen glatte, konkave Hinterkanten, spitze Enden und eine tiefe Schwanzeinkerbung.

Paarungsbereite Weibchen rufen nach den Männchen. Kommen diese dann aus allen Richtungen geschwommen, drehen sich die Weibchen jedoch auf den Rücken und spielen „Du kriegst mich nicht!". Die Männchen warten dann mit ihrem Paarungsversuch, bis sich die Auserwählte zum Atmen wieder auf den Bauch dreht. Ein solches Paarungsverhalten kann Stunden dauern. Einst begehrtes Ziel der Walfänger, wird der Glattwal heute eher Opfer seiner Fressgewohnheiten.

In einigen bedeutenden Glattwalregionen müssen Schiffe ihre Geschwindigkeit drosseln, um nicht mit den langsam schwimmenden Glattwalen zu kollidieren.

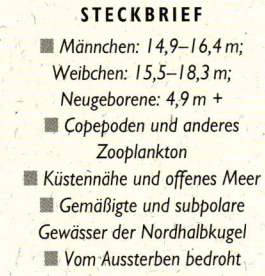

Bei diesen beiden Glattwalen sind die Schwielen deutlich zu erkennen.

Balaenidae: Grönlandwal und Glattwale

Südlicher Glattwal

Eubalaena australis

Südliche Glattwale (Südkaper) weisen gefestigtere Bestandszahlen als ihre nördlichen Verwandten auf, gelten aufgrund ihrer intensiven Bejagung jedoch immer noch als gefährdet. Seit 1935 geschützt, erholt sich ihr Bestand langsam (vgl. auch S. 96). Ihre Zahl dürfte 3 000 bis 5 000 Tiere nicht übersteigen.

Wie der Nord- trägt auch der Südkaper unverwechselbare Schwielen am Kopf, anhand derer sowohl die Art als auch Individuen identifiziert werden können. 1970 nahm Roger Paine mit Kollegen in Argentinien ein Forschungsprojekt über den Südkaper in Angriff, das zu den ersten Studien zählte, die sich der Fotoidentifikation von Walen bedienten.

Süd- und Nordkaper sehen zwar fast identisch aus, gelten aber als unterschiedliche Spezies. Die Schädelform der beiden Arten unterscheidet sich geringfügig, und die Fortpflanzung verläuft getrennt. Wenn sich der Südkaper in seinen Geburts- und Aufzuchtgebieten aufhält, befindet sich der Nordkaper eine halbe Hemisphäre entfernt in seinen Nahrungsgebieten. Einige Forscher stellten fest, daß Südkaper mehr Schwielen an der Spitze ihrer „Unterlippe" und weniger am Kopf aufweisen als die nördliche Spezies.

Südkaper zeigen ein Verhalten, das man als Segeln bezeichnet – sie halten ihre Fluke in den Wind und benutzen sie als Segel. Hierbei scheint es sich um eine Art Spiel zu handeln, das man wegen der starken und beständigen Winde vor Argentinien häufig verfolgen kann. Beim Nordkaper läßt sich dies hingegen nie beobachten.

In den Wintermonaten findet vor den Küsten von Chile, Argentinien, Brasilien, Südafrika, Südaustralien und einigen Inseln der Südhalbkugel die Paarung und das Kalben der Südkaper statt. Die meisten Tiere wandern in abgelegene Gewässer nahe der Antarktis, um sich während des Sommers auf der Südhalbkugel zu ernähren. Über ihre Gewohnheiten und Aufenthaltsorte während der Hauptnahrungssaison ist weniger bekannt.

STECKBRIEF
- Männchen: < 15 m; Weibchen: < 16,4 m; Neugeborene: 4,6 m +
- Copepoden, Krill und anderes Zooplankton
- Küstennähe und offenes Meer, hauptsächlich jedoch an der Küste
- Gemäßigte und subpolare Gewässer der Südhalbkugel
- Gefährdet, wurde intensiv bejagt

Ein Südkaper in seinem Fortpflanzungsgebiet vor Argentinien

Balaenidae: Grönlandwal und Glattwale

Grönlandwal

Balaena mysticetus

STECKBRIEF
- Männchen: 12–18 m; Weibchen: 14–20 m; Neugeborene: 3,5 m +
- Krill, Copepoden, schwimmende Mollusken und Quallen
- Am Rand des Packeises und in Eisrinnen
- Kalte arktische und subarktische Gewässer
- Gefährdet, wurde intensiv bejagt, auch heute noch vor Alaska, Kanada und Rußland

Der Grönlandwal hat sein Leben dem Vorrücken und Zurückweichen des arktischen Eises angepaßt. In den langen Wintern lebt er bei völliger Dunkelheit in kalten Gewässern. In den kurzen Sommern läßt der 24 Stunden am Tag während Sonnenschein eine lichtdurchflutete Welt entstehen, in der alles zum Leben erwacht.

Grönlandwale sind äußerst massige Tiere, deren riesige Köpfe die längsten Barten aller Wale bergen. Auf jeder Seite des Kiefers befinden sich 250–350 Platten, die 3 bis 4 m, in Ausnahmefällen sogar 5,2 m lang werden.

In ihrem Verbreitungsgebiet können Grönlandwale allein aufgrund ihrer Größe und Masse bestimmt werden. Die arktischen Zahnwale, der Narwal und der Beluga, sind beide weitaus kleiner. Im Vergleich zum Grauwal, Glattwal und den Furchenwalen ist die Haut des Grönlandwals glatt und bis auf weiße oder graue Flecken an der Schwanzwurzel sowie ein „Halsband" aus schwarzen Punkten am Kinn durchgängig schwarz.

Die wenigen Walbeobachter, die die Gelegenheit bekommen, diesem Wal zu begegnen, sehen gewöhnlich nur zwei niedrige Buckel aus dem Wasser ragen: den Kopf, dem sich eine tiefe Einkerbung hinter den Blaslöchern anschließt, und den breiten, runden, schwarzen und finnenlosen Rücken.

Grönlandwale ziehen in Gruppen von drei Tieren oder weniger umher, in den Nahrungsgebieten bilden sie jedoch größere Verbände. Trotz ihrer Größe und Langsamkeit springen sie oft und heben vor dem Tauchgang die Fluke. Vor allem auf Wanderungen stoßen sie häufig tiefe Laute aus.

Grönlandwale zu jagen, war – nach der Jagd auf die Glattwale – der zweite Schwerpunkt der Walfangindustrie, die die Tiere fast ausrottete. Heute werden jährlich nur noch wenige vor Alaska, Kanada, Rußland von den Inuit und anderen Naturvölkern erlegt.

Bartenplatten des Grönlandwals

Balaenopteridae: Furchenwale

Zwergwal
Balaenoptera acutorostrata

Dieser kleinste und am häufigsten vorkommende aller Furchenwale ist in allen Weltmeeren fast bis an ihre Eisgrenzen zu Hause und ist der einzige Bartenwal, der noch immer regelmäßig kommerziell gejagt wird. Die Schätzungen der Bestandszahlen sind sehr unterschiedlich. Sie bewegen sich zwischen 500 000 und einer Million Tieren weltweit.

Der schlanke Zwergwal hat einen sehr spitz zulaufenden Kopf. Er kommt an die Oberfläche, bläst und dreht sich ins Wasser, wobei die Rückenfinne kurz zu sehen ist, ehe er abtaucht. Einen ersten Bestimmungshinweis liefert die im Vergleich zu anderen Bartenwalen geringe Größe. Eine gute Möglichkeit, den Zwergwal zu bestimmen, bieten die weißen Streifen an den Brustfinnen. Sie sind aus mittlerer und naher Entfernung als knapp unter der Wasseroberfläche an der Seite des Wals liegende weiße Flecken deutlich erkennbar. In einigen Regionen der Welt sind die Flipper allerdings durchgehend schwarz.

Aus der Nähe erkennt man sehr deutlich, daß der Rücken eines Zwergwals an verschiedenen Stellen mit hellen und dunklen Pigmentierungen überzogen ist. Anhand dieser Zeichnungen können die Tiere auf Fotos identifiziert und ihre Wege genau verfolgt werden.

Zwergwale trifft man in ihren Nahrungsgebieten oft in Zweiergruppen an. In beutereichen Gebieten können sich jedoch auch bis zu 100 Tiere versammeln. Zwergwale sind meist auf Nahrungssuche und schenken Booten oder Menschen kaum Beachtung.

STECKBRIEF
- Männchen: 6,7–9,8 m; Weibchen: 7,3–10,7 m; Neugeborene: 2,4 m +
- Schwarmfische und verschiedene Wirbellose
- Küstennähe bis offenes Meer
- Von kalten polaren bis zu tropischen Weltmeeren
- Unzureichend erforscht, wird noch bejagt

Ein Zwergwal am antarktischen Eisrand

Streifenzeichnung der Zwergwal-Flipper

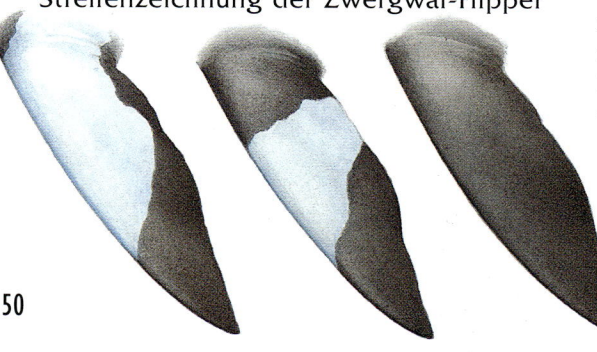

Balaenopteridae: Furchenwale

Bryde-Wal

Balaenoptera edeni

STECKBRIEF
- Männchen: 12–14 m; Weibchen: 12,5–15,5 m; Neugeborene: 3,4 m
- Fische und einige Wirbellose
- Küstennähe bis offenes Meer
- Tropische und subtropische Weltmeere
- Unzureichend erforscht, wurde in gewissem Umfang gejagt

Bryde-Wale sind einzigartig unter den Bartenwalen, da sie das ganze Jahr über in tropischen und subtropischen Zonen mit Wassertemperaturen über 20 °C bleiben. Wenn überhaupt, so unternehmen sie nur kurze Wanderungen und begeben sich nie in kalte Gewässer. Der im Englischen auch manchmal als „tropical whale" bezeichnete Bryde-Wal ist nach dem Norweger Johan Bryde benannt, der an der Errichtung der ersten Walfangstation in Durban (Südafrika) im Jahr 1909 mitwirkte.

Der Bryde-Wal ist kleiner als der Seiwal und hat eine schlanke Gestalt mit kurzen Brustfinnen, eine rückwärts gebogene Rückenfinne und die klassische Kopfform der Furchenwale – schmal mit spitzer Schnauze und zahlreichen Kehlfurchen, dank derer sich das Maul beim Fressen vergrößern läßt. Er ist an der Oberseite dunkel und an Kehle und Bauch hell gefärbt. Die Haut ist manchmal mit runden Narben bedeckt. Das charakteristischste Merkmal des Bryde-Wals sind die drei parallelen Leisten auf der Kopfoberseite, die von der Schnauzenspitze bis zum Blasloch verlaufen. Der Seiwal dagegen besitzt wie alle anderen Bartenwale nur eine mittig verlaufende Kopfleiste.

Die typische Ernährungsweise der Bryde-Wale läßt sich in zwei Regionen besonders gut beobachten. Die im Golf von Kalifornien vor Mexiko (oben) beheimateten Wale gehen alleine oder in Gruppen von fünf oder mehr Tieren, die aber gewöhnlich in großem Abstand zueinander schwimmen, auf Nahrungssuche. In der Tosa-Bucht in der japanischen Präfektur Kochi suchen die etwa 15 dort ansässigen Wale alleine oder in Mutter-Kind-Paaren ihre Beute. Hier läßt sich bei springenden Tieren auch häufig die rosa Färbung an Kehle und Bauch erkennen. In beiden Regionen nähern sich die Bryde-Wale ohne Scheu den Beobachtungsbooten.

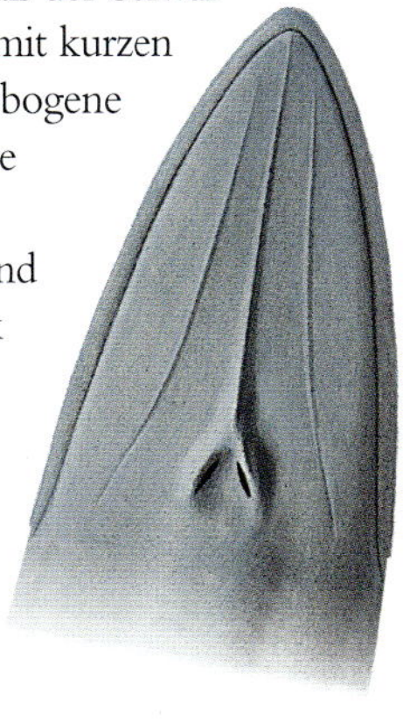

Kopf des Bryde-Wals 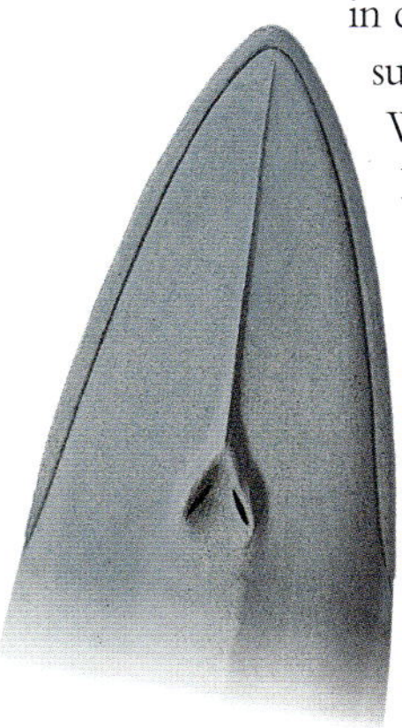   Kopf des Seiwals

Balaenopteridae: Furchenwale

Seiwal
Balaenoptera borealis

Von der Größe her nimmt der Seiwal eine Mittelstellung unter den Furchenwalen der Familie Balaenopteridae ein (die Reihenfolge vom kleinsten zum größten: Zwerg-, Bryde-, Sei-, Finn- und Blauwal). Er besitzt das typische Aussehen der Furchenwale: die charakteristische schmale Schnauze, die aufgerichtete, nach hinten gebogene Rückenfinne und die schlanken Flipper.

Aus der Ferne werden Seiwale leicht mit dem ähnlich großen Bryde- oder dem Finnwal verwechselt. Der Bryde-Wal weist jedoch drei Kopfleisten auf, während der Seiwal eine einzige, von der Spitze des Oberkiefers zum Blasloch verlaufende Leiste hat (vgl. S. 151). Der Seiwal ist kleiner als der Finnwal und besitzt im Gegensatz zu diesem eine symmetrische Färbung an beiden Seiten des Kopfes. Beide Arten sind leicht zu unterscheiden, wenn man beim Auftauchen des Wales beide Kopfseiten betrachtet.

STECKBRIEF
- Männchen: 12,8–18,5 m; Weibchen: 13,4– 21 m; Neugeborene: 4,6 m
- Krill, Copepoden, Amphipoden, kleine Fische, Kalmare
- Offenes Meer
- Tropische und subpolare Weltmeere
- Gefährdet, wurde intensiv bejagt

Blauwal
Finnwal
Seiwal
Bryde-Wal
Zwergwal

Auch das Nahrungsverhalten ist unterschiedlich. Seiwale bedienen sich bei der Nahrungsaufnahme einer Methode, die der der Glattwale ähnelt. Sie schöpffiltern Copepoden aus dem Wasser. Aus diesem Grund sind ihre Kehlfurchen kurz und ihre Bartenfransen fein. Auf der Südhalbkugel stellt Krill die Hauptnahrung des Seiwals dar, aber auch hier gehören Copepoden und Amphipoden zum Speiseplan. Gewöhnlich ziehen Seiwale in Gruppen von zwei bis fünf Tieren umher. In ergiebigen Nahrungsgebieten werden jedoch häufig weitaus mehr Wale beobachtet, die untereinander große Abstände einhalten. Insgesamt werden Seiwale eher selten gesichtet, da sie das offene Meer bevorzugen.

Als der Walfang-Industrie kaum noch Blau- und Finnwale zur Verfügung standen, wandte sie sich den Sei- und Brydewalen zu. Schon bald darauf wurde der Seiwal selten. Sein Bestand könnte jedoch aufgrund der bestehenden Fangverbote wieder angewachsen sein.

Balaenopteridae: Furchenwale

Finnwal

Balaenoptera physalus

STECKBRIEF
- Männchen: 17,7–25 m;
  Weibchen: 18,3–27 m;
  Neugeborene: 5,9 m +
- Schwarmfische, Krill und andere Wirbellose, Copepoden, Kalmare
- Küstennähe bis größtenteils offenes Meer
- Gemäßigt warme bis polare Weltmeere (wandert gewöhnlich)
- Gefährdet, wurde intensiv bejagt

Individuelle Kennzeichen von Finnwalen: V-förmiger Winkel hinter dem Kopf, Pigmentierung des Rückens und Form der Rückenfinne

Mit einer Rekordlänge von 27 m ist der Finnwal das zweitgrößte heute lebende Tier der Erde. Wegen seiner Größe und seiner weltweiten Verbreitung wurde er vom Ende des 19. Jahrhunderts an zunächst im Nordatlantik, später auch im Nordpazifik und im Südpolarmeer intensiv gejagt. In den 70er Jahren wurden die drastisch reduzierten Bestände unter Schutz gestellt, wobei im Nordatlantik in gewissem Umfang weiterhin kommerzieller Walfang betrieben wurde. Vor Grönland werden Finnwale vereinzelt noch von Ureinwohnern gejagt.

Auf See sind Finnwale am leichtesten mit Blau- oder Seiwalen zu verwechseln; alle anderen Arten sind viel kleiner. Finnwale weisen allerdings eine auffällige Asymmetrie auf, die man leicht erkennen kann: An der unteren linken Kopfseite sind sie schwarz, an der unteren rechten Seite weiß gefärbt. Bei der Nahrungsaufnahme sind auf der rechten Seite die weitestgehend weißen Barten zu sehen; die Barten der linken Seite sind dagegen dunkelgrau.

Finnwale gehören zu den am häufigsten gesichteten Walen der Nordhalbkugel – man kann sie nahe der isländischen Küste, östlich von Kanada, vor Neuengland, vor der Küste der Baja California und im Mittelmeer beobachten. Auch in der südlichen Hemisphäre, einschließlich der Antarktis, sind Begegnungen möglich, wenngleich auch seltener und etwas weiter von der Küste entfernt.

Finnwale kann man gewöhnlich bei der Nahrungsaufnahme und nur selten beim Springen oder Ausschauhalten beobachten. Sie werden meist alleine oder paarweise gesichtet. In Nahrungsgebieten kann man sie jedoch in Gruppen von zehn bis 20 Walen antreffen, wobei auch über 100 Tiere in lockeren Verbänden möglich sind. Im St.-Lorenz-Golf bilden sie oft Schulen von fünf oder zehn Tieren, die im engen Verband schwimmen.

Für den Nordatlantik wurde mit der Erstellung eines Foto-ID-Katalogs begonnen. Zahlreiche Forscher steuern ihre Fotos und Sichtungsberichte bei, damit mehr über diese Tiere in Erfahrung gebracht werden kann.

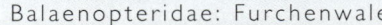

Balaenopteridae: Furchenwale

Blauwal

Balaenoptera musculus

Er ist das größte heute lebende Tier der Erde, wobei umstritten ist, welchem Blauwal der Rekord gehört. Die größten Bartenwale sind die Weibchen, und so betrifft die verläßlichste Rekordmeldung auch ein weibliches Tier – mit einer Länge von mind. 33,6 m und einem Gewicht von 190 t.

Ein neugeborener Blauwal mißt wenigstens 5,9 m. Biologen haben einige Daten seines ersten Lebensjahres berechnet: Ein Blauwalsäugling trinkt 190 l Milch am Tag und nimmt damit pro Stunde etwa 3,6 kg oder fast 90 kg pro Tag an Gewicht zu. Wenn das Kalb mit etwa acht Monaten entwöhnt wird, mißt es etwa 15 m und wiegt ca. 22 700 kg.

Blauwale sind gewöhnlich leicht zu bestimmen, da sie sehr viel größer als andere Wale sind. Im Vergleich zum zweitgrößten Wal, dem Finnwal, weist der Blauwal eine breitere und höhere Schnauze auf. Wenn die weiße Zeichnung auf der rechten Kopfseite des Finnwals nicht sichtbar ist, sollte man die Kopfform begutachten. Von oben betrachtet besitzt der Blauwal einen breiten, beinahe U-förmigen Oberkiefer, wohingegen Finnwale einen eher V-förmigen Kopf mit spitzer Schnauze haben. Unter bestimmten Lichtverhältnissen ist die typische Sprenkelung des Blauwals an Rücken und Flanken zu sehen. Die Sprenkelung nimmt die reflektierten Blautöne des Wassers und des Himmels auf; daher auch der umgangssprachliche Artenname. Einzelne Individuen können anhand ihrer fleckigen Pigmentierung identifiziert werden.

Auf See gehen Blauwale im allgemeinen alleine oder paarweise und oft in weitem Abstand voneinander auf Nahrungssuche. Das hängt wahrscheinlich mit den großen Gebieten zusammen, die sie bei ihrer Nahrungssuche durchkämmen müssen. Trotz ihrer Größe sind Blauwale schnelle Schwimmer, die über 30 km/h erreichen. Noch in den 50er Jahren war der Blauwal vom Aussterben bedroht. Schätzungen zufolge bevölkern noch 6 000 bis 14 000 Tiere die Meere.

STECKBRIEF
- Männchen: 20–31 m; Weibchen: 21–33,6 m; Neugeborene: 5,9 m +
- Krill und einige Kalmare, Amphipoden, Copepoden, Garnelen
- Offenes Meer
- Tropische bis polare Weltmeere (wandert)
- Vom Aussterben bedroht, wurde intensiv bejagt

Ein Blauwal mit einem Maul voll Wasser und Fisch

Balaenopteridae: Furchenwale

Buckelwal

Megaptera novaeangliae

STECKBRIEF
- Männchen: 11–17,5 m, Weibchen: 11–19 m, Neugeborene: 4,6 m +
- Schwarmfische und Wirbellose
- Vor allem Küstengewässer, auch auf hoher See
- Tropen bis Polargebiete
- Potentiell gefährdet, wurde intensiv bejagt; heute wahrscheinlich steigende Bestandszahlen

Der Buckelwal ist auf Walbeobachtungsfahrten der wohl beliebteste Wal. Er scheint sich gerne vor Publikum zu produzieren: Er hebt seinen Kopf aus dem Wasser, winkt mit seinen langen, massigen Brustfinnen, schlägt mit seiner Schwanzfluke, dreht sich im Wasser – und springt zuweilen hoch aus dem Wasser heraus. Menschen gegenüber zeigt er wenig Scheu.

Der Buckelwal zählt zu den Furchenwalen, unterscheidet sich von diesen aber in einigen anatomischen Merkmalen. Verglichen mit den schlanken, geschmeidigen „klassischen" Furchenwalen (s. S. 152) ist der Buckelwal massig und seine Haut mit Beulen und Seepocken bedeckt. Die Rückenfinne ist zu einem fleischigen Buckel oder Haken verkümmert, der auf einer flachen Erhebung auf dem Rücken sitzt. Die Schwanzfluke ist nicht glatt, sondern an der Hinterkante ausgefranst. Die riesigen Brustflipper sind überproportional groß geraten. Mit einer Länge von bis zu 5 m sind sie die längsten Gliedmaßen im gesamten Tierreich.

Buckelwale gelten zwar als langsam, zeigen jedoch in der Paarungszeit und im Kampf oft eine beeindruckende Schnelligkeit. In der Nahrungsbeschaffung sind sie vielseitiger als andere Bartenwale, u. a. verwenden sie die sogenannte Luftblasennetz-Methode (s. S. 66). Buckelwale trifft man einzeln, in Paaren oder in Gruppen von bis zu 15 Tieren an. Im ersten Jahr bleiben Mutter- und Jungtiere zusammen, allerdings schließen sich ihnen in den Paarungsgebieten häufig männliche „Begleiter" an.

Vor einem tiefen Tauchgang heben Buckelwale gewöhnlich die Fluke aus dem Wasser. Sie weist auf der Unterseite ein charakteristisches Muster auf, das von fast ganz weiß mit schwarzer Zeichnung bis zu fast ganz schwarz mit weißer Zeichnung variiert. Bisher wurden mehrere tausend Buckelwale im Nordatlantik, im Nordpazifik und auf der Südhalbkugel fotografiert und katalogisiert.

Auftauchender Buckelwal – das Maul voller Fische

Physeteridae: Pottwal

Pottwal

Physeter macrocephalus

STECKBRIEF
- Männchen: 11–20 m
- Weibchen: 8,2–17 m
- Neugeborene: 4 m
- Tiefseekalmare, Riesenkalmare und größere Fische
- Hochsee
- Tropen bis polare Randgebiete
- Ungenügend erforscht, noch Bestände vorhanden

Der Pottwal verdient aus vielen Gründen den Titel „Herr der Meere". Abgesehen von der nördlichen Arktis kommt er in allen Weltmeeren vor. Er hat von allen Tieren das größte Gehirn und ist der größte Zahnwal – das Männchen kann bis zu 20 m lang werden. Es scheint nur natürlich, daß Herman Melville für seinen Roman *Moby Dick* den Pottwal als Titelfigur ausgewählt hat.

Aus der Ferne sieht man häufig als erstes die nach vorne und leicht nach links gerichtete Blasfontäne (das Blasloch befindet sich auf der linken Seite im vorderen Bereich des Kopfes). Aus größerer Nähe erkennt man den flachen Buckel, den man kaum als Rückenfinne bezeichnen kann, und dahinter eine Reihe von Erhebungen, die bis zur Schwanzfluke reichen.

Die Haut ist manchmal fleckig, am Kopf befinden sich Kratzmale, und im mittleren und hinteren Bereich des Körpers weist ihre Oberfläche die Struktur einer Backpflaume auf. Wenn ein Pottwal springt, wird der riesige Kopf sichtbar, der bis zu ein Drittel der Körperlänge ausmacht. Bei genauerem Hinsehen entdeckt man weiße Bereiche um das Maul herum.

Pottwale verbringen den größten Teil ihres Lebens in Mutter-Kind-Schulen und Junggesellen-Schulen (s. S. 94f.). Eine Mutter-Kind-Schule umfaßt Weibchen aller Altersstufen sowie noch nicht geschlechtsreife Männchen. In der Fortpflanzungsperiode besuchen erwachsene Bullen diese Schulen. Zu einer Junggesellen-Schule gehören geschlechtsreife Bullen und Bullen kurz vor der Geschlechtsreife.

Es gibt ausgeprägte Unterschiede zwischen männlichen und weiblichen Pottwalen. Erwachsene Bullen können das Eineinhalbfache der Länge eines ausgewachsenen Weibchens erreichen. Die meisten Weibchen haben Schwielen auf dem dorsalen Buckel, bei Männchen kommt dies dagegen kaum vor. Pottwale tauchen möglicherweise bis zu 3000 m tief und bis zu zwei Stunden lang.

Pottwale schließen sich meist zu Mutter-Kind-Schulen und Junggesellen-Schulen zusammen.

Kogiidae: Zwergpottwal und Kleiner Pottwal

Kleiner Pottwal
Kogia simus

Dieser kaum bekannte, delphingroße Wal ist wiederholt bei Walbeobachtungstouren im Golf von Kalifornien (Mexiko), bei Dominica (Karibik) und in der Tañon-Straße (Philippinen) gesichtet worden. In der Karibik ist er von dem ihm nah verwandten Zwergpottwal oft nur schwer zu unterscheiden. Diese beiden Wale wurden erst im Jahr 1966 zu zwei getrennten Arten erklärt.

Der Kleine Pottwal ist ein wenig kleiner als der Zwergpottwal, jedoch ist seine Rückenfinne größer und steht aufrechter – ungefähr wie die Rückenfinne des Großen Tümmlers. Schon ein kurzer Blick auf den Kopf oder wenige Minuten Feldbeobachtung zeigen eindeutig, daß es sich nicht um einen Delphin handelt. Wirklich schwierig ist es dagegen, den Kleinen Pottwal vom Zwergpottwal zu unterscheiden.

In Ruhephasen liegt der Kleine Pottwal gewöhnlich tiefer im Wasser als der Zwergpottwal. Er schwimmt langsamer und lässt sich beim Tauchen einfach unter die Wasseroberfläche sinken, anstatt vorwärtsschwimmend abzutauchen. Häufig lebt er alleine oder mit einem einzelnen Gefährten, manchmal werden jedoch auch Gruppen von bis zu zehn Tieren gesichtet.

STECKBRIEF
- Männchen: 2,2–2,7 m
- Weibchen: 2,2–2,7 m
- Neugeborene: 1,1 m
- Tiefseekalmare, Kraken, Fische, Wirbellose
- Hochsee
- Tropische bis gemäßigte Gewässer auf der ganzen Welt
- Unzureichend erforscht

Zwergpottwal
Kogia breviceps

Aufgrund des haiähnlichen Kopfes, der Kiemenspalten ähnelnden Strukturen und des hängenden Unterkiefers sieht der Zwergpottwal auf den ersten Blick wie ein Fisch aus. Die Rückenfinne ist im Verhältnis zur Körpergröße und im Vergleich zu der des Kleinen Pottwals oder des Großen Tümmlers – zwei Arten, mit denen der Zwergpottwal verwechselt werden kann – relativ klein. Eine eindeutige Bestimmung ist schwierig, außer in den Ruheperioden, wenn das Tier an der Wasseroberfläche treibt; dann sind Kopf und Rücken sichtbar, und die Schwanzfluke hängt schlaff unter Wasser. Gewöhnlich umfaßt eine Gruppe höchstens sechs Tiere. Diese Walart, die in warmen, offenen Gewässern lebt, strandet relativ häufig, vor allem in Südafrika, Neuseeland, Südostaustralien und an der Ostküste Nordamerikas. Von diesen Strandungen stammen auch die meisten unserer Kenntnisse über diese Art. Die Tiere sind offenbar scheu und nähern sich nur selten den Booten. Wenn sie erschreckt werden, sondern sie eine braune Ausscheidung ab, die das Wasser eintrübt und, ähnlich wie die Tinte der Kalmare, wohl zur Ablenkung dient.

STECKBRIEF
- Männchen: 2,7–3,4 m
- Weibchen: 2,6–2,9 m
- Neugeborene: 1,2 m
- Tiefseekalmare, Kraken, Fische, Wirbellose
- Tropische bis gemäßigte Gewässer
- Unzureichend erforscht

Zwergpottwal

Ziphiidae: Schnabelwale

Cuvier-Schnabelwal

Ziphius cavirostris

Zusammen mit dem Bairdwal und dem Nördlichen Entenwal gehört der Cuvier-Schnabelwal zu den drei meistbeobachteten Schnabelwalarten. Gleichzeitig ist er der am weitesten verbreitete und zahlenmäßig stärkste Schnabelwal.

Die ersten Einzelheiten über diese Art wurden 1823 veröffentlicht, als der französische Anatom Georges Cuvier eine neue Gattung einführte und eine Walart beschrieb, die er für ausgestorben hielt.

Die Stirn wölbt sich sanft zu einem angedeuteten Schnabel. Da der beim Schwimmen häufig sichtbare Kopf Ähnlichkeit mit einem Gänseschnabel hat, wird der Cuvier-Schnabelwal im englischen Sprachraum auch als „goose-beaked whale" („Gänseschnabelwal") bezeichnet. Die Färbung, die meist als braun oder schwarz beschrieben wird, variiert von Tier zu Tier. Ältere Männchen weisen beispielsweise ausgedehnte weiße Zonen auf, die vom Schnabel bis zum Scheitel reichen. Es sind auch vor allem die älteren Männchen, die zahlreiche Narben haben, die von den Zähnen anderer Männchen stammen. Die beiden hervorstehenden Zähne brechen nur bei den Männchen durch und ragen sichtbar aus der Spitze des Unterkiefers heraus. Manchmal sind sie von Seepocken bewachsen.

Die Rückenfinne ist auf See oft das erste sichtbare Zeichen eines Cuvier-Schnabelwals. Sie ist wie beim Delphin und beim Zwergwal nach hinten gekrümmt und sitzt weit hinten am Körper. Cuvier-Schnabelwale treten einzeln (meist ältere Bullen) oder in Gruppen von bis zu 25 Tieren auf, in der Regel sind es allerdings zehn oder weniger. Vor tiefen Tauchgängen krümmen sie den Rücken in steilem Winkel und heben dabei manchmal die Fluke. Bei der Jagd nach Tiefseefischen und Kalmaren bleiben sie zwischen 20 bis 40 Minuten unter Wasser.

Gelegentlich sieht man Cuvier-Schnabelwale bei Walbeobachtungsfahrten im Mittelmeer, vor Hawaii, bei den Kanarischen Inseln und vor der südamerikanischen Küste, wenn sie auf ihrem Weg zur Antarktis sind.

STECKBRIEF
- Männchen: 5,3–6,9 m
  Weibchen: 5,1–6,6 m
  Neugeborene: 2,2 m +
- Tiefseecephalopoden im Freiwasser, Fische, Krustentiere
- Hochsee
- Tropische bis kühl-gemäßigte Gewässer einschließlich Mittelmeer
- Unzureichend erforscht

Unterkiefer und Zähne des Cuvier-Schnabelwals

Ziphiidae: Schnabelwale

Nördlicher Entenwal

Hyperoodon ampullatus

Vor allem ältere Männchen des Nördlichen Entenwals haben eine gewölbte Stirn und einen rüsselartig nach vorne ragenden Schnabel. Bei den kleineren Weibchen sind Stirn und Schnabel weniger ausgeprägt.

Der Nördliche Entenwal ist in den kühleren Teilen des Nordatlantiks heimisch. Mit Sicherheit trifft man ihn im Gully-Tiefseecanyon an (s. S. 215). Er taucht 1 000 m und tiefer und nutzt in der Dunkelheit der Tiefe sein hochempfindliches Sonar zur Verfolgung von Tiefseekalmaren.

Viele Forscher haben die Spiele und das Sozialverhalten der Nördlichen Entenwale beobachtet; die Tiere springen aus dem Wasser und berühren sich gegenseitig. Unter Walen gleichen Geschlechts wurden langandauernde Beziehungen beobachtet, nicht jedoch zwischen Walen unterschiedlichen Geschlechts. Mit Hilfe der Fotoidentifikation haben die Forscher bewiesen, daß im Gully-Tiefseecanyon etwa 230 Entenwale leben, die keine jahreszeitlichen Wanderungen unternehmen. Sie gehören zu den wenigen Walen, von denen man weiß, daß sie sich das ganze Jahr über in kalten Gewässern aufhalten.

Der Nördliche Entenwal wurde stärker bejagt als alle anderen Schnabelwale. Im späten 19. Jahrhundert nannten schottische Walfänger die alten Entenwalbullen „flatheads" („Flachköpfe"). Seit dieser Zeit wurden Zehntausende von ihnen getötet. Wissenschaftler sind sich hinsichtlich des Ausmaßes der Dezimierung und über den derzeitigen Bestand nicht ganz einig. Rücksichtsvolles „whale-watching" („Walbeobachten") kann zu einem verstärkten und besseren Bewußtsein für die Entenwale des Gully-Tiefseecanyons führen und in der Folge auch zu einer vielleicht sicheren Zukunft für diese „freundlichen" und attraktiven Wale.

STECKBRIEF
- Männchen: 7,3–9,8 m
  Weibchen: 5,8–8,7 m
  Neugeborene: 3,5 m
- Kalmare, wenige Fische, Wirbellose
- Kalt-gemäßigte Gewässer im Nordatlantik
- Unzureichend erforscht, intensiv bejagt, intakte Population im Gully-Tiefseecanyon

Die gewölbte Stirn des Nördlichen Entenwals ragt über die Wasseroberfläche.

Ziphiidae: Schnabelwale

Bairdwal

Berardius bairdii

Unterkiefer und Zähne

Der Bairdwal bewohnt die tiefen küstenfernen Gewässer des Nordpazifiks. Die Art wurde 1882 entdeckt, als der Forscher Leonhard Stejneger auf der Beringinsel einen Schädel mit vier Zähnen fand.

Im darauffolgenden Jahr veröffentlichte er seine Entdeckung und ehrte seinen Kollegen Spencer Baird durch die Namensgebung. Baird hatte ebenfalls in Alaska gearbeitet und war kurz zuvor zum Geschäftsführer der Smithsonian Institution ernannt worden.

Doch schon lange, bevor dieser große, bis 12,8 m lange Schnabelwal klassifiziert wurde, jagte man ihn in Japan im Rahmen des Küstenwalfangs mit Handharpunen. Noch heute fangen die Japaner 40 bis 60 Tiere jährlich, vor allem in den Gewässern um die Boso-Halbinsel in der Nähe von Tokio sowie vor dem Nordteil der Insel Hokkaido.

Der Bairdwal besitzt einen langen Schnabel ähnlich dem eines Großen Tümmlers und ist der vermutlich größte Schnabelwal. Im Gegensatz zu den meisten anderen Schnabelwalen brechen sowohl bei den Männchen als auch bei den Weibchen die Zähne durch: ein großes Paar an der Spitze des vorstehenden Unterkiefers und ein kleineres Paar unmittelbar dahinter. Bei älteren Tieren können die Zähne bis auf das Zahnfleisch abgenutzt sein. Die stark gewölbte Stirn ist beim Männchen knolliger und breiter als beim Weibchen, obwohl die Weibchen im Durchschnitt größer sind. Bairdwale leben in festen sozialen Gruppen mit drei bis 30 oder noch mehr Individuen.

Wie andere Schnabelwale tauchen auch Bairdwale in große Tiefen hinab. Die Tauchzeit kann bis zu 67 Minuten betragen, normal sind jedoch 25 bis 35 Minuten.

Die Narben auf dem Rücken der Tiere deuten darauf hin, daß in den Gruppen entweder viel gespielt wird oder sich Aggressionen häufig gegen Artgenossen richten. Die Chance, diese Art einmal in freier Wildbahn aktiv zu sehen, erhält man nur sehr selten.

STECKBRIEF
- Männchen: 9,1–12 m
- Weibchen: 9,8–12,8 m
- Neugeborene: 4,6 m
- Tiefseecephalopoden, Krustentiere, Fische
- Hochsee
- Warme bis kalt-gemäßigte Gewässer im Nordpazifik
- Unzureichend erforscht, wird vor Japan immer noch bejagt

Ziphiidae: Schnabelwale

Blainville-Schnabelwal

Mesoplodon densirostris

Im Jahr 1972 strandete ein junger männlicher Blainville-Schnabelwal an einem Strand in New Jersey. Das Tier lebte noch, und James G. Mead von der Smithsonian Institution fuhr sofort zum Schauplatz, um den Wal zu retten. Der Wal überlebte drei Tage lang; dann starb er, ohne daß man neue Erkenntnisse gewonnen hätte. Seither bemüht sich Mead, mehr über die geheimnisvollen Schnabelwale herauszufinden.

Der Blainville-Schnabelwal ist eine der ersten identifizierten Schnabelwalarten. Henri de Blainville beschrieb ihn 1817 anhand eines kleinen Knochenfragments. Es war die schwerste Knochensubstanz, die Blainville bis dahin gesehen hatte – dichter als Elefantenelfenbein. Daher kommt auch die zweite gebräuchliche englische Bezeichnung dieses Wals: „dense-beaked whale" („Wal mit festem Schnabel").

Die Stirn des Blainville-Schnabelwals ist flach, die Rückenfinne dreieckig und nach hinten gekrümmt. Er gehört zu den Schnabelwalen mit nach oben gewölbtem Unterkiefer, und beim Männchen stehen auf dem Scheitel des Bogens zwei große, nach vorne wachsende Zähne, die beiderseits aus dem geschlossenen Maul ragen. Der Schnabel des Weibchens ist heller gefärbt, der Unterkiefer ist schwächer gewölbt, und wie bei den meisten Schnabelwalen brechen die Zähne nicht durch.

Vor allem die Männchen der in Gruppen von bis zu sechs (gelegentlich bis zu zwölf) Tieren lebenden Blainville-Schnabelwale weisen häufig tiefe Narben auf. Kreisförmige Narben stammen wahrscheinlich von Zigarrenhaien und diversen Parasiten, wogegen lange weiße Linien eher aus Kämpfen mit anderen Männchen stammen. Tiefere Tauchgänge zur Nahrungssuche können bis zu 45 Minuten dauern.

Dieser Wal ist einer der am weitesten verbreiteten Schnabelwale und strandet häufig auf ozeanischen Inseln beiderseits des Äquators. Vor Oahu (Hawaii) konnten Forscher fotografieren, wie ein Bulle mit dem Kopf nach vorne steil auftauchte, wobei die Sonne die Seepocken auf seinen beiden großen Zähnen beschien.

STECKBRIEF
- Männchen: bis 5,9 m
- Weibchen: bis 4,7 m
- Neugeborene: 2 m +
- Kalmare und andere Cephalopoden
- Hochsee
- Tiefe Gewässer von gemäßigten Breiten bis zu den Tropen
- Unzureichend erforscht

Weibchen (oben) und Männchen mit sichtbarem Zahn im Unterkiefer

Ziphiidae: Schnabelwale

Sowerby-Zweizahnwal
Mesoplodon bidens

STECKBRIEF
- Männchen: 5,5 m
- Weibchen: 5 m
- Neugeborene: 2,4 m
- Kalmare, kleine Fische
- Hochsee
- Kalt-gemäßigte Gewässer im Nordatlantik einschließlich der Nordsee
- Unzureichend erforscht

Einige Zoologen bezeichnen den Sowerby-Zweizahnwal mit dem englischen Namen „North Sea beaked whale" („Nordsee-Schnabelwal"). Denn obwohl sein Verbreitungsgebiet sich quer über den Nordatlantik erstreckt, findet man diesen Wal am ehesten im nördlichen Teil der Nordsee. Er wurde im Jahre 1800 vor der Nordostküste Schottlands entdeckt. Ein Männchen war im Moray Firth gestrandet, und der Schädel wurde aufbewahrt. Ein paar Jahre später malte der englische Aquarellmaler James Sowerby ein Bild vom Schädel und den Rest des Tieres, wie er ihn sich vorstellte. Als die Bilder veröffentlicht wurden, wählte er für die Bezeichnung der Art den lateinischen Begriff *bidens*, d. h. „Zweizahn".

Die beiden Zähne des Sowerby-Zweizahnwals befinden sich etwa in der Mitte der fast geraden Oberkante des Unterkiefers und sind auch bei geschlossenem Maul sichtbar. Wenn man auf See nahe genug herankommen könnte, böten die Zähne die beste Möglichkeit, ihn von anderen Schnabelwalen zu unterscheiden. Im Vergleich zu anderen im Nordatlantik lebenden Walen hat der Sowerby-Zweizahnwal einen kleineren Kopf, einen längeren delphinartigen Schnabel und eine kleinere Rückenfinne; die Fluke ist in der Mitte nicht eingekerbt. Er ist kleiner als der Zwergwal.

Obwohl der Sowerby-Zweizahnwal der erste Schnabelwal war, der einen Namen bekam, ist er nach wie vor äußerst schwer zu finden. Selten wird er lebend auf See gesichtet. Obwohl einige Exemplare gestrandet sind, wurden keine grundlegenden zoologischen Daten, z. B. zum Mageninhalt, erfaßt.

Anfang der 70er Jahre wurden an einem belgischen Strand ein Jungtier und seine sterbende Mutter gefunden. Ein niederländisches Aquarium versuchte das 2,7 m lange und 185 kg schwere Kalb wieder gesund zu pflegen. Bei dieser Gelegenheit konnte man beobachten, wie das Tier schwamm: Es legte die Brustfinnen an die Flanken, für Vortrieb und Steuerung sorgte allein die Schwanzfluke (Delphine benutzen zum Steuern die Brustfinnen). Die unzureichende Feinsteuerung führte zum Tod des Tieres, als es gegen die Wände des kleinen Beckens rammte.

Unterkiefer und Zahn des Sowerby-Zweizahnwals

Ziphiidae: Schnabelwale

Layard-Wal

Mesoplodon layardii

Der Layard-Wal gibt eines der großen Rätsel in der Welt der Wale auf. Die beiden Zähne im Unterkiefer des Männchens wachsen nach oben, über den Oberkiefer, und manchmal legen sie sich um diesen herum. Dadurch können sich die Kiefer nicht sehr weit öffnen – aber wie kann ein männlicher Layard-Wal dann Beute fangen, geschweige denn sie verschlingen? Vielleicht saugt er seine Nahrung (Kalmare) aus den engen Winkeln tiefer unterseeischer Schluchten fern der Küste. Zum Kauen werden die Zähne nicht benötigt – die Weibchen kommen ohne ausgeprägte Zähne zurecht. Einige Forscher glauben, die bügelartigen Zähne könnten als Führungsschienen dienen, die die Nahrung in den Schlund geleiten.

Am wahrscheinlichsten ist jedoch die Annahme, daß die Zähne ein Geschlechtsmerkmal darstellen und bei der Partnerwahl eine Rolle spielen. Die Verschiedenartigkeit des Zahnwuchses führte zunächst zur Benennung von mindestens vier neuen Arten, aber die Forschung erkannte letztlich, daß es sich bei allen Exemplaren um die gleiche Art handelte.

STECKBRIEF
- Männchen: 5,8 m
- Weibchen: 6 m
- Neugeborene: 2,2 m
- Kalmare
- Hochsee
- Kalt-gemäßigte Gewässer der Südhalbkugel
- Unzureichend erforscht

Mit bis zu 6 m Länge ist der Layard-Wal einer der größten Schnabelwale. Er ist in den kühl-gemäßigten Breiten der Südhalbkugel heimisch und ist an den Stränden Chiles und Argentiniens einschließlich Feuerlands sowie im südlichen Afrika, in Neuseeland und Australien anzutreffen.

Seit Beginn der 90er Jahre wurden auf der Südhalbkugel drei neue Schnabelwalarten entdeckt. Den Peruanischen Schnabelwal, *Mesoplodon peruvianus,* mit bis zu 3,7 m Länge fand man in Peru auf Fischmärkten und am Strand. Dieser kleinste Schnabelwal wurde 1991 offiziell benannt. Der 1995 beschriebene Bahamonde-Schnabelwal tauchte bei den Juan-Fernandez-Inseln auf, 500 km vor der chilenischen Küste. Eine Art mit der Bezeichnung „nicht identifizierter Schnabelwal A" wurde mindestens 30mal im östlichen tropischen Pazifik gesichtet, ein gestrandetes Exemplar aber noch nicht gefunden. Um den Status einer eigenen Art endgültig zu bestätigen und ihr einen Namen zu geben, benötigt man ein frisches männliches Exemplar. James Mead, Forscher der Smithsonian Institution, nimmt an, daß noch viele Schnabelwalarten zu entdecken sind.

Die bügelförmigen Zähne des Männchens

Pontoporiidae: Chinesischer Flußdelphin (Beiji)

Chinesischer Flußdelphin (Beiji)

Lipotes vexillifer

Gerade mal 80 Jahre, nachdem er zum ersten Mal in der wissenschaftlichen Literatur beschrieben wurde, steht der Chinesische Flußdelphin oder Beiji am Rande des Aussterbens. Trotz eines Jahrzehnts internationaler Anstrengungen zum Erhalt der Art bleibt der Beiji die am meisten gefährdete Cetaceenart.

STECKBRIEF
- Männchen: 2–2,3 m
- Weibchen: 2–2,4 m
- Neugeborene: 0,9 m
- Kleine Süßwasserfische
- Jangtsekiang in China
- Bedroht, stirbt möglicherweise bald aus

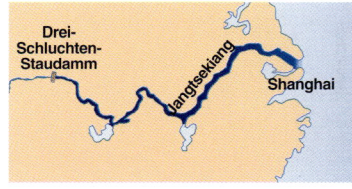

Der Beiji kommt nur im dunkelblau markierten Teil des Jangtsekiang vor.

Sein stämmiger Körper erreicht etwa die Größe eines ausgewachsenen Menschen. Wie andere Flußdelphinarten hat er winzige Augen und einen langen schmalen Schnabel. Seine Färbung erscheint aus der Entfernung weiß oder grau, aus der Nähe jedoch sieht man, daß er am Rücken dunkel-blaugrau ist und zum Bauch hin blasser wird bis hin zu einem grauweißen Ton. Die dreieckige Rückenfinne ist flach, die Brustfinnen sind breit und leicht gebogen.

Der Beiji ist vor allem vom frühen Abend bis zum frühen Morgen aktiv. Wer das Glück hat, Beijis zu finden, trifft sie alleine oder in Gruppen von bis zu sechs Exemplaren an, meist beim Zulauf von kleineren Flüssen, insbesondere in der Nähe flacher Sandbänke. Beijis sind ruhig und zurückhaltend, eine Annäherung ist schwierig. In ruhiger Umgebung kann man das Blasgeräusch hören, ein hohes Niesen; allerdings ist der kurze Blaston schwer von dem des Indischen Schweinswals zu unterscheiden, der einzigen anderen Cetaceenart, die im Verbreitungsgebiet des Beiji vorkommt. Vermeintliche Sichtungen im Jangtsekiang entpuppen sich häufig als Sichtungen Indischer Schweinswale. Sie sind äußerst zahlreich und häufig anzutreffen und zudem relativ zutraulich.

Der Chinesische Flußdelphin wurde 1975 zum Chinesischen Nationalerbe erklärt und ist seither geschützt. Teile des Flusses wurden zum Naturschutzgebiet erklärt, aber das zeigt wegen des ständigen Bootsverkehrs, der Fischerei und der Industrieansiedlungen entlang einer der meistbefahrenen Wasserstraßen der Welt nur wenig Wirkung.

In China zur Unterstützung der Arterhaltung herausgegebene Beiji-Briefmarke (rechts)

Iniidae: Amazonas-Delphin

Amazonas-Delphin

Inia geoffrensis

STECKBRIEF
- Männchen: 2–2,7 m
- Weibchen: 1,5–2,3 m
- Neugeborene: 0,7 m
- Mindestens 50 Fischarten
- Tropische Flüsse
- Amazonas- und Orinokobecken
- Potentiell gefährdet

Der Amazonas-Delphin, der größte und am häufigsten gesichtete Flußdelphin, ist die einzige der fünf Flußdelphinarten, für die regelmäßig kommerzielle Beobachtungsfahrten unternommen werden. Bemerkenswert ist seine rosa Färbung, weswegen er auch als „pink porpoise" („rosafarbener Delphin") bezeichnet wird. Die Farbe variiert in Abhängigkeit von den Lichtverhältnissen sowie dem Alter des Tieres, und es gibt individuelle Abweichungen. Manche Amazonas-Flußdelphine sind blaugrau, während andere fast weiß erscheinen; jüngere Tiere sind grau. Der einzige weitere Delphin, der ebenfalls in der Amazonas- und der Orinoko-Region vorkommt, ist der Amazonas-Sotalia, der aussieht wie ein kleiner Tümmler. Der Amazonas-Flußdelphin ist größer, hat einen langen Schnabel, breite Brustfinnen, eine gewölbte Melone und einen Buckel anstatt der Rückenfinne. Sein Äußeres ist eher unvorteilhaft. Die großen Wangen sind derart unförmig, daß sie möglicherweise sogar die Sicht bei der Jagd behindern.

Angeblich sind Amazonas-Flußdelphine am frühen Morgen und am späten Nachmittag am aktivsten; wenn dies zutrifft, entspricht es dem Zeitplan vieler Lebewesen des tropischen Regenwaldes. Meist trifft man die Delphine einzeln oder paarweise an. Bei Niedrigwasser während der Trockenzeit oder in Zeiten reichlichen Nahrungsangebots werden allerdings Gruppen von zehn bis 15 Tieren beobachtet.

Der Amazonas-Flußdelphin hat von allen Flußdelphinen das größte Verbreitungsgebiet und ist zahlenmäßig am stärksten. Er wird zwar durch den Populationsdruck des Menschen weniger beeinträchtigt als die drei asiatischen Flußdelphinarten, aber durch die Zerstörung des tropischen Regenwaldes sinkt auch die Zahl der Amazonas-Flußdelphine.

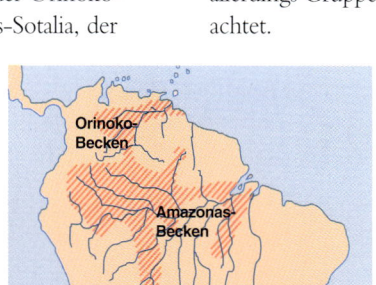

Das Maul (links) hat 46 bis 70 Zähne.
Lebensraum des Amazonas-Delphins (oben)

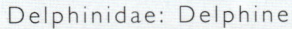

Delphinidae: Delphine

Amazonas-Sotalia

Sotalia fluviatilis

Der Amazonas-Sotalia oder Tucuxi, der „andere Delphin" im Gebiet des Amazonas und des Orinoko, ist kleiner und dezenter gefärbt als der rosagetönte Amazonas-Flußdelphin (s. S. 165). Der Tucuxi (ausgesprochen „„Tukuschi") ist dem Verhalten nach ein „Flußdelphin", gehört aber nicht zur Fünfergruppe der Flußdelphinarten, die sich ausschließlich dem Leben in Flüssen angepaßt haben. Zwar verbringen einige Amazonas-Sotalias ihr gesamtes Leben im Fluß, doch die weitaus meisten leben in der Küstenregion des Westatlantik zwischen Brasilien im Süden und Panama im Norden. Die beiden getrennten Populationen unterscheiden sich nur leicht voneinander, wobei die Küstenart größer wird als die Flußart. Der Amazonas-Sotalia ist eine der kleinsten Delphinarten. Sein stämmiger Körperbau ähnelt von der Form her dem des Großen Tümmlers. Entlang der Küste könnte man die beiden Arten miteinander verwechseln, aber der Ama-zonas-Sotalia ist wesentlich kleiner als der Große Tümmler; auch ist seine Rückenfinne kleiner und dreieckig.

Amazonas-Sotalias leben in Gruppen von zwei bis sieben Tieren, größere Gruppen können allerdings im Süßwasser bis zu 20 und an der Küste bis zu 50 Mitglieder umfassen. Ihr Verhalten ist typisch für Delphine: Springen, Ausschauhalten (das sogenannte „spy-hopping"), Schlagen mit den Brustfinnen und der Schwanzfluke („lob-tailing"); es fehlt bei diesen Delphinen nur das Bugwellenreiten. An der brasilianischen Küste sind Amazonas-Sotalias, die hoch aus dem Wasser springen und sich seitlich ins Wasser fallen lassen, ein vertrauter Anblick.

In Brasilien wurden Amazonas-Sotalias lange Zeit in Ringwaden, Treibnetzen und Krabbenfallen getötet. Brasilianische Forscher haben in Südostbrasilien begonnen, die Küstenart zu erforschen, einzelne Exemplare zu fotografieren und sie jedes Jahr aufs neue zu beobachten.

STECKBRIEF
- Männchen: bis 2,2 m
- Weibchen: 1,4–2,2 m
- Neugeborene: 0,6 m +
- Diverse Fische, vor allem Schwarmfische; Cephalopoden
- Seichte Küstengewässer und Flüsse
- Tropischer Westatlantik, Amazonas und Orinoko
- Unzureichend erforscht, unbeabsichtigte Tötung in Fischernetzen

Die größere Küstenart des Amazonas-Sotalias

Delphinidae: Delphine

Chinesischer Weißer Delphin

Sousa chinensis

Der schwedische Entdecker Per Osbeck war 1765 höchst erstaunt, als er im Chinesischen Meer „spielende schneeweiße Delphine" fand.

Zur Identifizierung des Chinesischen Weißen Delphins genügt häufig die Beobachtung des Auftauchvorgangs (vgl. Kamerunfluß-Delphin, unten). Sein Verbreitungsgebiet umfaßt die seichten Küstengewässer des südlichen und östlichen Afrika einschließlich des Roten Meeres und erstreckt sich nach Osten bis zur chinesischen Küste, dem indonesischen Archipel und nach Nordaustralien. Die Taxonomie wird noch diskutiert – möglicherweise gibt es zwei Arten, zumindest jedoch zwei voneinander getrennte Populationen. Die westlich von Sumatra lebenden Tiere weisen unter der Rückenfinne einen fleischigen Buckel bzw. eine Platte auf, während die östlich und südlich von Sumatra vorkommenden keine Platte, dafür aber eine größere Rückenfinne haben. Die Färbung scheint sowohl geographisch als auch zwischen verschiedenen Altersgruppen und Individuen zu variieren. Der Rücken ist meist dunkelgrau, kann aber auch weiß oder fast rosa sein. Die Unterseite ist hellgrau.

Chinesische Weiße Delphine schließen sich häufig mit anderen Delphinen zusammen – hauptsächlich mit Tümmlern, aber auch mit Ostpazifischen Delphinen und Indischen Schweinswalen. Wellenreiten und Annäherung an Boote sind selten.

STECKBRIEF
- Männchen: bis 3,2 m
- Weibchen: bis 2,4 m
- Neugeborene: 1,1 m
- Fische, Krustentiere, Mollusken
- Küstengewässer, Flußmündungen und Mangroven
- Warm-gemäßigte bis tropische Gewässer im Indischen Ozean und im Westpazifik
- Unzureichend erforscht

Kamerun-Flußdelphin

Sousa teuszii

Solange die Meeräschenfischer in Mauretanien zurückdenken können, haben sie auf Kamerun-Flußdelphine gewartet, die ihnen dabei halfen, Fische in die Netze zu treiben. Diese Delphine, die nur in den seichten Küstengewässern Westafrikas heimisch sind, findet man oft in Flußmündungen und Mangrovensümpfen.

Die dunkler gefärbten heranwachsenden Tiere haben keinen Buckel und springen häufig. Kamerun-Flußdelphine schließen sich manchmal mit Tümmlern zusammen, um Fische zusammenzutreiben. Sie sind nahe verwandt mit dem Chinesischen Weißen Delphin, jedoch überschneiden sich die Verbreitungsgebiete nicht, und der Kamerun-Flußdelphin hat normalerweise weniger Zähne.

Beide Arten bieten einen seltsamen Anblick, wenn sie in Gruppen von bis zu sieben Individuen – selten über 25 – vorbeischwimmen. Jedes Tier hebt zunächst seinen langen, schlanken Schnabel aus dem Wasser. Wenn es den Rücken beugt, sieht man kurz den großen Rumpf und deutlich die kleine Rückenfinne, die auf einer erhöhten Platte sitzt. Dann scheint das Tier – im Gegensatz zu anderen Delphinarten – eine kurze Pause einzulegen, um dann entweder gleich abzutauchen oder kurz mit der Schwanzfluke zu schlagen und dann unterzutauchen.

STECKBRIEF
- Männchen: 2–2,4 m
- Weibchen: bis 2,3 m
- Neugeborene: 0,9 m
- Meeräschen und andere Schwarmfische
- Küstengewässer, Flußmündungen und Mangroven
- Subtropische bis tropische Gewässer im Ostatlantik (westafrikanische Küste)
- Unzureichend erforscht

Kamerun-Flußdelphin

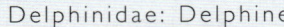

Delphinidae: Delphine

Rauhzahndelphin
Steno bredanensis

Aus der Entfernung sieht ein auftauchender und schnell vorbeischwimmender Rauhzahndelphin aus wie ein Tümmler oder sogar wie ein Schlankdelphin oder ein Spinner-Delphin. Manchmal schwimmt er zusammen mit diesen Arten. Aus der Nähe aber ist ein Rauhzahndelphin leichter zu bestimmen als andere Arten.

Der Name „Rauhzahndelphin" gründet sich auf die feinen senkrechten Rillen in den Zähnen, die man in freier Wildbahn jedoch nicht sieht. Der plump und primitiv aussehende Rauhzahndelphin ist so etwas wie das „häßliche Entlein" unter den Delphinen. Der Kopf wird häufig als „reptilartig" beschrieben. Die langen Brustfinnen scheinen für das Tier zu groß zu sein und sitzen weit hinten an den Flanken. Der Körper weist oft Kratzer, Narben und Bißspuren von Zigarrenhaien auf. Nur die nach rückwärts gebogene Rückenfinne sieht aus wie die eines „normalen" Delphins.

Der Rauhzahndelphin wird selten gesichtet und ist kaum erforscht, weil er tiefe Gewässer jenseits des Kontinentalschelfs bevorzugt. In den letzten Jahren jedoch wurden um Hawaii, um die Bahamas und vor Ogasawara (Japan) häufiger Tiere dieser Art ange-

STECKBRIEF
- Männchen: 2,2–2,6 m
  Weibchen: 2,3–2,4 m
  Neugeborene: 0,9 m
- Hochseecephalopoden und Fische
- Vor allem Hochsee
- Warm-gemäßigte bis tropische Gewässer
- Unzureichend erforscht

troffen. Der Rauhzahndelphin ist ein Herdentier und lebt in Gruppen von zehn bis 20, gelegentlich 50 oder mehr Tieren gleichzeitig. Er reitet auf Bugwellen, springt aber selten ganz aus dem Wasser. Statt dessen „streicht" er beim schnellen Schwimmen flach über das Wasser, wobei nur der Kopf zu sehen ist – dieses Verhalten wird als „porpoising" bezeichnet. Oft bleiben Rauhzahndelphine nur kurz an der Oberfläche, möglicherweise, weil sie in der Tiefe mit der Nahrungsbeschaffung (kleine Schwarmfische und Kalmare) beschäftigt sind.

Manchmal werden Rauhzahndelphine versehentlich in Ringwaden oder anderen Netzen gefangen und getötet. In kleinen Mengen werden sie vor Japan, Sri Lanka und in der Karibik getötet.

Rauhzahndelphine beim „porpoising" in der Nähe der Azoren

Delphinidae: Delphine

Großer Tümmler

Tursiops truncatus

STECKBRIEF
- Männchen: 2,4–3,8 m
- Weibchen: 2,3–3,7 m
- Neugeborene: 0,7 m +
- Fische, Cephalopoden, Wirbellose
- Küstennah und küstenfern
- Gemäßigte bis tropische Gewässer
- Unzureichend erforscht, Gesamtbestand stabil, einzelne Populationen bedroht

Seit langem sind Tümmler dem Menschen eng verbunden.

Der Große Tümmler ist der Prototyp des Delphins; man findet ihn weltweit in kühl-gemäßigten bis tropischen Gewässern. Er lebt sowohl in Küstennähe als auch auf hoher See, und er ist der lebhafteste Delphin: Er springt, reitet auf Bugwellen, surft auf dem Bauch, schlägt mit der Schwanzfluke und nähert sich öfter Booten und Schwimmern als jeder andere Delphin. Der uns bekannte „Flipper" aus der gleichnamigen früheren TV-Serie war z. B. ein Tümmler.

Große Tümmler sind hauptsächlich grau, die Unterseite ist hellgrau bis weiß, der Schnabel ist kurz, aber deutlich erkennbar, und die auffällige Rückenfinne ist nach hinten gekrümmt. Die Brustfinnen laufen spitz zu. Der Rumpf ist kräftig, doch variiert die Größe der ausgewachsenen Tiere zwischen 2,3 m und 3,8 m. Je nachdem, ob die Tiere küstennah oder küstenfern leben und in welchem Erdteil sie vorkommen, unterscheiden sie sich in Größe und anderen Merkmalen. Mit Hilfe der Fotoidentifikation haben Forscher herausgefunden, daß an der Küste lebende Große Tümmler entweder am gleichen Ort bleiben oder Jahr für Jahr an den gleichen Ort zurückkehren. Muttertiere bleiben zusammen mit ihren Kälbern in den nahrungsreichsten Teilen des gemeinsamen Reviers; die Männchen schließen dauerhafte Freundschaften untereinander und entfernen sich mit zunehmendem Alter immer weiter vom Revier.

Freßgewohnheiten und Jagdverhalten der Großtümmler sind sehr vielfältig. Sie passen ihr Verhalten den örtlichen Umständen und Bedingungen an, und nur Schwertwale haben einen vielseitigeren Speiseplan als Große Tümmler.

In South Carolina und der Baja California kann man bei diesen Tieren intelligente Formen der Zusammenarbeit zur Nahrungsbeschaffung beobachten: Die Delphine treiben Fische auf das Ufer und rollen sich dann vollständig aus dem Wasser auf den Strand, um dort nach den Fischen zu schnappen.

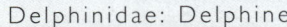

Delphinidae: Delphine

Weißseitendelphin

Lagenorhynchus acutus

Der Weißseitendelphin wurde 1828 erstmals wissenschaftlich beschrieben. Den frühen Fischern und Walfängern im Nordatlantik war er schon lange vorher bekannt. Die Namen, die man diesem lebhaften Delphin gab, bezogen sich alle auf seine Gewohnheit, beim Schwimmen vollständig aus dem Wasser zu springen. Die Norweger nannten ihn „springhval", die Deutschen „Springer", und in Ostkanada hießen sie „jumpers".

Die Bestimmung dieses Delphins ist einfach; man muß nur nach dem gelben Fleck im hinteren Bereich der Flanken suchen. Dieser leuchtet kurz auf, wenn der Delphin durchs Wasser schwimmt. Vielleicht erhascht man auch einen Blick auf das feine weiße Band beiderseits unterhalb der Rückenfinne, von dem dieser Delphin seinen Namen hat.

Der Weißseitendelphin, der in Gruppen von bis zu 100 Tieren umherzieht, ist der Liebling der Walbeobachter vor Schottland, Irland, Island, Massachusetts und Neufundland. Die Weißseitendelphine begleiten oft Wale. Vielleicht verfolgen sie die gleiche Beute zur gleichen Zeit, doch die Delphine betrachten dies wohl eher als Gelegenheit, gesellig zu sein. Bisweilen werden Herden von bis zu 1 000 Delphinen gesichtet.

STECKBRIEF
- Männchen: 2,2–2,7 m
- Weibchen: 1,9–2,7 m
- Neugeborene: 1,1 m
- Diverse Fische und Kalmare
- Küstennah, vor allem aber küstenfern
- Kalt-gemäßigte Gewässer im Nordatlantik
- Unzureichend erforscht

Weißschnauzendelphin

Lagenorhynchus albirostris

Der Weißschnauzendelphin teilt sich den größten Teil seines Lebensraums im Nordatlantik mit dem Weißseitendelphin. Er wagt sich aber weiter nach Norden in subarktische Gewässer vor und ist somit der am nördlichsten auftretende Delphin überhaupt. Er ist unter den Delphinen der Gattung *Lagenorhynchus* der kräftigste und hat die dickste Blubberschicht.

Im Widerspruch zum Artnamen „albirostris", was soviel heißt wie „weißer Schnabel", ist sein Schnabel, wenn man ihn in freier Wildbahn sieht, häufig nicht weiß, sondern grau, zum Teil sogar schwarz. Am besten kann man diese Art vom Weißseitendelphin unterscheiden, wenn man den hinteren Bereich der Flanken betrachtet. Weißschnauzendelphine haben dort einen gräulichen Fleck; ein leuchtendgelber Fleck deutet auf einen Weißseitendelphin hin.

Weißschnauzendelphine sind auf Walbeobachtungstouren vor Island, Norwegen, Neufundland und anderen ostkanadischen Regionen, vor Grönland, den Färöern und vor Irland häufig zu sehen.

STECKBRIEF
- Männchen: 2,4–3 m
- Weibchen: 2,4–3 m
- Neugeborene: 1,2 m
- Hochseeschwarmfische, Cephalopoden und Krustentiere
- Küstenfern, vor allem aber küstennah
- Kalt-gemäßigte bis subpolare Gewässer im Nordatlantik
- Unzureichend erforscht

Weißschnauzendelphin im Sprung

Delphinidae: Delphine

Weißstreifendelphin

Lagenorhynchus obliquidens

Dieser ausschließlich im Nordpazifik vorkommende Delphin erhielt den Artnamen „obliquidens" („schiefer Zahn") wegen seiner leicht gebogenen Zähne. Dieses Merkmal wurde von dem Taxonomen Theodore Nicholas Gill von der Smithsonian Institution festgestellt.

In ihrem Verbreitungsgebiet werden Weißstreifendelphine leicht mit dem Gemeinen Delphin verwechselt, da beide Arten große Gruppen bilden und helle Zonen an den Flanken aufweisen. Allerdings ist die Schnauze des Weißstreifendelphins, anders als der Schnabel des Gemeinen Delphins, kurz und dick. Zudem hat er entlang der Flanken einen schmalen grauen Streifen, der vom Kopf ausgehend unterhalb der Rückenfinne nach unten gebogen ist und im hinteren Bereich der Flanken in einen großen weißen Fleck ausläuft. Die Rückenfinne des Weißstreifendelphins ist oft zweifarbig, die vordere Hälfte ist dunkel gefärbt, die hintere grau oder weiß.

Alle Delphine der Gattung *Lagenorhynchus* sind akrobatisch und gesellig. Der Weißstreifendelphin ist womöglich der akrobatischste und geselligste von allen. Er lebt in Herden von bis zu 100 Tieren, wobei auf hoher See Ansammlungen von 1 000 bis 2 000 Tieren nicht ungewöhnlich sind. Seine gesellige Natur bezieht sich auch auf andere Cetaceenarten, vor allem den Nördlichen Glattdelphin. Weißstreifendelphine reiten häufig – in Bugwellen und im Kielwasser von Booten sowie in der Brandung. Aufgrund ihrer ausgeprägten Neugier untersuchen sie gelegentlich Boote.

Weißstreifendelphine sind oft die Stars auf Hochsee-Walbeobachtungsfahrten. Solche Fahrten gibt es von British Columbia (Vancouver Island), Südost-Alaska, Kalifornien (insbesondere Südkalifornien und Monterey), Mexiko und von Hokkaido (Japan) aus. Meist leben die Delphine auf offener See, kommen aber zu bestimmten Zeiten näher an die Küste, vor allem in Bereichen tiefen Wassers. In einer Fotoidentifikationsstudie entlang der Nordostküste von Vancouver Island, wo sie manchmal nahe an die Küste kommen, wurden viele Weißstreifendelphine katalogisiert.

STECKBRIEF
- Männchen: 1,7–2,4 m
- Weibchen: 1,7–2,4 m
- Neugeborene: 1,1 m
- Hochseefische und Kalmare
- Hauptsächlich Hochsee, gelegentlich in Küstennähe
- Kühl-gemäßigte Gewässer im Nordpazifik
- Unzureichend erforscht, werden versehentlich in Fischernetzen getötet

Akrobatische Weißstreifendelphine

Delphinidae: Delphine

Schwarzdelphin

Lagenorhynchus obscurus

Der Schwarzdelphin ist eine der beiden *Lagenorhynchus*-Arten, die 1828 von John Edward Gray beschrieben wurden – die zweite ist der Weißseitendelphin. Wegen der dunklen Färbung nannte er die Art „obscurus".

Die in den Küsten- und Schelfgewässern Südafrikas, Neuseelands, Südaustraliens und des südlichen Südamerika heimischen Schwarzdelphine weisen je nach Gebiet unterschiedliche Rückenzeichnungen auf, gehören aber nachgewiesenermaßen der gleichen Art an.

Die beste Möglichkeit, den Schwarzdelphin auf See zu identifizieren, ist ein Blick auf die helle Gesichtspartie und das kurze, stumpfe Rostrum mit der Andeutung eines Schnabels. Die Rückenfinne ist rückwärts gebogen, spitz zulaufend und häufig zweifarbig – vorne dunkel und hinten hell, wobei das Farbmuster variieren kann. Achten Sie auf die zweifach gezinkten, nach vorne zeigenden Flankenstrahlen im hinteren Teil des Körpers.

Die Schwarzdelphine sind eine der akrobatischsten Delphinarten; mit ihren schlanken und leichten Körpern vollführen sie außerordentliche Sprünge und Saltos. Wenn ein Delphin zu springen beginnt, tun es ihm die anderen häufig nach. Den Kontakt mit Booten und Menschen scheinen sie zu genießen, und auf Beobachtungsfahrten zwischen dem argentinischen Patagonien und dem neuseeländischen Kaikoura sind sie gerne gesehen.

Eine der allerersten Fotoidentifikationsstudien an Delphinen wurde anhand der Schwarzdelphinherden vor Patagonien durchgeführt. Man fand heraus, daß die Delphine das ganze Jahr über am gleichen Ort bleiben. Im Sommer schließen sie sich gesellig zusammen und ruhen sich gemeinsam aus, nur zur Nahrungssuche teilen sie sich in kleinere Gruppen.

STECKBRIEF
- Männchen: 2,2 m
- Weibchen: 1,9 m
- Neugeborene: 0,6 m
- Kalmare und Fische, z. B. Sardellen und Plattfische
- Küstengewässer, Kontinentalschelf
- Gemäßigte Gewässer vor Südafrika, Neuseeland, Südaustralien und dem Süden Südamerikas
- Unzureichend erforscht

Die akrobatischen Sprünge eines Schwarzdelphins begeistern die Delphinbeobachter vor der Küste von Kaikoura (Neuseeland).

Delphinidae: Delphine

Borneo-Delphin
Lagenodelphis hosei

Dieser in tiefen tropischen Gewässern lebende Delphin, der 1956 beschrieben und 1970 in freier Wildbahn identifiziert wurde, wird inzwischen auf Walbeobachtungsfahrten mit einer gewissen Regelmäßigkeit gesichtet. In manchen Gebieten meiden Borneo-Delphine Boote, aber in Südafrika reiten sie auf deren Bugwellen; in der Karibik und um die Philippinen sind sie ein fester Bestandteil der Walbeobachtungstouren.

Der Walforscher Francis Charles Fraser fand 1955 im British Museum ein falsch beschriftetes Skelett, das 60 Jahre zuvor in Sarawak gefunden worden war. Er ordnete das Exemplar zwischen den Gattungen *Delphinus* (Gemeiner Delphin) und *Lagenorhynchus* ein und erfand daher eine Zwischengattung: *Lagenodelphis*.

Auf See zeigt der Borneo-Delphin eine auffällige bunte Zeichnung; ein dunkles, von einer grauen bis weißlichen Linie gesäumtes Band erstreckt sich vom Gesicht bis zum hinteren Bereich der Unterseite. Bei Männchen kann dieses Band sehr breit und dunkel sein. Ansonsten ist der Rücken dunkel-bräunlichgrau, und der Bauch ist rosa oder weiß.

Borneo-Delphine bilden Gruppen von in der Regel 100 bis 500 Tieren, gelegentlich bis zu 1 000. Sie schließen sich manchmal zur Nahrungssuche mit anderen tropischen Zahnwal- bzw. Delphinarten zusammen.

STECKBRIEF
- Männchen: 2,3–2,6 m
- Weibchen: 2,2–2,6 m
- Neugeborene: 1,1 m
- Div. Fische, Kalmare und Krabben
- Hauptsächlich Hochsee und tiefe Gewässer
- Subtropische bis tropische Gewässer
- Unzureichend erforscht

Stundenglas-Delphin
Lagenorhynchus cruciger

Die Stundenglas-Delphine leben in den tiefen Gewässern des südlichen Polarmeeres zwischen der Antarktis und den Kontinenten. In den frühen 20er Jahren des 19. Jahrhunderts beobachtete eine französische Expedition diese Delphine, wie sie um das Schiff herumtollten, und man nannte sie „cruciger", d. h. „Kreuzträger". Die normale Bezeichnung „Stundenglas-Delphin" ist von den sanduhr-(stundenglas-)ähnlichen Flecken auf den Flanken abgeleitet, die sich an den Seiten des Tieres zu überschneiden scheinen. Dieses auffällige Muster macht den kräftigen Delphin leicht bestimmbar.

Der überhaupt nicht scheue Stundenglas-Delphin reitet auf den Bugwellen oder im Kielwasser schnellfahrender Schiffe und schwimmt neben langsamen Fahrzeugen her. Normalerweise lebt er einzeln oder in Gruppen von bis zu sieben Tieren, doch gelegentlich trifft man in einer Gruppe bis zu 40 Tiere an. Manchmal leben die Stundenglas-Delphine mit anderen Walen oder Delphinen zusammen.

STECKBRIEF
- Männchen: 1,5 m
- Weibchen: 1,9 m
- Neugeborene: 1,1 m
- Kleine Tiefseefische und Kalmare
- Hochsee
- Kalt-gemäßigte Breiten der Südhalbkugel und Antarktis
- Unzureichend erforscht

Der Stundenglas-Delphin lebt im südlichen Polarmeer.

Delphinidae: Delphine

Commerson-Delphin

Cephalorhynchus commersonii

Als sich Louis Bougainville auf seiner Weltumsegelung 1767 Feuerland näherte, notierte der französische Bordarzt und Botaniker Philibert Commerson mit Freude die Sichtung von leuchtendschwarzweißen Delphinen, die mit hoher Geschwindigkeit das Schiff umkreisten. Aber erst 1922 wurden diese Delphine endgültig als Art anerkannt und erhielten ihren heutigen wissenschaftlichen Namen.

Einen Commerson-Delphin in den argentinischen und chilenischen Küstengewässern zu identifizieren, wo er häufig vorkommt, ist einfach. Er hat normalerweise eine charakteristisch abgerundete Rückenfinne und eine spektakuläre schwarzweiße Zeichnung, die an einen Schwertwal erinnert. Ein breites weißes Band läuft zwischen Blasloch und Rückenfinne rund um den Körper des Delphins. Jeweils an einer Seite dieses Bandes befinden sich der schwarze Kopf bzw. die schwarze Rükkenfinne und der hintere Teil des Körpers. Bei den Tieren nahe den Kerguelen im Indischen Ozean sind diese Schwarzweißmuster dunkel- und hellgrau.

STECKBRIEF
- Männchen: 1,4–1,5 m
  Weibchen: 1,4–1,5 m
  Neugeborene: 0,7 m
- Küstenfische, Krustentiere und Kalmare
- Vor allem Küstengewässer
- Kalt-gemäßigte Gewässer im Südosten Südamerikas, Falklandinseln und Kerguelen
- Ungenügend erforscht

Das Geschlecht eines Commerson-Delphins ist an der Form des schwarzen Bauchflecks zu erkennen. Beim Männchen ist er tropfenförmig, beim Weibchen hufeisenförmig.

Commerson-Delphine lieben das Wellenreiten auf hoher See und in der Brandung. Sie zeigen keine Angst vor Booten; häufig reiten sie auf der Bugwelle oder im Kielwasser, aber ihr unberechenbares Schwimmverhalten macht es schwer, ihnen auf der Spur zu bleiben. Sie sind wendige Schwimmer und können auch starke, wirbelnde Strömung leicht durchschwimmen. Normalerweise trifft man Commerson-Delphine allein oder in Gruppen von zwei bis 15 Tieren an, gelegentlich werden 100 zusammen gesichtet.

Die bei Delphinbeobachtern beliebten Commerson-Delphine mit ihrem begrenzten Verbreitungsgebiet kann man sowohl vom Ufer als auch vom Boot aus sehen.

Zwei an ihrer auffälligen Zeichnung leicht zu erkennende Commerson-Delphine

Delphinidae: Delphine

Hector-Delphin
Cephalorhynchus hectori

Der Hector-Delphin ist so etwas wie das Wahrzeichen Neuseelands. Mit einer Rumpflänge von etwa 1,4 m ist er einer der kleinsten Delphine. Seine Haut weist ein kompliziertes Muster aus den Farben Grau, Schwarz und Weiß auf. Er ist in Gruppen von zwei bis acht Tieren in den Gewässern um Neuseeland anzutreffen. Hector-Delphine tauchen häufig zum Atmen auf, wobei ihre stämmigen Körper allerdings kaum sichtbar werden. Der Hector-Delphin unterscheidet sich beträchtlich vom Großen Tümmler und anderen Delphinen. Wegen seines unscheinbaren Auftritts und seiner geringen Größe übersieht man ihn zwar leicht, aber am einfachsten ist er anhand der typischen abgerundeten Rückenfinne zu identifizieren.

Hector-Delphine bewohnen schlammige Flußmündungen und seichte Buchten; häufig schwimmen sie zwischen ufernahen Felsen umher. Selten entfernen sie sich weiter als 8 km vom Festland. Sie springen, schlagen mit der Fluke, halten Ausschau und zeigen somit das delphintypische verspielte Verhalten.

Der beste Ort zur Beobachtung von Hector-Delphinen ist das Gebiet um die Banks-Halbinsel auf der Südinsel Neuseelands. Von dort aus werden auch regelmäßige Touren angeboten. Auch von anderen Hafenstädten auf der Süd- und der Nordinsel, u. a. von dem beliebten Walbeobachtungshafen Kaikoura aus, kann man zu Beobachtungstouren aufbrechen. Selbst vom Ufer aus sind Hector-Delphine gut zu beobachten: Meist halten sie sich in der Nähe von Felsen oder an Flußmündungen auf, in die sie manchmal auch ein Stück weit hineinschwimmen.

Gelegentlich nähern sich Hector-Delphine auch Booten, vor allem wenn diese langsam fahren, allerdings reiten sie selten auf der Bugwelle. Manchmal sieht man sie eine Zeitlang neben dem Boot oder im Kielwasser umherschwimmen. Ein Teil des Lebensraums der Hector-Delphine nahe der Banks-Halbinsel steht unter Schutz.

STECKBRIEF
- Männchen: 1,2–1,4 m
- Weibchen: 1,4–1,5 m
- Neugeborene: 0,6 m +
- Fische und Kalmare
- Küstennah einschließlich Flußmündungen
- Neuseeländische Küstengewässer
- Ungewiß, kommen in Treibnetzen um

Mutter und Junges vor der Banks-Halbinsel

Delphinidae: Delphine

Südlicher Glattdelphin

Lissodelphis peronii

Die englische Bezeichnung dieses Delphins und seines nördlichen Verwandten lautet „right whale dolphin" („Glattwaldelphin". Der Glattwal ist um ein Vielfaches größer als der Glattdelphin, aber auch ihm fehlt die Rückenfinne).

Im Vergleich zum Nördlichen Glattdelphin sind die weißen Stellen auf dem Körper der südlichen Spezies größer. Bei den flachen Sprüngen des Südlichen Glattdelphins bieten der weiße Schnabel und die weiße Stirn einen seltsamen Anblick. Die daher auch mit der englischen Bezeichnung „mealy-mouthed porpoises" („Mehlmauldelphine") belegten Tiere haben weitgehend weiße Brustfinnen, deren vorderer oder hinterer Rand schwarz ist. An der oberen Vorderkante der Schwanzfluke befinden sich weiße Flecken, die Unterseite der Schwanzfluke ist vollständig weiß.

Die Südlichen Glattdelphine kommen hauptsächlich in den kühlgemäßigten Gewässern des Südpolarmeers vor, aber auch in subantarktischen Gewässern. Man trifft sie bei den Falklandinseln an und vor Neuseeland, Argentinien, Chile und Südafrika.

> **STECKBRIEF**
> - Männchen: mindestens 2,2 m
>   Weibchen: bis 2,3 m
>   Neugeborene: 0,7 m +
> - Kalmare und diverse Fische (Laternenfische)
> - Hochsee
> - Kühl-gemäßigte bis subpolare Gewässer der Südhalbkugel
> - Unzureichend erforscht

Nördlicher Glattdelphin

Lissodelphis borealis

Dieses geschmeidige Tier mit dem glatten, finnenlosen Rücken liefert ein anmutiges Schauspiel, wenn es in flachen Sprüngen die Wellen durchtanzt. Zieht eine Gruppe von bis zu 200 schnell schwimmenden Glattdelphinen an einem vorbei, sehen sie aus wie Bälle, die über das Wasser springen.

Die nördliche Art, die Mitte des 19. Jahrhunderts, fast 50 Jahre nach ihrem engen südlichen Verwandten (s. o.) entdeckt wurde, ist – abgesehen von der Spitze des Unterkiefers, der Brust und der Flukenunterseite – dunkel gefärbt. Da sie keine Rückenfinne hat, kann man sie kaum mit anderen Delphinen in ihrem Verbreitungsgebiet verwechseln.

Bevor die Walbiologen Stephen Leatherwood und William A. Walker Mitte der 70er Jahre die Nördlichen Glattdelphine erforschten, hielt man diese Delphinart für selten, da sich ihr Verbreitungsgebiet auf die tiefen, kühl-gemäßigten Gewässer im Nordpazifik beschränkt. Die Forscher sichteten die Delphine jedoch recht häufig und fanden Gruppen von bis zu 3 000 Tieren. Heute sieht man die Nördlichen Glattdelphine im Spätsommer und Herbst über dem Tiefseecanyon der kalifornischen Monterey-Bucht in Gruppen von fünf bis 200 Tieren.

> **STECKBRIEF**
> - Männchen: 2,2–2,3 m
>   Weibchen: 2–2,3 m
>   Neugeborene: 0,7 m +
> - Diverse Fische und Kalmare
> - Hochsee
> - Gemäßigte Gewässer im Nordpazifik
> - Unzureichend erforscht, verfängt sich häufig in Fischernetzen

Ein Nördlicher Glattdelphin scheint zu fliegen.

Delphinidae: Delphine

Gemeiner Delphin
Delphinus delphis

Dieser mittelgroße Delphin, eine der meistverbreiteten Arten, ist an dem Sanduhrmuster auf den Flanken leicht zu erkennen. Dieses Muster bildet unterhalb der Rückenfinne ein dunkles „V", das fast wie eine Spiegelung der Finne aussieht. Für zahlreiche Formen dieser geographisch weitverbreiteten Art wurden im Laufe der Zeit mehr als 20 verschiedene Artbezeichnungen vorgeschlagen und wieder verworfen. In jüngerer Zeit wurde zumindest eine neue Art allgemein anerkannt (s. u.). Die nachfolgende Beschreibung des Verhaltens gilt für beide Arten;

STECKBRIEF
- Männchen: 1,7–2,2 m
- Weibchen: 1,5–2 m
- Neugeborene: 0,7 m +
- Kleine Fische und Cephalopoden
- Vor allem Hochsee
- Gemäßigte und tropische Gewässer einschließlich der Binnenmeere (Schwarzes Meer)
- Unzureichend erforscht, wird aber weltweit von Fischern gefangen

spezielle anatomische Abweichungen werden im untenstehenden Eintrag abgehandelt.

Gemeine Delphine leben in den meisten Regionen in Gruppen von zehn bis 500 Tieren, im tropischen Ostpazifik auch von bis zu 2000 und mehr. Diese Herden zeigen akrobatische Kunststücke. Wenn sie auf Bugwellen reiten, geben sie oft hochfrequente Töne von sich.

Obwohl beim Fang von Thunfischen und anderen Fischen Delphine in bedeutender Anzahl getötet werden, sind die Bestandszahlen vermutlich recht hoch.

Cape-Delphin
Delphinus capensis

Schon seit mehreren Jahrzehnten ist bekannt, daß Gemeine Delphine verschiedener Populationen unterschiedlich aussehen. 1994 wurde durch die Abspaltung der Art des Cape-Delphins vom Gemeinen Delphin eine neue Delphinart geschaffen. Der Gemeine Delphin behielt den ursprünglichen wissenschaftlichen Namen, und die neue Art erhielt die neue Bezeichnung „capensis". Die anatomischen und genetischen Unterschiede zwischen den beiden Arten sind dabei zumindest in einigen Teilen der Welt gültig. Aber selbst innerhalb der beiden Arten gibt es eine gewisse Vielfalt.

Im Gegensatz zum Gemeinen Delphin ist die Zeichnung des Cape-Delphins blasser und die Kontraste zwischen dunklen und weißen (oder gelben) Körperteilen schwächer. Der Körper ist etwas

STECKBRIEF
- Männchen: 2–2,6 m
- Weibchen: 1,9–2,3 m
- Neugeborene: 0,7 m +
- Diverse kleine Fische, Cephalopoden
- Küstengewässer
- Gemäßigte und tropische Gewässer
- Unzureichend erforscht

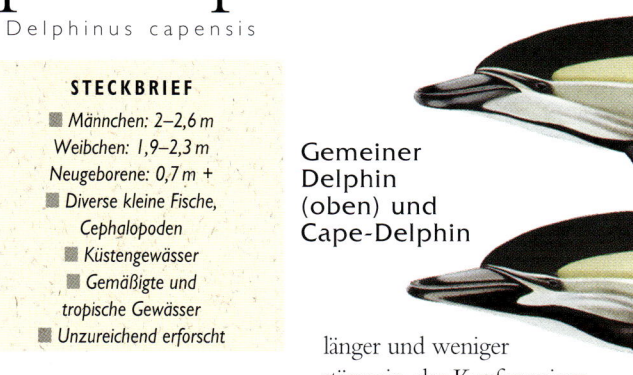

Gemeiner Delphin (oben) und Cape-Delphin

länger und weniger stämmig, der Kopf weniger abgerundet, und die dunkle Linie vom Schnabel bis zur Brustfinne ist breiter. Am auffälligsten ist aber, daß der Cape-Delphin einen längeren Schnabel hat als der Gemeine Delphin.

Über das Verhalten des Cape-Delphins auf See weiß man wenig mehr als über den Gemeinen Delphin. Da sie an den Küsten in großer Zahl vorkommen, sind Sichtungen von Gemeinen Delphinen in Wirklichkeit oft Cape-Delphinen zuzuschreiben.

Delphinidae: Delphine

Spinner-Delphin
Stenella longirostris

Der Spinner-Delphin ist auch unter den englischen Bezeichnungen „rollover", „longsnout", „long-snouted spinner dolphin" und „long-beaked dolphin" („Roller", „Langschnauze", „langschnäuziger Spinner-Delphin", „Langschnabeldelphin") bekannt. Er ist berühmt für seine fantastischen Drehsprünge: Er springt hoch aus dem Wasser und dreht sich bis zu sieben Mal um seine Längsachse. Kaum ein Delphin springt so hoch und so häufig, und außer dem Clymene-Delphin ist keine weitere Delphinart bekannt, die sich im Sprung dreht. Spinner-Delphine werden häufig vor Hawaii, Mexiko und Japan beobachtet.

Wenn man diesen Delphin nicht im Sprung zu sehen bekommt, kann man ihn anhand folgender Merkmale am besten von anderen Delphinen innerhalb seines Verbreitungsgebietes unterscheiden: ein langer, dünner Schnabel, ein dunkelgrauer, vom Auge zur Brust-

STECKBRIEF
- Männchen: 1,7–2,4 m
  Weibchen: 1,7–2,2 m
  Neugeborene: 0,7 m +
- Diverse Fische und Kalmare
- Hochsee
- Subtropische und tropische Gewässer
- Unzureichend erforscht, kommt häufig in Fischernetzen zu Tode

finne laufender Streifen und die normalerweise deutliche dreifach abgestufte Färbung, die von der dunklen Oberseite über Grau bis zum hellen Bauch reicht. Außerdem steht – zumindest in einigen Populationen – die Rückenfinne aufrecht.

Es gibt mehrere verschiedene Formen des Spinner-Delphins. Allein im tropischen Ostpazifik gibt es drei Formen, die sich jeweils leicht voneinander unterscheiden. Vermutlich gibt es in anderen Teilen des ausgedehnten Verbreitungsgebietes weitere Varianten.

Auf See nähern sich Spinner-Delphine häufig Booten und reiten auf der Bugwelle. Die Gruppen umfassen fünf bis 200 Tiere, oft finden sich auch mehr als 1000 Tiere in gemischten Schulen mit Schlankdelphinen und anderen Arten.

Der Spinner-Delphin ist hauptsächlich durch den Thunfischfang bedroht, der für den Tod Hunderttausender Delphine verantwortlich ist. Obwohl die Todesfälle zurückgegangen sind, haben sich die Bestandszahlen offenbar noch nicht wieder erholt.

Ein Spinner-Delphin dreht sich im Sprung.

Delphinidae: Delphine

Clymene-Delphin

Stenella clymene

Bis vor kurzem war der englisch auch als „short-snouted spinner dolphin" („kurzschnäuziger Spinner-Delphin") bezeichnete Clymene-Delphin, der bereits 1846 zum ersten Mal beschrieben wurde, nicht als eigenständige Art anerkannt. Sein Farbmuster ähnelt sehr dem des Spinner-Delphins (s. gegenüberliegende Seite), mit dem er lange verwechselt wurde. 1981 wurde der Clymene-Delphin als eigenständige Art anerkannt.

Die Verbreitungsgebiete des Clymene-Delphins und des Spinner-Delphins überschneiden sich im Nordatlantik, wobei der Spinner-Delphin auch weiter südlich, bis hin zum tropischen Südatlantik, anzutreffen ist. Auf See ist die Unterscheidung von Spinner-Delphin und Clymene-Delphin schwierig. Der Clymene-Delphin ist etwas stämmiger als der Spinner-Delphin.

Aus der Nähe betrachtet, hat der Clymene-Delphin einen kürzeren Schnabel, eine dunkle Linie auf der Schnabeloberseite, die manchmal einem Schnurrbart ähnelt, und eine dunklere Kappe, die sich beiderseits der Rückenfinne in die weißen Bereiche hineinzieht.

STECKBRIEF
- Männchen: 1,9–2 m
- Weibchen: 1,9–2 m
- Neugeborene: 0,7 m
- Kleine Fische und Kalmare
- Hauptsächlich Hochsee
- Subtropischer und tropischer Atlantik einschließlich des Golfes von Mexiko
- Unzureichend erforscht

Im allgemeinen springt der Clymene-Delphin nicht so hoch wie der Spinner-Delphin, und er dreht sich auch nicht so oft um die eigene Längsachse, aber er ist neben dem Spinner-Delphin der einzige Delphin, der anstatt Saltos Drehsprünge vollführt. Manchmal reitet er auf Bugwellen und nähert sich Booten. In den Nahrungsgebieten schließen sich Clymene-Delphine mit anderen kleineren Delphinen, z. B. Gemeinen Delphinen und Spinner-Delphinen, zusammen. Die Schulen des Clymene-Delphins sind viel kleiner als beim Spinner-Delphin; sie umfassen gewöhnlich weniger als 50 Tiere.

Über diesen Delphin – seine Verbreitung, sein Verhalten und die Bestandsgröße – ist bisher wenig bekannt.

Clymene-Delphin mit dunkler Linie auf der Schnabeloberseite

Delphinidae: Delphine

Schlankdelphin
Stenella attenuata

Diese gefleckten Delphine begleiten Schiffe, wobei sie auf den Bugwellen oder im Kielwasser reiten. Bei ihren langen, flachen Sprüngen kommt der ganze Körper aus dem Wasser, und ihre häufigen Luftsprünge sind hoch, aber nicht ganz so akrobatisch wie die des Spinner-Delphins.

Zwei Arten sind anerkannt, der Schlankdelphin und der Zügeldelphin (s. gegenüberliegende Seite), aber im Zuge der Erforschung der Taxonomie dieser Delphine könnten durchaus noch weitere Arten benannt werden. Allein im Ostpazifik gibt es zwei Hauptformen innerhalb der Art Schlankdelphin, eine Küstenform und eine Hochseeform. Die Küstenform ist größer und stämmiger, hat einen dickeren Schnabel und mehr Flecken.

Obwohl die Flecken das beste Bestimmungsmerkmal darstellen, ist eine Identifizierung nicht

STECKBRIEF
- Männchen: 2–2,6 m
- Weibchen: 1,9–2,4 m
- Neugeborene: 0,7 m +
- Kleine Fische und Cephalopoden
- Küstennähe bis Hochsee
- Hauptsächlich tropische, teils auch subtropische und warmgemäßigte Gewässer
- Ungenügend erforscht, verfängt sich in Ringwaden zum Thunfischfang; südlich des Äquators stärker vertreten

immer einfach. Aus größerer Entfernung und unter bestimmten Lichtverhältnissen sind die Flecken nicht immer sichtbar, und die Populationen im Golf von Mexiko und um Hawaii haben nur wenige oder gar keine Flecken. Hinzu kommt, daß sowohl Tümmler als auch beide Arten der Gattung *Sousa* gelegentlich gefleckt sind, wenn auch gewöhnlich nicht auf dem Rücken. Schlankdelphine haben nach der Geburt zunächst keine Flecken. Beim Heranwachsen bekommen sie zuerst dunkle Flecken am Bauch, später helle Rückenflecken.

Durch den Thunfischfang mit Ringwaden wurde der Bestand dieser Delphine vor allem im tropischen Ostpazifik ernstlich dezimiert. Von Flugzeugen und Booten aus werden Schulen von Schlankdelphinen geortet, dann werden Netze um sie herum ausgebracht, um Gelbflossenthunfische und Echte Bonitos zu fangen. In den 60er und 70er Jahren wurden alljährlich Hunderttausende von Delphinen getötet, erst in den 80er Jahren zeigten Artenschutzmaßnahmen erste Wirkung.

Abgesehen von der Bißwunde eines Haies haben diese Schlankdelphine keine erkennbaren Flecken.

Delphinidae: Delphine

Zügeldelphin

Stenella frontalis

Seit den frühen 80er Jahren haben schon mehrere Generationen von Zügeldelphinen die klaren und seichten Gewässer der nördlichen Bahamas besucht und sind dort gemeinsam mit Delphinbeobachtern geschwommen. So konnten die Bewegungen der Delphine zusammen mit ihren Lautäußerungen aufgezeichnet und sogenannte Ethogramme, d. h. Kataloge von Verhaltensmustern, erstellt werden.

STECKBRIEF
- Männchen: 2–2,3 m
- Weibchen: 2–2,3 m
- Neugeborene: 0,9 m +
- Diverse Fische und Cephalopoden
- Küstennähe bis Hochsee
- Tropische, subtropische und warm-gemäßigte Gewässer im Atlantik
- Ungenügend erforscht, verfängt sich in Ringwaden des Thunfischfangs

Bei diesen beiden Jungtieren (oben) müssen sich die Flecken erst noch ausbilden.

Die Forscher treffen im allgemeinen auf Einzeltiere oder kleine Schulen bis 15 Tiere. Zeitweise schließen sich auch noch mehr Tiere zusammen. Die Schulen stellen relativ lose Verbände dar, zu denen sich – wie auch bei den Tümmlern – häufig neue Tiere gesellen oder die sich oftmals in kleinere Gruppen aufteilen. Es gibt aber auch dauerhafte Beziehungen. Ebenso wie der Schlankdelphin und die meisten ihm nahe verwandten Delphinarten reitet der Zügeldelphin auf Bugwellen, springt aus dem Wasser und spielt bei jeder sich bietenden Gelegenheit.

Den Zügeldelphin findet man ausschließlich im tropischen bis warm-gemäßigten Atlantik. Dort überschneidet sich sein Verbreitungsgebiet mit dem des Schlankdelphins, wodurch auf See Verwechslungen vorkommen können. Aus der Nähe betrachtet, besteht der Hauptunterschied zwischen den beiden Arten vor allem darin, daß der Zügeldelphin im allgemeinen stämmiger, stärker gefleckt und häufig dunkler gefärbt ist (wodurch die Flecken besser zur Geltung kommen). Die Flecken treten mit der Geschlechtsreife auf. Wie beim Schlankdelphin gibt es auch hier zwei Formen: die Küstenform und die Hochseeform – mit einer bemerkenswerten Vielfalt innerhalb der einzelnen Gruppen! Ein Zügeldelphin, der – wie es für die Hochseeform typisch ist – nur wenig gefleckt ist, ähnelt mit seinem stämmigen Körper im Habitus stark einem Tümmler.

Die in der nördlichen Karibik bei Delphinbeobachtern sehr beliebten Zügeldelphine werden von einheimischen Fischern in der östlichen Karibik immer noch wegen ihres Fleisches gejagt.

Delphinidae: Delphine

Blau-Weißer Delphin

Stenella coeruleoalba

Diese schönen Tiere sehen wie handbemalt aus. Mit einem Pinselstrich aufwärts zur Rückenfinne trennt die hellgraue Flanke den dunklen Rücken vom weißen oder rosafarbenen Bauch. Das beste Bestimmungsmerkmal jedoch ist ein schmaler, dunkler Streifen über einer dunklen, ausgefransten Linie, die sich vom schwarzen Schnabel über den Augenfleck bis zur Unterseite der hinteren Flanke zieht. Dazu kommen ein bis zwei dunkle Bänder vom Auge zur Brustfinne.

Aus naher bis mittlerer Entfernung sind Blau-Weiße Delphine auf See leicht zu identifizieren. Wegen ihres akrobatischen, häufig mit Luftsprüngen verbundenen Verhaltens kann sicher sein, den charakteristischen Seitenstreifen zu Gesicht zu bekommen. Wie andere Delphine der Gattung *Stenella* beherrschen sie das Tänzeln auf dem Schwanz sowie Saltos, außerdem springen sie bis zu 7 m hoch – das Dreifache ihrer Körperlänge. Im Atlantik reiten sie auf der Bugwelle von Schiffen, aus dem Pazifischen und Indischen Ozean gibt es weniger Berichte über solches Verhalten. Blau-Weiße Delphine sind scheinbar wachsamer als andere Delphinarten. Blitzschnell ergreifen sie die Flucht und schwimmen davon. Dies hat ihnen im Pazifik den Namen „streakers" („Flitzer") eingebracht. Eine Herde umfaßt 100 bis 500, manchmal bis zu 3000 Tiere. In einigen Gebieten, z. B. im Mittelmeer, liegt die Gruppengröße unter 100.

Blau-Weiße Delphine begleiten Schwärme von Gelbflossenthunfischen. Dies kostet sie häufig das Leben, wenn auch in geringerer Zahl als bei anderen Delphinarten. Eine ernstere Bedrohung ist die japanische Treibjagdfischerei, bei der Tausende Blau-Weiße Delphine sterben. Außerdem werden sie bei Sri Lanka getötet und verfangen sich gelegentlich auch im Mittelmeer in Fischernetzen.

STECKBRIEF
- Männchen: 1,9–2,6 m
- Weibchen: 1,9– 2,1 m
- Neugeborene: 1,1 m
- Diverse Fische, Cephalopoden und gelegentlich Krustentiere
- Hochsee
- Warm-gemäßigte, subtropische und tropische Gewässer
- Unzureichend erforscht, wird versehentlich in Fischernetzen gefangen und in Japan auch gejagt

Bei diesen Blau-Weißen Delphinen ist der dunkle Streifen gut erkennbar.

Delphinidae: Delphine

Rundkopfdelphin

Grampus griseus

STECKBRIEF
- Männchen: 2,6–3,8 m
- Weibchen: 2,6–3,7 m
- Neugeborene: 1,4 m
- Kalmare und andere Cephalopoden, Fische und Krustentiere
- Hochsee
- Tropische, subtropische und gemäßigte Gewässer
- Unzureichend erforscht

Der Rundkopfdelphin ist stämmig und hat einen stumpfen Kopf. Er ist der größte Vertreter der Ordnung der Wale, der die Bezeichnung „Delphin" trägt.

Er ist leicht zu identifizieren. Mit seinem von Narben bedeckten und geisterhaft anmutenden Körper sieht er keiner anderen Art ähnlich, auch wenn aus einer gewissen Entfernung die große, rückwärts gebogene Rückenfinne mit der eines Schwertwals oder Großen Tümmlers verwechselt werden kann.

Der auch als Grauer Delphin oder Grauer Schwertwal (eine wörtliche Übersetzung seines wissenschaftlichen Namens) bezeichnete Rundkopfdelphin hat einen grauen Rücken, graue Flanken und einen weißen Bauch. Vom Kopf bis kurz vor der Rückenfinne ist die Färbung hellgrau, manchmal auch weiß. Die Gliedmaßen (Rückenfinne, Brustfinnen und Fluke) sind meist dunkler als der Rest des Körpers.

Der Rumpf des stumpfköpfigen Rundkopfdelphins ist größer als der des Großen Tümmlers.

Mit zunehmendem Alter des Tieres wird die Färbung heller, und alte Tiere können fast weiß sein. Jüngere Tiere weisen, wenn überhaupt, nur wenige Narben auf, wogegen ausgewachsene Tiere eine Vielfalt von Kratzern, Flecken und Malen tragen.

Woher hat der Rundkopfdelphin nun seine vielen Narben? An der Spitze des Unterkiefers trägt er zwischen vier und 14 Zähnen, der Oberkiefer ist im allgemeinen zahnlos. Zum Teil entstehen die Narben durch die Zähne von Artgenossen – aus Spielen oder Kämpfen. Es wird allerdings vermutet, daß einige der Narben von Kalmarbissen herrühren. Die wenigen Magenuntersuchungen haben gezeigt, daß der Rundkopfdelphin Kalmare als Nahrung bevorzugt.

Rundkopfdelphine treten in Gruppen von drei bis 50, manchmal von bis zu 4000 Tieren auf. Verglichen mit anderen Walen sind sie nur unzureichend erforscht, und ihr momentaner Status ist unklar. Um Sri Lanka werden viele Rundkopfdelphine versehentlich in Stellnetzen getötet.

Delphinidae: Delphine

Irawadi-Delphin

Orcaella brevirostris

Dieser stumpfnasige, kleine Delphin mit der stummelartigen, kaum vorhandenen Rückenfinne ist recht unauffällig. Auf Fahrten durch die Küstengewässer Südostasiens, Indonesiens und Nordaustraliens ist er leicht zu übersehen.

Der Irawadi-Delphin zeigt viele Merkmale, nach denen er zur Familie der ozeanischen Delphine gehört. Aufgrund seiner Ähnlichkeit mit den Weißwalen ordnen ihn einige Forscher jedoch der Familie der Belugas und Narwale zu. In freier Wildbahn kann man ihn mit dem Indischen Schweinswal verwechseln, der jedoch wesentlich kleiner ist und keine Rückenfinne besitzt. Aus einiger Entfernung ist es sogar möglich, daß man ihn mit einem Dugong verwechselt.

Irawadi-Delphine leben in kleinen Gruppen mit normalerweise weniger als sechs, manchmal aber auch bis zu 15 Mitgliedern. Manchmal vollführen sie flache Sprünge, schlagen mit der Fluke, springen und halten Ausschau. Es wurden auch schon Tiere beobachtet, die Wasser spuckten. Generell halten sich Irawadi-Delphine eher selten über Wasser auf, und es gibt keine Berichte über bugwellenreitende Exemplare.

Der bevorzugte Lebensraum des Irawadi-Delphins sind tropische Flüsse, Flußmündungen und Binnenküsten, wodurch er häufig in Konflikte mit dem Menschen und mit der Industrie gerät. In Australien kommt er in Treibnetzen für den Haifischfang um, in anderen Teilen seines Verbreitungsgebietes auch in Fischreusen und anderen Netzen. Eine weitaus ernstere Bedrohung geht allerdings von der Zerstörung und der Verschmutzung seines Lebensraumes aufgrund der Verbauung von Flußufern und der Errichtung von Staudämmen aus.

STECKBRIEF
- Männchen: 2,2–2,7 m
  Weibchen: 2,2–2,3 m
  Neugeborene: 0,7 m
- Fische, Cephalopoden und Krustentiere
- Küsten und Flüsse
- Subtropische und tropische Gewässer im Indischen Ozean und im Westpazifik
- Unzureichend erforscht

Mit seinem stumpfen Kopf, dem angedeuteten Schnabel, dem flexiblen Hals und dem geraden Maul ähnelt der Irawadi-Delphin dem Beluga.

Delphinidae: Delphine

Breitschnabeldelphin

Peponocephala electra

Anfangs hielt man den Breitschnabeldelphin für ein Mitglied der Gattung *Lagenorhynchus,* ähnlich dem Weißstreifendelphin. 1965 kam eine Herde von 500 Tieren in die japanische Surugabucht; die Hälfte von ihnen wurde gefangen und getötet. Wissenschaftler untersuchten sie und entschieden, daß die Art einer eigenen Gattung angehörte.

Auf See ist der Breitschnabeldelphin vom Zwerggrindwal (s. u.) schwer zu unterscheiden. Der Breitschnabeldelphin hat jedoch einen schlanken, torpedoförmigen Körper und kürzere, schmalere Brustfinnen mit spitzen Enden. Am unterschiedlichsten sind aber die Köpfe: Der des Breitschnabeldelphins ist schmal und spitz, der des Zwerggrindwals rundlich.

Breitschnabeldelphine leben in kompakten großen Herden von 100 bis 500, gelegentlich auch von 1 500 bis 2 000 Tieren. Bugwellenreiten und Ausschauhalten kommen zwar vor, doch gewöhnlich weichen die Delphine Booten aus. Der Breitschnabeldelphin gilt als angriffslustig; zwei Gruppen, die für Meerwasseraquarien auf den Philippinen und Hawaii gefangen worden waren, griffen ihre Betreuer an. Am ehesten findet man Breitschnabeldelphine vor der Philippineninsel Cebu, vor der australischen Ostküste, vor Hawaii und in der östlichen Karibik.

STECKBRIEF
- Männchen: 2,2–2,7 m
  Weibchen: 2,3–2,7 m
  Neugeborene: 0,6 m +
- Diverse kleine Fische und Kalmare
- Hochsee
- Tropische und subtropische Gewässer
- Kaum erforscht, wird versehentlich durch Stellnetzfischerei und andere Fischfangmethoden getötet

Zwerggrindwal

Feresa attenuata

Der Zwerggrindwal ist wie der Breitschnabeldelphin, der fast im gleichen Verbreitungsgebiet und in den gleichen Lebensräumen vorkommt, kaum erforscht. Die beiden Arten sehen sich sogar sehr ähnlich. Berichten nach treiben Zwerggrindwale im Südatlantik und im tropischen Pazifik Delphine zusammen und greifen sie an. Wie Breitschnabeldelphine auch wurden sie schon mehrmals für Meerwasseraquarien gefangen und zeigten dabei aggressives Verhalten.

Im Vergleich zum Breitschnabeldelphin hat der Zwerggrindwal einen runderen Kopf und rundere Brustfinnen sowie eine dunklere Kappe. Vergleiche von Schädeln gestrandeter Exemplare haben gezeigt, daß er auch weniger Zähne besitzt.

Im allgemeinen bilden Zwerggrindwale kleinere Gruppen – gewöhnlich weniger als 50 Tiere. Man trifft sie regelmäßig vor Dominica, St. Vincent und Hawaii an, stellenweise auch vor Südjapan. Gelegentlich reiten sie auf Bugwellen oder heben den Vorderkörper aus dem Wasser, Sprünge sind jedoch eher ungewöhnlich.

STECKBRIEF
- Männchen: 2–2,9 m
  Weibchen: 2,2–2,4 m
  Neugeborene: 0,5 m +
- Diverse kleine Fische und Kalmare
- Hauptsächlich Hochsee
- Tropische und subtropische Gewässer
- Unzureichend erforscht

Zwerggrindwal vor der Atlantikküste Floridas

Delphinidae: Delphine

Kleiner Schwertwal

Pseudorca crassidens

Der auch Pseudorca – Falscher Killerwal – genannte Kleine Schwertwal bewohnt warme Gewässer der Weltmeere. Wie der Schwertwal und der Grindwal hat er ein komplexes Sozialleben. Der Kleine Schwertwal ist kleiner als Schwertwal und Grindwal, aber wesentlich größer als alle anderen Delphine.

Der Kleine Schwertwal hat einen langen, schmalen Kopf und einen schlanken Körper. Die Rückenfinne ähnelt derjenigen junger Schwertwale; sie ragt nach oben und ist nach hinten gebogen – anders als beim Grindwal ist sie an der Basis nicht verbreitert. Im Vergleich zum Zwerggrindwal und zum Breitschnabeldelphin, mit dem er am häufigsten verwechselt wird, ist der Kleine Schwertwal länger und größer. Der Kopf ist vollkommen schwarz; anders als bei ähnlichen Arten sind die Lippen nicht weiß. Die Brustfinnen sind ein eindeutiges Erkennungszeichen, sofern man das Glück hat, sie zu sehen, wenn das Tier vorbeischwimmt oder auf einer Bugwelle reitet: Ihre Vorderkanten haben in der Mitte einen kleinen Buckel.

STECKBRIEF
- Männchen: 3,7–5,9 m
  Weibchen: 3,5–5 m
  Neugeborene: 1,7 m
- Diverse Fische, Cephalopoden, selten Delphine
- Hauptsächlich Hochsee
- Tropische, subtropische und gelegentlich gemäßigte Gewässer
- Unzureichend erforscht

Kleine Schwertwale sind schnelle und akrobatische Schwimmer – sie verhalten sich eher wie verspielte und neugierige Delphine und nicht wie Grind- oder Schwertwale. Sie springen häufig, wobei sie manchmal mit lautem Klatschen auf der Seite oder auf dem Rücken landen. Eine Herde umfaßt zehn bis 50 Tiere, aber manchmal werden auch Verbände von mehreren Herden mit insgesamt Hunderten von Tieren gesichtet. Tiere beiderlei Geschlechts und aller Altersstufen leben zusammen. Kleine Schwertwale sind häufig an Massenstrandungen beteiligt. Die größte nachgewiesene Strandung betraf über 800 Tiere.

Kleine Schwertwale werden vor China, vor Japan und in der Karibik gejagt und kommen gelegentlich in Fischernetzen um, unter anderem in Ringwaden zum Thunfischfang und in Hochsee-Treibnetzen. Angeblich stehlen sie Fische von Angeln und aus Netzen. Es gibt auch Berichte über Angriffe auf Delphine, die sich aus Thunfischnetzen befreit hatten.

Ein Kleiner Schwertwal beim Sprung aus dem Wasser

Delphinidae: Delphine

Schwertwal

Orcinus orca

Der Schwertwal, der größte aller Delphine, kommt in allen Meeren vom Äquator bis zu den polaren Eisregionen vor. Er ist eines der am weitesten verbreiteten Tiere der Erde. Bis in die jüngste Vergangenheit hatte er den Ruf eines extrem aggressiven Räubers. Sein zweiter Name, „Killerwal", stammt von den Walfängern des 19. Jahrhunderts, die sahen, wie Schwertwale andere Wale und Delphine fraßen. Der Speiseplan dieses Meeresraubtieres umfaßt mehrere Hundert bekannte Arten, seine Ernährung ist also vielfältiger als die jedes anderen Wales oder Delphins. Es ist kein Fall bekannt, in dem ein freilebender Schwertwal einen Menschen getötet hätte.

Anhand des weißen Augenflecks, des grauen Sattelflecks und des schwarzen Rückens ist der Schwertwal auf See leicht zu identifizieren. Die Unterseite ist vollständig weiß, die Brustfinnen sind ganz schwarz. Die unter den Walen einzigartige Rückenfinne des Männchens ist schon aus großer Entfernung zu erkennen. Bei ausgewachsenen Bullen kann sie eine Höhe von 1,9 m erreichen; auch das Weibchen hat eine stark ausgeprägte Rückenfinne, wenngleich sie nur halb so hoch ist wie beim Männchen. Die Brustfinnen sind breit, abgerundet und bei ausgewachsenen Bullen länger als 1,9 m.

Schwertwale verbringen ihr ganzes Leben in dauerhaften sozialen Gruppen. Familiengruppen, die an einem Ort bleiben, umfassen sieben bis 50 Tiere und ernähren sich von Fisch; umherziehende Gruppen von einem bis sieben Tieren fressen Meeressäuger.

Mit Sicherheit trifft man Schwertwale auf Beobachtungstouren bei Vancouver Island, vor der Antarktis, Norwegen und Island an, gelegentlich auch in anderen Gebieten. Die dicht beisammen schwimmenden Gruppen der Schwertwale zeigen vielfältige Aktivitäten: Sie blasen geräuschvoll, halten Ausssschau, springen und schlagen mit den Fluken. Seit einigen Jahrzehnten werden Schwertwale gejagt, einige von ihnen werden lebend gefangen und weltweit an Aquarien verkauft.

STECKBRIEF
- Männchen: 5,1–9 m
  Weibchen: 4,6–7,7 m
  Neugeborene: 1,9 m +
- Verschiedenste Fische, Kalmare, Meeressäuger, Wale eingeschlossen; auch Möwen, Pinguine und Schildkröten
- Küstengewässer und Hochsee
- Äquator bis Polareis
- Unzureichend erforscht, wird gegenwärtig vor Japan und Island sowie in der Antarktis und anderen Gebieten gejagt und gefangen

Eine Schwertwalmutter (rechts) mit ihrem Jungtier und einem ausgewachsenen Männchen

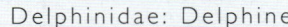

Delphinidae: Delphine

Indischer Grindwal
Globicephala macrorhynchus

Indische Grindwale sind in offenen, warm-gemäßigten bis tropischen Meeren heimisch, sie tauchen tief und ernähren sich hauptsächlich von Kalmaren. Ihr Sozialleben ist derart ausgeprägt, daß man sie fast nie einzeln sieht.

Die Bestimmung von Indischen Grindwalen ist recht einfach. Sie schwimmen häufig mit Delphinen, z. B. Großen Tümmlern, zusammen, sind aber wesentlich größer und dunkler – ihr Körper ist schwarz, der der meisten Delphine grau. Die Rückenfinne des Indischen Grindwals ist an der Basis breit und sitzt weit vorne am Rücken. Der Kopf ist rund und wulstig. Das einzige Tier, mit dem dieser Wal leicht verwechselt werden kann, ist sein nächster Verwandter, der Gewöhnliche Grindwal (s. gegenüberliegende Seite).

In den warmen Gewässern um Teneriffa (Kanarische Inseln) werden Indische Grindwale im Rahmen einer langfristigen Verhaltensstudie erforscht, wobei bereits 445 Individuen fotoidentifiziert wurden. Die Wissenschaftler haben dort herausgefunden, daß diese Wale Meerestiefen von ca. 1 000 m bevorzugen. Die normale Gruppengröße beträgt zehn bis 30 Tiere, aber es gibt auch Herden mit bis zu 60 Tieren. Ebenso wie Schwertwale sind Indische Grindwale langlebig; man weiß von Weibchen, die 65 Jahre alt wurden.

Indische Grindwale springen selten aus dem Wasser, aber manchmal halten sie Ausschau. Beobachten kann man sie vor den Bahamas, in der östlichen Karibik, vor den Azoren, vor der Kochi-Präfektur in Japan, in der philippinischen Tañon-Straße und um Hawaii.

Der Indische Grindwal wird zwar nicht so stark bejagt wie der Gewöhnliche Grindwal, doch werden jedes Jahr vor Japan und in der östlichen Karibik mehrere Hundert Tiere von einheimischen Fischern getötet. In japanischen Gewässern gibt es zwei Formen dieser Art.

Beide Grindwalarten weisen einige Varianten und getrennte Populationen auf.

STECKBRIEF
- Männchen: 6–6,7 m
- Weibchen: 5,1–5,5 m
- Neugeborene: 1,4 m +
- Kalmare
- Hochsee
- Warm-gemäßigte und tropische Gewässer
- Unzureichend erforscht; wird bejagt, aber nicht in großem Umfang

Indische Grindwale mit einem einjährigen Kalb vor den Azoren

Delphinidae: Delphine

Gewöhnlicher Grindwal

Globicephala melas

Beide Grindwalarten werden manchmal als „potheads" („Kesselköpfe") bezeichnet, ein Name, der wie viele Walnamen von den Walfängern stammt, die den Walen als erste begegneten. Er gründet sich auf die Ähnlichkeit des Grindwalkopfes mit einem Eisenkessel oder einem Topf. Der Gewöhnliche Grindwal wird im Nordatlantik noch immer beharrlich gejagt (siehe S. 46).

Der Gewöhnliche Grindwal lebt wie der Indische Grindwal in Familienverbänden; die Gruppenstärke beträgt zehn bis 50, manchmal auch 100 oder mehr Tiere. Es gibt Berichte über Herdenverbände mit Tausenden von Tieren. Wenn man eine Gruppe schwarzer, mittelgroßer Wale mit rundlichen Köpfen und sehr breiten, dicken, rückwärts gebogenen Rückenfinnen sichtet, kann es sich nur um Grindwale handeln. Junge Gewöhnliche Grindwale springen manchmal, doch bei ausgewachsenen Tieren beobachtet man dies selten.

In einigen gemäßigten Gewässern überschneiden sich die Verbreitungsgebiete des Indischen und des Gewöhnlichen Grindwals, was die Unterscheidung der beiden Arten erschwert. Anhand ihres Aussehens sind sie kaum zu unterscheiden, auch wenn der Gewöhnliche Grindwal längere Brustfinnen und einige Zähne mehr hat – auf See ist es schwierig, die Brustfinnen zu erkennen, geschweige denn die Zähne. Manchmal ist eine sichere Bestimmung unmöglich. In den meisten Gebieten genügt zur Bestimmung der Arten jedoch ihre unterschiedliche Verbreitung.

STECKBRIEF
- Männchen: 4–7,6 m
- Weibchen: 3–5,6 m
- Neugeborene: 1,9 m
- Kalmare
- Hochsee
- Kalt-gemäßigte bis subpolare Gewässer im Nordatlantik und im Südpolarmeer
- Unzureichend erforscht; im Nordpazifik ausgestorben, wird im Nordatlantik immer noch gejagt

Lange Brustfinne

Kurze Brustfinne

Der Gewöhnliche Grindwal bewohnt die kalt-gemäßigten bis subpolaren Gewässer der Nord- und Südhalbkugel, mit Ausnahme des Nordpazifiks. Die Art war zumindest bis zum 10. Jahrhundert im Nordpazifik vor Japan heimisch, ist aber seither völlig verschwunden.

Gewöhnliche Grindwale stranden oft und werden möglicherweise häufiger Opfer von Massenstrandungen als alle anderen Wale. Regelmäßig stranden Grindwale bei Cape Cod, in Südaustralien, Neuseeland und im südlichen Südamerika. Wenn ein Grindwal strandet, bleiben die anderen aufgrund ihrer sozialen Bindungen bei ihm.

Monodontidae: Gründelwale

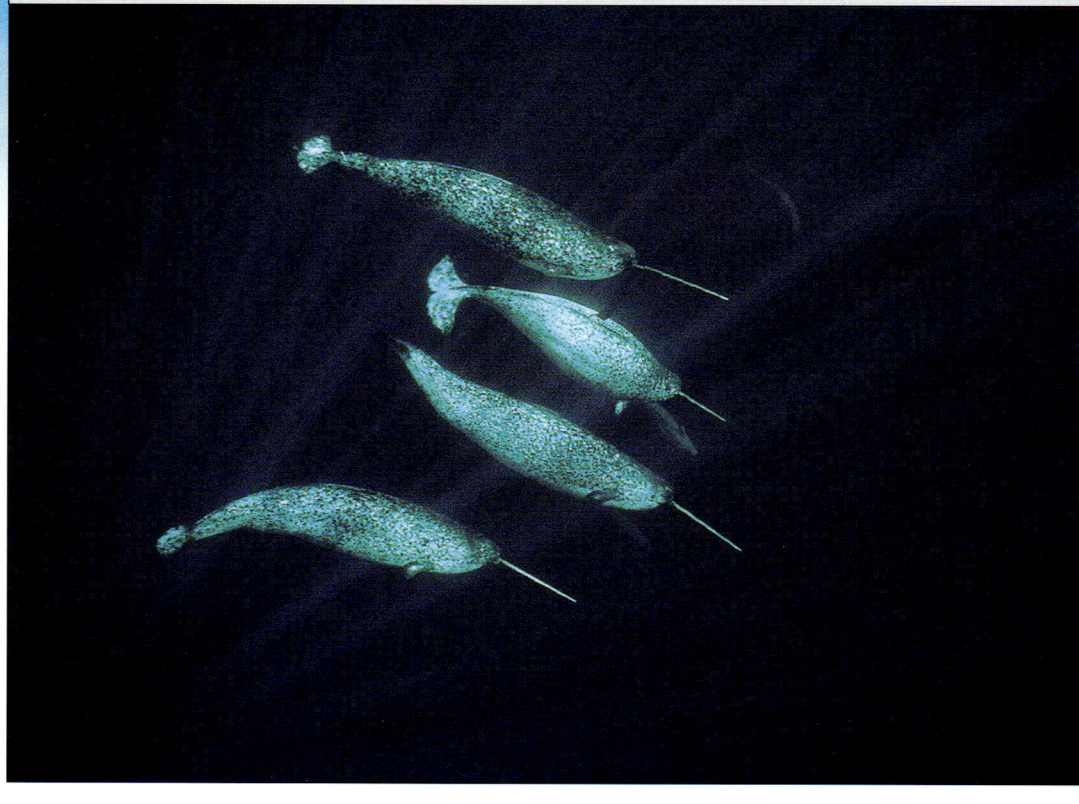

Narwal
Monodon monoceros

STECKBRIEF
- Männchen: ohne Horn 4–6,2 m
  Weibchen: 3,4–5 m
  Neugeborene: 1,5 m +
- Viele verschiedene Fische, darunter Hering, Dorsch, Heilbutt und Lachs; Cephalopoden und Krustentiere
- Hauptsächlich Hochsee
- Nordpolarmeer sowie angrenzende Buchten und Meerengen (außer zwischen Westkanada und Ostsibirien)
- Unzureichend erforscht, wird vereinzelt von Ureinwohnern gejagt

Möglicherweise ist das Horn des Narwals der Ursprung des Mythos vom Einhorn. Tatsächlich ist dieses Horn aber ein Zahn. Narwale haben zwei Zähne, die beide im Oberkiefer sitzen. Beim Weibchen brechen sie selten durch. Beim Männchen bricht der linke Zahn durch, tritt durch den oberen Schnabel aus und schraubt sich bis zu 3 m weit nach vorne. Das Horn dient in erster Linie dem Imponierverhalten und wird beim Wettbewerb um die Weibchen eingesetzt. Das Horn ist größtenteils hohl, und etwa jedes dritte Horn ist abgebrochen.

Der Narwal bildet zusammen mit dem Beluga die Familie der Gründelwale (Monodontidae), die von einigen den Walen und von anderen den Delphinen zugeordnet werden. Sie weisen ähnliche Merkmale auf wie größere Delphine, bilden jedoch eine separate Familie innerhalb der Zahnwale. Ein Narwal mit Horn ist unverwechselbar. Nur die Weibchen und Kälber, die normalerweise in von den Männchen getrennten Gruppen leben, können mit Belugas verwechselt werden. Narwal und Beluga haben eine ähnliche Kopfform mit einer wulstigen Stirn und einem angedeuteten Schnabel. Mit zunehmendem Alter werden manche Narwale heller, aber die meisten sind deutlich dunkler und fleckiger als der Beluga mit seiner einheitlich hellen Färbung. Statt einer Rückenfinne haben Narwale nur einen leichten Buckel, wogegen Belugas einen Rückenkamm in Form einer Reihe dunkler Erhebungen besitzen. Die Fluke des Narwals ist charakteristisch: Die Hinterkante ist konvex gebogen, so daß es aussieht, als sei die Fluke verkehrt herum angewachsen.

Jahrhundertelang wurden Narwale von Europäern und Eskimos gejagt, und auch heute noch wird in Nordkanada und in Grönland Jagd auf sie gemacht.

Linker Zahn eines Männchens

Die fleckige Haut des Narwals unterscheidet ihn vom Beluga.

Monodontidae: Gründelwale

Beluga

Delphinapterus leucas

Der bisweilen auch als Weißwal bezeichnete Beluga benutzt von allen Walen seine Stimme am ausgiebigsten. Häufig kann man über Wasser oder durch den Bootsrumpf hindurch deutlich die Geräusche hören.

Mit ihrem vollständig weißen, manchmal gelblichen Körper besitzen Belugas ein charakteristisches Äußeres. Die Kälber sind bei der Geburt dunkel- bis braungrau und werden mit der Zeit weißlich; reinweiß werden sie im Alter von fünf bis zwölf Jahren.

Als Bewohner der Arktis ist der Beluga widerstandsfähig und mit einer dicken Blubberschicht ausgestattet. Seine Haut ist faltig und sein Körper beweglicher als der der meisten Wale. Der Kopf mit der abgerundeten Stirn ist im Verhältnis zum Körper klein. Bei Lautäußerungen ändert sich die Form der Stirn, und die Lippen runden sich bisweilen. Belugas haben einen deutlich ausgeprägten Hals und können den Kopf so weit drehen, daß sie hinter sich blicken können.

Auf offener See sind Belugas mitunter schwer zu entdecken. Aufgrund ihres finnenlosen Rückens mit dem niedrigen Kamm haben sie ein flaches Profil. Sie springen selten. In Flüssen, z. B. im Churchill (Manitoba), im Sankt-Lorenz-Strom oder im Saguenay kann man sie weitaus leichter entdecken. Belugas leben in Gruppen von fünf bis 20 Tieren, wobei sich im Sommer manchmal mehr als 1 000 zur Nahrungssuche vor Flußmündungen und in Flüssen sammeln.

Man weiß, daß sie in Rußland, Kanada und Nordeuropa Hunderte von Kilometern flußaufwärts schwimmen. Sie haben keine Angst vor seichtem Wasser, und wenn sie stranden, warten sie häufig die nächste Flut ab, um sich wieder in tieferes Wasser tragen zu lassen.

Jahrhundertelang wurden Belugas von Russen, Europäern und Ureinwohnern gejagt. Gefährlicher sind für den Beluga jedoch die Auswirkungen von Öl- und Erdgasbohrungen sowie Umweltgifte.

STECKBRIEF
- Männchen: 3,7–5,5 m
- Weibchen: 3–4,1 m
- Neugeborene: 1,5 m +
- Viele verschiedene Fische, diverse Krustentiere und andere bodenlebende Wirbellose
- Küstennähe, im Sommer Flußmündungen und Flüsse, manchmal Hochsee
- Arktische und subarktische Gewässer (einschließlich St.-Lorenz-Strom)
- Unzureichend erforscht, Bestand durch Jagd dezimiert

Ein Beluga hat einen von einer Transchicht umhüllten Körper.

Phocoenidae: Schweinswale

Dall-Hafenschweinswal

Phocoenoides dalli

Der hyperaktive Dall-Hafenschweinswal verhält sich eher wie ein lebhafter Delphin denn wie ein scheuer Schweinswal. Der im kalt-gemäßigten Nordpazifik beheimatete Dall-Hafenschweinswal sprintet um Walbeobachtungsboote herum und reitet manchmal sogar auf deren Bugwelle. Wenn er mit Geschwindigkeiten von bis zu 56 km/h knapp unter der Oberfläche dahinschießt, erzeugt er eine charakteristische Fontäne, die die Form eines Hahnenschwanzes hat. Dall-Hafenschweinswale springen nicht aus dem Wasser.

STECKBRIEF
- Männchen: 1,9–2,4 m
Weibchen: 1,9–2,2 m
Neugeborene: 0,7 m
- Seehecht, Hering, Makrele, Kapelan und andere kleine Fische; Kalmare
- Küstennähe und Hochsee
- Warm-gemäßigte bis subarktische Gewässer im Nordpazifik
- Unzureichend erforscht; viele Tiere werden im Westpazifik erlegt oder kommen in Fischernetzen um

Die meisten Dall-Hafenschweinswale sind schwarz mit weißen Flächen am Bauch und den unteren Flanken und einem weißen Saum am Schwanz und der Rückenfinne. Die Art tritt in verschiedenen Formen auf. Der Dall-Hafenschweinswal ist zwei- bis dreimal so schwer wie andere Schweinswalarten. Als erstes wurde er von dem amerikanischen Zoologen William H. Dall als großes „schweinswalartiges" Tier registriert. Dall machte seine Beobachtungen in den 70er Jahren des 19. Jahrhunderts vor der Küste Alaskas.

Schweinswal

Phocoena phocoena

Der Schweinswal ist das am häufigsten gesichtete und am besten erforschte Mitglied seiner Familie. Hat man ihn einmal entdeckt, kann man ihn an der kurzen Rückenfinne und der fehlenden Schnauze erkennen. Der obere Teil des Körpers einschließlich der kleinen Brustfinnen und der Fluke ist grau bis schwarz. Das Weiß an Bauch und Flanken geht weiter oben in Grau über. Die Blasfontäne des Schweinswals ist selten zu sehen, doch dafür kann man das Blasen hören.

Der vor allem in den kühlen Küstengewässern der Nordhalbkugel heimische Schweinswal lebt in Gruppen von zwei bis fünf Tieren. Zirka achtmal pro

STECKBRIEF
- Männchen: 1,9 m
Weibchen: 1,9 m
Neugeborene: 0,7 m
- Diverse Küsten- und Hochseefische, Hering, Makrele und Sardellen
- Küstennähe bis Hochsee
- Gemäßigte bis subarktische Gewässer im Nordatlantik und Nordpazifik
- Bestandszahlen nach wie vor hoch

Minute taucht er mit einer langsam rollenden Vorwärtsbewegung auf. Auf Nahrungssuche taucht er nicht selten viermal im Abstand von zehn bis 20 Sekunden auf und taucht dann für zwei bis sechs Minuten wieder ab.

Der Schweinswal ist der kurzlebigste Wal, selten wird er älter als zwölf Jahre. Doch sogar in diesem kurzen Leben ist er durch den Menschen bedroht. Er verfängt sich in Fischernetzen, wird in einigen Gebieten immer noch gejagt und hat in der Nähe von Großstädten und Fahrrinnen einen Teil seines Lebensraums eingebüßt.

Schweinswale leben in eher kleinen Gruppen.

Phocoenidae: Schweinswale

Indischer Schweinswal
Neophocoena phocaenoides

Dieser hellgefärbte asiatische Schweinswal zeichnet sich durch das Fehlen einer Rückenfinne aus. Statt dessen besitzt er einen niedrigen Rückenkamm, der mit kleinen, warzenartigen Knötchen bedeckt ist. Er gehört zu den kleinsten Walen.

Der Indische Schweinswal lebt häufig in Gruppen von bis zu zehn Tieren; man trifft ihn bei der Nahrungssuche in Flüssen, Flußmündungen und Mangrovensümpfen an, wo sich Süßwasser und Salzwasser mischen. Er schwimmt zwar auch flußaufwärts und hinaus aufs offene Meer, meistens findet man ihn aber nicht weiter als 5 km von der Küste entfernt. Wie seine Verwandten, der Dall-Hafenschweinswal und der Schweinswal, ist der Indische Schweinswal ein lebhaftes Tier. Gewöhnlich sieht man nicht mehr als ein oder zwei Exemplare auf einmal; in Nahrungsgebieten kommen aber angeblich auch Gruppen von bis zu 50 Tieren vor. Etwa die Hälfte aller Exemplare hat hellrosafarbene Augen. Die in der Nähe der großen asiatischen Ballungsgebiete lebenden Indischen Schweinswale haben die Zerstörung eines beträchtlichen Teils ihres Lebensraumes hinnehmen müssen. Es ist zu erwarten, daß diese Art auch in zukünftigen Jahrzehnten unter dem dramatischen Bevölkerungswachstum in Asien leiden wird.

STECKBRIEF
- Männchen: 1,5–1,9 m
- Weibchen: 1,4–1,7 m
- Neugeborene: 0,6 m
- Kleinfische, Garnelen, Kalmare, Sepia
- Küstengew., Flußmündungen, Flüsse
- Tropische und warm-gemäßigte Gewässer (Japan bis Persischer Golf)
- Unzureichend erforscht, einige Populationen durch Zerstörung des Lebensraums dezimiert

Hafenschweinswal
Phocoena sinus

Hafenschweinswale findet man ausschließlich in seichten Lagunen nahe der Coloradomündung im Norden des Golfs von Kalifornien (Mexiko). Dort nennt man die Tiere auch „Vaquita" oder „Cochito". Die Erforschung dieser Tiere ist oft mit langen Suchfahrten verbunden, auf denen nur selten ein Exemplar gesichtet wird.

Der unauffällige Hafenschweinswal ist eine der kleinsten Walarten und wird nur 1,5 m lang. Seine charakteristische dreieckige Rückenfinne ist im Verhältnis zum restlichen Körper recht groß und ähnelt auf den ersten Blick derjenigen eines Haies. Am häufigsten werden tote Tiere gefunden, die versehentlich in Stellnetzen gefangen wurden. Im Juni 1993 schuf der mexikanische Staat ein Biosphärenreservat im oberen Golf von Kalifornien, um den Hafenschweinswal und seinen Lebensraum zu schützen.

Es bleibt abzuwarten, ob noch genügend Tiere übrig sind, um die Art zu retten.

STECKBRIEF
- Männchen: 1,4 m
- Weibchen: 1,5 m
- Neugeborene: 0,7 m
- Grunzfische, Umberfische und andere Fische; Kalmare
- Küstennähe
- Warm-gemäßigte Gewässer im nördlichen Golf von Kalifornien
- Gefährdet; Bestand möglicherweise zu stark dezimiert, um sich zu erholen

Aus einem Netz befreiter Hafenschweinswal

Der größte Schatz des Meeres sind nicht seine Rohstoffe, es ist der endlose Quell der Inspiration und des Glücks, den wir daraus gewinnen.

JACQUES COUSTEAU (1910–97), französischer Taucher und Fotograf

Kapitel 8

Die Beobachtung von Walen und Delphinen

Die Beobachtung von Walen und Delphinen

Zur Benutzung des Walbeobachtungsführers

Gelegenheiten, Wale zu beobachten und kennenzulernen, bestehen in vielen Gebieten der Erde, von der Arktis bis zur Antarktis.

Auf den folgenden Seiten finden Sie eine Zusammenstellung von 30 Gebieten in 7 Regionen, in denen Sie mit Sicherheit Wale, Delphine und Tümmler antreffen und spannende Beobachtungen machen können. Neben Informationen zu den Arten, die Sie am wahrscheinlichsten zu sehen bekommen, sowie zu ihrem Verhalten finden Sie Tips zur Beobachtung dieser imposanten Tiere. Dieser Führer gibt Ihnen einen Vorgeschmack auf das, was Sie in dem jeweiligen Gebiet erwartet, und hilft Ihnen, eine Walbeobachtungstour gut vorzubereiten.

Eindrucksvolle Fotos veranschaulichen, welche Wale oder Delphine im jeweiligen Gebiet zu finden sind, oder zeigen spezielle Punkte, die für den Walbeobachter wichtig sein können.

Der Text beschreibt die einzelnen Regionen und auch besondere Orte; er erklärt, wie man dorthin gelangt. Er führt die am häufigsten anzutreffenden Wal- und Delphinarten auf, erläutert deren Verhalten und die Gründe dafür, warum die Arten hier anzutreffen sind. Darüber hinaus weist er auf seltene Cetaceen-Arten und weitere Attraktionen hin.

Der illustrierte obere Rand zeigt, daß hier die einzelnen Regionen beschrieben werden.

Zur Benutzung des Walbeobachtungsführers

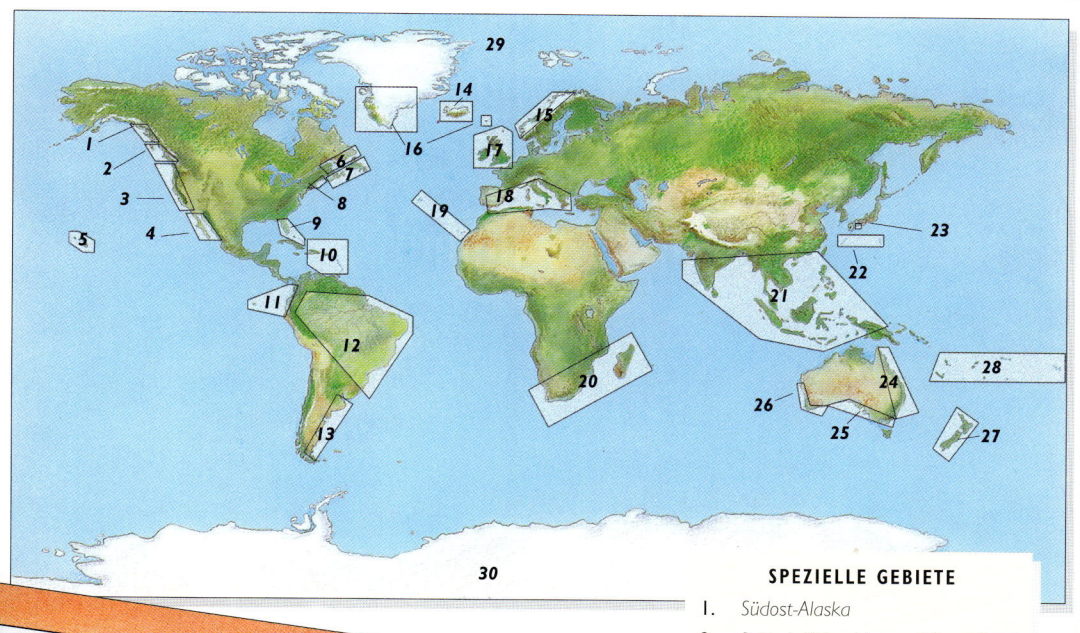

SPEZIELLE GEBIETE

1. Südost-Alaska
2. Britisch-Kolumbien und Puget-Sund
3. Kalifornien, Oregon und Washington
4. Baja California
5. Hawaii
6. Der Sankt-Lorenz-Strom und -Golf
7. Kanadas Atlantikprovinzen
8. Neuengland
9. Florida und die Bahamas
10. Die Karibik
11. Ecuador und Kolumbien
12. Brasilien und der Amazonas
13. Argentinien
14. Island
15. Norwegen
16. Grönland und die Färöer
17. Großbritannien und Irland
18. Das Mittelmeer
19. Die Kanaren und Azoren
20. Südafrika und Madagaskar
21. Südasien
22. Japan: Ogasawara und Okinawa
23. Japan: Kochi-Präfektur
24. Australische Ostküste
25. Südaustralien
26. Westaustralien
27. Neuseeland
28. Tonga und andere Pazifikinseln
29. Die Arktis
30. Die Antarktis

Dicht hinter der kraftvollen Fluke eines Indischen Grindwals (oben). Zerklüftetes Vulkangestein prägt die Küste von Kauai (links).

Reisetips: Stichwortartige Angaben zum günstigsten Zeitraum für eine Tour sowie zu Wetter und Seegang. Außerdem werden einzelne Touren beschrieben. Dazu kommen Kontaktadressen für Buchungen oder ausführlichere Informationen.

Die Beobachtung von Walen und Delphinen

DIE NORDAMERIKANISCHE WESTKÜSTE

Die Westküste Nordamerikas, vor der die ersten Walbeobachtungstouren stattfanden, bietet hervorragende Gelegenheiten, die verschiedensten Wale zu beobachten.

Die erste kommerzielle Walbeobachtungstour der Welt fand 1955 im südlichen Kalifornien statt, als Chuck Chamberlin aus San Diego ein Schild mit der Aufschrift „Wale beobachten 1 Dollar" aufhängte.

Bei den Walen handelte es sich um Grauwale, die wie in jedem Winter entlang der amerikanischen Westküste wanderten. Die Touren erwiesen sich als ein anhaltender Publikumserfolg, und vier Jahre später war Raymond M. Gilmore, ein Meeresbiologe, der erste Wissenschaftler, der solche Touren veranstaltete. Ende der 60er Jahre führten Gilmore und andere Anbieter Touren zur Baja California durch, wo sich die Grauwale in der Scammon's-Lagune paarten und ihre Jungen aufzogen.

Ein junger Grauwal nahe den Channel-Inseln vor Kalifornien

Als in den frühen 70er Jahren der Walfang in nordamerikanischen Gewässern eingestellt wurde und die Wale wieder bis in Küstennähe kamen, etablierte sich das Walbeobachtungsgeschäft in über 20 Fischerdörfern und anderen Orten. Von Kalifornien nordwärts bis nach Washington und südwärts bis hin zur Baja California (Mexiko) wurde die Walbeobachtung für alle, die in der Fischfang- oder Tourismusbranche arbeiteten, zu einer Möglichkeit, während des Winters etwas Geld zu verdienen.

Das Geschäft mit der Walbeobachtung nahm an der Westküste stetig zu und konnte bald auch auf Hawaii Fuß fassen. Früher wurden nur von Lahaina auf Maui aus Touren zur Beobachtung von Buckelwalen veranstaltet, doch heute werden auf allen größeren Inseln Touren angeboten, bei denen man neben den Buckelwalen verschiedenen tropischen Delphinen begegnen kann.

Alaska folgte diesem Beispiel; auch dort waren die Buckelwale die Hauptattraktion.

In Britisch-Kolumbien waren die Schwertwale die ersten Zahnwale, die das Ziel kommerzieller Beobachtungstouren wurden, und die Touren waren fast ebenso beliebt wie die zur Beobachtung der großen Bartenwalarten.

Ende der 70er Jahre wurden auf Touren, bei denen von August bis Oktober vor San Francisco und Monterey in Kalifornien unter anderem die Beobachtung von Seevögeln im Mittelpunkt stand, einige unerwartete Tiere

Ein Buckelwal nahe bei Lahaina auf Maui (Hawaii)

Die nordamerikanische Westküste

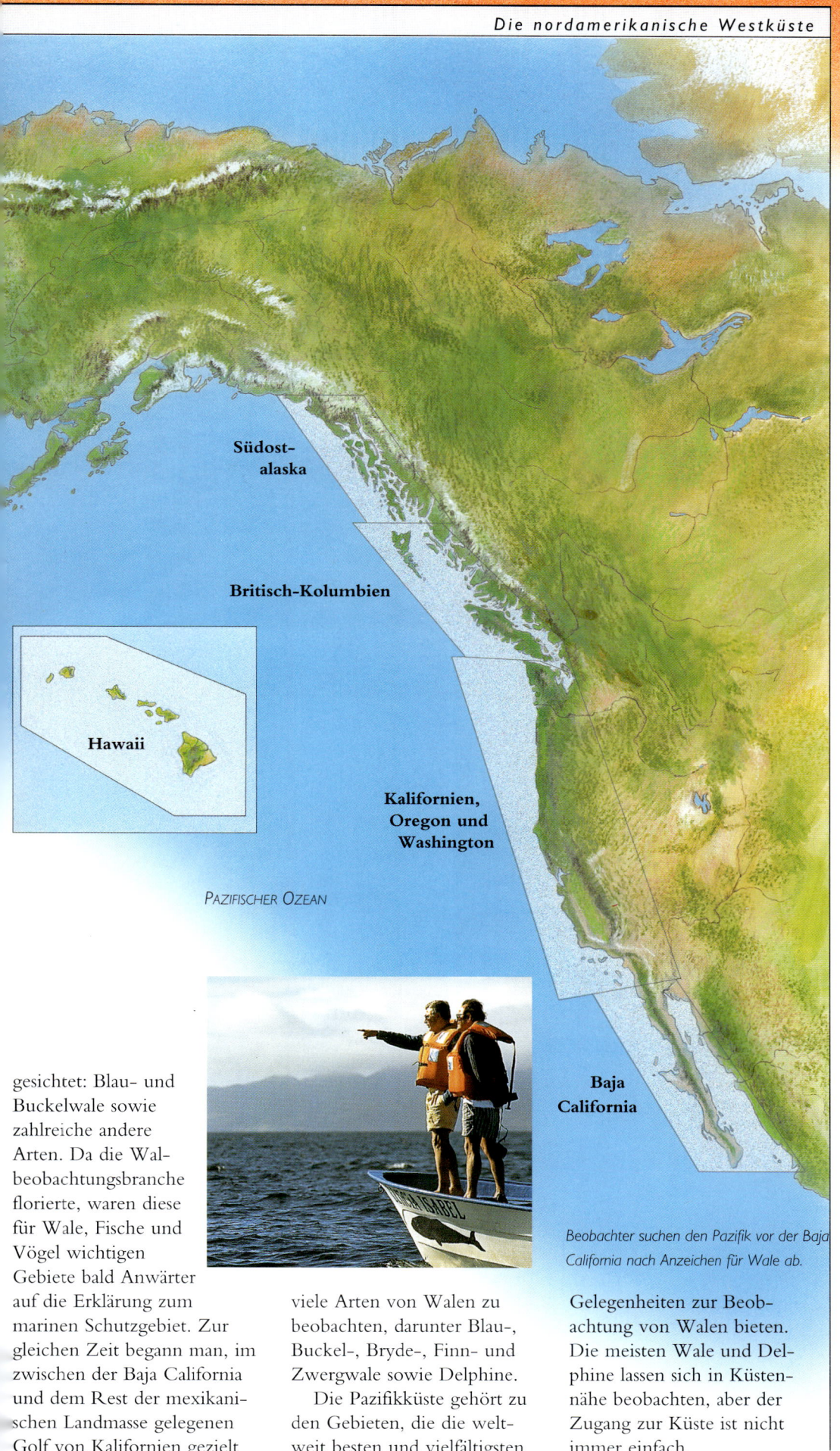

Beobachter suchen den Pazifik vor der Baja California nach Anzeichen für Wale ab.

gesichtet: Blau- und Buckelwale sowie zahlreiche andere Arten. Da die Walbeobachtungsbranche florierte, waren diese für Wale, Fische und Vögel wichtigen Gebiete bald Anwärter auf die Erklärung zum marinen Schutzgebiet. Zur gleichen Zeit begann man, im zwischen der Baja California und dem Rest der mexikanischen Landmasse gelegenen Golf von Kalifornien gezielt viele Arten von Walen zu beobachten, darunter Blau-, Buckel-, Bryde-, Finn- und Zwergwale sowie Delphine.

Die Pazifikküste gehört zu den Gebieten, die die weltweit besten und vielfältigsten Gelegenheiten zur Beobachtung von Walen bieten. Die meisten Wale und Delphine lassen sich in Küstennähe beobachten, aber der Zugang zur Küste ist nicht immer einfach.

199

Die Beobachtung von Walen und Delphinen

Südost-Alaska
Die nordamerikanische Westküste

Die imposante Gestalt der Buckelwale harmoniert mit der majestätischen Landschaft Südost-Alaskas, wo man das Gefühl hat, von ungezähmter Natur umgeben zu sein. Man ahnt, wie die Welt ausgesehen haben muß, bevor der Mensch auf der Bildfläche erschien: Fjorde, in denen es von Lachsen, kleinen Schwarmfischen und Plankton wimmelt, steile, mit hohen Nadelbäumen bedeckte Berge, Gletscher, die sich langsam ihren Weg bahnen, unberührte Inseln mit üppiger Vegetation, das offene Meer – und Finnen und Fluken, wohin man auch sieht.

Vor Südost-Alaska wurde das Luftblasennetzfischen von Buckelwalen (siehe S. 66) zuerst beobachtet und erforscht. Die Buckelwale kommen jedes Jahr von Mexiko und Hawaii nach Alaska und setzen diese Technik ein, um kleine Schwarmfische zusammenzutreiben.

Außer Buckelwalen sind auch verschiedene andere Wale und Delphine zu sehen. Schwertwale durchstreifen die Meerengen in Gruppen von zehn und mehr Tieren. Sie sind hier, um Lachse zu fressen, während andere Schwertwale, sogenannte „transients" („Durchzügler"), sich einfinden, um Schweinswalen, Robben und anderen Meeressäugern nachzustellen, wozu manchmal auch größere Walarten gehören.

Walbeobachter sehen, wie ein Buckelwal mit weit ausgestreckten Brustfinnen aus dem Wasser springt (oben). Ein Zwergwal (unten)

Zwergwale, die sich von Plankton und kleinen Fischen ernähren, sind ebenfalls entlang der gesamten Südostküste Alaskas zu finden, außerdem Schweinswale und Dall-Hafenschweinswale, Weißstreifendelphine und – wenn auch seltener – Finnwale.

Boote und Schiffe, die in Südost-Alaska zur Beobachtung von Walen eingesetzt werden, reichen von riesigen Kreuzfahrtschiffen bis hin zum winzigen Einmannkajak. Einige Touren

Südost-Alaska

Buckelwale nach einem gemeinsamen „Fischzug" (oben). Walbeobachter an Bord eines Schiffes in der Glacier Bay (links)

werden mit mittelgroßen Motorbooten in der Gegend der Glacier Bay und um Gustavus unternommen, dem für die Walbeobachtung wichtigsten Hafen in Südost-Alaska. Diese Touren dauern einen Tag, die Kreuzfahrtschiffe und Kajaks hingegen sind mehrere Tage unterwegs. Im Sommer laufen Kreuzfahrtschiffe von Kalifornien, Seattle oder Vancouver aus über die Inside Passage verschiedene Häfen in Südost-Alaska an.

Auf vielen Kreuzfahrten widmet man den Walen mehrere Stunden oder sogar einen halben Tag, meist in Form eines Abstechers zur Icy Strait nahe Gustavus und zur Glacier Bay. Kreuzfahrtschiffe sind zu groß und schwerfällig, um nahe an die Tiere heranzukommen, aber für viele Menschen ist dies die einzige Chance, Wale zu sehen. Von manchen Kreuzfahrtschiffen werden Schlauchboote zu Wasser gelassen, damit die Wale aus der Nähe beobachtet werden können, aber am besten für die Beobachtung geeignet sind mittelgroße Fahrzeuge wie spezielle Walbeobachtungsboote, Segelboote und ehemalige Fischkutter.

BESONDERE ATTRAKTIONEN

Abgesehen von den Schwertwalen kann man auf entlegenen Felseninseln Seehunde und Stellersche Seelöwen beobachten. Außerdem weist Südost-Alaska die weltweit höchste Dichte an Schwarzbären auf. Das Pack Creek Cooperative Management Area/Stan Price State Wildlife Sanctuary bietet im Juli und August Campingmöglichkeiten und geführte Wandertouren, während derer man Braunbären und Adler beobachten kann, die in den Flüssen laichende Lachse fangen. Die Anreise erfolgt per Flugzeug oder Boot über die Westseite des Seymour-Kanals und über Admiralty Island, 45 km südlich von Juneau.

REISETIPS

Beste Reisezeit: Jun.–Anfang Sept. Buckel-, Zwerg- und Schwertwale, Weißstreifendelphine, Schweinswale und Dall-Hafenschweinswale; Blasennetzfischen der Buckelwale besonders Juni bis Anfang Juli
Wetter: Jun.–Sept. kühl bis kalt auf See; extreme Schwankungen, einschl. Nebel und Regen. August günstigster Monat in bezug auf Wetter, Seegang und Wale
Arten von Touren: Mehrtägige Fahrten mit kleinen und großen Passagierschiffen sowie Kajakexpeditionen; Tagestouren mit Fischer-, Segel- und Schlauchbooten sowie Walbeobachtungsbooten
Angebotene Touren: Gustavus, Port Adolphus, Glacier Bay, Ketchikan, Juneau, Petersburg, Elfin Cove, Wrangell-Insel u. Sitka; Langstrecken-Passagierschiffe ab Seattle, Vancouver, Prince Rupert und San Francisco
Information: Alaska State Division of Tourism, E-28, Juneau, AK 99801, . Tel.: +1 907 465 2010

Die Beobachtung von Walen und Delphinen

Britisch-Kolumbien und Puget-Sund
Die nordamerikanische Westküste

Vor der Küste Britisch-Kolumbiens und Washingtons sind im Nebel oft die hohen Rückenflossen von Schwertwalen zu sehen. Sie sind zu einem Sinnbild für den amerikanischen Nordwesten geworden und finden sich überall – auf Totempfählen der Kwakiutl- und Haida-Indianer über Hinweisschilder am Straßenrand bis hin zu Touristikbroschüren. Vom Meer aus gesehen harmonieren die steil aufragenden, spitzen Flossen mit den schneebedeckten Gipfeln im Hintergrund.

Schwertwale kann man an fast jedem Punkt in der Inside Passage oder der äußeren Küste entdecken, sowohl vom Land aus als auch von einer Fähre, einem Kreuzfahrtschiff oder einem Walbeobachtungsboot. Die größten Chancen hat man jedoch an zwei Stellen: im Westen der Johnstone-Straße und des Blackfish-Sunds (die beste Stelle) sowie südlich von Vancouver Island.

Viele Touren zum Westen der Johnstone-Straße und zum Blackfish-Sund starten von Telegraph Cove aus, einer Stadt im Norden von

Weißstreifendelphine zeigen vor der Küste Britisch-Kolumbiens akrobatische Sprünge.

Vancouver Island. Die Ortschaft Telegraph Cove, deren größter Verkehrsweg eine hölzerne Küstenpromenade ist, kann man vom weiter südlich gelegenen Victoria aus in einem halben Tag mit dem Auto erreichen. Wahlweise kann man auch von Vancouver nach Port Hardy fliegen und dann nach Telegraph Cove weiterfahren. Die Touren sind Halbtages- oder Tagesausflüge und speziell auf die Schwertwale ausgerichtet.

Auf einer typischen Tour begegnet man zuerst Weißkopfseeadlern, Seehunden und manchmal auch Seelöwen; neben Schwertwalen gibt es oft auch andere Walarten zu sehen, unter anderem Schweinswale und Dall-Hafenschweinswale, Zwergwale und Weißstreifendelphine. Mehr als zehn Schwertwalgruppen streifen regelmäßig durch die Johnstone-Straße. Sie kommen zwar vor allem, um Lachse zu fressen, doch zu einem Tag in einer Schwertwalgruppe gehören auch Ruhe- und Spielphasen sowie soziale Kontakte.

Britisch-Kolumbien und Puget-Sund

Ein springender Schwertwal – das bewaldete Ufer der San-Juan-Insel im Hintergrund (oben); Schwertwale in Formation, im Vordergrund ein Männchen (rechts)

Die andere Stelle, an der oft Schwertwale zu sehen sind, liegt südlich von Vancouver Island. In den Gewässern dieses Gebiets und in denen im Norden des Staates Washington leben ständig drei Schwertwalgruppen, die insgesamt ungefähr 100 Tiere umfassen. Mit dem Boot gelangt man dorthin am leichtesten von Victoria oder von Friday Harbor auf San Juan Island in Washington aus. San Juan Island können Sie mit der Autofähre von Anacortes in Washington aus erreichen. In Friday Harbor sollten Sie auf keinen Fall das Walmuseum in der First Street versäumen, das Schwertwalen und anderen Meeressäugern der Gegend gewidmet ist; zusätzlich werden Forschungs- und Informationsprogramme organisiert. Auf der Westseite von San Juan Island gibt es Stellen, wo man Schwertwale gut vom Land aus beobachten kann.

Grauwale ziehen die gesamte Küste von Britisch-Kolumbien entlang. Am besten sind sie mit dem Boot von Ucluelet und Tofino aus zu entdecken oder aber – während ihrer Wanderung nach Norden im März und April – von der Küste aus, und zwar im Pacific-Rim-Nationalpark in der Nähe von Tofino.

BESONDERE ATTRAKTIONEN

Auf den Felseninseln entlang der Küste gibt es Seehunde sowie Kalifornische und Stellersche Seelöwen zu sehen. Am leichtesten zugänglich sind hierbei Race Rocks an der Südspitze von Vancouver Island und Sea Lion Rocks vor Long Beach im Pacific-Rim-Nationalpark. An vielen anderen Stellen rund um Vancouver Island machen Weißkopfseeadler Jagd auf Lachse und andere Fische. Dabei nutzen die Adler den guten Seeblick, der sich ihnen von hohen, alten Bäumen aus bietet.

REISETIPS

Beste Reisezeit: März–Apr. Grauwale (westl. Vancouver Island), Mai–Sept. Schwertwale, Weißstreifendelphine, Dall-Hafenschweinswale (nördl. Vancouver Island), Schweinswale (südl. Vancouver Island), Grauwale (westl. Vancouver Island)
Wetter: März bis Jun. oft regnerisch und kalt auf See, Jul.–Aug. kühl auf See, aber gewöhnlich trocken, Nebel, bes. morgens vor der Westküste von Vancouver Island
Arten von Touren: Halbtages- und Tagestouren, mehrtägige Expeditionen, Schlauch- und Segelboote sowie Walbeobachtungsschiffe, Beobachtungen zum Teil von Fähren aus möglich
Angebotene Touren: Britisch-Kolumbien: Alert Bay, Telegraph Cove, Port McNeill, Sointula, Tofino, Ucluelet, Victoria, Nanaimo; Gebiet um Puget-Sund: Anacortes, Bellingham, Friday Harbor, Seattle
Information: Tourism British Columbia, Parliament Buildings, Victoria, BC V8W 2Z2, Tel.: +1 800 663 6000, Department of Trade & Economic Development, 101 General Administration Bldg., AX-13, Olympia, WA 98504, Tel.: +1 800 544 1 800

Die Beobachtung von Walen und Delphinen

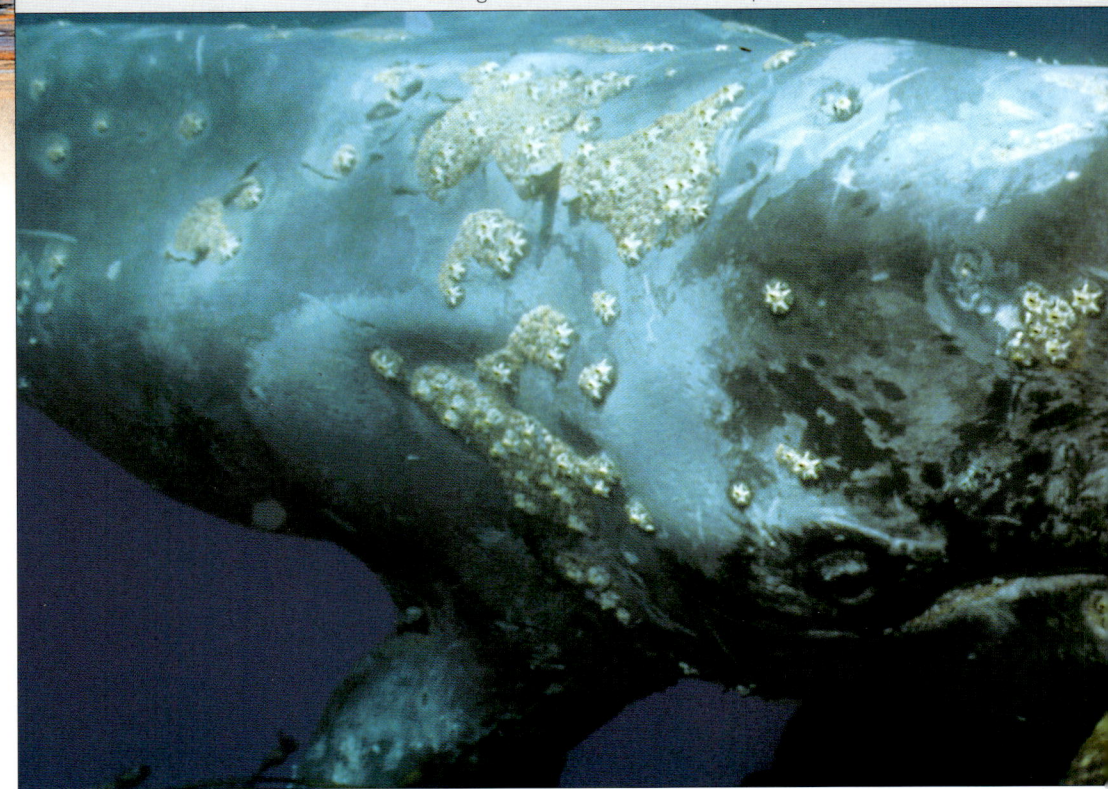

Kalifornien, Oregon und Washington
Die nordamerikanische Westküste

Jedes Jahr absolvieren Grauwale eine Wanderung, die sie, dem Rhythmus der Jahreszeiten entsprechend, entlang der nordamerikanischen Westküste nach Norden und nach Süden führt. Das Cabrillo National Monument zieht mit seinem verglasten Observatorium, das einen Panoramablick erlaubt, jährlich Zehntausende von Walfreunden an, die oft Beifall klatschen, wenn die Grauwale blasen. Es gibt viele Beobachtungsplätze entlang der Westküste des Kontinents. Viele abgelegene Landspitzen mit gutem Seeblick sind nur Einheimischen bekannt, und an solchen Orten kann das Beobachten von Walen ein eher beschauliches Erlebnis sein.

Von Ende Oktober bis Dezember treffen die Tiere, von Alaska kommend, in den Küstengewässern des Staates Washington ein. Nachdem sie den Sommer im hohen Norden mit der Nahrungsaufnahme verbracht haben, ziehen sie zu den Lagunen der Baja California, wo sie sich paaren und die Jungen zur Welt bringen. Vor Oregon erreicht die Zahl der nach Süden wandernden Tiere in der letzten Dezember- und ersten Januarwoche ihren Höhepunkt. Vor der

Eine Rundkopfdelphinschule westlich von Monterey vor der kalifornischen Küste (oben)

kalifornischen Küste zeigen sich die Wale, die weiter nach Süden ziehen, am häufigsten in der zweiten Januarhälfte. Im Februar werden vor Südkalifornien bereits die ersten Grauwale gesichtet, die wieder auf dem Weg nach Norden sind. Die erste Welle erreicht Oregon Ende Februar und hält bis Anfang März an. Die letzten Nachzügler, meist Weibchen mit Jungen, wandern im Mai von der Küste Nordkaliforniens bis nach Washington.

Wenn man sich Seite an Seite mit diesen gewaltigen Säugetieren auf hoher See befindet, kann man sich über ihre Ausdauer nur wundern: Sie schwimmen jedes Jahr 20 000 km – von Alaska bis nach Mexiko und zurück.

Auf Walbeobachtungstouren bekommt man verschiedene Walarten zu sehen, je nachdem, wie weit man sich von der Küste entfernt und

Kalifornien, Oregon und Washington

Ein Grauwal schwimmt vor der Küste Kaliforniens durch Seetang (oben). Walbeobachter vor Südkalifornien (links)

wie sachkundig der Tourleiter ist. Vor Nordwashington kann man auf Bootstouren, die den letzten Grauwalen nachspüren, auch Schwertwalen, Schweinswalen und Weißstreifendelphinen begegnen. Vor Kalifornien werden manchmal Grindwale, Schwertwale, Große Tümmler und sogar Nördliche Glattdelphine gesichtet.

BESONDERE ATTRAKTIONEN

Ende der 70er Jahre wurden auf Bootstouren zur Beobachtung von Seevögeln, die von August bis Oktober zu den Tiefseegräben und Fischgründen westlich von San Francisco und Monterey unternommen wurden, Delphine und verschiedene Wale gesichtet wie beispielsweise Blau- und Buckelwale, sporadisch auch einige seltene Schnabelwale. Insgesamt wurden bisher über 26 Cetaceenarten gesichtet, also etwa ein Drittel aller existierenden Arten. Neben Blau-, Buckel- und Grauwalen werden am häufigsten Zwerg- und Finnwale, Weißstreifen-, Rundkopf- und Nördliche Glattdelphine sowie Schweinswale und Dall-Hafenschweinswale gesichtet.

Dieses produktive und artenreiche Meeresgebiet erstreckt sich vom Monterey-Tiefseecanyon in der Monterey-Bucht (beginnend vor Moss Landing) bis hin zur Cordell Bank, etwa 100 km westlich von San Francisco. Es schließt drei zusammenhängende marine Schutzgebiete ein – die Cordell Bank, den Gulf of the Farallones und das Monterey Bay National Marine Sanctuary.

REISETIPS

Beste Reisezeit: Dez.–Mai wandernde Grauwale; Jun.–Sept. Grauwale im Sommerquartier vor Nordkalifornien bis Washington; Aug.–Okt. Blau-, Buckel- und andere Wale und Delphine vor der zentralkalifornischen Küste
Wetter: Jun.–Sept. kühl bis kalt auf See, selbst bei hoher Temperatur an Land; Okt.–Mai kalt und regnerisch vor Kalifornien bis Washington
Arten von Touren: Halbtages- und Tagestouren, mehrtägige Expeditionen; Schlauch-, Fischer- und Segelboote sowie Walbeobachtungsschiffe
Angebotene Touren: Kalifornien: Avila Beach, Balboa, Dana Point, El Granada, Fort Bragg, Hollister, La Mesa, Long Beach, Monterey, Morro Bay, Oceanside, Oxnard, Point Arena, Redondo Beach, San Diego, San Pedro, Santa Barbara, Santa Cruz, Ventura; Oregon: Charleston, Depoe Bay, Garibaldi, Newport; Washington (nur Westküste): La Push, Neah Bay, Westport
Information: Department of Trade & Economic Development, 1121 L Street, Suite 103, Sacramento, CA 95814, Tel.: +1 916 324 5853; Economic Development Department, 595 Cottage Street, NE, Salem, OR 97310, Tel.: +1 503 986 0123; Department of Trade & Economic Development, 101 General Administration Bldg, AX-13, Olympia, WA 98504, Tel.: +1 360 753 5600

Die Beobachtung von Walen und Delphinen

Baja California
Die nordamerikanische Westküste

Die niederkalifornische Halbinsel, die sich von der Grenze zwischen dem US-Staat Kalifornien und Mexiko nach Süden erstreckt, ist für Wale eines der wichtigsten Gebiete der Welt. Was die Beobachtungsmöglichkeiten angeht, gibt es zwei extrem unterschiedliche Regionen. Die erste ist die Pazifikküste mit ihren geschützten Lagunen.

Die andere Region ist der Golf von Kalifornien zwischen der Halbinsel und der Hauptlandmasse Mexikos – eines der Gebiete mit der größten Vielfalt an Walarten und anderen Meereslebewesen weltweit.

Die Baja California wurde zuerst als Winterquartier der Grauwale bekannt – ein magischer Ort in unmittelbarer Nähe der Wüste, an dem die Wale zusammenkommen, um soziale Kontakte zu pflegen, sich zu paaren und ihren Nachwuchs aufzuziehen. Der Grauwal, der einen Teil des Jahres in den Lagunen verbringt, stand schon kurz vor der Ausrottung. Mitte des 18. Jahrhunderts entdeckten Walfänger unter Kapitän Charles M. Scammon den Zugang an der Pazifikküste zu der Lagune, die einmal nach dem Kapitän benannt werden sollte. Sie töteten beinahe alle Grauwale. Als die Scammon-Lagune im Januar 1972 zum ersten Walschutzgebiet der Welt erklärt wurde, galt der Grauwal als stark gefährdet. Abgesehen von der Scammon-Lagune findet man die Wale an dieser Küste in der Magdalena-Bucht und der San-Ignacio-Lagune. Heute glaubt man, daß sich die Grauwale nach jahrelangem Schutz wieder vollkommen erholt haben.

Der Blauwal ist das größte Lebewesen der Welt. Hier ein Tier im Golf von Kalifornien (oben)

Von San Diego aus kann man mit einem Boot sieben- bis zehntägige Walbeobachtungstouren zu den Lagunen unternehmen, ohne dabei Zwischenstops machen zu müssen. Andere Besucher fahren mit dem Auto bis nach Guerrero Negro in der Nähe der Scammon-Lagune oder nach Adolfo López Mateos in der Magdalena-Bucht und mieten kleine mexika-

Baja California

Ein Grauwalkalb im Wasser einer Lagune der Baja California (oben). In der Magdalena-Bucht versammeln sich im Winter Grauwale (rechts).

nische Boote, die sogenannten Pangas. Wer Wale vom Festland aus beobachten will, kann mehrere wunderbare Campingplätze in der Nähe der Magdalena-Bucht und der San-Ignacio-Lagune ansteuern.

An der Südspitze der Baja California, zwischen San José del Cabo und den Hafenstädten an der Ostküste wie Loreto und Bahía de los Ángeles, tut sich eine andere Welt auf – der Golf von Kalifornien. Hier kann man neben Finn-, Buckel-, Zwerg-, Pott- und Indischen Grindwalen auch verschiedene Delphinarten wie z. B. den Gemeinen Delphin, den Großen Tümmler und den Weißstreifendelphin sehen. Darüber hinaus ist dies eines der Gebiete, in denen man am besten Blau- und Bryde-Wale beobachten kann – zwei Arten, die es nicht oft zu sehen gibt. Tagesausflüge in den Golf von Kalifornien sind beliebt, aber die meisten Leute starten in kleinen Gruppen von La Paz aus zu ein- bis zweiwöchigen Bootstouren. Die Teilnehmer leben an Bord und werden von Führern geleitet, die die Gegend gut kennen.

BESONDERE ATTRAKTIONEN

1993 wurde Mexikos jüngstes Naturschutzgebiet, das Biosphärenreservat Oberer Golf von Kalifornien und Colorado-Delta, ins Leben gerufen, um den Hafenschweinswal zu schützen, eine bedrohte kleine Art, die nur in dieser Gegend lebt. Sie werden vielleicht keinen Hafenschweinswal zu Gesicht bekommen, aber dafür gibt es oft Finnwale zu sehen, manchmal auch Buckelwale. Touren starten vom beliebten Touristenziel Puerto Peñasco im Staat Sonora aus, direkt hinter der Grenze zu Arizona.

REISETIPS

Beste Reisezeit: Von Jan.–Apr. Grauwale in den Lagunen der Baja California. Blau-, Bryde-, Buckel-, Finn- und Zwergwale ziehen in den Golf von Kalifornien; ganzjährig Weißstreifendelphine, Gemeine Delphine, versch. tropische Delphinarten und Große Tümmler in den Grauwallagunen und im Golf von Kalifornien
Wetter: Trockene, sonnige, warme Winter, besonders im Pazifik kann es bei Wind kühl werden
Arten von Touren: Mehrtägige Expeditionen, teils auch Tagestouren; Schlauchboote, Pangas, Segelboote, mittlere Passagierschiffe
Angebotene Touren: La Paz, Ensenada, Tijuana, Rosarito, San Diego
Information: Gobierno del Estado de Baja California Sur, Coordinación Estatal de Turismo, Km. 5.5 Carret. al Norte, Edif. Fedepaz, Apdo. Post. 419, La Paz, Baja California Sur, México, Tel.: +52 112 31702

Die Beobachtung von Walen und Delphinen

Hawaii

Die nordamerikanische Westküste

Jedes Jahr zu Weihnachten kehren Buckelwale in die klaren tropischen Gewässer um Hawaii zurück, um zu singen, zu kämpfen, sich zu paaren und ihren Nachwuchs aufzuziehen. Die Buckelwale überwintern in der Nähe dieser Inseln, die zum Teil von Tropenwald sowie Ananas- und Kaffeeplantagen bedeckt sind und von Vulkanen überragt werden. Von Hotels auf der Westseite Mauis aus kann man die Ankunft der Buckelwale beobachten; gelegentlich kommen sie recht nahe an die Front Street in Lahaina heran; seien Sie also bereit.

Die weiblichen Buckelwale, die ihre Reise vor Alaska begonnen haben, treffen oft als erste ein; einige von ihnen sind hochschwanger, andere haben ihre Kälber bereits geboren. Später folgen ihnen die Männchen im Rahmen der Partnersuche.

Die seichten, warmen Gewässer zwischen den Inseln Maui und Molokai sowie um Lanai stellen den Hauptanziehungspunkt für Buckelwale dar und sind das Herzstück des Hawaiian Islands National Marine Sanctuary, das vor allem zum Schutz dieser Wale geschaffen wurde. Am leich-

Ein Buckelwal steigt nahe der Küste fast ganz aus dem Wasser (oben). Ein Spinner-Delphin vollführt einen hohen, gedrehten Sprung (links).

testen gelangt man dorthin mit Bootstouren von Lahaina oder Kihei aus auf der Westseite Mauis. Maui selbst ist schnell per Flugzeug vom internationalen Flughafen von Honolulu auf der nahe gelegenen Insel Oahu zu erreichen.

Auf den Buckelwalexkursionen werden gewöhnlich auch Große Tümmler gesichtet, die die Buckelwale häufig begleiten. Unter der Wasseroberfläche können Sie – besonders wenn Sie eine polarisierende Sonnenbrille tragen, die den Blendeffekt verringert – Delphine und sogar

Hawaii

Dicht hinter der kraftvollen Fluke eines Indischen Grindwals (oben). Zerklüftetes Vulkangestein prägt die Küste von Kauai (links).

Wale schwimmen sehen, aus deren Blaslöchern Luftblasen aufsteigen.

Die meisten der großen Hawaii-Inseln bieten Gelegenheiten, Wale, Delphine und viele tropische Cetaceenarten zu beobachten. Obwohl die angebotenen Touren auf Buckelwale ausgerichtet sind, werden Sie unter anderem Große Tümmler und Spinner-Delphine, Kleine Schwertwale und Gewöhnliche Grindwale und sogar die seltenen Schnabelwale entdecken können. Von der Hauptinsel Hawaii aus kann man während des größten Teils des Jahres Spinner-Delphine sehen, die berühmt für ihre hohen, geschraubten Luftsprünge sind. Andere Beobachtungstouren, die speziell den Walen oder allgemein der Meeresfauna gewidmet sind, starten von Oahu und Kauai aus.

BESONDERE ATTRAKTIONEN

In der Hauptstraße von Lahaina finden sich seit den 70er Jahren Hinweise auf die kommerzielle Walbeobachtung. Vor dem Hotel Pioneer, in dem früher Walfangkapitäne abstiegen, bevor sie auf Fahrt in die Südsee gingen, liegen ungefähr 20 Walbeobachtungsboote, jedes mit einem eigenen Hinweisschild. Man findet Boote mit gläsernem Boden, chinesische Dschunken, die wie Piratenschiffe aussehen, Motorjachten, Zodiac-Schlauchboote, Schoner und Trimarane. Hier haben Sie die einmalige Gelegenheit, sich in Ruhe die beste Walbeobachtungstour auszusuchen, die am meisten ihren Vorstellungen entspricht.

Achten sie auf jeden Fall darauf, einen Biologen oder anderen sachkundigen Tourleiter an Bord zu haben sowie auf ein mit Unterwassermikrophonen ausgerüstetes Boot, damit Sie die eindrucksvollen Gesänge der Buckelwale hören können.

REISETIPS

Beste Reisezeit: Ende Dez.–Apr. für Buckelwale, größte Herden Feb.–März; ganzjährig Spinner-Delphine, Große Tümmler und Schlank-Delphine, Kleine Schwertwale, Indische Grindwale und viele andere interessante Tiere
Wetter: Warm bis heiß, manchmal bringen starke Winde (Kona) Regen und starken Seegang
Arten von Touren: Halbtages- und Tagestouren, einige längere Expeditionen; Schlauch- und Segelboote sowie Walbeobachtungsschiffe
Angebotene Touren: Maui: Lahaina, Kihei, Maalaea; Hawaii (Hauptinsel): Keauhou, Kailua-Kona, Kohala Coast, Honokoha; Oahu: Honolulu, Kaneohe; Kauai: Hanalei
Information: Hawaii Visitors Bureau, 2270 Kalakaua Avenue, Suite 801, Honolulu, HI 96813, Tel.: +1 808 924 0266

Die Beobachtung von Walen und Delphinen

DIE NORDAMERIKANISCHE OSTKÜSTE

An der Ostküste Nordamerikas liegen einige der bedeutendsten Walbeobachtungszentren der Welt.

Die erste kommerzielle Walbeobachtungstour an der nordamerikanischen Ostküste fand in Kanada statt. Im Sommer 1971 unternahmen Mitglieder der Zoologischen Gesellschaft von Montreal eine Bootstour auf dem St.-Lorenz-Strom, um flußabwärts Belugas und große Bartenwale zu beobachten. Die Tour war ein so großer Erfolg, daß weitere organisiert wurden. 1975 stieg die Dolphin Fleet aus Provincetown in Massachusetts ins Walbeobachtungsgeschäft ein, wobei sie sich auf Buckelwale spezialisierte. Das Konzept fand Nachahmer entlang der Küste des US-Staates Maine und der kanadischen Atlantikprovinzen. Ende der 80er Jahre übertraf das Walbeobachtungsgeschäft an der nordamerikanischen Ostküste das an der Westküste bei weitem, und heute ist sie mit 1,5 Mio. Walbeobachtern im Jahr die weltweit führende Region.

Strand im kanadischen Neuschottland

Die Walbeobachtungstouren konzentrieren sich hier auf die Nahrungsgründe der großen Bartenwale und auf die Zeit von Mai bis November. Wissenschaftler, die nach den Paarungs- und Fortpflanzungsgebieten dieser Wale suchten, trugen dazu bei, daß heute in der Karibik von Januar bis April Wale beobachtet werden. In den 80er Jahren waren auf den Bahamas, nahe Florida, Touren zur Beobachtung von Zügeldelphinen aufgekommen – die ersten kommerziellen Touren der Welt, die die Gelegenheit boten, mit wilden Delphinen zu schwimmen. 1986 wurde nördlich der Dominikanischen Republik das Silver-Bank-Buckelwalschutzgebiet ins Leben gerufen.

In der gesamten Region ging die Entwicklung der Walbeobachtungsbranche stärker als irgendwo sonst Hand in Hand mit der Wissenschaft und der Aufklärung der Öffentlichkeit.

Fotoidentifikationsstudien haben hervorragende Aufzeichnungen und eine umfassende Katalogisierung ermöglicht, und heute sind Beobachtungsdaten aller im

Einer von 3 000 Buckelwalen, die sich in einem Winter im Silver-Bank-Buckelwalschutzgebiet aufhielten.

Die nordamerikanische Ostküste

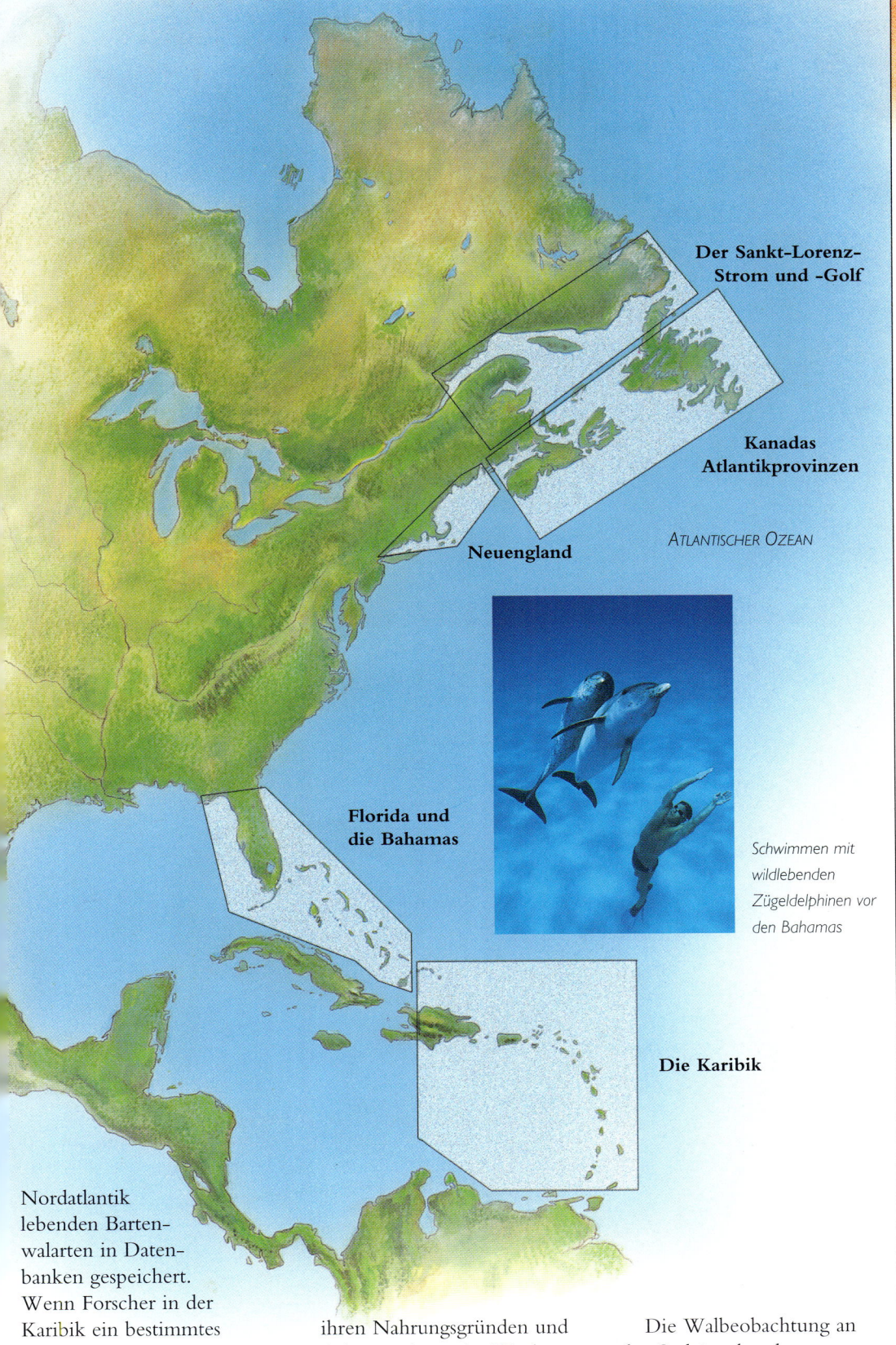

Der Sankt-Lorenz-Strom und -Golf

Kanadas Atlantikprovinzen

ATLANTISCHER OZEAN

Neuengland

Florida und die Bahamas

Schwimmen mit wildlebenden Zügeldelphinen vor den Bahamas

Die Karibik

Nordatlantik lebenden Bartenwalarten in Datenbanken gespeichert. Wenn Forscher in der Karibik ein bestimmtes Buckelwalweibchen mit seinem neugeborenen Kalb entdecken, fotografieren unter Umständen Monate später Kollegen in Neuengland dieselben Tiere nach der Wanderung nordwärts zu ihren Nahrungsgründen und dokumentieren das Wachstum des Jungtieres, bis dieses wieder nach Süden zieht. Im Laufe der Jahre sind so in genauen Aufzeichnungen Verhaltensmuster einzelner Tiere beschrieben worden.

Die Walbeobachtung an der Ostküste hat davon profitiert, daß die Küstengebiete von den Großstädten aus leicht zu erreichen sind. Andererseits haben diese Ballungsräume auch schädliche Auswirkungen auf die Wale.

Die Beobachtung von Walen und Delphinen

Der Sankt-Lorenz-Strom und -Golf

Die nordamerikanische Ostküste

Große Wale kommen vielerorts nah an die Küste heran, doch gibt es wenige Gebiete, in denen verschiedene große Walarten sich weit flußaufwärts zeigen.

Im Saguenay-St.-Lawrence-Marinepark in der kanadischen Provinz Quebec kann man – 370 km landeinwärts von der Flußmündung – Belugas, Finn- und Zwergwale sehen, weiter stromabwärts Buckel- und sogar Blauwale. Am Nordufer des Stroms liegt Tadoussac, einst ein verschlafenes Städtchen und Ziel für Sommerurlauber, heute die Metropole der Walbeobachtung in Ostkanada. Die Gegend um Tadoussac ist mittlerweile eines der drei größten Zentren der Walbeobachtung überhaupt, zusammen mit Neuengland und den Kanaren.

Von Tadoussac sowie von benachbarten Ortschaften am hügeligen Nordufer des Stromes aus kann man an Tagestouren teilnehmen, wenn man vor allem Finn- und Zwergwale sehen will. Die beste Chance, einen Blauwal zu entdecken, haben Sie, wenn Sie eine Bootstour von dem 35 km von Tadoussac entfernten Les Escoumins

Fotoidentifizierung eines Finnwals (links)

oder von einem weiter flußabwärts gelegenen Ort aus machen. Am gesamten Nordufer des Stroms und an einigen Stellen am Südufer gibt es Walbeobachtungspunkte und weitere Häfen, in denen Touren anderer Veranstalter ihren Ausgangspunkt haben. Der Leuchtturm bei Pointe-des-Monts am Nordufer der Mündung stellt eine optimale Möglichkeit dar, nach Blau- und anderen Walen Ausschau zu halten.

Besonders enthusiastische Walfreunde werden jedoch der Straße noch weiter bis zum Norden des St.-Lorenz-Golfs folgen und die Mingan-Inseln nahe Anticosti Island ansteuern. Das Dorf Mingan beherbergt die Mingan-Island-Walforschungsgruppe, die mit einem erstklassigen Museum und Besucherzentrum aufwartet und ein Walbeobachtungs- und -forschungsprogramm durchführt. Besucher werden eingeladen, die Erforschung der Blauwale direkt mitzuerleben und manchmal sogar zu assistieren.

Das Programm beschäftigt sich auch mit Finn-, Zwerg- und Buckelwalen, Weißseiten-

Der Sankt-Lorenz-Strom und -Golf

Abenteuerliche Walbeobachtung im Sankt-Lorenz-Golf (oben). Ein Beluga taucht im Sankt-Lorenz-Strom auf (links).

und Weißschnauzendelphinen und Schweinswalen. Es werden Tagesausflüge und sieben- oder zehntägige Expeditionen angeboten. Auf den Beobachtungsfahrten geht es hier etwas wilder zu – man bekommt von der Forschungsgruppe einen Mustang-Überlebensanzug ausgehändigt und wird dann in einem Schlauchboot von den Wellen hin und her geworfen.

BESONDERE ATTRAKTIONEN

Der Zusammenfluß des Sankt-Lorenz-Stroms mit dem Saguenay ist das südlichste Gebiet auf der Welt, in dem man die Chance hat, Belugas zu Gesicht zu bekommen. Man kann sie von dem Aussichtspunkt bei Pointe Noire aus entdecken oder auch auf Bootstouren, die in Tadoussac starten. Auf diesen Booten versucht man nicht, gezielt Belugas aufzuspüren, da diese gefährdet sind. Deswegen sind Belugas wahrscheinlich nur aus einiger Entfernung zu sehen.

Die Sankt-Lorenz-Belugas, deren ursprünglicher Bestand von mehreren Tausend Tieren auf heute 500 Exemplare geschrumpft ist, leiden seit langem unter Pestiziden und der Verschmutzung, die die intensive industrielle Nutzung des Flußsystems mit sich bringt, sowie unter dem starken Schiffsverkehr und den Abwässern, die von den flußaufwärts gelegenen US-amerikanischen und kanadischen Großstädten in der wirtschaftlich hochentwickelten Region der Großen Seen herrühren.

Jedes Jahr werden gestrandete Belugas gefunden und von einem eigenen Forscherteam untersucht. Jedes Jahr kommen aber auch einige neue Belugakälber zur Welt.

Sie sind – anders als ihre weißen Mütter – blaugrau und heben manchmal ihren Kopf aus dem Wasser oder kommen neugierig auf Walbeobachtungsschiffe zugeschwommen.

REISETIPS

Beste Reisezeit: Zusammenfluß Sankt-Lorenz-Strom mit Saguenay: Jun.–Nov. Finn-, Zwerg-, Schweinswale und Beluga; Les Escoumins bis Pointe-des-Monts, Fluß und Nordufer des Golfs, bes. Mingan-Inseln: Jun.–Nov. Finn-, Zwerg- und Buckelwale, Aug.–Nov. gelegentlich Schwertwale, Weißseitendelphine, Schweinswale und Blauwale.
Wetter: Jul.–Sept. kühl bis kalt auf dem Wasser, häufig Nebel, im Sommer bisweilen starker Regen, Schnee ab Mitte Okt. oder Nov.
Arten von Touren: Halbtages- u. Tagestouren, einige längere Expeditionen; Schlauch- und Segelboote, Walbeobachtungsschiffe, gute Beobachtungsmöglichkeiten an Land.
Angebotene Touren: St-Lorenz-Strom, Quebec: Ladoussac, Baie-Ste.-Catherine, Grandes Bergeronnes, Les Escoumins, Godbout, Baie-Comeau, Baie-Trinité, Pointe-des-Monts; Sankt-Lorenz-Golf, Quebec: Longue-Pointe-de-Mingan, Havre-Saint-Pierre, Gaspé-Halbinsel, Rivière-du-Renard, Gaspé
Information: Tourisme Québec, CP 979, Montréal, Québec H3C 2W3, Tel.: +1 514 873 2015

Die Beobachtung von Walen und Delphinen

Kanadas Atlantikprovinzen, Neufundland
Die nordamerikanische Ostküste

Kanadas Atlantikprovinzen umfassen Neuschottland, Neubraunschweig und die Prince-Edward-Insel. Die zwischen Neuschottland und Neubraunschweig gelegene Fundy-Bucht ist berühmt für den größten Tidenhub der Welt, der besonders rings um die Inseln starke und unberechenbare Gezeitenströme verursacht und zu dem berüchtigten Nebel in der Fundy-Bucht beiträgt. Vielleicht haben diese Umstände Walfänger von der Bucht ferngehalten und diese damit zu einem Tierparadies werden lassen.

Bei einer Routineerhebung des Bestands an Meeressäugern in der Bucht wurden im August 1980 an einem Tag 19 Nördliche Glattwale aus der Luft gezählt. Dies gab Anlaß zu intensiven Forschungen, und heute weiß man, daß im Nordatlantik noch ungefähr 300 Nördliche Glattwale leben. Einige bleiben von August bis November in der Fundy-Bucht, und obwohl ihre Anzahl so gering ist, zeigen sie sich regelmäßig. In dieser Zeit dient die Bucht den Walen als Aufzuchtgebiet, und die Mütter und ihre Kälber fühlen sich in diesen ruhigen Gewässern wohl. Besucher gelangen in das

Ein Buckelwal vor Neufundland (links). Eine Schule der seltenen Nördlichen Entenwale beim „Gully", einem Tiefseecanyon (unten)

Gebiet am besten mit Touren, die vom Südwesten Neuschottlands und vom Osten Neubraunschweigs aus starten, besonders von North Head auf Grand Manan Island. Erwachsene Wale schwimmen zudem bis zur Browns-Sandbank und zum Roseway-Becken südlich von Neuschottland hinaus. Dieses weit auf hoher See gelegene Gebiet ist nur gelegentlich im Rahmen mehrtägiger Expeditionen zu erreichen.

In der Fundy-Bucht sind auch Buckel-, Finn- und Zwergwale häufig, in größerer Entfernung von der Küste sieht man Sei- und Pottwale. Die Westseite der Bucht ist berühmt für ihren reichen Bestand an Schweinswalen, die vom Land aus zu sehen sind sowie von Fähren nach Manan Island und von Walbeobachtungsschiffen aus. Die Schweinswale jagen in Gruppen und bewe-

Kanadas Atlantikprovinzen, Neufundland

gen sich extrem schnell durchs Wasser. Anders als Delphine meiden sie zumeist Boote und reiten nie auf deren Bugwellen.

Neufundland besitzt Steilküsten, von denen aus man einen phantastischen Blick auf Seevögelkolonien und zahlreiche Wale hat, die nahe an die Küste herankommen. Buckelwale sind häufig; Finnwale, Zwergwale und Gewöhnliche Grindwale kommen ebenfalls vor. Weißseiten- und Weißschnauzendelphine werden das ganze Jahr über gesichtet, seltener (vor allem im Sommer) auch Sei-, Blau-, Schwert- und Pottwale.

Wenn Sie das auf der Halbinsel Avalon etwa 200 km von St. John's entfernte Cape St. Marys's besuchen, haben Sie die Möglichkeit, Buckel-, Zwerg- und Grindwale sowie Weißseitendelphine zu sehen. Andere gute Aussichtspunkte auf der Halbinsel sind Cape Race, Holyrood Arm und Bay de Verde.

Buckelwal vor Neufundland (ganz oben). Die Kleinstadt Yarmouth in Neuschottland ist fast auf allen Seiten von Wasser umgeben (oben).

„Gully", ein Tiefseecanyon, der bei Nördlichen Entenwalen überaus beliebt ist (siehe Seite 159). Hier ist der einzige Ort, an dem man diesen seltenen Schnabelwal mit Sicherheit zu Gesicht bekommt. Der Tiefseecanyon, der als zukünftiges Schutzgebiet im Gespräch ist, beherbergt einen reichen Bestand an Plankton, Fischen und Tintenfischen. Diese ziehen nicht nur Entenwale, sondern auch Blau-, Pott- und andere Wale sowie mehrere Delphinarten aus wärmeren südlicheren Gewässern an wie beispielsweise den Gemeinen Delphin, den Großen Tümmler und sogar den Blau-Weißen Delphin. Von allen diesen Arten sind die Nördlichen Entenwale am stärksten vertreten und auch am häufigsten zu sehen.

BESONDERE ATTRAKTIONEN

Etwa 100 km vor der Ostküste Neuschottlands befindet sich unter dem Nordatlantik der

REISETIPS

Beste Reisezeit: Jun.–Okt. Finn-, Buckel- und Zwergwale, verschiedene Delphinarten und Schweinswale; Aug.–Anfang Nov. Nordkaper in der Fundy-Bucht und vor Neuschottland
Wetter: Jun.–Aug. kühl bis kalt, besonders in der Fundy-Bucht Nebel, Sept.–Okt. kälter, aber oft bessere Sicht
Arten von Touren: Halbtages- und Tagestouren, längere Expeditionen; Schlauch- und Segelboote, Walbeobachtungsboote, Beobachtungen zum Teil von Fähren aus möglich
Angebotene Touren: Neubraunschweig: Grand Manan, Leonardville, Fredericton; Neuschottland: Halifax, Tiverton, Westport (Brier Island), Cheticamp, Capstick; Neufundland: St. John's, Bay Bulls, Trinity, Twillingate
Information: Tourism New Brunswick, Box 6000, Fredericton, NB E3B 5H1, Tel.: +1 800 561 0123; Tourism Newfoundland, Box 8700, St. John's, NF A1B 4J6, Tel.: +1 709 729 2803; Tourism Nova Scotia, Box 519, Halifax, NS B3J 2R7, Tel.: +1 902 490 5946

Die Beobachtung von Walen und Delphinen

Neuengland
Die nordamerikanische Ostküste

Vor der Küste Neuenglands kann man regelmäßig beobachten, wie Buckelwale ihre 5 m großen, schwarz-weiß gezeichneten Flipper, den größten Körperfortsatz im Tierreich, aus der oft aufgewühlten See heben.

Neben den Buckelwalen suchen noch sechs weitere Wal- und Delphinarten – Zwerg-, Finn-, Glatt- und Grindwale sowie Schweinswale und Weißseitendelphine – diese Gewässer auf, um im Sommer Nahrung aufzunehmen. Der Hauptanziehungspunkt ist die 31 km lange Stellwagen-Bank, eine Sandbank, die zwischen der Spitze von Cape Cod und dem nördlich von Boston an der Küste gelegenen Cape Ann knapp unter der Wasseroberfläche verläuft. Diese massive Erhebung ist für Walbeobachter unsichtbar, doch nur 20–30 m unter dem Meeresspiegel liegt hier ein reiches Ökosystem. Die Stellwagen-Bank, eingeschlossen von der Bucht von Massachusetts, beeinflußt die Meeresströmungen – speziell die warmen Aufwärtsströmungen – und trägt dazu bei, daß der Nährstoffgehalt des Wassers hoch bleibt, was wiederum dem pflanzlichen und tierischen Plankton – der Grundlage dieses bedeutenden Fischfanggebiets – zugute kommt. 1993 wurde aufgrund des Einsatzes von Walfreunden ein 2 180 km² großes Gebiet rund um die Sandbank zum nationalen marinen Schutzgebiet erklärt, ein wichtiger Schritt zur Bewahrung des Ökosystems.

Ein Finnwal taucht auf. Finnwale werden bis zu 25 m lang (oben). Weißseitendelphine bei der Stellwagen-Bank (unten rechts)

Die seltensten Besucher der Stellwagen-Bank, ja die seltensten Wale überhaupt, sind die Nördlichen Glattwale. Im April schwimmen sie manchmal in die Cape-Cod-Bucht hinein und kommen der Küste so nahe, daß man sie vor dem Hintergrund der alten geschindelten Strandhäuser und der traditionellen Wohnhäuser, die bei Provincetown die Küste säumen, fotografieren kann. Danach werden noch bis Ende Oktober sporadisch Glattwale in dieser Gegend und entlang der Küste von Maine gesichtet, am regelmäßigsten in der Fundy-Bucht (siehe Seite 214). Ähnlich wie die ebenfalls hier lebenden Riesenhaie fressen die Glattwale Ruderfuß-

Neuengland

krebse, indem sie mit offenem Maul umherschwimmen; Buckel- und andere Wale dagegen jagen, indem sie Schwärme von Sandaalen, Heringen, anderen kleinen Fischen oder Krill einkreisen.

Der Süden Neuenglands ist eines der beliebtesten Walbeobachtungsgebiete der Welt. Mehr als 30 Veranstalter in 17 Orten bieten Touren an, und das Preis-Leistungs-Verhältnis ist ausgezeichnet: Meist sind Biologen an der Tour beteiligt, und wegen des Wettbewerbs sind die Preise niedriger als andernorts. Oft nehmen an den Touren Wissenschaftler teil, die an Bord ihrer Arbeit nachgehen und Wale fotografieren, die sie mit Namen kennen. Eine Walbeobachtungstour zur Stellwagen-Bank gerät öfter als an vielen anderen Orten zu einem geselligen Beisammensein, bei dem sachkundige Führer und Wissenschaftler jeden gesichteten Wal namentlich vorstellen. Das Gespräch dreht sich darum, welcher Wal welchen Partner hat, und welche Weibchen gerade Junge bekommen.

Endlose Weite vor Cape Cod (oben). Brustfinne eines Buckelwals bei der Stellwagen-Bank (links)

BESONDERE ATTRAKTIONEN

Das Stellwagen Bank National Marine Sanctuary hat noch weit mehr zu bieten als Wale. Auf Bootstouren zum Schutzgebiet und entlang der Küste werden 40 einheimische Seevogelarten gesichtet, darunter Seetaucher, Sturmtaucher, Sturmschwalben, Baßtölpel, Wasserläufer, Eissturmvögel, Papageitaucher und Lummen. Auch Zugvögel machen hier halt. Seehunde und Kegelrobben verbringen den größten Teil des Jahres in dieser Gegend, zusammen mit verschiedenen Meeresschildkröten wie z. B. der Leder- und Suppenschildkröte, der Unechten Karett- und der Atlantischen Bastardschildkröte.

REISETIPS

Beste Reisezeit: Apr.–Mai Buckel-, Zwerg-Finn- u. Kleinwale sowie Nordkaper; Jun.–Okt. alle Wale häufig, außer den Nordkapern, die nur gelegentlich zu sehen sind; Aug.–Okt. von Lubec aus Nordkaper vor Nordostmaine
Wetter: Warm bis heiß, bes. von Mai bis Aug. vor d. Küste von Massachusetts, auf See kann es kühl werden; Regen am wahrscheinlichsten Apr.–Anfang Mai
Arten von Touren: Halbtages- u. Tagestouren, einige längere Exped.; Walbeobachtungsschiffe

Angebotene Touren: Massachusetts: Provincetown, Nantucket, Barnstable, Plymouth, Boston, Gloucester, Newburypoint; New Hampshire: Rye, Hampton Beach, Portsmouth; Maine: Bar Harbor, Kennebunkport, Lubec, Northeast Harbor, Ogunquit, Portland, Boothbay Harbor
Information: Massachusetts Office of Travel and Tourism, 100 Cambridge St., 13th Floor, Boston, MA 02202, Tel.: +1 617 727 3201

Die Beobachtung von Walen und Delphinen

Florida und die Bahamas
Die nordamerikanische Ostküste

Das „Commonwealth of the Bahamas" umfaßt über 700 flache Inseln und 2000 Koralleninseln, von denen nur 24 bewohnt sind. Alle zusammen bilden eine Kette, die sich von Florida aus 800 km nach Südosten erstreckt.

Die flachen Gewässer sind relativ ruhig und außerordentlich klar, und der Meeresgrund ist weiß und sandig, so daß die Bedingungen für die Beobachtung von wildlebenden Delphinen unter Wasser wahrscheinlich besser als irgendwo sonst auf der Welt sind.

Zügeldelphine sind in dem klaren, flachen Wasser gut zu sehen (oben).

Regelmäßig kommen kleine Gruppen von Zügeldelphinen auf Boote zu und schwimmen mit Schnorcheltauchern. Die Boote ankern normalerweise mehrere Tage in etwa 50 km Entfernung von der nächsten Insel bei einer Sandbank, die zur Little-Bahama-Sandbank gehört und nur 6 m unter dem Meeresspiegel liegt. In ihrer Nähe leben Schätzungen nach 80–100 Delphine, aber gewöhnlich sieht man höchstens zehn Tiere gleichzeitig. Große Tümmler begleiten manchmal die Zügeldelphine, werden aber auch getrennt gesichtet.

Vor allem von Mai bis September starten drei- bis elftägige Touren mit Tauch- und Segelbooten oder Motorjachten von Florida oder von West End und Port Lucaya auf Grand Bahama Island aus, einige Touren finden aber auch in den restlichen Monaten statt. Die Delphine leben zwar das ganze Jahr über in diesen Gewässern, aber von Mai bis September ist es weniger windig, und die See ist gewöhnlich ruhiger. Zu den vielen mehrtägigen Touren, die von Florida aus starten, gehört ein Abstecher in die Ausläufer des Golfstroms, der oft kurz nach Beginn oder kurz vor Ende der Tour stattfindet. Auf offener See sind hier manchmal noch andere Wale und Delphine zu sehen, unter anderem Pott- und Indische Grindwale sowie Rauhzahn- und andere tropische Delphine.

Florida und die Bahamas

Eine Taucherin mit einem Unterwasserscooter lädt Zügeldelphine zum Spielen ein (oben). Ein Großer Tümmler (rechts)

Von der Atlantik- und Golfküste Floridas aus und gelegentlich auch in der dazwischen liegenden Meeresstraße kann man Große Tümmler sehen, zusammen mit Seekühen, tauchenden Pelikanen und anderen für Florida typischen Tieren. Zur Beobachtung von Delphinen vom Land aus sind die Florida Keys, die ihnen vorgelagerten Inseln sowie die Gegend um Sarasota an der Golfküste besonders geeignet.

Was Begegnungen mit Delphinen auf See betrifft, so gibt es in Key West seit langem einen Veranstalter, der je nach Wetter an 200–250 Tagen im Jahr Touren durchführt. Fragen Sie vor Ort nach anderen Anbietern.

BESONDERE ATTRAKTIONEN

Seit einigen Jahren bietet Earthwatch spezielle einwöchige Expeditionen an. Diese Touren waren ursprünglich nur zur Zählung der Wale gedacht, erfassen aber heute die gesamte Flora, Fauna und Kultur der nördlichen Bahamas. Mehr als 16 Wal- und Delphinarten sind bisher bei diesen Expeditionen gesichtet worden: Neben den Zügeldelphinen und Großen Tümmlern trifft man hier bei Walbeobachtungsfahrten auch auf Pott- und Buckelwale, Indische Grindwale und Kleine Schwertwale sowie seltene tropische Schnabelwalarten.

Die Expeditionen decken den Lebensraum vor Hunderten von Inseln ab – von Mangrovensümpfen und Sandbänken dicht unter der Wasseroberfläche bis hin zu tiefen Meeresgräben; es ist also durchaus möglich, daß sie auf diesen Fahrten noch weitere Überraschungen erleben. Die Touren starten von Great Abaco Island aus. Informationen sind über Earthwatch zu beziehen (weitere Angaben siehe unten).

REISETIPS

Beste Reisezeit: Ganzjährig Zügeldelphine und Große Tümmler, Mai–Sept. für die Bahamas am günstigsten, einige Touren aber auch in anderen Monaten; von Jun. bis Okt. auf Hurrikanwarnungen achten

Wetter: Warm bis heiß, Mai–Sept. gewöhnlich ruhigere See

Arten von Touren: Vor allem drei- bis elftägige Expeditionen zu den Bahamas (im voraus buchen); einige Tagestouren in Küstengewässern Floridas; Schlauch- und Segelboote, Motorjachten und Tauchboote

Angebotene Touren: Florida: Key West; Florida-Bahamas: Jupiter, Dania, Fort Lauderdale, Indialantic, Miami Beach; Bahamas: West End, Port Lucaya, Freeport (Grand Bahama Island)

Information: The Bahamas Tourist Office, 255 Alhambra Circle, Suite 425, Coral Gables, FL 33134, Tel.: +1 305 442 4867; Florida Division of Tourism, 126 Van Buren Street, Tallahassee, FL 32399, Tel.: +1 904 487 1462; Earthwatch, 680 Mt. Auburn Street, Box 403, Watertown, MA 02272, Tel.: +1 617 926 8200

Die Beobachtung von Walen und Delphinen

Die Karibik
Die nordamerikanische Ostküste

Im Jahr 1988 war das Inselparadies Dominica der erste Ort in der Ostkaribik, an dem Walbeobachtungstouren veranstaltet wurden. Touren starten von einem Ort in der Nähe von Roseau aus und sind auf eine Gruppe von acht bis zwölf Pottwalen ausgerichtet, die regelmäßig in den tiefen Gewässern unmittelbar vor der Westküste zu finden sind. Außer ihnen gibt es Gewöhnliche Grindwale, Kleine Schwertwale, Schwertwale sowie Spinner- und Zügeldelphine. In den warmen Gewässern rund um Dominica zeigen sich oft auch Zwergpottwale, die andernorts kaum je gesichtet werden. Ebenfalls vertreten sind der Schwertwal, der Kleine Pottwal und der Breitschnabeldelphin.

Veranstalter von Tauchtouren auf Martinique und Guadeloupe bieten mittlerweile auch Touren zur Beobachtung von Pott- und anderen Walen an.

Im Osten der Karibik lassen sich vor St. Vincent und den Grenadinen hervorragend Spinner-

Große Tümmler reiten gern in den Heckwellen von Schiffen (links). Ein Buckelwal im Silver-Bank-Buckelwalschutzgebiet (unten rechts)

und Zügeldelphine beobachten. Diese Touren werden fast das ganze Jahr über von Arnos Vale auf der großen Insel von St. Vincent aus durchgeführt, von Mitte Dezember bis Mitte Februar kann es allerdings windig werden. Auf dem weiter südlich gelegenen Grenada gibt es mehrere Veranstalter von Delphinbeobachtungstouren, auf denen man neben Spinner-Delphinen, Zügeldelphinen und Großen Tümmlern mit etwas Glück auch Indische Grindwale und Pottwale sehen kann. Das Kido Project in Carriacou bietet Umweltprojekte für Jugendliche an, unter anderem eine Katamarantour zur Beobachtung von Delphinen. Die Begegnungen mit Meeressäugern sind dazu geeignet, jungen Menschen Denkanstöße zu geben und Motivation zu vermitteln. In den ruhigen, warmen Gewässern der Karibik versammeln sich über 3000 Buckelwale, und man

Die Karibik

Die eckige Kopfform der drei zusammen auftauchenden Pottwale ist unverkennbar (oben). Klares Wasser und üppige Vegetation machen die Karibik zu einem beliebten Urlaubsziel (rechts).

hat eine gute Chance, Walkühe zu sehen, die das Wasser mit der Fluke peitschen, und singende Männchen zu hören. Das Kerngebiet ist das Silver-Bank-Buckelwalschutzgebiet nördlich der Dominikanischen Republik. Die Wale finden sich auch über der Navidad-Sandbank in der Samaná-Bucht ein auf der Westseite Puerto Ricos sowie nördlich der britischen und amerikanischen Jungferninseln. Walfreunde, die einem bestimmten Buckelwal in seinen Nahrungsgründen vor Neuengland und Ostkanada begegnet sind, treffen hier in der Karibik unter Umständen dasselbe Tier an. Die Buckelwale im Nordatlantik nutzen die Karibik ebenso zum Singen, zur Paarung und zur Geburt der Jungen wie ihre nordpazifischen Artgenossen die Gewässer in der Nähe von Hawaii, Mexiko und Südjapan.

BESONDERE ATTRAKTIONEN

Seit Anfang der 90er Jahre lädt Paul Knapp Jr. jeden Winter (30. Dez–15. April) mehrere Hundert Menschen ein, nördlich von Tortola Buckelwalmännchen beim Singen zuzuhören. Die Besucher lauschen den Tönen, die von hochwertigen Unterwassermikrophonen und Lautsprechern übertragen werden. Selbst wenn die Wale sich ein gutes Stück außer Sichtweite befinden, sind die Töne auf dem Schiff oft recht deutlich zu vernehmen. An Bord eines komfortablen Schiffes lauscht man dem, was das Unterwassermikrophon auffängt. Walen so zuzuhören ist ein ganz besonderes Erlebnis.

REISETIPS

Beste Reisezeit: Jan.–Apr. Buckelwale; ganzjährig Pottwale und versch. Delphinarten; nähere Informationen vor Ort einholen, da die Toursaison variiert (z. B. St. Vincent, Delphine, Apr.–Sept.)

Wetter: Warm bis heiß, oft schwere See, Touren oft auf die Leeseite der Inseln beschränkt. Aug.–Okt. manchmal stürmisch; Regenzeit variiert, manchmal mit wenigen Stunden Regen am Tag

Arten von Touren: Halbtages- und Tagestouren, einige längere Expeditionen in der Dominikanischen Republik; Schlauchboote und Walbeobachtungsschiffe

Angebotene Touren: Dominikanische Republik: Samaná, Puerto Plata, Santo Domingo; Puerto Rico: Rincón; Amerik. Jungferninseln: Long Bay, St. Thomas; Brit. Jungferninseln: Road Town, Tortola; Guadeloupe: Le Moule; Dominica: Roseau; Martinique: Carbet; St. Vincent: Arnos Vale; Grenada: St George's, Carriacou (Grenadinen)

Information: Caribbean Tourism Organization, 80 Broad Street, 32nd Floor, New York, NY 10004, Tel.: +1 212 682 0435

Die Beobachtung von Walen und Delphinen

SÜDAMERIKA

Südamerika hat von Flußdelphinen inmitten des Urwalds bis zu Südkapern vor Patagonien alles zu bieten.

Galápago inseln

Die ersten kommerziellen Walbeobachtungstouren Südamerikas fanden 1983 in Argentinien statt. In den 70er und frühen 80er Jahren reisten viele Wal- und Delphinforscher aus der ganzen Welt in diese Gegend, und ihre faszinierenden Berichte über Patagonien und die Wale und Delphine in den geschützten Buchten der Halbinsel gingen um die Welt.

Schon bevor in Patagonien mit der Erforschung von Walen begonnen wurde, war die Beobachtung von Walen Bestandteil von Exkursionen in den Regenwald am Amazonas und Bootstouren rund um die Galápagosinseln gewesen. Doch erst der Erfolg der Walbeobachtungsbranche in Argentinien hat dazu geführt, daß man heute entlang der brasilianischen Küste und im Amazonasbecken vermehrt Walbeobachtungstouren veranstaltet und daß entlang der Küste Ecuadors und Kolumbiens neue Touren angeboten werden.

Auch alle anderen Länder Südamerikas außer Paraguay,

Rund um die Galápagosinseln leben Delphine und andere Meerestiere.

das keine Küste hat, bieten gewisse Möglichkeiten zur Walbeobachtung. Wo es keine kommerziellen Touren gibt, bestehen zumindest Beobachtungsmöglichkeiten an Land. Halten Sie also stets die Augen offen, wenn Sie dem Verlauf der Küste oder dem Ufer eines Flusses folgen.

Viele der großen Walarten besuchen Südamerika. Sie verbringen einen Teil des Jahres mit der Nahrungsaufnahme in antarktischen Gewässern und wandern dann nordwärts in wärmere Zonen, wobei sie Feuerland im

Ein Südkaper hebt sich vor Patagonien (Argentinien) aus dem Wasser.

Westen oder Osten passieren, um in den Südpazifik bzw. -atlantik zu gelangen. In den meisten Fällen endet die Wanderung südlich des Äquators, doch einige Buckelwale ziehen weiter nach Norden bis nach Kolumbien und Costa Rica – der bislang längste dokumentierte Wanderweg eines Wales überhaupt.

Die größeren Arten nutzen die südamerikanischen Gewässer nur zur Paarung

Südamerika

Der größte aller Flußdelphine, der Amazonas-Delphin

Walbeobachtung nahe der Valdés-Halbinsel

sowie zur Geburt und Aufzucht der Jungen, während die Kleinwale und Delphine das ganze Jahr über hier leben und Nahrung und Partner am selben Ort finden. Der südliche Teil Südamerikas wartet mit einer besonderen Vielfalt von seltenen Arten auf: So sind mindestens sechs Arten von Delphinen und Schweinswalen nur oder hauptsächlich in diesen Gewässern zu finden, besonders vor Chile und Argentinien. Außerdem werden manche seltene Schnabelwalarten auf hoher See gesichtet oder stranden im Süden von Südamerika, darunter auch zwei neue Arten, die erst Anfang der 90er Jahre beschrieben wurden.

Die Beobachtung von Walen und Delphinen

Ecuador und Kolumbien

Südamerika

Der heiße, schwüle Nordwesten Südamerikas bietet Gelegenheit, einigen seltenen tropischen Walarten sowie wandernden Walen zu begegnen. In Ecuador und Kolumbien sind Walbeobachtungstouren relativ neu. Ecuador ist seit langem berühmt für seine weit vor der Küste gelegenen Galápagosinseln, und Kolumbien besitzt eine lange Karibikküste, aber am besten sind Wale in beiden Ländern an der Pazifikküste zu beobachten. Die Hauptattraktion sind hierbei die Buckelwale der Südhalbkugel, die auf ihrer extrem weiten Wanderung den Äquator überqueren. Sie ziehen von der Antarktis, wo sie den Sommer mit der Nahrungsaufnahme verbringen, in ihre Fortpflanzungsgebiete vor Kolumbien und Ecuador – Hin- und Rückweg ergeben zusammen 16 668 km.

In Kolumbien konzentriert man sich bei der Erforschung der Buckelwale auf die 56 km vom Festland entfernte Insel Gorgona. In der Walbeobachtungssaison von August bis Oktober ist Juanchaco auf dem Festland der günstigste Ort, um an einer gezielten Beobachtungstour teil-

Buckelwale wühlen vor der Insel Gorgona das Wasser auf.

zunehmen. Einige Besitzer von Walbeobachtungsschiffen vermieten am Strand von Juanchaco Kabinen und bieten Pauschalreisen von Cali und Buenaventura aus an. Zusätzlich gibt es Große Tümmler und andere Delphine zu sehen sowie Schwertwale und Kleine Schwertwale.

In Ecuador starten von Juni bis Mitte September Touren zur Beobachtung von Buckelwalen vom Machalilla-Nationalpark an der Küste sowie von den Fischhäfen Puerto López und Salango aus. Viele Touren führen vom Park direkt zur Insel La Plata, in deren Nähe man ausgezeichnet Buckelwale beobachten kann.

Ecuador und Kolumbien

Die Insel Gorgona, von der aus Forscher Grauwale studieren (oben). Die Galápagosinseln (links)

Was Beobachtungen vom Land aus betrifft, so besitzt das Hotel Punta Carnero in Punta Carnero eine Aussichtsplattform.

Im Hinblick auf andere Wale ist in Ecuador die günstigste Zeit von Dezember bis Mai, wenn an den meisten Tagen die Sonne scheint und die See ruhig ist. Große Tümmler und Schlankdelphine durchstreifen die Küstengewässer. Auf hoher See zeigen sich unter Umständen Bryde-Wale, Schwertwale und Kleine Schwertwale sowie Blau-Weiße, Gemeine und Rundkopfdelphine.

Große Tümmler kann man mit Sicherheit im Mündungsgebiet des Guayas im Golf von Guayaquil beobachten. Hier leben das ganze Jahr rund 400 bis 500 Tümmler, aber die beste Zeit, um bei einer angenehmen Brise zu erleben, wie eine ganze Delphinschule das Boot begleitet, ist von Juni bis November.

BESONDERE ATTRAKTIONEN

Die Galápagosinseln, die 975 km vom Festland entfernt im Äquatorialpazifik liegen, waren eines der ersten Ziele des internationalen Ökotourismus. Das marine Schutzgebiet der Galápagosinseln wurde 1959 geschaffen; für den organisierten Tourismus wurden die Inseln 1970 zugänglich. Heute sind die Gewässer rund um die Inseln ein Wal- und Delphinschutzgebiet.

Besucher können in der Nähe der Inseln Große Tümmler sowie Gemeine und Spinner-Delphine sehen. Auf hoher See kommen Pott- und Bryde-Wale vor, aber um sie zu entdecken, ist gewöhnlich eine mindestens zweitägige Tour nötig. Verschiedene internationale Anbieter veranstalten naturkundliche Exkursionen allgemeiner Art, deren Teilnehmer unter anderem auch Delphine und gelegentlich Wale zu sehen bekommen, aber nur wenige Touren sind auf Wale ausgerichtet.

REISETIPS

Beste Reisezeit: Ecuadorianische Küste und Galápagosinseln: ganzjährig Große Tümmler sowie Schlank- und andere Delphine; Hochsee vor Ecuador: Spinner-Delphine, Schwert-, Pott- und Bryde-Wale; Buckelwale Jun.–Sept. Ecuador, Aug.–Okt. Kolumbien

Wetter: Heiß an der ecuadorianisch-kolumbianischen Küste, ganzjährig feucht, in der Buckelwalsaison manchmal Regen; Galápagosinseln trockener, leichtester Seegang, März–Aug. aber Touren jederzeit möglich

Arten von Touren: Halbtages- und Tagestouren, längere Expeditionen; Schlauch- und Segelboote, kleine Motorboote und Passagierschiffe.

Angebotene Touren: Ecuador: Guayaquil, Quito, Machalilla-Nationalpark, Puerto López, Salango; Kolumbien: Cali, Buenaventura, Bahía, Juanchaco, Ladrilleros, Bahía Solano, El Valle, Chocó

Information: Fundación Ecuatoriana para el Estudio de Mamíferos Marinos (FEMM), Velez 911 y 6 de Marzo, Ed. Forum, 5to. piso, Of. 5-16, PO Box 0901 11905, Guayaquil, Ecuador, Tel./Fax +593 4 524 608; Estación Científica Charles Darwin, Isla Santa Cruz, Galápagos, Ecuador

Die Beobachtung von Walen und Delphinen

Brasilien und der Amazonas

Südamerika

Amazonas-Delphine kommen nur im tropischen Regenwald Südamerikas vor, und zwar im größten Teil des riesigen Beckens des Amazonas und des Orinoko, deren Wassermassen aus vielen Regionen Südamerikas abfließen, nämlich aus Teilen von Brasilien, Bolivien, Peru, Ecuador, Kolumbien, Venezuela und Guyana. In fast allen diesen Ländern kann man Amazonas-Delphine sehen. Die besten Ausgangspunkte für Touren sind Leticia und Puerto Nariño in Südkolumbien, das Pacaya-Samiria-Schutzgebiet im Osten Perus, ferner Manaus und verschiedene andere Häfen am brasilianischen Amazonas mit seinen zahlreichen großen Nebenflüssen.

Viele Walfreunde haben schon vom Amazonas-Delphin gehört, aber wenigen ist bekannt, daß auf Touren zur Beobachtung von Flußdelphinen und auf Exkursionen in den Regenwald noch ein anderer Delphin gesichtet wird: der Amazonas-Sotalia, der zu den Echten Delphinen gehört. Sein Verbreitungsgebiet schließt den Amazonas und den Orinoko ein. Wenn man Delphine beider Arten nebeneinander sieht, wird der Unterschied deutlich: Der Amazonas-Sotalia ist schlank und stromlinienförmig, der blaßrosafarbene Amazonas-Delphin dagegen ein ungelenk anmutendes Tier mit eckigem Körperbau, breiten Brustfinnen, einem mit winzigen Zähnen besetzten Schnabel und tiefliegenden Augen.

Der Amazonas-Sotalia kommt an der brasilianischen Küste und im Amazonasbecken vor (oben).

Der Amazonas-Sotalia wird am häufigsten vor der Atlantikküste Brasiliens gesichtet und ist bei brasilianischen Wal- und Delphinbeobachtern die beliebteste Art. Er ist auf Segeltouren zu entdecken, die von der Mitte des Nordufers der Santa-Catarina-Insel aus starten. Andere Beobachtungstouren in Brasilien bieten Gelegenheit, von der Steilküste aus Südkaper in ihrem Fortpflanzungsgebiet nahe dem Südufer der Santa-Catarina-Insel zu beobachten, Buckelwale im marinen Nationalpark von Abrolhos, etwa 40 km vor der Küste von Süd-Bahia, oder Spinner-Delphine beim Fernando-de-Noronha-Archipel

Brasilien und der Amazonas

Amazonas-Delphine im Amazonas (oben).
Eine Urwaldexpedition folgt dem Lauf des Amazonas und seiner Nebenflüsse (links).

vor Pernambuco. Große Tümmler sind ebenfalls vielerorts zu sehen, so ganzjährig vor der Südküste der Santa-Catarina-Insel.

BESONDERE ATTRAKTIONEN

Ein gutes Stück südlich des bedeutenden Verbreitungsgebiets des Südkapers rund um die Santa-Catarina-Insel kann man im Bundesstaat Santa Catarina Zeuge einer außergewöhnlichen Zusammenarbeit zwischen Menschen und Delphinen werden. Etwa 200 Große Tümmler leben in unmittelbarer Nähe einer großen Lagune in der Nähe der Stadt Laguna. Die Delphine kommen mit Ausnahme der Monate Juli und August das ganze Jahr über nahe an die Küste heran, um sich am Fang von Meeräschen zu beteiligen. Die Meeräschenfischerei geht mit Hilfe traditioneller Handnetze vonstatten. Mitunter helfen etwa 25 bis 30 Delphine den Fischern, indem sie die Fische aufs Ufer zu und in die Netze treiben. Die Delphine bekommen dann auch einige Fische ab.

1993 erklärte die Stadt Laguna die Lagune zum ökologischen Schutzgebiet für Delphine. In Zukunft gibt es hier möglicherweise Touren zur Beobachtung der Südkaper, die von Juni bis September bei Imbituba nahe an die Küste kommen, doch die Südkaper wie die Delphine beobachtet man am besten vom Land aus.

REISETIPS

Beste Reisezeit: Ganzjährig Flußdelphine im Amazonas-Orinoko-Becken, am günstigsten außerhalb der Hochwassersaison, da die Delphine dann leichter zu finden sind und man die Regenzeit vermeidet; Amazonas-Sotalias vor der Santa-Catarina-Insel; Spinner-Delphine beim Fernando-de-Noronha-Archipel (beide Brasilien); Jun.–Okt. Südkaper südl. der Santa-Catarina-Insel; Jun.–Dez. Buckelwale im nationalen marinen Schutzgebiet von Abrolhos in Brasilien
Wetter: Amazonas-Orinoko heiß und schwül; Walbeobachtungssaison in Südbrasilien kalt und windig, selbst an Land; oft starker Seegang

Arten von Touren: Halbtages- und Tagestouren, einige längere Expeditionen; Schlauch-, Segel- und Motorboote, Kanus und Flußfähren, Beobachtungen zum Teil vom Land aus möglich
Angebotene Touren: Brasilien: Florianópolis, Caravelas, Manaus; kolumbianischer Amazonas: Bogotá, Leticia und Puerto Nariño; Peru: Iquitos
Information: Oceanic Society Expeditions, Fort Mason Center, Building E, San Francisco, CA 94123, Tel. +1 415 441 1106; International Wildlife Coalition/Brasilien, C.P. 5087, 88040-970, Florianópolis, SC, Brasil, Tel./Fax +55 48 234 1580

Die Beobachtung von Walen und Delphinen

Argentinien
Südamerika

Das legendäre, von Entdeckern, Biologen und zeitgenössischen Schriftstellern gefeierte Patagonien ist die entlegene Südregion Argentiniens. Patagonien ist eine semiaride Hochebene, geprägt von Schaffarmen, Erzlagerstätten und endlosen offenen Flächen.

Ein Großteil der Küstenlandschaft besteht aus steilen, windgepeitschten Klippen, doch in der Mitte der patagonischen Küste ragt die große Valdés-Halbinsel ins Meer. Sie bildet zwei breite Golfe, in denen wiederum geschützte Buchten liegen, die den seltenen Südkaper anziehen.

Jedes Jahr im Juli kommen die Südkaper in die Gewässer um die Valdés-Halbinsel, um sich zu paaren, ihre Jungen zu gebären und aufzuziehen und manchmal auch, um zu spielen. Wie Roger Payne und seine Familie feststellen konnten, beginnt das Schauspiel am Nachmittag, wenn der Wind vor der patagonischen Küste eine Geschwindigkeit von über 30 km/h erreicht. Ein Wal nach dem anderen hebt seine breite Fluke hoch aus dem Wasser und „segelt" durch die Bucht. Danach tauchen die Wale ab, kehren um und wiederholen den Vorgang. Von einem kleinen Boot aus zu sehen, wie eine dieser riesigen Fluken vorübergleitet, ist ein Erlebnis.

Tagestouren zur Beobachtung der Südkaper starten von Puerto Madryn, Trelew und Puerto Pirámide aus; einwöchige oder längere Pauschal-

Ein Südkaper „segelt" mit erhobener Fluke durch eine geschützte Bucht der Valdés-Halbinsel (Patagonien).

reisen sollten Sie im voraus bei internationalen Veranstaltern buchen. Buenos Aires ist Ausgangspunkt oder Zwischenstation aller Touren. Manche Pauschalreisen schließen Begegnungen mit See-Elefanten, Seelöwen, Kolonien von Robben und Magellanpinguinen (beim nahe gelegenen Punta Tombo) sowie Exkursionen ins Innere Patagoniens ein.

An keinem anderen Ort wie auf der Valdés-Halbinsel kann man erleben, daß Schwarzdelphine akrobatische Sprünge vollführen und Schwert-

Argentinien

Ein Schwertwalweibchen mit seinen Jungen (oben). Ein Walbeobachtungsboot bei Puerto Pirámide (links)

wale auf spektakuläre Weise Seelöwen jagen. In der Wurfzeit der Seelöwen von Mitte Februar bis Mitte April ist der Tisch für die Schwertwale reich gedeckt. Bei Punta Norte auf der anderen Seite der Halbinsel gibt es ein spezielles Beobachtungsgebiet, von dem aus man sehen kann, wie Schwertwale das seichte Wasser durchstreifen und sich auf den Strand werfen, um junge Seelöwen zu erbeuten.

BESONDERE ATTRAKTIONEN

Ein Aufenthalt in Südpatagonien ist der Traum vieler erfahrener Walbeobachter. Mehrere Arten sind nur rund um die Südspitze Südamerikas (was sowohl chilenische als auch argentinische Gewässer einschließt) zu finden. Von ihnen ist der Commerson-Delphin am besten erforscht, ein kleiner schwarz-weißer Delphin, der auf Beobachtungstouren von Puerto Deseado im äußersten Süden Argentiniens aus zu sehen ist.

Diese Delphine zeigen sich zur gleichen Zeit wie die Südkaper, aber im Frühjahr ist das Wetter in diesen weit im Süden gelegenen Gewässern schlecht, so daß die Monate von Dezember bis März am günstigsten sind. Walfreunde in Patagonien, die die Südkapersaison verpassen, können statt dessen Commerson-Delphine und Schwertwale beobachten.

Außerdem besteht die Möglichkeit, den hier heimischen Peale-Delphin zu sehen, aber um ein Exemplar dieser seltenen kleinen Art zu entdecken, die nur an der Südspitze Südamerikas vorkommt, muß man eine lange Kreuzfahrt unternehmen, die unter anderem durch die Magellanstraße führt.

REISETIPS

Beste Reisezeit: Mitte Jul.–Nov. Südkaper rund um die Valdés-Halbinsel (Patagonien), am besten Sept.–Okt.; ganzjährig Schwertwale, aber Jagd auf Seelöwen am Strand Mitte Feb. bis Mitte Apr.; Dez.–März Commerson- und Peale-Delphine nahe Puerto Deseado
Wetter: Südkapersaison (Mitte Jul.–Nov.) kalt; Delphinsaison (Dez.–März) kühl auf See, selbst an guten Tagen
Arten von Touren: vor allem mehrtägige Expeditionen, örtl. auch Tagestouren; Schlauch-, Fischer-, Sportfischer- und Segelboote sowie Kajaks
Angebotene Touren: Buenos Aires; Prov. Chubut: Puerto Pirámide, Puerto Madryn, Rawson, Trelew; Prov. Santa Cruz: Puerto San Julián, Puerto Deseado
Information: Oficina Informática Turística (Touristen-Informationsbüro), Avenida Santa Fe 883, 1059 Buenos Aires, Argentina, Tel. +54 1 312 2232 oder 312 5550 .

Die Beobachtung von Walen und Delphinen

EUROPA UND AFRIKA

Grönland

Europa ist die geistige Heimat der Walbeobachtung. Hier können – wie auch in Afrika – Wissenschaftler und Laien ausgezeichnet Wale beobachten.

Die kommerzielle Walbeobachtung in Europa begann 1980, als ein Fischer aus Gibraltar Bootsfahrten anbot, auf denen man drei im Mittelmeer heimische Delphinarten beobachten konnte. Mitte der 80er Jahre wurden Touren zur Delphinbeobachtung in Frankreich, Großbritannien, Irland und Portugal angeboten. Im gleichen Zeitraum wuchs an der südafrikanischen Küste das Interesse an der Beobachtung von Südkapern vom Land aus, aber zum großen Boom der Wal- und Delphinbeobachtung kam es dort erst Ende der 80er Jahre. Parallel entwickelte sich die Branche in Norwegen, Italien und auf den Kanarischen Inseln, bald danach auch auf den Azoren.

Die Beobachtung von Pott- und verschiedenen Bartenwalen vor Andenes (Nordnorwegen) ist in vielerlei Hinsicht ein vorbildliches Beispiel für erfolgreichen Ökotourismus. An Bord der Schiffe arbeiten erfahrene Führer, oft Biologen, und in Andenes selbst gibt es ein Museum und ein Walinformationszentrum.

In Italien finden von Experten begleitete Touren, die von Porto Sole und San Remo (bei Genua) aus zur Beobachtung von Finnwalen starten, inzwischen großen Anklang. Vor den Azoren gibt es eine erstaunliche Vielfalt von Walen, die man sowohl vom Ufer als auch von Booten aus beobachten kann.

Die Kanarischen Inseln zählen zusammen mit dem Süden Neuenglands und dem Sankt-Lorenz-Strom zu den drei bedeutendsten Reisezielen der Welt für Walbeobachter. Es gibt hervorragende Möglichkeiten zur

Die Küste Cornwalls (oben); Delphin vor Cornwall (oben rechts)

Beobachtung der dort heimischen Indischen Grindwale und verschiedener Delphinarten. Allerdings werden nur wenige Touren von Biologen begleitet, erkundigen Sie sich also vorher, wer für die Durchführung der Tour verantwortlich ist.

Abgesehen von den Kanarischen Inseln gibt es auch in anderen Gegenden Europas sowie in Afrika Walbeobachtungstouren, die zu den besten der Welt zählen. Vor allem in Südafrika und Irland bieten durchdachte und gutorganisierte Wandertouren den Teilnehmern die Möglichkeit, von der Steilküste aus Wale zu beobachten. In Italien, Griechenland, Kroatien, Frankreich und einigen anderen Ländern kann man Wissenschaftler drei bis zehn Tage lang auf Touren begleiten, die hohen Ansprüchen genügen und überdies zur Erhaltung der Wale beitragen.

Ein Delphin (links) im Mittelmeer begleitet ein Schlauchboot mit Beobachtern und springt aus dem Wasser.

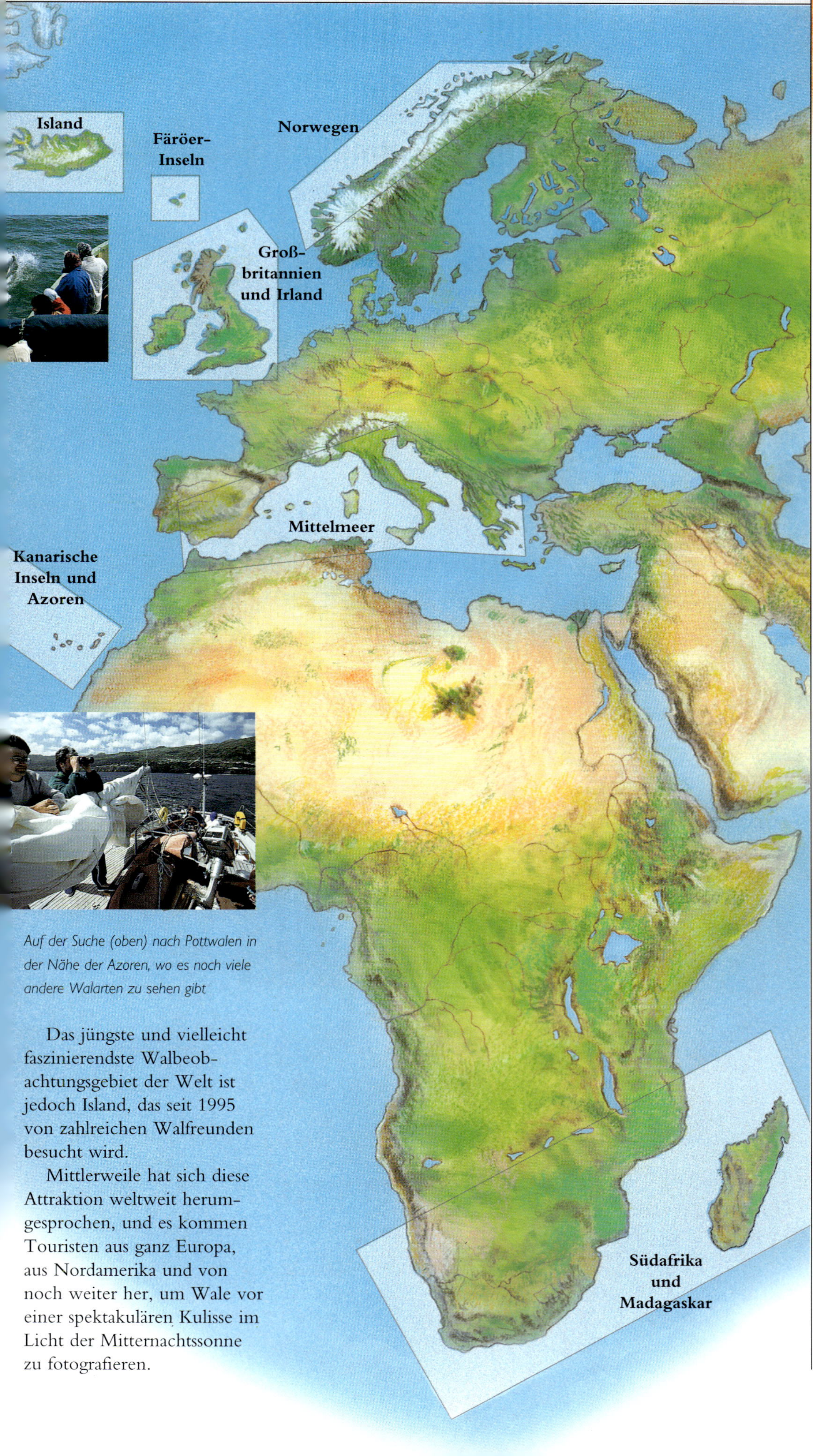

Europa und Afrika

Island

Färöer-Inseln

Norwegen

Groß-britannien und Irland

Mittelmeer

Kanarische Inseln und Azoren

Südafrika und Madagaskar

Auf der Suche (oben) nach Pottwalen in der Nähe der Azoren, wo es noch viele andere Walarten zu sehen gibt

Das jüngste und vielleicht faszinierendste Walbeobachtungsgebiet der Welt ist jedoch Island, das seit 1995 von zahlreichen Walfreunden besucht wird.

Mittlerweile hat sich diese Attraktion weltweit herumgesprochen, und es kommen Touristen aus ganz Europa, aus Nordamerika und von noch weiter her, um Wale vor einer spektakulären Kulisse im Licht der Mitternachtssonne zu fotografieren.

Island

Europa und Afrika

Es ist nach Mitternacht – im vollen Schein der Frühsommersonne blasen Zwergwale, und Seeschwalben stürzen sich ins Wasser. Sie alle machen Jagd auf winzige Fische. Verzaubert von der glatten See und versteckt im Schatten verschneiter Gipfel, sichten Walbeobachter in einem Boot vor der Nordostküste Islands eine Schule verspielter Wale, deren Blasfontänen und breite Rücken in der Sonne leuchten.

Ein Zwergwal (oben) bei Húsavík (Nordisland) im warmen Schein der Mitternachtssonne

Island liegt knapp südlich des nördlichen Polarkreises im Nordatlantik, etwa auf halbem Weg zwischen Nordamerika und Europa. Islands staatliche Fluglinie Icelandair bietet für Europäer und Nordamerikaner, die den Atlantik überqueren, ohne Aufpreis ein- bis dreitägige Zwischenstopps in Island an.

In vielen Dörfern und Städtchen auf der Insel werden inzwischen Walbeobachtungstouren angeboten. Neben Zwergwalen gibt es Finn-, Schwert-, Pott-, Sei-, Buckel- und Blauwale zu sehen, außerdem Weißseiten- und Weißschnauzendelphine sowie die augenscheinlich scheuen Schweinswale.

In vielen Teilen des Landes kann man Ende Juni die mitternächtliche Walbeobachtung genießen. Zentrum der Walbeobachtung ist jedoch das Fischerdorf Húsavík in Nordostisland. Während der Beobachtungssaison gilt das Hauptinteresse den zutraulichen Zwergwalen. Manchmal trifft man Buckelwale an, und mehrmals im Jahr kommen Blauwale (die normalerweise weiter von der Küste entfernt Nahrung suchen) in die Bucht und verbringen dort mehrere Tage oder eine Woche mit der Nahrungsaufnahme. Manchmal sieht man Wale vom Dorf aus, und wenn man mit dem Boot aufs Meer hinausfährt, entdeckt man sie oft innerhalb einer Stunde.

In Höfn (Südostisland), wo seit 1991 Wale beobachtet werden, besteigen die Walbeobachter einen 135-Tonnen-Hummernfänger, um Buckel-, Zwerg-, Schweins- und gelegentlich auch Schwertwale zu sehen. An der Westküste,

Island

Island bietet Besuchern eine reiche Tierwelt; ein springender Buckelwal (oben). Walbeobachter betrachten einen Zwergwal aus nächster Nähe (rechts).

16–19 km seewärts von Stykkishólmur, kann man auf Ganztagstouren, die auch die Besichtigung großer Seevögelkolonien und des berühmten Snaefellsjökull-Gletschers beinhalten, Blau- und Pottwale zu Gesicht bekommen. Weitere Walbeobachtungshäfen auf der Insel sind Grindavík, Keflavík, Arnarstapi, Ólafsvík und Dalvík.

Die Anreise erfolgt bei allen Touren über den internationalen Flughafen Keflavík; die Häfen in Nordisland – Húsavík eingeschlossen – sind nach einem Transfer zum nahe gelegenen Inlandsflughafen Reykjavík zu erreichen. Man kann Wale auf Eintagesausflügen beobachten, einige Besucher haben aber auch Pauschalreisen gebucht, die Führungen einschließen.

BESONDERE ATTRAKTIONEN

Bei Húsavík in Nordostisland kann man im Gebiet um den Myvatn (Mückensee) hervorragend Vögel beobachten, u. a. seltene Entenarten. In der Nähe gibt es regelmäßige vulkanische Aktivitäten: Die kahle Landschaft ist übersät mit Löchern voll von heißem, sprudelndem Schlamm, den Geysiren.

Von Höfn an der Südostküste aus gibt es Schneemobil- und Motorschlittenausflüge zum Vatnajökull, Europas größtem Gletscher. Im Südwesten finden vom nahe bei Reykjavík gelegenen Grindavík aus Fahrten zur Insel Eldey statt, dem letzten Rückzugsgebiet des inzwischen ausgestorbenen Riesenalks – eines großen flügellosen Seevogels. Heute gibt es auf Eldey eine riesige Baßtölpelkolonie.

REISETIPS

Beste Reisezeit: Mehrere Walarten Mai–Sept. (Buckelwale eher im Frühsommer, Schwertwale im Spätsommer); beste Zeit Jun.–Aug.

Wetter: Auf See kalt; regelmäßig Regen und starker Seegang; am Anfang und Ende der Walbeobachtungssaison Schneefall möglich

Arten von Touren: Halbtages- u. Ganztagestouren, einige mehrtägige Expeditionen; Fischerboote und Ausflugsschiffe

Angebotene Touren: Húsavík, Höfn, Dalvík, Hauganes, Stykkishólmur, Keflavík, Grindavík, Arnarstapi, Ólafsvík

Information: Icelandic Information Center, Bankastraeti 2, 101 Reykjavík, Ísland, Tel. +354 562 3045

Die Beobachtung von Walen und Delphinen

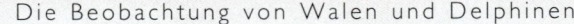

Norwegen
Europa und Afrika

In der rauhen See vor Nordnorwegen tauchen Pottwale auf, ihre langen Rücken bewegen sich im Wasser auf und ab wie Treibholz. Die Pottwale – ausnahmslos Bullen – kommen hierher, um Kalmare zu fressen. Pottwale sind die größten Zahnwale und haben von allen Tieren das größte Gehirn. Höchstwahrscheinlich dient ein Teil dieser Hirnkapazität ihrem komplexen Wahrnehmungssystem, das es ihnen ermöglicht, im Dunkel unterseeischer Schluchten Kalmare zu jagen.

Der malerische Fischereihafen Andenes, der über einen eigenen Flughafen verfügt (Verbindung nach Oslo), ist der nördlichste Ort der Welt, an dem man Pottwale beobachten kann, und außerdem einer der besten Orte dafür. Der Rand des Schelfs liegt hier näher an der Küste als irgendwo sonst in Norwegen und ist in knappen zwei Stunden mit dem Boot zu erreichen. Von Ende Mai bis Mitte September werden zweimal täglich vier- bis fünfstündige Touren angeboten.

In den Sommermonaten treffen in Andenes, das auf der durch Brücken mit dem Festland

Brütende Lummen und Möwen (links) auf einer Insel in der norwegischen Arktis

verbundenen Insel Andøy liegt, Besucher aus etwa 40 Ländern ein, um an Walbeobachtungstouren teilzunehmen, die vielleicht die kulturell vielfältigsten auf der ganzen Welt sind. Die Informationsbroschüren sind drei- bis viersprachig gedruckt, und auf jeder Fahrt sind mehrsprachige Zoologen an Bord – engagierte skandinavische Wissenschaftler, die die Fahrten zur Fotoidentifikation und für andere Arbeiten nutzen.

Außer Pottwalen trifft man gelegentlich auch andere Wale an, darunter Zwerg-, Finn-, Grind-, Schwert- und Schweinswale sowie Weißschnauzendelphine. Im Juni und Juli bietet das fast 24 Stunden anhaltende Tageslicht genügend Zeit, die Natur in jeder Hinsicht zu genießen und Wale zu entdecken. Auf ca. 95 Prozent der Fahrten werden Wale gesichtet, und der größte Veranstalter bietet für den Fall, daß keine Wale gesichtet werden, eine kostenlose Fahrt an.

Die beste Beobachtungszeit ist kurz (10. Oktober bis 20. November); zu dieser Zeit ist es am

Norwegen

Schwertwal in norwegischen Gewässern (oben). Bei Touren von Tysfjord aus wird die Sichtung von Schwertwalen garantiert (links).

Tag nur vier bis sechs Stunden hell. Fast immer entdeckt man in den ersten ein bis zwei Stunden auf See Schwertwale; manchmal sieht man sie auch vom Land aus. In den letzten Jahren kam es aufgrund der Beliebtheit dieser Beobachtungen zu Verkehrsstaus auf den Landstraßen und in den Fjorden, aber die Veranstalter und Forscher versuchen, die Lage in den Griff zu bekommen.

Die Anreise erfolgt über den Flughafen von Narvik, der etwa eineinhalb Autostunden entfernt liegt.

BESONDERE ATTRAKTIONEN

Im Gebiet um Andenes – auf Andøy und in der unmittelbaren Umgebung – werden dem Besucher viele Aktivitäten geboten. Einer der interessantesten Vogelfelsen Norwegens befindet sich auf der Insel Bleiksoy, westlich von Andøy. Es gibt zweistündige Fahrten zu der Kolonie, in der 70 000 bis 80 000 Paare Papageitaucher, 6 000 Paare Dreizehenmöwen sowie zahlreiche Kormorane, Sturmschwalben, Trottellummen und Eissturmvögel brüten.

Unter den verschiedenen Museen sind zwei für Naturliebhaber von besonderem Interesse: Hisnakul – ein neues Museum, das die einheimische Vogelwelt, die Fischerei, den Fjell, sowie die Geologie der Gegend und das Polarlicht zum Thema hat – und das Walinformationszentrum Andenes, ein Museum über Wale, Walforschung und den Walfang in Nordnorwegen. Im Walinformationszentrum gibt es Diashows und tägliche Vorträge über Ökologie und die Erforschung des Verhaltens der Wale. Außerdem erhalten Besucher, die dem Königlichen Internationalen Walsafariverein beitreten, eine Erinnerungsurkunde an ihre Walbeobachtungsreise.

REISETIPS

Beste Reisezeit: Ende Mai–Sept. Pottwale, andere Wale und Delphine bei Andenes; Okt.–Mitte Nov. Schwertwale um Tysfjord
Wetter: Ende Mai bis Sept. in Andenes und Okt.–Nov. in Tysjord auf See kalt; die Tage in Tysfjord sind kurz (Mitte November nur wenige Stunden Tageslicht)
Arten von Touren: Halbtages- und Ganztagestouren, einige mehrtägige Expeditionen; Schlauchboote, Segelboote und Schiffe
Angebotene Touren: Andenes, Nyksund, Myre, Stø, Storjord
Information: Andøy Reiseliv, Tourist-Information, PO Box 58, N-8480 Andenes, Norwegen, Tel. +47 76 11 56 00

Grönland und Färöer-Inseln

Europa und Afrika

Grönland, die größte Insel der Welt, liegt zum Großteil unter einer bis zu 4,3 km dicken Eisdecke. Die 55 900 Einwohner Grönlands sind überwiegend Eskimos, die um 2 500 v. Chr. aus Nordamerika kamen; außerdem leben hier die Nachfahren norwegischer Siedler, die nach der Landung Eriks des Roten im Jahre 985 auf die Insel kamen und sich hier niederließen. Die in eisigen Fjorden gelegenen winzigen und oft malerischen Dörfer bieten hervorragende Möglichkeiten zur Beobachtung von Barten- und Zahnwalen. Die nährstoffreiche See in der Umgebung von Grönland zieht Plankton und andere Wirbellose sowie Fische, Robben, Delphine und Wale an.

Der im Sommer beliebteste Ort zur Walbeobachtung liegt an der vergleichsweise warmen Südwestküste bei Paamiut (Frederikshåb). Dorthin kommen Buckelwale zur Nahrungsaufnahme. Die grönländischen Buckelwale sind ohne Zweifel die lebhaftesten Buckelwale im Nordatlantik. Sie kommen aus der Karibik und ziehen durch die Nahrungsgebiete im Golf von Maine, im St.-Lorenz-Strom und vor Neufundland, um anschließend in den Gewässern um Grönland nach Nahrung zu suchen. Die Wahl ihres sommerlichen Nahrungsgebietes hängt wahrscheinlich davon ab, welche Gebiete sie als Kälber zuerst kennengelernt haben.

Touristen in Schlauchbooten betrachten einen Gezeitengletscher (oben) im südgrönländischen Prinz-Christian-Sund.

Neben Buckelwalen trifft man auf Fahrten von Paamiut aus oft Finn- und Zwergwale in großer Zahl an, die an Stellen massiver Planktonentwicklung Nahrung suchen. Wenn sie genug gefressen haben, sieht man die Wale häufig springen und spielen, und manche schwimmen sogar auf Boote zu, um sie sich näher anzusehen, wobei sie sich an der Wasseroberfläche auf die Seite rollen oder den Kopf aus dem Wasser recken, um einen Blick auf die Walbeobachter zu werfen.

Weiter nördlich an der grönländischen Westküste, in der Diskobucht – vor allem in Aasiaat und Ilulissat (Jakobshavn) –, kann man Boote oder Kajaks mieten, um Wale aus der Nähe zu

Grönland und Färöer-Inseln

Springender Buckelwal (oben). Fischerboote (links) im Hafen von Klaksvik (Färöer-Inseln)

sehen. Im September und Oktober kann man eventuell Belugas und Finnwale entdecken. Die Tage für die Walbeobachtung sind zwar kurz, aber weiter von der Küste entfernt findet man unter Umständen Narwale.

Die Färöer umfassen 18 Inseln, die durch Brücken und kleine Fähren miteinander verbunden sind. Auf Bootstouren sowie vom Ufer aus kann man in diesem zwischen Island und Schottland gelegenen selbstverwalteten dänischen Außengebiet Delphine und manchmal auch Wale sehen. Es werden auch vogel- und naturkundliche Fahrten mit traditionellen Wikingerbooten angeboten. Obwohl die geselligen Grindwale hier immer noch gejagt werden, sind die Naturbeobachtungsmöglichkeiten auf dem Meer hervorragend.

BESONDERE ATTRAKTIONEN

Nur 45 km östlich von Ilulissat (Jakobshavn) liegt auf Grönland der aktivste Gletscher der Nordhalbkugel, der pro Tag geschätzte 18 Mio. t Eis produziert. Die grönländische Tourismusbranche bietet eine Reihe von Gletschertouren sowie Touren von naturkundlichem, kulturellem und historischem Interesse an. Im Frühjahr und Frühsommer sollte man nicht die Seevogelfelsen auf Mykines und anderen Färöer-Inseln versäumen. Die Anreise erfolgt über Tórshavn.

Finnwale (oben) vor der grönländischen Küste fressen große Mengen Plankton.

REISETIPS

Beste Reisezeit: Grönland Jun.–Aug.; Sept.–Okt. Wale häufig, jedoch schlechtes Wetter; Färöer Mai–Okt.
Wetter: Auf See kalt, Regen und Schnee möglich
Arten von Touren: Halbtages- und Ganztagestouren, einige mehrtägige Expeditionen; Kajaks, Fischerboote, Ausflugsschiffe
Angebotene Touren: Grönland: Paamiut (Frederikshåb), Aasiaat und Ilulissat (Jakobshavn) in der Diskobucht, Ammassalik; Färöer-Inseln: Tórshavn, Sandur
Information: Greenland Tourism a/s, Postbox 1552, DK-3900 Nuuk, Grönland, Tel. +299 22888; North Atlantic Marine Activity Ltd., PO Box 1371, FR-110 Tórshavn, Färöer-Inseln, Tel. +298 12499; Joan Petur-Clementsen, FR-210 Sandur, Färöer-Inseln, Tel. +298 861 19

Die Beobachtung von Walen und Delphinen

Großbritannien und Irland

Europa und Afrika

Die Gewässer um Großbritannien und Irland dienen einigen Walen im Sommer als Nahrungsgründe. Zugleich sind sie das ganze Jahr über Heimat für verschiedene Delphinarten. Wenn man auf einer Bootstour zwischen den Inseln hindurchfährt, auf denen Bauernkaten und Schlösser stehen, trifft man oft auf verspielte Zwergwale und Große Tümmler. Diese beiden Arten werden am häufigsten gesichtet. Außerdem kann man Weißschnauzen-, Weißseiten-, Rundkopf- und Gemeine Delphine sehen; dazu Schweinswale, Gewöhnliche Grindwale und Schwertwale.

Schottland ist auf dem besten Wege, sich als eines der wichtigsten Reiseziele für die Beobachtung von Kleinwalen zu etablieren. Auf der Insel Mull sind Fahrten zur Beobachtung von Zwergwalen auf hoher See sehr beliebt. Daneben kann man dort Rundkopfdelphine und gelegentlich auch Schweins- und Schwertwale beobachten. Wer die achtstündige Überfahrt von South Ronaldsay auf den Orkney-Inseln hinüber zu den Shetlandinseln auf sich nimmt, dem bietet sich eine der besten Gelegenheiten für Walsichtungen in ganz Großbritannien.

Im schottischen Moray Firth ist die weltweit nördlichste Population des Großen Tümmlers zu Hause. Man erreicht diese Meerenge entweder mit dem Zug oder mit dem Flugzeug ab Inverness. Hier kann man die Tümmler vom Ufer aus beim Fressen und Spielen beobachten. Der beste Beobachtungszeitpunkt ist zwei bis drei Stunden vor der Flut, und zwar von North Kessock aus, in der Nähe einer kleinen Meeresforschungsstation, die über das Leben der Delphine und der einheimischen Robben wacht.

In England kann man vor der Küste Cornwalls Große Tümmler antreffen, von wo aus sie offensichtlich regelmäßig zur Cardigan Bay in Wales und zurückziehen. Am verläßlichsten zu sichten sind die Delphine allerdings auf nahezu ganzjährig stattfindenden Tagestouren vom New Quay

Fungie, der berühmte Delphin von Dingle, vollführt Luftsprünge vor Touristen, die ihm von einem Boot aus zusehen.

Großbritannien und Irland

Die zerklüftete Küste der Orkney-Inseln vor Nordschottland (oben). Rundkopfdelphine (rechts) kann man vor Großbritannien und Irland antreffen.

in Dyfed in Wales aus. Auf ausgedehnten Tagestouren lassen sich manchmal Rundkopf- und Gemeine Delphine, Grind- und sogar Zwergwale beobachten.

Eine irische Errungenschaft ist die Wal-Wandertour mit Bed and Breakfast und zwischenzeitlicher Pub-Einkehr entlang der grünen irischen Südküste. Zwei der besten Touren sind die nach Mizen Head und zur Insel Clear in der Grafschaft Cork. Von zwei günstigen Aussichtspunkten aus, Blannarragaun und Bill of Clear, sind bislang nicht weniger als zwölf Cetaceen-Arten gesichtet worden, darunter Schweinswale, Rundkopf-, Weißseiten-, Weißschnauzen- delphine und Große Tümmler, ebenso Zwerg- sowie Gewöhnliche Grindwale. Das Cape-Clear-Observatorium gibt zuverlässig Auskunft über aktuelle Sichtungen.

BESONDERE ATTRAKTIONEN

Viele Menschen in Großbritannien und Irland haben mit einzelnen zutraulichen Gemeinen Delphinen über die Jahre freundschaftliche Bande geknüpft. Die Delphine Freddy, Donald, Percy und Simo sowie einige andere freundeten sich mit den Menschen an und verlegten über einen Zeitraum von zwei bis drei Jahren ihren Aufenthaltsort in britische Küstengewässer. Ihr Nachfolger ist Fungie, den es Mitte der achtziger Jahre in den Hafen von Dingle, in der Grafschaft Kerry in Irland, verschlug. Fungie hat seinen Teil dazu beigetragen, daß sich viele Menschen plötzlich für Wale und Delphine interessierten. Zweifellos wird es in der Zukunft weiterhin einzelne Delphine geben, die die Gesellschaft von Menschen suchen.

REISETIPS

Beste Reisezeit: Ganzjährig Delphine, am besten zu sehen Mai–Okt.; Apr.–Okt. Zwergwale in West- u. Nordschottland; Hauptbeobachtungszeit für Wale und Delphine Jun.–Aug.

Wetter: Kühl bis kalt auf See; Regen möglich, auch im Sommer, vor allem in westlichen Teilen Großbritanniens und Irlands

Arten von Touren: Halbtags- und Ganztagestouren, ausgedehnte Touren über mehrere Tage; Schlauchboote, Segelboote und Schiffe; Walbeobachtung von Fähren und von Land aus

Angebotene Touren: England: Cornwall; Wales: New Quay, Milford Haven; Schottland: Dervaig (auf der Isle of Mull), Mallaig, Oban, Gairloch, Cromarty, Inverness; Irland: Carrigaholt, Dingle, Schull, Castlehaven, Kilbrittain, Clifden

Information: British Tourist Authority, Thames Tower, Blacks Road, Hammersmith, London W6 9EL, England, Tel. +44 181 846 9000; Irish Tourist Board, Baggot Street Bridge, Dublin 2, Ireland, Tel. +353 1 602 4000

Die Beobachtung von Walen und Delphinen

Mittelmeer
Europa und Afrika

Das Mittelmeer hat eine Fläche von insgesamt 3,02 Mio. km² und ist ein Nebenmeer des Atlantiks. Es hat einen ungewöhnlich hohen Salzgehalt und ist durch die 14,5 km schmale Straße von Gibraltar mit dem offenen Atlantik und durch den Suezkanal mit dem Roten Meer und dem Indischen Ozean verbunden.

Nur wenige Urlauber, die in Italien, Monaco oder Südfrankreich zu Gast sind, wissen, daß nicht weit von der Küste entfernt Finnwale den Sommer verbringen. Ihre bevorzugten Nahrungsgründe liegen im Ligurischen Meer westlich von Norditalien. In den letzten Jahren hat die Walbeobachtung hier aber zunehmend an Popularität gewonnen. Die wichtigsten Abfahrtshäfen sind in Italien San Remo und Imperia und in Südfrankreich vor allem Toulon. Im Winter unternehmen die Finnwale vermutlich kurze Wanderungen innerhalb des Mittelmeers, und wahrscheinlich überwintern sie hauptsächlich vor der nordafrikanischen Küste bei Tunesien.

In anderen Teilen des Mittelmeers, vor allem zwischen Süditalien und Griechenland, besteht

Der Pottwal (oben) ist eine der Arten, die man im Sommer vor Griechenland antrifft.

die Chance, Pottwale und Cuvier-Schnabelwale zu sichten. Im restlichen Mittelmeer gibt es zahlreiche Große Tümmler, Gemeine Delphine, Blau-Weiße Delphine und andere Delphinarten.

Im Mittelmeer wird eine große Auswahl an Walbeobachtungstouren angeboten. Im Sommer gibt es von Porto Sole bei Genua aus Segelbootstouren ins Ligurische Meer. Außerdem gibt es Forschungsfahrten, auf denen die Teilnehmer den Wissenschaftlern eine Woche oder länger bei der Arbeit helfen. Bei solchen Touren geht es im Sommer im Ligurischen Meer um die Finnwalbeobachtung, im Ionischen Meer (Griechenland) um Gemeine Delphine und Große Tümmler und vor den kroatischen Inseln Losinj und Cres um Große Tümmler.

Im Sommer werden zudem drei- bis achttägige Segelfahrten angeboten, an denen man auch „abschnittweise" teilnehmen kann. Zwar wird man dabei nicht täglich Wale zu Gesicht bekommen, aber sie gehören dennoch zum Programm. Die meisten Teilnehmer solcher

Mittelmeer

Das ganze Jahr über sind Blau-Weiße Delphine (oben) und andere Arten zu sehen. Stadt in Ligurien (rechts)

Fahrten sehen zumindest Delphine, die sich dem Schiff nähern, sowie Finnwale, eventuell auch andere Walarten. Abfahrtshäfen sind Toulon in Südfrankreich, sowie Almería und teilweise Barcelona in Spanien. Längere Mittelmeerfahrten bieten an Tethys, eine italienische Walforschungsgruppe, und Wolftrail, ein niederländischer Veranstalter.

Bei Sheppards Marina (Gibraltar) werden Touren unternommen, um den Touristen die drei wichtigsten Arten zu zeigen, die dort das ganze Jahr über in großer Zahl vertreten sind: Große Tümmler, Blau-Weiße Delphine und Gemeine Delphine. Im Mai und im Juni tauchen gelegentlich Schwertwale auf. In der Bucht von Gibraltar und in der Straße von Gibraltar findet man daneben auch Wale – unter anderem Pottwale und Grindwale –, aber auf die Sichtung von Delphinen ist mehr Verlaß.

BESONDERE ATTRAKTIONEN

Das Ligurische Meer wird vielleicht bald das erste Walschutzgebiet des Mittelmeers. 1992 beschlossen Italien, Monaco und Frankreich die Schaffung eine Schutzzone zur Erhaltung der Wale im Mittelmeer. Obwohl man sich über die endgültigen Bedingungen noch einigen muß, arbeiten Forscher und Walbeobachter schon jetzt am Schutz dieser bedeutenden Nahrungsgründe für Wale, Delphine, Vögel und Fische. Für die Wale und das mit ihnen verknüpfte Ökosystem ist der Schutz des Lebensraums am wichtigsten. Im Mittelmeerraum besteht eines der ältesten Verkehrsnetze der Welt, daneben werden Abwässer aus intensiver Landwirtschaft sowie aus Industrie und Haushalten ins Meer eingeleitet. Das Problem der Verschmutzung besteht seit langem und wächst immer weiter.

REISETIPS

Beste Reisezeit: Für alle Wale Jun.–Sept., obwohl sie ganzjährig anzutreffen sind; für Delphine bei Gibraltar Mai–Okt., doch gibt es auch von Nov. bis Jan. Touren
Wetter: Im Sept. heiß und trocken; Seewind hält Temperaturen angenehm; Mai–Okt. eventuell kühl, gelegentlich starker Seegang; Nov.–Apr. auf See kühl, bei Regen kalt
Arten von Touren: Halbtages- und Ganztagestouren, Mehrtagesausflüge; Schlauchboote, Segelboote, Fischerboote
Angebotene Touren: Italien: Porto Sole, San Remo, Imperia; Frankreich: Toulon; Gibraltar; Spanien: Almería, Barcelona; Griechenland: Kalamos; Kroatien: Veli Losinj
Information: Tethys Research Institute, Acquario Civico-viale G.B. Gadio 2, I-20121 Milano, Italia, Tel. +39 2 7200 1947; Wolftrail, Steenbakkersweg 25, PO Box 800, 7550 Av. Hengelo, Nederlands, Tel. +31 742 478 985

Die Beobachtung von Walen und Delphinen

Kanarische Inseln und Azoren
Europa und Afrika

Die Kanarischen Inseln liegen nur 100 km von der Nordwestküste Afrikas entfernt genau westlich von Südmarokko und umfassen sieben bewohnte und mehrere unbewohnte Inseln. Los Cristianos und Colón, zwei Häfen, von denen aus viele Walbeobachtungsboote aufbrechen, liegen ganz in der Nähe von Playa de las Americas im Süden Teneriffas, wo es auch zwei internationale Flughäfen gibt. Teneriffa ist einer der wenigen Orte auf der Welt, die ganzjährig Walbeobachtung anbieten. Seit Mitte der 90er Jahre ist es zudem zusammen mit dem südlichen Neuengland und Quebec eines der drei beliebtesten Walbeobachtungsgebiete der Erde. Wählen Sie Ihre Tour sorgfältig aus, achten Sie dabei nicht nur auf den Preis, sondern suchen Sie Unternehmen aus, deren Führer gut ausgebildet sind und die sowohl die Walforschung als auch den Schutz der Tiere vor Ort unterstützen.

Die warmen, tiefen Gewässer um Teneriffa beherbergen eine Population von mindestens 500 Indischen Grindwalen. Diese Wale, die größenmäßig zwischen dem Großen Tümmler und dem Schwertwal liegen und auch in ihrem Verhalten Züge beider Arten zeigen, leben in festen Familiengruppen. Wenn sie unmittelbar unter der Wasseroberfläche schwimmen, bevor sie auf der Jagd nach Kalmaren tief hinabtauchen,

Oben: Gemeine Delphine vor Pico (Azoren). Unten ganz rechts: Klippen an der Südostküste von Teneriffa (Kanarische Inseln)

sieht man ihre charakteristischen, gewölbten Köpfe, ihre hakenförmigen Brustfinnen und ihre langen Körper im klaren Wasser. Auch Große Tümmler gesellen sich gerne zu den Grindwalen – häufig trifft man beide Arten weniger als eine Bootsstunde vom Hafen entfernt.

Seit kurzem erstreckt sich die Wal- und vor allem die Delphinbeobachtung auch auf Gomera, Lanzarote und Gran Canaria. Auf einigen Inseln besteht die Möglichkeit, küstennahe Große Tümmler zu sehen (Gomera) oder auf der Suche nach Pottwalen und verschiedenen Schnabelwalen aufs Meer zu fahren (Gomera, Lanzarote).

Auf den westlich von Portugal im Nordatlantik gelegenen Azoren gehören Wale schon seit langer Zeit zum Alltag. Das einstige Zentrum

Kanarische Inseln und Azoren

Die „vigias" genannten Wachtürme werden heute, wie der oben abgebildete auf Faial, für die Forschung genutzt. Ein Teil der vor Teneriffa (Kanarische Inseln) ansässigen großen Population Indischer Grindwale (links)

des Walfangs bietet heute von Mai bis Oktober Walbeobachtung an, vor allem von den Inseln Pico und Faial aus.

Verglichen mit den Kanarischen Inseln wird die Walbeobachtung auf den Azoren eher im kleinen Stil betrieben, obwohl die Artenvielfalt weitaus größer ist. Mit der Sichtung von Pottwalen kann man zuverlässig rechnen, ebenso mit Großen Tümmlern, Gemeinen Delphinen, Rundkopfdelphinen, Zügeldelphinen, Blau-Weißen Delphinen, dazu Indischen Grindwalen und verschiedenen Schnabelwalarten. An wenigen Orten auf der Welt gelingt die Beobachtung seltener Schnabelwale so gut wie auf den Azoren. Darüber hinaus kann man noch eine ganze Reihe anderer Arten sehen.

BESONDERE ATTRAKTIONEN

Auf den Azoren betrieb man noch bis 1985 traditionellen Walfang mittels kleiner Boote und Handharpunen. 1987 wurden letztmals drei Wale gefangen. Die „vigias" genannten Aussichtstürme der Walfänger wurden von Walbeobachtungsunternehmen restauriert. Viele davon, vor allem auf Pico und Faial, wo auch Walbeobachtungstouren angeboten werden, sind für Besucher geöffnet.

Mit den besten Ausblick gewährt die Vigia da Queimada. An klaren Tagen kann man von hier aus von Ost nach West in einem Radius etwa 30 km weit schauen. Auf diese Entfernung erkennt man Pottwale und andere Wale.

REISETIPS

Beste Reisezeit: Ganzjährig auf den Kanarischen Inseln: Indische Grindwale, Große Tümmler, Gemeine und viele andere tropische Delphine sowie kleinere Zahnwale; Azoren Mai–Okt.: Pottwale und andere, sie können jedoch auch vor und nach dieser Zeit gesichtet werden

Wetter: Kanarische Inseln: ganzjährig subtropisch mit kühlen, erfrischenden Winden; zeitweise erschweren heiße, trockene Wüstenwinde aus Afrika die Sichtung von Walen, doch gibt es gewöhnlich 300 gute Walbeobachtungstage im Jahr; Azoren Mai–Okt.: auf See windig, kühl bis kalt

Arten von Touren: Halbtages- und Ganztagesfahrten, einige Mehrtagesausflüge; Segelboote und Walbeobachtungsschiffe

Angebotene Touren: Kanarische Inseln: Los Cristianos und Puerto Colón bei Playa de las Americas, Teneriffa, Gomera, Lanzarote, Gran Canaria; Azoren: Horta auf Faial, Lajes auf Pico

Information: Servicio de Turismo, Plaza de España S/N, Bajos del Palacio Insular, 38003 Santa Cruz de Tenerife, Tenerife, Canarias, España, Tel. +34 22 239 592; Azores Tourist Office, Casa Do Elogio Colonia Alema 9900, Horta-Açores, Açores, Portugal, Tel. +351 922 3801

Die Beobachtung von Walen und Delphinen

Südafrika und Madagaskar
Europa und Afrika

In Südafrika hat man die Walbeobachtung vom Land aus zu einer Art Kunstform erhoben. Wo die warmen Strömungen des Südatlantiks auf den Indischen Ozean treffen, bieten die Monate Juli bis November die beste Gelegenheit, Südkaper zu entdecken. Die Tiere kommen dann zur Paarung und zur Aufzucht der Jungtiere in die Küstengewässer. Am besten mietet man sich in Kapstadt einen Wagen und folgt der „Kap-Wal-Route". Die Straße verläuft östlich von Kapstadt am Meer entlang, und die Felsenküste bietet hervorragende Möglichkeiten zur Beobachtung der Südkaper. Die Wale kommen der Küste so nahe, daß sie sogar von Hotelzimmern oder Restaurants aus beobachtet werden können.

Hermanus, rund 95 km östlich von Kapstadt, ist das Zentrum der Walbeobachtung und zieht jährlich Tausende von Besuchern an. Während der gesamten Walsaison herrscht Festtagsstimmung; wann immer Glattwale in Küstennähe zu sehen sind, zieht ein „Walmelder" durch die Straßen und bläst auf einem langen gewundenen Horn, um die ganze Stadt zu informieren. Er trägt eine kleine Tafel bei sich, auf der vermerkt

Oben: Walbeobachtung vom Land aus ist in Hermanus (Südafrika) besonders lehrreich.

ist, wo die Tiere gesichtet wurden, und jeder Interessierte erhält eine Landkarte und eine Wegbeschreibung. Diverse Reiseveranstalter in Hermanus bieten von Biologen geleitete Wandertouren entlang der Felsklippen zu den besten Walbeobachtungsplätzen an; während man auf das Auftauchen der Wale wartet, wird man vom Tourleiter umfassend über die Wale informiert.

Derzeit gibt es in Südafrika keine Walbeobachtungstouren zu Wasser, was aber kein Nachteil ist, da sich die Wale häufig in Küstennähe aufhalten. Auch Große Tümmler und Chinesische Weiße Delphine können von diversen

Südafrika und Madagaskar

Große Tümmler sind vor Madagaskar und Südafrika ganzjährig zu finden (oben). Magellanpinguine in der Kapprovinz (rechts)

Stellen an der Küste, so von Plettenberg Bay aus, gesichtet werden. In Lambert's Bay im Westen des Landes werden Bootstouren zur Beobachtung der ausschließlich vor Südwestafrika vorkommenden Heaviside-Delphine angeboten. Daneben gibt es Touren, auf denen Buckel- und Bryde-Wale zu sehen sind.

Jenseits der Straße von Mosambik, nordöstlich der Republik Südafrika, liegt im Indischen Ozean die Insel Madagaskar. Auch wenn in den letzten Jahren immer größere Teile der Tropenwälder Madagaskars abgeholzt wurden, ist diese subtropische Insel noch immer reich an Naturschönheiten und bietet darüber hinaus die Möglichkeit zur Beobachtung von Delphinen.

An der Ostküste Madagaskars liegt die Insel Nosy Boraha (auch bekannt als Sainte-Marie), welche die Buckelwale jedes Jahr von Juli bis September zur Paarung und Aufzucht der Jungen aufsuchen. In Andampanangoy können in den Hotels und Sportgeschäften Bootstouren gebucht werden. Zusätzlich zu den Buckelwalen kann man auf dem offenen Meer Pottwale beobachten; Große Tümmler, Spinner- und Chinesische Weiße Delphine sind dagegen in allen Gewässern ganzjährig zu finden.

BESONDERE ATTRAKTIONEN

Südafrika und Madagaskar besitzen zahlreiche Naturparks und bieten dem Besucher tropische Regenwälder, Savannen und eine weitläufige Küste. Auf Madagaskar sind seltene Primaten wie z. B. die Lemuren sowie zahlreiche andere Tier- und Pflanzenarten eine zusätzliche Attraktion.

In der Nähe der Walbeobachtungsorte Südafrikas liegt das Naturschutzgebiet am Kap der Guten Hoffnung, in dem verschiedenste Tiere in freier Wildbahn zu erleben sind. Außerdem lohnt es sich, eine der leicht zugänglichen Kolonien von Magellanpinguinen in der Kapprovinz zu besuchen.

REISETIPS

Beste Reisezeit: Jul.–Nov. Südkaper vor Südafrika; Jul.–Sept. Buckelwale vor Madagaskar, Möglichkeit zur Beobachtung von Paarung und Aufzucht; ganzjährig Große Tümmler, Heaviside- und Chinesische Weiße Delphine

Wetter: Jul.–Nov. Südafrika wechselhaft, teils regnerisch und sehr windig, teils warme bis heiße Temperaturen; Jul.–Sept. während der Buckelwalsaison auf Madagaskar auch auf See warm

Arten von Touren: Hauptsächlich Aussichtspunkte und Touren an Land; in Südafrika Delphinbeobachtungsfahrten mit dem Boot; auf Madagaskar Touren mit kleinen Privat- und Fischerbooten

Angebotene Touren: Südafrika: Hermanus, Plettenberg Bay, Lambert's Bay; Madagaskar: Andampanangoy

Information: South African Tourism Board (SATOUR), Private Bag X164, Pretoria 0001, Republik Südafrika, Tel. +27 123 470600

Die Beobachtung von Walen und Delphinen

ASIEN

Dank der Vorreiterrolle Japans wird das Beobachten von Walen und besonders von Delphinen in ganz Asien immer populärer.

In Asien, einer Region von ungeheuren Ausmaßen, in der die Fischindustrie ein wichtiger Wirtschaftszweig ist und der Lebensunterhalt vieler Menschen vom Meer abhängt, erweist sich die Walbeobachtung als wertvolle Einkommensquelle.

Im April 1988 startete in Tokio die erste Expedition zur Beobachtung von Walen zu den Ogasawara-Inseln. Die Fahrt, die weltweit Aufmerksamkeit erregte, war deshalb bemerkenswert, weil in Japan nicht nur Walfang betrieben, sondern auch Walfleisch verzehrt wird. Seit 1988 erfreut sich die Beobachtung von Walen in Japan immer größerer Beliebtheit. Bereits rund 25 Orte im ganzen Land bieten Wal- und Delphinbeobachtungstouren an.

Zum Teil wird die Walbeobachtung von örtlichen Behörden oder Fischereikollektiven unterstützt. Andernorts werden die Walbeobachtungstouren von den Fischern selbst, von Tauchschulen und mitunter auch von anderen Veranstaltern organisiert. Da viele Japaner als Touristen an Walbeobachtungsfahrten vor Hawaii, Kanada oder der Baja California teilnehmen, lag es vielleicht nahe, die Idee im eigenen Land aufzugreifen. Überraschend ist aber, wie populär das Beobachten der Wale wurde. Jedes Jahr unternehmen über 60 000 Menschen Fahrten zur Beobachtung von Walen und Delphinen in japanischen Gewässern; die meisten von ihnen sind Japaner.

In Hongkong sind seit einiger Zeit Delphintouren beliebt. Hauptattraktionen sind hier die Chinesischen Weißen Delphine und die Indischen Schweinswale, die man auf einigen der meistbefahrenen Schiffahrtslinien der Welt sichten kann. Das Beobachten der Delphine hat in Hongkong ein wachsendes Interesse an ihrem Erhalt in

INDISCHER OZEA

Oben: In der Nähe des Vulkans Krakatau (Indonesien). Unten links: Eine Gruppe von Kleinen Pottwalen

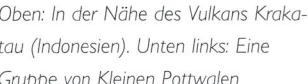

Asien

Kochi-Präfektur

Ogasawara und Okinawa

PAZIFISCHER OZEAN

SÜDCHINESISCHES MEER

Südasien

Eine Gruppe weiblicher Pottwale mit ihren Jungen vor der Küste Japans

den Küstenregionen hervorgerufen, von wo sie durch die Industrie allmählich vertrieben werden. In Japan und China hofft man wie in anderen Staaten Asiens, daß die Walbeobachtung weitere Verbreitung findet und noch an Bedeutung für Wirtschaft, Öffentlichkeitsaufklärung, Wissenschaft und Naturschutz gewinnt.

In anderen Teilen Asiens ist das Beobachten von Walen noch in der Entwicklung begriffen. Im indischen Goa können Strandurlauber von kleinen Booten aus die Delphine vor der Küste beobachten. Dasselbe gilt für Bali (Indonesien), Phuket (Thailand) und die Ostküste Taiwans.

Aufgrund ihrer großen Artenvielfalt – von Pottwalen bis hin zu seltenen Delphinen – könnten die Philippinen zu einem Anziehungspunkt für Walfreunde und Ökotouristen

Walbeobachtung an Bord eines Fischerboots vor Okada (Japan)

werden. Es sind Aufklärungsprogramme und Schutzprojekte entstanden; die Philippinen könnten eines Tages bei Walbeobachtern sogar beliebter werden als Japan.

247

Die Beobachtung von Walen und Delphinen

Südasien

Asien

Links: Kleine Indische Schweinswale bei Hongkong. Rechts unten: Am Strand von Goa (Indien)

Die Vielfalt der Arten, die man beobachten kann, ist in Südasien noch größer als in anderen Teilen der Welt. Nur eine kurze Bootsfahrt von den Queen's Piers oder Kowloon Piers in Hongkong entfernt, trifft man auf wildlebende Delphine – Tiere, die man in dieser Umgebung wohl am wenigsten erwartet hätte. Vor dem neuen Hongkonger Flughafen tauchen etwa zehn rosafarbene Delphine auf und zeigen den für ihre Art charakteristischen Buckel. Es sind die Chinesischen Weißen Delphine, eine in den Küstengewässern Ostchinas heimische Art.

Fotoidentifikationsstudien haben ergeben, dass rund 250 dieser Buckeldelphine ganzjährig in den Gewässern nördlich der Insel Lantau vor Hongkong leben und sich von verschiedensten Meerestieren wie z. B. Grauen Meeräschen, Heringen, Alsen, Sardinen, Sardellen und Garnelen ernähren.

Zusammen mit den Chinesischen Weißen Delphinen entdeckt man auch die kleinen Indischen Schweinswale. Sie ähneln kleinen Belugas und gründeln im seichten Wasser, indem sie ihren runden Kopf vorstrecken. Durch die fehlenden Kopf- und Rückenflossen sind sie leicht von den Chinesischen Weißen Delphinen zu unterscheiden.

In der Tañon-Straße der Philippinen kann man eine Vielzahl von tropischen Walen und Delphinen entdecken. Kleine Pottwale, die sonst selten sind, leben hier in Familienverbänden. Auch Zügel-, Spinner- und Rundkopfdelphine, Kurz- und Breitschnabeldelphine und Grindwale können beobachtet werden; sogar Pott- und Bryde-Wale wurden schon gesichtet. Delphine leben während des ganzen Jahres hier, die größte Artenvielfalt aber ist in den Monaten April bis Juni zu sehen.

In Indonesien leben Pottwale vor der Insel Lembata im Osten von Nusa Tenggara und vor Ostjava; allerdings gibt es hier nur selten Walbeobachtungsfahrten. Von Lovina im Norden Balis aus starten hingegen beliebte Touren, während derer man die akrobatischen Darbietungen der Spinner- und Gemeinen Delphine erlebt.

Südasien

*Hongkongs Hafen (oben).
Breitschnabeldelphine in der
Tañon-Straße (links)*

Vor Goa an der Westküste Indiens kann man Großen Tümmlern und Blau-Weißen Delphinen begegnen. Am Strand bieten Besitzer von kleinen Holzbooten improvisierte Beobachtungsfahrten von mehreren Stunden an.

Vor Phuket (Thailand) kann man Delphine im Rahmen von Tauch- und Kanutouren und Fahrten zur Beobachtung der Meeresfauna sehen. Manchmal werden Delphinbeobachtungstouren auch als Teil von Ausflügen zu den Inseln Similan und Surin in der Andamanensee angeboten, aber Thailands Potential ist noch lange nicht ausgeschöpft. Die meisten kleineren Wale leben das ganze Jahr über in den südasiatischen Gewässern. Nur die Bartenwale wandern zur Nahrungsaufnahme in kältere Regionen.

Eine Reise nach Südasien ist ein Beitrag zum Schutz der Wale und Delphine, denn das Überleben der heimischen Wal- und Delphinbestände ist zumindest zum Teil davon abhängig, daß das Walbeobachtungsgeschäft sich für die entsprechenden Orte rentiert – sie leben davon, daß sie die Tiere in deren natürlicher Umgebung zeigen.

BESONDERE ATTRAKTIONEN

In den frühen 80er Jahren entdeckte eine dreijährige Forschungsexpedition des WWF den Reichtum an Walarten in den Gewässern um Sri Lanka, südlich von Indien. Ganzjährig finden sich hier Spinner-Delphine und Große Tümmler ein und gelegentlich sogar Blau-Weiße, Zügel-, Rundkopf-, Irawadi- und Chinesische Weiße Delphine. Am eindrucksvollsten sind die großen Wale, Blau-, Pott- und Bryde-Wale, auch wenn sich die Blauwale hier nur von Februar bis April aufhalten.

REISETIPS

Beste Reisezeit: Ganzjährig Delphine in der gesamten Region, Pottwale vor Sri Lanka; Feb.–Apr.: Blauwale vor Sri Lanka; Apr.–Jun. am günstigsten für Reisen auf die Philippinen
Wetter: Heiß, auch auf See, allerdings verschiedenste Wetterverhältnisse in diesem riesigen Gebiet; Hauptprobleme sind der beständige Wind und die Brandung, die das Beobachten der Wale an ungeschützten Orten erschweren
Arten von Touren: Halbtages- und Tagesfahrten, einige mehrtägige Touren mit kleinen Holzbooten, Segelbooten, Kanus, Auslegerbooten und Motorjachten; an einigen Orten Beobachtung von Land aus möglich. In der Sturmsaison und Regenzeit örtliche Wettervorhersagen und Hinweise beachten
Angebotene Touren: Hongkong; Indien: Goa; Thailand: Phuket; Indonesien: Strand v. Lovina (Bali); Philippinen: Tagbilaran auf Bohol
Information: Hong Kong Dolphinwatch, GPO Box 4102, Hong Kong, China, Tel. +852 2984 1414; Tourist Information Center, Jalan, Legian, Kuta, Denpasar Bali, Indonesien, Tel. +62 361 751551 oder +62 361 751875

Japan: Ogasawara und Okinawa

Asien

Rund um zwei japanische Archipele – die Kerama-Inseln vor Okinawa und die Ogasawara-(oder Bonin-)Inseln – finden sich in jedem Winter Buckelwale ein, lassen ihre Gesänge erklingen, paaren sich und ziehen ihre Jungen auf.

Die 1000 km südlich von Tokio gelegenen Ogasawara-Inseln sind Teil einer marinen Vulkankette. Die am Südende liegenden bewohnten Inseln Chichijima und Hahajima sind seit langem ein beliebtes Reiseziel für Taucher, Unterwasserfotografen und Ökotouristen. Walbeobachtungen finden seit 1988 statt. Die Anreise erfolgt mit der Fähre von Tokio aus und dauert 29 Stunden.

Neben den Buckelwalen sind rund um die Ogasawara-Inseln auch häufig Bryde-, Pott- und Indische Grindwale sowie Gemeine und Blau-Weiße, Spinner-, Weißstreifen-, Rundkopf-, und Borneo-Delphine zu entdecken. Delphintouren sind ebenfalls sehr beliebt, werden aber getrennt organisiert. Die Veranstalter der Walbeobachtungsfahrten bieten Touristen vor allem die Gelegenheit, Große Tümmler zu beobachten und mit diesen faszinierenden Tieren zu schwimmen.

Der Buckelwal ist eine von zahlreichen Walarten vor den Kerama- und Ogasawara-Inseln (links).

Die Kerama-Inseln sind berühmt für ihre faszinierende Unterwasserwelt, und in Zamami bieten viele Veranstalter neben Walbeobachtungsfahrten ganzjährig Tauchausflüge an. Während der Walsaison sind jedoch die meisten Touren auch auf die Wale ausgerichtet. Die beliebtesten Tauchplätze sind die relativ unberührten Korallenriffe rund um die Inseln. Einige Veranstalter bieten dem Besucher beides, Tauchen am Vormittag und Walbeobachtung am Nachmittag oder umgekehrt.

Rund um die Kerama-Inseln trifft man gewöhnlich Buckelwale, Große Tümmler und die recht seltenen Rauhzahndelphine an, mitunter auch Kleine Schwertwale, Indische Grindwale sowie Gemeine, Spinner- und Zügeldelphine.

Japan: Ogasawara und Okinawa

Die Korallenküste vor Okinawa (oben). Spinner-Delphine springen vor den Ogasawara-Inseln aus dem Wasser (links).

Walbeobachtungsvereine erfreuen sich in Japan großer Beliebtheit. Die Vereine von Ogasawara und Zamami versenden regelmäßig Rundbriefe und entwerfen und verkaufen verschiedenste Souvenirs wie T-Shirts, Ansteckplaketten oder Aufkleber. Darüber hinaus unterstützen sie die Veranstalter der Walbeobachtungsfahrten durch Werbung und nehmen Buchungen vor. Nicht zuletzt dank dieser vielfältigen Aktivitäten zählen die Klubs von Ogasawara und Zamami mit Hunderten von Mitgliedern aus Japan und der ganzen Welt zu den beliebtesten Walbeobachtungsvereinen Japans. Jedes Klubmitglied erhält regelmäßig Informationen über seine Lieblingswale, Einladungen zu Veranstaltungen und Sonderkonditionen bei Walbeobachtungsfahrten.

BESONDERE ATTRAKTIONEN

Japanische Wissenschaftler auf den Ogasawara- und Kerama-Inseln haben rund 600 verschiedene Buckelwale fotografiert, identifiziert und katalogisiert. Ein Weibchen, das im April 1990 und im März 1991 vor Ogasawara fotografiert wurde, zeigte sich im August 1991 in den rund 7 900 km entfernten Sommernahrungsgründen vor Britisch-Kolumbien.

Diese Region wird im Sommer normalerweise von den vor Hawaii heimischen, nicht jedoch von den japanischen Buckelwalen aufgesucht. Dennoch konnte gezeigt werden, daß manche Buckelwale, die nach Britisch-Kolumbien wandern, nicht nur von Japan oder Hawaii, sondern auch von Mexiko herkommen. Dies deutet darauf hin, daß nordpazifische Buckelwale aus den drei bedeutendsten Fortpflanzungsgebieten Hawaii, Mexiko und Japan zum Teil dieselben Nahrungsgründe aufsuchen.

REISETIPS

Beste Reisezeit: Febr.–Apr. Buckelwale rund um die Ogasawara- und Kerama-Inseln, wo sie sich paaren und kalben; ganzjährig verschiedene Delphine

Wetter: Während der Saison warm bis heiß, auf See jedoch oft windig und kühl

Arten von Touren: Halbtagesfahrten mit Schlauch-, Fischer- und Tauchbooten. Walbeobachtung auch von Fähren aus möglich

Angebotene Touren: Chichijima und Hahajima auf den Ogasawara-Inseln; Zamami und Tokashiki auf den Kerama-Inseln; Naha auf Okinawa

Information: Ogasawara Tourism Association, Chichi-jima, Ogasawara-mura, Tokio 100-21, Japan, Tel.: +81 4998 2 2587; Zamami Village Office, 109 Zamami, Zamamison-asa, Okinawa-ken, 901-34, Japan, Tel.: +81 98 987 2311

Die Beobachtung von Walen und Delphinen

Japan: Kochi-Präfektur

Asien

Walbeobachtung auf japanische Art hat eine besondere Note. In Okada, dem beliebtesten Walbeobachtungsort Japans, werden jedes Jahr Shinto-Zeremonien zur Begrüßung der Wale abgehalten, während derer man auch für die ewige Wiederkehr der Wale betet. Im Zusammenhang mit Walen bringt die japanische Kultur jedoch mitunter auch seltsam Anmutendes hervor – so werden dem Besucher in Okada die obligatorischen T-Shirts und Aufkleber, auf denen neben japanischen Logos oft englische Wörter als Designelement fungieren, aber auch hausgemachte, einzeln verpackte Kekse und eingelegte Zwiebeln der Marke „Wal" offeriert. Okada liegt zweieinhalb Zugstunden von Kochi entfernt, der Hauptstadt der gleichnamigen Präfektur. Kochi erreicht man per Bahn oder Flugzeug über Osaka oder Tokio.

In Okada gibt es hauptsächlich Bryde-Wale zu sehen. Wissenschaftler konnten anhand von Fotografien nachweisen, daß in der Bucht von Tosa mindestens 15 Bryde-Wale leben. Von März bis Oktober kommen sie auf Nahrungssuche in die seichten Gewässer nahe der Stadt; startet man mit dem Boot von Okada aus, sind sie meist binnen einer Stunde zu entdecken.

In Okada begann man mit der Walbeobachtung 1989, ein Jahr später als in Ogasawara (siehe Seite 250), kann aber inzwischen drei- bis viermal so viele Besucher vermelden. Mehrere Küstenorte nördlich und südlich von Okada, darunter Saga, Shimonokae und Tosashimizu, haben nun ebenfalls mit dem Walbeobachtungsgeschäft begonnen. Vom Boot aus sind die verschiedensten Delphinarten sowie Schwert- und Indische Grindwale zu sehen, am häufigsten aber Bryde-Wale.

Am östlichen Ende der Tosa-Bucht, sechs Autostunden von Kochi entfernt, aber noch innerhalb der Präfektur, liegt Muroto. Die hier angebotenen Walbeobachtungsfahrten unter der Führung eines ehemaligen Walfängers zählen zu den interessantesten der Welt.

Ein Rundkopfdelphin am Kap von Muroto (links). Ein ehemaliger Walfänger beobachtet Wale (rechts).

Japan: Kochi-Präfektur

Die Küste des Ashizuri-Uwakai-Nationalparks (oben). Nahaufnahme eines Bryde-Wales vor Okada (links)

Außer im Januar kann man jederzeit auf einem ehemaligen Fischerboot die tiefen Gewässer vor dem Kap von Muroto befahren. Dank der Unterstützung durch die Stadt können gelegentlich auch Exkursionen auf Fähren gebucht werden. Am häufigsten sind hier Pottwale zu entdecken, gefolgt von Rundkopfdelphinen, Großen Tümmlern und Indischen Grindwalen. Mindestens zehn weitere Arten wurden gesichtet.

BESONDERE ATTRAKTIONEN

Während der Walbeobachtungssaison hat Okada das in jedem Sommer stattfindende T-Shirt-Festival und einen Wettbewerb im Sandburgenbauen zu bieten. Am Strand werden schön gestaltete, selbstgemachte T-Shirts aus ganz Japan auf Stöcken präsentiert und kunstvolle Sandburgen gebaut.

Der klare Fluß Shimanto fließt durch die Berge der Kochi-Präfektur und mündet bei Okada in der Nähe des Nahrungsgebietes der Bryde-Wale ins Meer. Unweit vom Fluß liegt die Stadt Nakamura mit ihrem berühmten Libellenmuseum und dem Naturschutzgebiet. Die bewaldete Steilküste im Ashizuri-Uwakai-Nationalpark bietet zur Walbeobachtung hervorragend geeignete Aussichtspunkte direkt neben der Straße. In Tosashimizu erinnert das John-Mung-Haus an einen japanischen Pionier, der unter anderem moderne Walfangmethoden nach Japan gebracht hat.

REISETIPS

Beste Reisezeit: März–Okt. (am besten Mai–Sept.) Bryde-Wale vor Okada, Saga und anderen Orten der Kochi-Präfektur (in den restlichen Monaten vereinzelt Beobachtungen möglich); ganzjährig fast überall Delphine, außerdem Indische Grind- und Pottwale vor dem Kap von Muroto (am besten März–Dez.)

Wetter: Oktober je nach vorherrschenden Strömungen und Wettereinflüssen kühl bis warm auf See; Nov.–Febr. kühl bis kalt auf See; Taifunsaison Aug.–Anfang Okt.

Arten von Touren: Halbtages- und Tagestouren mit Fischerbooten, gelegentlich auch mit Fähren

Angebotene Touren: Okada, Saga, Shimonokae, Tosashimizu, Kochi, Kap Muroto

Information: Fisheries and Commerce Section, 2019, Irino, Ogata-cho, Hata-gun, Kochi-ken, 789-19, Japan, Tel.: +81 880 43 1058; Muroto City Office, Commerce & Tourism Section, 25-1, Ukitsu; Muroto-shi, Kochi-ken, 781-71, Japan, Tel.: +81 887 22 1111

Die Beobachtung von Walen und Delphinen

AUSTRALIEN UND OZEANIEN

In Australien und Ozeanien findet man auf der Südhalbkugel heimische Walarten, aber auch solche, die die südlichen Gewässer nur zeitweise aufsuchen.

Die Walbeobachtung in den Gewässern Australiens und Ozeaniens hat sich erst in den 90er Jahren so richtig entwickelt. Australien und Neuseeland waren dabei führend: Sie konnten auf ihre überdurchschnittlich gut entwickelten heimischen Tourismusbranchen bauen, die die Walbeobachtung unterstützten und halfen, Besucher aus der ganzen Welt anzuziehen.

Die Beobachtung von Buckelwalen und Südkaper fand in Australien überwiegend von Land aus statt, bis 1987 Bootstouren von Hervey Bay in Queensland aus immer beliebter wurden. Gemeinsam mit den Bewohnern vieler Ortschaften nahe der Ost- und der Südwestküste Australiens verfolgen die Beobachter begeistert die alljährlichen Wanderungen der Buckelwale.

Australien bietet auch hervorragende Reiseziele für die Beobachtung Südlicher Glattwale auf ihrer Wanderung. Die Aufzuchtgebiete der Südlichen Glattwale am Logan's Beach in Warrnambool (Victoria) lockt seit den frühen 80er Jahren alljährlich Tausende von Besuchern an. Einige abenteuerlustige

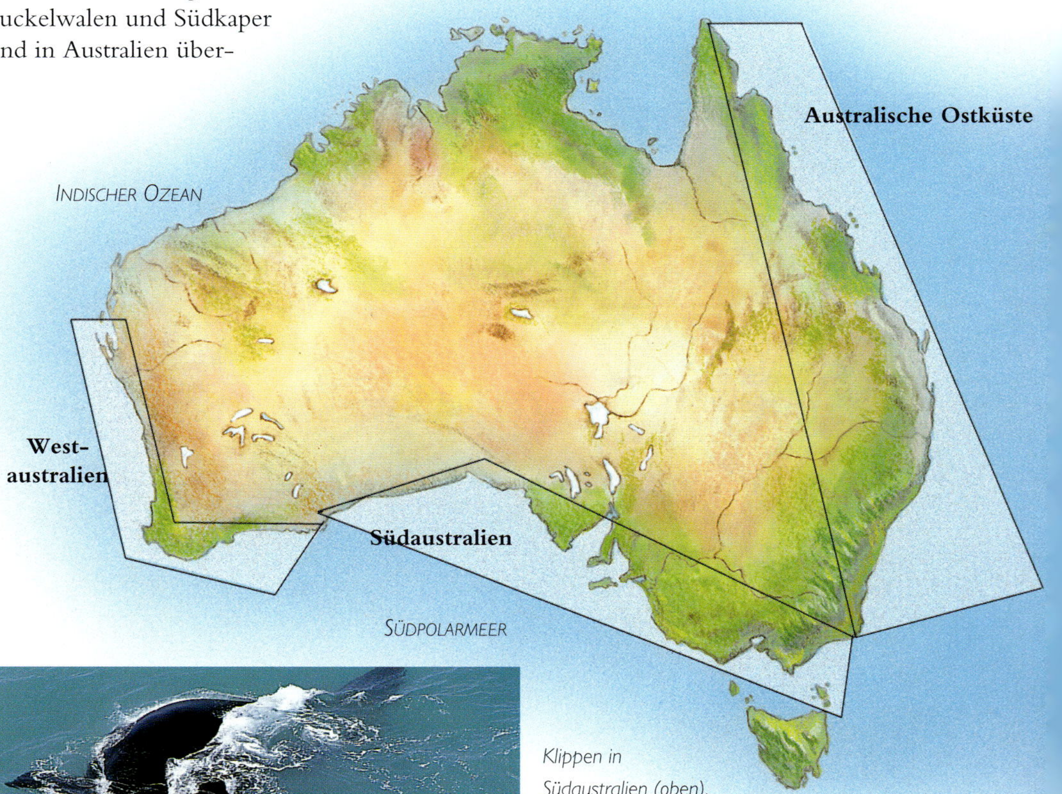

Australische Ostküste

INDISCHER OZEAN

Westaustralien

Südaustralien

SÜDPOLARMEER

Klippen in Südaustralien (oben). Ein Südkaper und Delphine (links) vor der Südküste Australiens

254

Australien und Ozeanien

Touristen folgen dem Eyre Highway zum Scheitelpunkt der Großen Australischen Bucht oder zu den Bunda-Klippen, von wo aus die Walbeobachtung besonders spektakulär ist. In den Küstengewässern rund um Australien findet man etliche weitere Tümmlerpopulationen, die bei Forschern und Walbeobachtern gleichermaßen großes Interesse geweckt haben.

In Neuseeland begann die Walbeobachtung etwa gleichzeitig mit Australien, hat sich jedoch in eine ganz eigene Richtung entwickelt. Die um Neuseeland gesichteten Wale gehören vorwiegend ortstreuen Zahnwalarten an. Die Pottwalbeobachtung in Kaikoura, Neuseelands bedeutendstem Beobachtungsgebiet, hat dazu beigetragen, daß dort eines der bezauberndsten Städtchen auf der Welt entstanden ist, welches sich der Walbeobachtung verschrieben hat. In den sonstigen Gewässern um Neuseeland verleihen seltene Delphinarten der Walbeobachtung einen besonderen Zauber: Der Hector-Delphin z. B. kommt ausschließlich in neuseeländischen Gewässern vor. Und der Schwarzdelphin, den man auch an einigen anderen Stellen im Südpolarmeer findet, wird hier weltweit am häufigsten gesichtet.

Auf den Südseeinseln Ozeaniens gibt es zwar weniger Möglichkeiten, Wale zu beobachten, als in Australien und Neuseeland, aber fast jedes Jahr bietet eine weitere Insel Beobachtungsgelegenheiten an. Vorreiter ist Tonga mit Buckelwaltouren, bei denen man in der Nähe der Inseln überwinternden Weibchen und ihren Kälbern begegnet.

Aber auch auf anderen Pazifikinseln ist die Walbeobachtung als Wirtschaftszweig im Entstehen begriffen. Zu nennen sind hier vor allem Tahiti, Niue, Moorea, Fidschi, Neukaledonien und Westsamoa.

Buckelwalmuttertier mit Jungem bei Tonga, Südpazifik

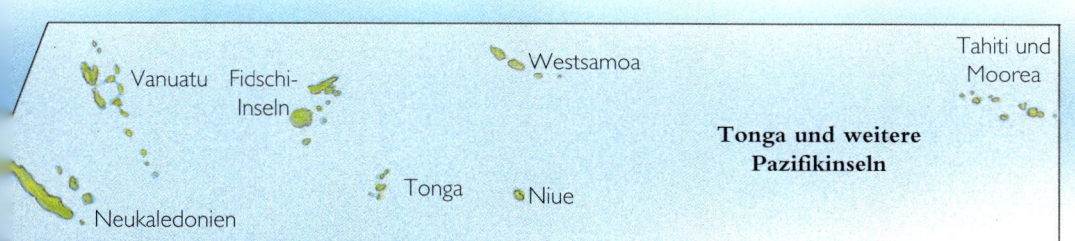

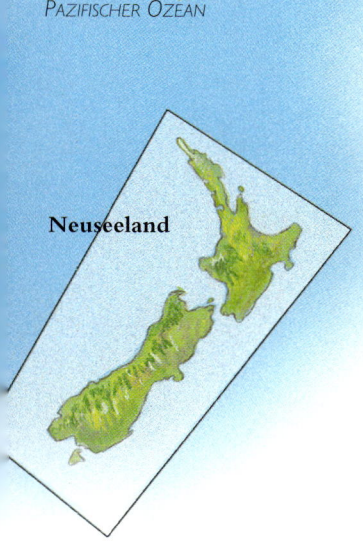

Schwarzdelphine bei Kaikoura, dem wichtigsten Walbeobachtungsort Neuseelands

Die Beobachtung von Walen und Delphinen

Australische Ostküste

Australien und Ozeanien

Es ist früher Morgen in der Hervey-Bucht, und die Sonne geht auf über der nahe gelegenen Fraser-Insel, der größten Sandinsel der Welt. Die Stadt Hervey Bay, das Zentrum der Walbeobachtung in Australien, befindet sich 290 km nördlich von Brisbane.

Von August bis Oktober ziehen mehrere Hundert wandernde Buckelwale durch die sandige Meerenge zwischen der Fraser-Insel und dem Festland. Zuerst kommen ältere Jungtiere aus den Winterquartieren um die Whitsunday-Inseln an, dann folgen die ausgewachsenen Bullen, schließlich Weibchen und Jungtiere. Bevor die Wale weiter in Richtung ihres endgültigen Sommer-Reiseziels, der Antarktis, ziehen, wo sie sich von Fisch und Krill ernähren, rasten sie in den warmen und geschützten Gewässern der Hervey-Bucht.

Die Buckelwale der Südhalbkugel sind auf der Unterseite weißer als ihre nördlichen Verwandten; trotzdem werden sie der gleichen Art zugerechnet. Seit einigen Jahren wird vor Ostaustralien ein vollkommen weißer Buckelwal – ein Albino – gesichtet.

Die meisten Walbeobachtungsschiffe starten in Urangan Harbour in der Hervey-Bucht, andere laufen aus dem weiter nördlich gelegenen Bundaberg sowie aus anderen Küstenstädten Queenslands aus. Buckelwale trifft man ebenso wie verschiedene Delphinarten in den Gewässern zwischen dem Great Barrier Reef und dem Festland an. Von Airlie Beach aus gibt es Beobachtungsfahrten zu den winterlichen Aufzuchtgebieten der Buckelwale in den Gewässern rund um die Whitsunday-Inseln.

Im südlich von Queensland gelegenen Neusüdwales passieren die Buckelwale die am Cape Byron, dem östlichsten Punkt Australiens, gelegene Byron Bay. Walbeobachter gehen hier den Forschern zur Hand, indem sie jedes Jahr vom Ufer aus die Buckelwale zählen, die unten an den

Ein in der Hervey-Bucht (australische Ostküste) auf dem Rücken schwimmender Buckelwal zeigt seine blaßgefärbte Unterseite.

Australische Ostküste

Sieben Große Tümmler vor der Küste südlich von Wollongong (oben). Cape Byron (links), der östlichste Punkt Australiens

Klippen vorbeischwimmen. Im Juni und Juli werden die meisten Wale gezählt, dann kommen sie auch der Küste am nächsten.

In Wollongong, etwa 80 km südlich von Sydney, ist die Saison für die Buckelwalbeobachtung zweigeteilt. Ende Mai bis Mitte Juli ziehen die Tiere nach Norden, und von Ende September bis November passieren die Buckelwale den Ort Richtung Süden. Aus der Familie der Delphine werden hauptsächlich Große Tümmler, Gemeine Delphine und Rundkopfdelphine gesichtet.

Die Stadt Eden an der Twofold-Bucht, etwa 480 km südlich von Sydney, bietet eine Kombination aus geschichtlichen Hintergründen des Walfangs sowie aktuellen Walbeobachtungstouren. Auf diesen Touren kann man im Juni und Juli Buckelwale auf ihrer Wanderung nach Norden abpassen sowie im Oktober und November auf ihrer Rückkehr nach Süden. Man kann jedoch auch Große Tümmler und manchmal Südkaper, Blauwale und Australische Pelzrobben sehen.

BESONDERE ATTRAKTIONEN

Wer die Hervey-Bucht besucht, möchte vielleicht noch einen zusätzlichen Tag mit der Erkundung der sandigen Fraser-Insel verbringen, die von der UNESCO zum Weltnaturerbe erklärt wurde. Der größte Teil der Insel steht als Nationalpark unter Naturschutz. Die 112 km lange und an der breitesten Stelle 22 km breite Fraser-Insel hat zahlreiche Seen und Wanderwege zu bieten und Hunderte von dort heimischen Vogel- und anderen Tierarten. Man sollte auf keinen Fall die Regenbogenschlucht, den Woongoolver-Bach, das Wrack der *Maneno*, die Cathedral Sandcliffs und die Wildpferde verpassen. Entlang der hohen Dünen auf der Westseite der Insel gibt es ausgezeichnete Aussichtspunkte.

REISETIPS

Beste Reisezeit: Buckelwale: Hervey Bay Aug.–Nov.; Neusüdwales und Wollongong Ende Mai–Mitte Jul. und Ende Sept.–Nov.; Eden Jun./Jul. und Okt./Nov.; Delphine: ganzjährig
Wetter: In den Aufzuchtgebieten an der Küste von Queensland warm bis heiß; in Neusüdwales auf dem Wasser kühl bis kalt
Arten von Touren: Halbtages- und Ganztagestouren, einige Mehrtagestouren; Schlauchboote, Segelboote, Tauchboote und Walbeobachtungsschiffe; gute Beobachtungsmöglichkeiten vom Ufer aus
Angebotene Touren: Queensland: Airlie Beach, Bundaberg, Hervey Bay, Tangalooma; Neusüdwales: Byron Bay, Coff's Harbour, Eden, Fairy Meadow, Wollongong
Information: Queensland Tourist and Travel Corp., Level 36, Riverside Centre, 123 Eagle St., Brisbane, Queensland 4000, Australia, Tel. +61 7 3406 5400
Tourism New South Wales Travel Centre, 19 Castlereagh St., Sydney, New South Wales 2000, Australia, Tel. +61 2 132 077

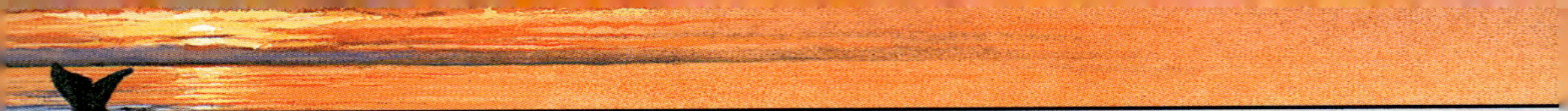

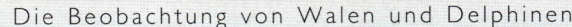

Die Beobachtung von Walen und Delphinen

Südaustralien

Australien und Ozeanien

In Südaustralien gibt es einige der weltweit besten Stellen für die Walbeobachtung von Land aus. In dieser Region kommen die gefährdeten Südkaper nahe an die Küste. Die angebotenen Touren sind strapaziöse mehrtägige Ausflüge durch das Hinterland – eine Gelegenheit, sowohl die breite Vielfalt der südaustralischen Wildtiere zu sehen als auch die spektakuläre Küste rund um die Große Australische Bucht. Südkaper sieht man entlang der gesamten Bunda-Klippen, wenn man dem 130 km langen Abschnitt des Eyre Highway folgt, der durch den Nullarbor-Nationalpark führt. Als Tourist kann man im Wohnwagenpark übernachten, im Nullarbor Hotel-Motel, oder man zeltet im Nationalpark. Eine Zelterlaubnis erhält man beim National Parks and Wildlife Service in Ceduna.

Die Stelle, an der man am wahrscheinlichsten Wale zu Gesicht bekommt, ist das weiter östlich am Scheitelpunkt der Großen Australischen Bucht gelegene Twin Rocks. Dort wurden schon bis zu 70 Wale auf einmal gesichtet, von

Ein Schwertwalpaar (links) vor der südaustralischen Küste. Zwei wellenreitende Gemeine Delphine im Abendrot (ganz unten rechts)

denen manche weniger als 100 m vom Ufer entfernt waren. Twin Rocks liegt im Aborigines-Reservat von Yalata, 1100 Straßenkilometer auf dem Eyre Highway von Adelaide entfernt. Jeder Walbeobachter muß sich im Rasthaus von Yalata oder Nullarbor auf dem Eyre Highway eine Genehmigung geben lassen, bevor er das Yalata-Reservat durchqueren kann.

Es gibt andere Beobachtungspunkte für Südkaper, die von Adelaide bequemer, in ein bis zwei Autostunden, zu erreichen sind. Am beliebtesten ist seit einigen Jahren die Küste bei Victor Harbour, südlich von Adelaide, zwischen The Bluff und der Middleton-Bucht. Weitere Stellen sind Waitpinga, Parsons Beach und Goolwa.

Auch wenn der Südkaper bei weitem am häufigsten anzutreffen ist, sollten Walbeobachter auch nach anderen Cetaceen-Arten Ausschau halten. Mindestens 25 Arten sind für die Südküste Australiens belegt. Dazu gehören Schwert-

Südaustralien

Südkaper mit Kalb (oben) vor der Küste des Nullarbor-Nationalparks in Südaustralien. Bei Warrnambool in Victoria gibt es auch ausgezeichnete Walbeobachtungsmöglichkeiten an Land (rechts).

wale, Große Tümmler, Gemeine Delphine, Buckel-, Blau-, Zwerg-, Grind-, Kleine Schwert-, Pott- sowie mehrere Schnabelwalarten. Hier ist einer der wenigen Orte auf der Welt, an denen regelmäßig Strandungen der seltenen Zwergglattwale vorkommen.

In die Stadt Warrnambool in Victoria kommen alljährlich zwischen Mai und Ende Oktober Tausende von Besuchern, um die Aufzuchtgebiete der Südkaper in Logan's Beach zu sehen. Die Wale kommen nahe an das Ufer heran und können von verschiedenen Beobachtungsplattformen aus besichtigt werden.

BESONDERE ATTRAKTIONEN

Als Tourist an der Südostküste Australiens kann man zwar Tümmler beobachten, doch ist die Region nicht so beliebt wie das westaustralische Monkey Mia mit seinen weltberühmten Tümmlerbeobachtungs-Angeboten (s. S. 260). In Victoria gibt es eine zugängliche Population, die in der Port-Phillip-Bucht, einem der betriebsamen Urlaubsziele in der Nähe von Melbourne, lebt. Mehr als 100 der dort lebenden Großen Tümmler wurden seit 1990 von der Dolphin Research Project, Inc. fotografiert und erforscht. Wie auch an anderen Orten sind die Großen Tümmler hier freundlich und neugierig. Es werden ferner Bootstouren zur Besichtigung der Tümmler angeboten, vor allem in der Umgebung von Point Nepean, und in manchen Jahren kommen Buckel-, Südliche Glatt-, Schwert- und Grindwale in die Bucht.

REISETIPS

Beste Reisezeit: Das ganze Jahr über Große Tümmler am Head of Bight in Südaustralien und in der Port-Phillip-Bucht in Victoria (am Südende der Bucht am besten im Sommer); Südkaper Mai–Okt. am Head of Bight und in weiteren Buchten der Südküste; Südkaper von Mitte Jun.–Okt. am Head of Bight und in Victor Harbour, Südaustralien sowie Logan's Beach, Victoria

Wetter: Auf dem Wasser kühl bis kalt, an geschützten Beobachtungspunkten warm

Arten von Touren: Hauptsächlich Walbeobachtung vom Ufer aus, teilweise als Mehrtagesausflüge, meistens aber lockere Tagestouren; einige halbtägige und ganztägige Bootstouren auf Schlauchbooten und kleinen Booten ab Port-Phillip-Bay

Angebotene Touren: Südaustralien: Ceduna, Victor Harbour; Victoria: Moorabbin, Logan's Beach

Information: South Australian Travel Centre, 1 King William St., Adelaide, South Australia 5000, Australia, Tel. +61 8 212 1505; Tourism Victoria, 55 Swanston St., GPO Box 2219T, Melbourne, Victoria 3001, Australia, Tel. +61 3 653 9777

Die Beobachtung von Walen und Delphinen

Westaustralien

Australien und Ozeanien

Seit den 60er Jahren lockt der Traum von einer Begegnung mit Delphinen im flachen Wasser eines Sandstrandes Menschen aus der ganzen Welt nach Monkey Mia. Monkey Mia liegt am Indischen Ozean, am Südende der Shark-Bucht, 810 km nördlich von Perth, und ist mit 100 000 Besuchern pro Jahr der meistfrequentierte Ort zur Beobachtung von Cetaceen in Westaustralien. Die Besucher waten normalerweise in das warme, seichte Wasser, während die Delphine heranschwimmen, die Badenden an die Beine stupsen und sich anfassen lassen.

Ranger stehen bereit, um aufzupassen, zu informieren und sicherzustellen, daß immer nur wenige Personen gleichzeitig ins Wasser gehen. Die Besucher stehen im flachen Wasser und schauen zu, wie die Delphine heranschwimmen. Von anderen Stellen am Ufer aus sieht man noch viele weitere Tiere der in diesem Gebiet lebenden Delphinpopulation.

Weil diese Delphine so leicht zugänglich sind und die Sicht im klaren Wasser so gut ist, nutzen Forscher aus der ganzen Welt die Gelegenheit, ihr Verhalten zu studieren.

Wer Monkey Mia zwischen Juli und September, während der Wanderungen der Buckelwale, besucht, kann an Bootstouren teilnehmen oder die Wale von Land aus beobachten. Walbeobachtungen starten im 25 km entfernten Denham

Ein Ranger achtet auf den korrekten Ablauf (oben), während ein Großer Tümmler in Monkey Mia (rechts) Touristen begrüßt.

und im 350 km entfernten Carnarvon. Der beste Beobachtungspunkt an Land ist Point Quobba, nördlich von Carnarvon. Von Perth aus kann man nach Denham und Carnarvon fahren oder fliegen.

Außer in dem Gebiet um die Shark-Bucht verfügt die Südwestküste Westaustraliens vor allem in der Umgebung von Perth über Angebote zur Buckelwalbeobachtung von Booten aus. Einer der beliebtesten Häfen ist Hillary's Boat Harbour, ein paar Meilen nördlich von Perth. Auch aus Fremantle, südlich von Perth, laufen Boote aus. Die meisten Buckelwale kommen zwischen September und November vorbei; sie

Westaustralien

Ein junger Südkaper (oben) in den seichten Gewässern um den westaustralischen Cape-Arid-Nationalpark

halten sich in Ufernähe auf, und viele pendeln zwischen der Rottnest-Insel und dem Festland, so daß sie für Walbeobachter auf Halbtagsfahrten erreichbar sind. Die Erfolgsquote der Bootsrundfahrten beträgt 97 Prozent, wobei pro Fahrt durchschnittlich vier Wale gesichtet werden. Meistens entfernen sich die Boote nicht weit von der Küste. In den letzten Jahren wurden auf Bootsfahrten, vor allem von Geraldton (400 km nördlich von Perth) aus, bei der Suche nach Buckelwalen gelegentlich auch Bryde-, Sei- und Zwergwale gesichtet.

BESONDERE ATTRAKTIONEN

Auch die Region um Albany, 410 km südlich von Perth, die man per Direktflug oder mit dem Auto erreichen kann, bietet Möglichkeiten, die Wale Westaustraliens zu beobachten. Albany war die letzte Walfängerstadt des Landes. Seit der Schlieβung der Walfangstation Cheynes Beach im Jahre 1978 ist das Fangschiff *Cheynes IV* ausgestellt. Die Albany Whale World, der Walfanggeschichte der Region gewidmet, lohnt ebenfalls einen Besuch. Glücklicherweise haben einige Wale überlebt, und auf den von August bis September regelmäßig stattfindenden Rundfahrten kann man die gefährdeten Südlichen Glattwale antreffen. Viele Ausflüge bieten eine Erkundung der Region mit einer Besichtigung der alten Walfangstation und einer Rundfahrt im King George Sound, wo man Robben, Große Tümmler, Pelikane und andere Vögel sehen kann.

REISETIPS

Beste Reisezeit: Große Tümmler ganzjährig in Monkey Mia (von Apr.–Okt. kommen die Delphine am häufigsten an die Schwimmer heran, Nov.–März weniger Sichtungen); Südkaper Mai–Okt. (beste Zeit im Gebiet um Albany Aug.–Nov.); Buckelwale in der Region um Perth Sept.–Nov. (Jul.–Sept. im Norden Westaustraliens)

Wetter: Bei Bootsfahrten auf dem Meer allgemein kühl; bei Beobachtung von Walen und Delphinen vom Ufer aus auch warm, in den Sommermonaten heiß, besonders in Monkey Mia

Arten von Touren: Halbtages- und Ganztagestouren, einige Touren über mehrere Tage; Schlauchboote, Segelboote und Schiffe; Walbeobachtung vom Ufer aus

Angebotene Touren: Perth, Südliche Perthregion, Hillary's Harbour, Fremantle, Geraldton, Exmouth, Carnarvon, Albany, Denham, Monkey Mia (vom Ufer aus)

Information: Western Australia Tourism Commission, Floors 5 & 6, 16 Saint George's Terrace, Perth 6000, Western Australia, Australia, Tel. +61 8 9220 1700; Shark Bay Tourist Bureau, 71 Knight Terrace, Denham, Western Australia 6537, Australia, Tel. +61 8 99481 253

Die Beobachtung von Walen und Delphinen

Neuseeland
Australien und Ozeanien

Neuseeländische Hector-Delphine (links) bei der Banks-Halbinsel; Schwarzdelphine (oben rechts)

Wenige Orte auf der Welt stehen so sehr im Bann von Walen und Delphinen und identifizieren sich so sehr damit wie Kaikoura in Neuseeland. Eine ganzjährige Attraktion ist die Pottwalbeobachtung. Sie wird hauptsächlich von einer Treuhandgesellschaft der ortsansässigen Maoribevölkerung betrieben. Die Boote werben mit einer 97prozentigen Erfolgsquote für Sichtungen zwischen April und Juli und mit 95 Prozent für den Rest des Jahres. Natürlich kann man an manchen Tagen wegen schlechten Wetters oder rauher See nicht hinausfahren, doch wenn man in einem gemütlichen Café sitzt und Informationsbroschüren über Wale liest, ist es beruhigend zu wissen, daß die Wale immer noch da sein werden, wenn der Himmel mit ein wenig Glück nach ein oder zwei Tagen wieder aufklart.

Neben den Pottwalexkursionen bietet Kaikoura spezielle Touren zur Delphinbeobachtung. Auch das Schwimmen mit Delphinen sowie die Walbeobachtung vom Hubschrauber oder Wasserflugzeug aus sind möglich. Keine Sorge: Für jede Art der Walbeobachtung gibt es eigene Annäherungsregeln, so daß die Tiere nicht gestört werden. Zum Beispiel dürfen Flugzeuge nicht zu tief heruntergehen, weil der Lärm die Wale stören könnte.

Ferner umfaßt das Angebot Kajaktouren sowie vielfältige, auch vogelkundliche Wanderungen. Zu erreichen ist Kaikoura am besten über den Flughafen Christchurch und wenige Stunden Autofahrt entlang der Küste der Südinsel.

Die vor der Küste vor Kaikoura lebenden Pottwale sind „Junggesellen" (s. auch S. 95). In den ufernahen tiefen Schluchten jagen und fangen sie Kalmare als Nahrung. Außer den Pottwalen tauchen hier auch manchmal Gewöhnliche Grindwale nach Kalmaren, und gelegentlich durchschwimmen Schwertwale das Gebiet.

Neuseeland

Die schneebedeckte Kaikourakette (oben) bildet den malerischen Hintergrund für Neuseelands beliebteste Walbeobachtungsregion.

Die Leiter der Beobachtungsfahrten lokalisieren das Klicken der Pottwale mittels Richthydrophonen. Dann steuern sie in Richtung der Geräusche und warten darauf, daß die Wale auftauchen. Nach etwa einer Stunde Walbeobachtung fahren die Boote üblicherweise näher ans Ufer heran, um nach Hector- oder Schwarzdelphinen zu suchen. Werden keine gesichtet, kann man zumindest eine der Seehundkolonien auf den Felsen oder in ihrer Nähe besichtigen.

Weitere Orte auf der Südinsel, an denen Gemeine Delphine, Große Tümmler und andere Delphine beobachtet werden, sind Hafenstädte wie Picton und Te Anau. Auf der Nordinsel gibt es von Paihia aus Beobachtungsfahrten in der Bay of Islands und von Tauranga oder Whakatane aus in der Bay of Plenty. In diesen Gebieten werden manchmal auch Schwert- und Gewöhnliche Grindwale gesichtet.

Erfahrene Walbeobachter halten um Neuseeland herum immer Ausschau nach seltenen Schnabelwalen, da dies eine dafür günstige Region ist. Leider entstanden die meisten Aufzeichnungen über Schnabelwale durch Strandungen. In Neuseeland gibt es weltweit mit die höchste Anzahl von Wal- und Delphinstrandungen.

BESONDERE ATTRAKTIONEN

Neuseeland bietet neben der Beobachtung von Pottwalen die äußerst seltene Gelegenheit, einen hübschen, kleinen Delphin mit abgerundeter Rückenfinne zu sehen – den Hector-Delphin. Diese Delphinart kommt nur in den Gewässern um Neuseeland vor.

Der Hector-Delphin gehört zur seltenen Gattung *Cephalorhynchus*, die nur vier Arten umfaßt; zwei davon kann man als Walbeobachter vor der südamerikanischen Küste antreffen, eine Art lebt vor Südafrika. Selbst die meisten Cetaceen-Forscher haben noch nie einen dieser Delphine auf See gesehen.

REISETIPS

Beste Reisezeit: Pottwale, Hector- und Gemeine Delphine sowie Große Tümmler ganzjährig; küstennahe Schwarzdelphine Okt.–Mai (v. a. in Kaikoura)

Wetter: Kaikoura, Südinsel und Nordinsel: auf See kühl (im Sommer) bis kalt (im Winter); auf dem Meer zwischen der Bay of Plenty und der Bay of Islands auf der Nordinsel kühl (im Winter) bis warm (im Sommer)

Arten von Touren: Halbtages- und Ganztagestouren, einige Touren über mehrere Tage; Schlauchboote, Segelboote, Motoryachten, Walbeobachtungsschiffe; Walbeobachtung von Fähren aus; Hubschrauber und Flugzeuge

Angebotene Touren: Südinsel: Kaikoura, Akaroa, Picton und Te Anau; Nordinsel: Paihia, Tauranga und Whakatane

Information: Canterbury Visitor Information Centre, PO Box 2600, Christchurch, New Zealand, Tel. +64 3 379 9629

Die Beobachtung von Walen und Delphinen

Tonga und andere Pazifikinseln
Australien und Ozeanien

Das Königreich Tonga – die „Freundschaftsinseln" – liegt im westlichen Südpazifik, 2 250 km nordöstlich von Neuseeland. Wie die meisten Südseestaaten besteht es vor allem aus Wasser. Nur ca. 36 der etwa 170 Inseln sind bewohnt. Es gibt drei wichtige Inselgruppen: Zwei davon sind Korallenformationen, die dritte, Vava'u, ist vulkanischen Ursprungs.

Buckelwale ziehen in großer Anzahl von der Antarktis in die warmen Gewässer um Vava'u, um sich während des südlichen Winters zu paaren und zu kalben. Vom nördlich von Neiafu auf 'Uta Vava'u gelegenen Flughafen aus reist man an zu den Walen von Vava'u. Während der Beobachtungssaison kann man um Vava'u die Paarungskämpfe der Wale beobachten. Oft wird schon vor der Sichtung von Buckelwalen ein Hydrophon zu Wasser gelassen, damit man den Gesängen der Männchen lauschen kann.

Von der Bounty Bar in Neiafu aus werden Walbeobachtungsfahrten organisiert. Außer Buckelwalen und hin und wieder Pottwalen kommen möglicherweise Indische Grindwale, Spinner-Delphine und andere tropische Delphinarten ans Boot heran. Die Beobachtung und Erforschung von Walen ist hier noch neu, so daß bei künftigen Fahrten vielleicht noch weitere heimische oder auf der Durchreise befindliche Wale und Delphine entdeckt werden.

Ein Buckelwal vor Tahiti taucht auf (ganz oben). Spinner-Delphine (oben) kommen in vielen Teilen des Pazifiks vor.

Viele hundert Kilometer nordwestlich von Tonga liegt die sehr viel größere und bevölkerungsreichere Republik Fidschi mit 844 großen und kleinen Inseln, von denen etwa 100 bewohnt sind. Entlang des westlichen Randes von Fidschi erstreckt sich das 500 km lange Great Sea Reef (Korallenriff). Zur Beobachtung tropischer Delphine werden Segel-, Kajak- und Tauchtouren angeboten.

Außerdem kann man Cetaceen in Französisch-Polynesien (u. a. Tahiti), Neukaledonien, Niue und Westsamoa beobachten. Von der Richard Gump South Pacific Biological Station auf der Nordseite Mooreas aus gibt es – ins

Tonga und andere Pazifikinseln

Leben gerufen von einem amerikanischen Wissenschaftler, der das Verhalten der Spinner-Delphine untersucht – aufregende Touren, auf denen die Teilnehmer außerhalb der Lagune Spinner-Delphinen begegnen. In Neukaledonien werden Delphinfahrten ab Nouméa angeboten, und manchmal werden im August und September Buckelwale gesichtet. In Niue und Westsamoa gibt es gelegentliche Buckelwalbeobachtungen, aber die Touren sind hier noch nicht so beliebt wie in Tonga.

BESONDERE ATTRAKTIONEN

Egal, welche Insel man besucht, man sollte auf keinen Fall das Tauchen im Korallenriff versäumen. Die größte Artenvielfalt in der tropischen Südsee findet man stets unter Wasser. Wenn Sie das Tauchen mit Tauchgerät nicht beherrschen, versuchen Sie es mit Schnorcheln. Auf Fidschi kann man ganzjährig tauchen; von den meisten Urlaubsorten sind es nur 10–15 Bootsminuten bis zur nächsten Tauchbasis. Zu den interessanten Arten, die zu sehen sind, gehören u. a. Hunderte von Hart- und Weichkorallen, Seefächern und Schwämmen. Man trifft vielleicht den in einer symbiotischen Beziehung mit der giftigen Seeanemone lebenden Clownfish, ferner Doktorfische, Trompetenfische, den Roten Eidechsenfisch, den Adlerrochen und Papageienfische. Am Rand der Riffe gibt es Barrakudas, Seehechte, Kleine Riffhaie, Stachelrochen und den Großen Papageifisch. Große Haie und der aggressive Graue Riffhai leben meist küstenfern im tiefen Wasser. Denken Sie beim Tauchen daran: Korallen sind lebendig und empfindlich. Sie sollten sich daher nur Veranstaltern anvertrauen, die die Umwelt respektieren. Halten Sie sich außerdem an die Vorschriften.

REISETIPS

Beste Reisezeit: Buckelwale Jul.–Nov. bei Tonga; an allen Orten ganzjährig tropische Delphine, bestes Wetter Apr.–Okt.

Wetter: In der Trockenzeit, Apr.–Okt., heiß, selbst in der Regenzeit 6–8 Stunden Sonne am Tag

Arten von Touren: Halbtages- und Ganztagestouren, einige Touren über mehrere Tage; Schlauchboote, Segelboote, Kajaks und Tauchboote

Angebotene Touren: Tonga: Vava'u; Fidschi: Nadi; Französisch-Polynesien: Moorea; Neukaledonien: Nouméa

Information: Tourism Council for the South Pacific, 35 Loftus Street, PO Box 13119, Suva, Fiji Islands, Tel. +679 304 177; Whale Watch Vava'u Ltd., c/- Bounty Bar, Private Bag, Neiafu, Vava'u, Kingdom of Tonga, Tel. +676 70 576

Die Inselgruppe Vava'u (oben) umfaßt einen Teil der 170 Inseln, die Tonga bilden.

Die Beobachtung von Walen und Delphinen

DIE POLARGEBIETE

Vor einer kahlen und eisigen Kulisse bieten die Polargebiete spektakuläre Plätze für Walbeobachter. Das gesamte Ökosystem ist voller Leben.

Bevor die Geschichte des Walfangs begann, herrschte in der Arktis und in der Antarktis im Sommer die höchste Waldichte der Erde. Blauwale, Finnwale, Seiwale, Zwergwale, Buckelwale und andere Großwale sammelten sich in Massen rund um die Polregionen, um sich an den riesigen Mengen von Krill, Plankton, Fischen und Kalmaren satt zu fressen. Während der Wintermonate zogen sich die meisten Walarten zurück, einige sogar bis zum Äquator, um Junge zur Welt zu bringen, sich zu paaren und ihre Jungtiere aufzuziehen.

Doch das alles änderte sich, als die Zeit des Walfang anbrach. In der Arktis begann das Geschäft mit dem Walfang im Jahre 1607 vor Spitzbergen, nördlich von Norwegen, und breitete sich dann weiter aus. Der Grönlandwal war das erste Opfer, das dabei in der Arktis zu verzeichnen war. Viele weitere Arten folgten.

Trotz ihrer günstigen geographischen Lage am Nordrand von Europa, Asien und Nordamerika ist die Arktis für Touristen kaum zugänglicher als die Antarktis. Eine Reise durch die Arktis ist teuer und schwierig. Die ersten Walbeobachtungsfahrten gab es zu Beginn der 80er Jahre: Sie führten von Nordamerika aus in die subarktische Region von Manitoba (Kanada), wo man am Churchill River Belugas und Eisbären beobachten kann. Seither werden Fahrten nach Kanada und

Auf einem großen Schiff in der Antarktis (unten)

Die Polargebiete

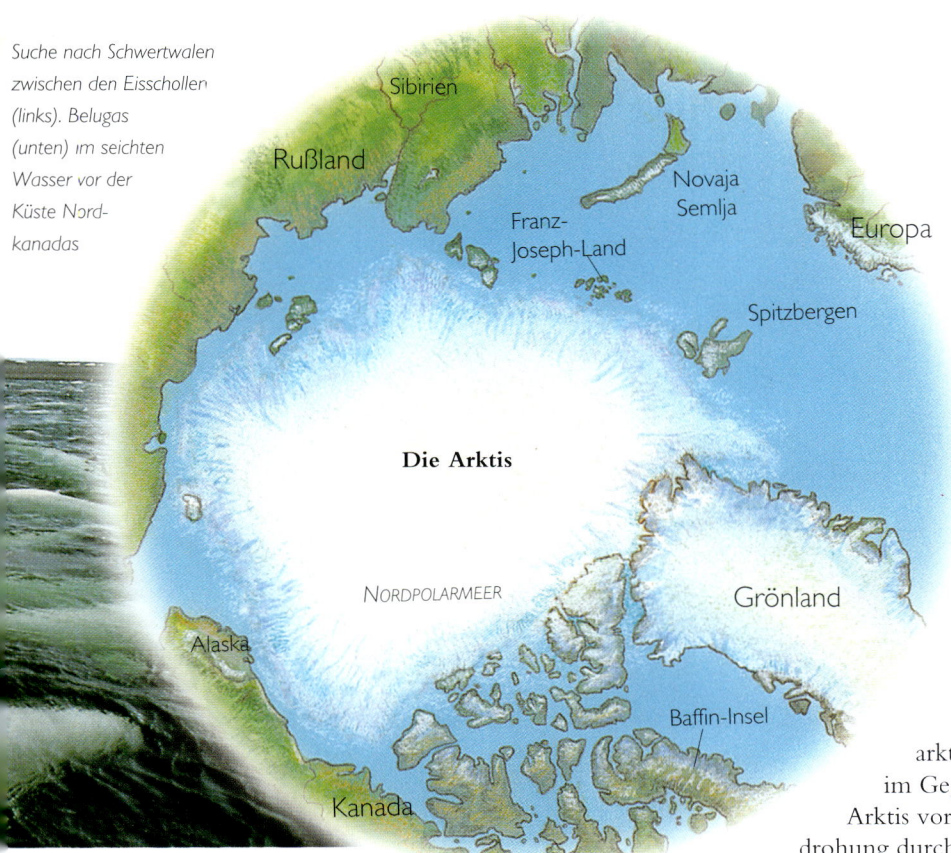

Suche nach Schwertwalen zwischen den Eisschollen (links). Belugas (unten) im seichten Wasser vor der Küste Nordkanadas

Grönland zur Beobachtung von Belugas und Narwalen veranstaltet. Seit dem Ende des Kalten Krieges gibt es ausgediente russische Eisbrecher für ausgedehnte naturkundliche Kreuzfahrten im hohen Norden Kanadas, Grönlands, Norwegens und Rußlands.

Die Schiffe, die während der Fahrten in den hohen Norden mehrere Häfen anlaufen, treffen häufig auf Grönland-, Narwale und Belugas – drei Walarten, die man ausschließlich in der Arktis findet.

Die Antarktis schien im Gegensatz zur Arktis vor der Bedrohung durch den Walfang lange Zeit relativ sicher zu sein. Als aber Sprengharpunen und Fabrikschiffe mit großer Reichweite aufkamen, forderte der moderne Walfang auch hier seinen Tribut. In der ersten Hälfte des 20. Jahrhunderts und bis in die 60er Jahre hinein verloren in der Antarktis Hunderttausende von Walen ihr Leben. Eine Großwalart nach der anderen wurde fast bis zur Ausrottung bejagt. Heute sind die Wale in dieser Region weitgehend vor dem Walfang geschützt, die Bestände mancher Arten erholen sich allmählich wieder. Doch es wird noch Jahre dauern, bevor wir wissen, ob z. B. die bedrohten Blauwale überleben werden, geschweige denn, ob sie annähernd wieder ihre ursprünglichen Bestandszahlen erreichen können.

Antarktiskreuzfahrten führen zu einem halben Dutzend Walarten, die man nur im tiefsten Süden der Südhalbkugel trifft.

267

Die Beobachtung von Walen und Delphinen

Die Arktis
Polargebiete

Die Beobachtung arktischer Walarten ist in großen Teilen der Arktis möglich. Oft werden Kreuzfahrten unternommen, hauptsächlich auf Eisbrechern oder speziell verstärkten Schiffen, wobei die Reiseroute meistens mindestens zwei der folgenden Regionen abdeckt: Grönland, Nordkanada, Nordalaska, Spitzbergen (die Inselgruppe weit nördlich von Nordnorwegen), Sibirien und die russischen Inseln Franz-Joseph-Land und Novaja Semlja. Solche Reisen sind nicht ausschließlich zur Walbeobachtung gedacht, aber regelmäßig werden arktische Walarten sowie (abhängig vom Ort) Zwerg-, Finn-, Buckel- und Schwertwale gesichtet. In der östlichen russischen Arktis und im arktischen Alaska kann man auch Grauwale antreffen. In größerer Land- oder Eisnähe sieht man manchmal Eisbären, Walrosse, Robben, Polarfüchse und viele Vogelarten. Manche Schiffe haben auch Hubschrauber und Zodiac-Schlauchboote an Bord, die sie zur Suche und zur Beobachtung von Walen und anderen Wildtieren einsetzen.

Im Sommer ziehen verschiedene Bartenwale zur Nahrungssuche in die Arktis oder in die subpolaren Gebiete. Manche Belugas wandern in dieser Zeit in arktische Flußmündungen, wogegen man Narwale auf dem offenen Meer antrifft, getrennt in rein männliche Herden und in Mutter-Kind-Gruppen.

Neben den Kreuzfahrten besteht auch die Möglichkeit, zu den entlegenen arktischen Außenposten in Nordkanada, Spitzbergen oder Grönland zu fliegen und von dort aus an Exkursionen in kleinen Booten teilzunehmen. Eine der besten Möglichkeiten hierzu besteht im Gebiet nördlich der im Nordwesten Grönlands gelegenen Disko-Bucht, wo es von Umanak aus Walbeobachtungstouren in den Umanak-Fjord und in die Baffinbai gibt. Das Fremdenverkehrsamt in Umanak

Narwalbullen präsentieren in den kalten Gewässern um die ostkanadische Arktis ihre Hörner (links).

Die Arktis

*Belugas vor Somerset Island in der kanadischen Arktis (oben).
Die Hudsonbai bei Churchill, Manitoba (rechts)*

bietet vier- bis fünfstündige Touren mit Hydrophonen an, auf denen man im Sommer mit an Sicherheit grenzender Wahrscheinlichkeit Wale sieht und hört. Am häufigsten sind Finnwale, gefolgt von Zwerg-, Narwalen und Belugas, und gelegentlich kommen auch Pott- oder Schwertwale vor. Einige dieser Arten kann man zwar in anderen Teilen der Welt mit weniger Aufwand sehen. In grönländischen Gewässern bietet sich jedoch eine der weltweit seltenen Gelegenheiten, den legendären Narwal anzutreffen, jenes Tier, dessen Stoßzähne einst als Horn des Einhorns verkauft wurden.

In Nordkanada gibt es vom Pond Inlet und der Somerset-Insel aus ebenfalls Fahrten zur Beobachtung von Belugas, Nar- und Grönlandwalen. Diese mehrtägigen, mit Charterschiffen durchgeführten oder von Expeditionsgesellschaften angebotenen Touren sind oft recht abenteuerlich.

BESONDERE ATTRAKTIONEN

Der wohl am leichtesten zugängliche subarktische Ort ist Churchill an der Hudsonbai im Norden der kanadischen Provinz Manitoba. Churchill liegt zwar weit südlich des Polarkreises, aber trotzdem kommen Belugas zur Mündung des Churchill River und schwimmen von Juni bis August einige Meilen flußaufwärts. Ab Anfang Juli wandern Eisbären in das Gebiet. Im September, wenn die Belugas den Fluß verlassen und ins Nordpolarmeer hinausschwimmen, nimmt die Zahl der Eisbären bis Ende Oktober/Anfang November immer weiter zu. Wer Belugas und Eisbären gleichzeitig sehen will, wählt den August.

REISETIPS

Beste Reisezeit: Im größten Teil der Arktis Jun.–Aug.; für Belugas und Eisbären in Churchill am besten Aug.
Wetter: Auf See in der ganzen Arktis kalt, Schnee möglich; in Churchill tagsüber warm, häufig Nachtfrost
Arten von Touren: Halbtages- und Ganztagesfahrten, einige Mehrtagesausflüge; Schlauchboote, Segelboote und Walbeobachtungsschiffe
Angebotene Touren: Kanada: Churchill; Grönland: Uumannaq; Norwegen: Sveagruva auf Spitzbergen

Information: Greenland Tourism a/s, Postbox 1552, DK-3900 Nuuk, Grønland, Tel. +299 22888; Churchill Nature Tours, PO Box 429, Erickson, Manitoba R0J 0P0, Canada, Tel. +1 204 636 2968; Marine Expeditions Inc., 30 Hazelton Avenue, Toronto, Ontario M5R 2E2, Canada, Tel. +1 416 964 9069; Noble Caledonia Ltd., 11 Charles St., Mayfair, London W1X 8LE, England, Tel. +44 171 409 0376; Arcturus Expeditions Ltd., PO Box 850, Gartocharn, Alexandria, Dunbartonshire G83 8RL, Scotland, Tel. +44 1389 830 204

Die Beobachtung von Walen und Delphinen

Die Antarktis
Polargebiete

Die Antarktis ist in vielerlei Hinsicht das Reiseziel überhaupt für Walbeobachter und ein Paradies für Naturliebhaber. Der größte Teil des kalten Tiefenwassers, das die Ozeanbecken der Erde speist, stammt von hier. Ein starker Auftrieb rund um den Kontinent schafft eine ideale Umgebung für Plankton, das wiederum die größten und dichtesten Krillvorkommen aller Meere ernährt.

In der ersten Hälfte des 20. Jahrhunderts und bis in die 60er Jahre hinein wurden in den Meeren um die Antarktis in großem Maßstab Wale abgeschlachtet. Noch heute, mehrere Jahrzehnte nach dem Ende des industriellen Walfangs, ist die Zahl der Blau-, Finn-, Buckel- und Seiwale weitaus geringer als früher; die einzige Ausnahme bildet der Zwergwal.

Die meisten Walbeobachter gelangen auf großen Kreuzfahrtschiffen in die Antarktis. Auf solchen Fahrten geht es nicht ausschließlich um die Walbeobachtung; vielmehr steht der ausgedehnte Kreuzfahrtcharakter der Reise im Vordergrund, auf der die Beobachtung von Vögeln, Robben, Eisbergen, Pinguinen und Walen ebenso dazugehört wie Besuche antarktischer Forschungsstationen. Antarktiskreuzfahrten werden von US-amerikanischen, kanadischen, britischen, deutschen, australischen und neuseeländischen Veranstaltern angeboten, doch

Schwertwalmuttertier mit Jungtier (oben), möglicherweise auf Ausschau nach Pinguinen

Reisebüros auf der ganzen Welt verkaufen Plätze auf diesen Schiffen. Es gibt auch einige wenige Beobachtungsflüge zur Antarktis, die aber für die Walbeobachtung nicht zu empfehlen sind.

Außer in Südamerika haben einige Kreuzfahrtschiffe ihre Ursprungshäfen in Australien, Neuseeland und Südafrika. Für die meisten Urlauber beginnt der Hauptteil der Reise aber an der Südspitze Südamerikas, wenn sie im argentinischen Ushuaia oder im benachbarten Südchile an Bord ihres Kreuzfahrtschiffes gehen. Die Reise von den südamerikanischen Häfen aus in die Antarktis dauert mehrere Tage. Das Schiff durchquert während dieser Zeit drei ozeanische Lebensräume bzw. ökologische Zonen (s. S. 16).

Die Antarktis

Ein Buckelwal (oben) vor der Antarktischen Halbinsel. Ein Kreuzfahrtschiff und eine Yacht in der Le-Maire-Straße (links)

Die erste Zone, die Küstengewässer um Feuerland und die weiteren umliegenden Inseln, durchquert man, wenn das Schiff am Kap Hoorn vorbei nach Süden fährt. Hier sieht man eventuell Commerson- und Peale-Delphine, mit etwas Glück auch die seltenen Burmeister- und Brillenschweinswale – alles Arten, die hauptsächlich bzw. ausschließlich in diesem Teil der Welt vorkommen. Zwei weitere Bewohner der Südhalbkugel sind hier zu sehen: der Schwarzdelphin und der Südliche Entenwal. Wenn man durch die Drake-Passage südwärts in Richtung Antarktis fährt und die Hochsee jenseits des Kontinentalschelfs erreicht, begleiten manchmal Stundenglas-Delphine das Schiff. Eventuell sieht man Gewöhnliche Grindwale sowie Südliche Glattdelphine. Halten Sie auch Ausschau nach Finn-, Sei- und Cuvier-Schnabelwalen. Bei der Annäherung an die Antarktische Halbinsel sieht man häufig Zwerg- und Buckelwale beim Abweiden großer Krill- und Fischschwärme. In den beiden letztgenannten Zonen leben auch Schwertwale, die Fische und Robben fressen und von Zeit zu Zeit sogar Pinguine von Eisschollen herunterstoßen.

BESONDERE ATTRAKTIONEN

Manche Kreuzfahrten machen auf der Fahrt zur Antarktis oder auf dem Rückweg Station auf den Falkland-Inseln. Halten Sie Ausschau nach Schwertwalen, die es häufig rund um die Sea-Lion-Insel auf Eselspinguine abgesehen haben. Andere Kreuzfahrten besuchen die subantarktische Insel Südgeorgien, wo es eine große ehemalige Walfangstation gibt.

REISETIPS

Beste Reisezeit: Ende Nov.–März kommen Bartenwale (Buckelwale, Zwergwale u. Finnwale) zur Nahrungsaufnahme in die Antarktis, außerdem Schwertwale und Stundenglas-Delphine. Fahrten nach Antarktika sind nur 3–4 Monate im Jahr möglich.
Wetter: Kalt; nehmen Sie auch im antarktischen Sommer Winterkleidung mit; Kreuzfahrtschiffe bieten Schutz vor Regen und Kälte, aber ziehen Sie sich warm an, wenn Sie von Deck aus oder aus Schlauchbooten Wale von nahem sehen wollen.
Arten von Touren: Ausgedehnte mehrtägige Reisen.
Angebotene Touren: Abercrombie & Kent (USA), Adventure Associates (Australien), Aurora Expeditions (Australien), Hanseatic Tours GmbH (Deutschland), Marine Expeditions Inc. (Kanada), Mountain Travel-Sobek (USA), Natural Habitat Adventures (USA), Ocean Adventures (UK), Orient Lines (USA), Quark Expeditions (USA), Society Expeditions (USA), Southern Heritage Expeditions (Neuseeland), Special Expeditions (USA), Travel Dynamics (USA), WildOceans/WildWings (UK), Zegrahm Expeditions (USA)
Information: Wenden Sie sich an Ihr Reisebüro

> *Die Natur und die Bücher gehören den Augen, die sie betrachten.*
>
> *Essays*,
> RALPH WALDO EMERSON (1803–1882), amerik. Philosoph, Essayist u. Dichter

Anhang

ZUSÄTZLICHE INFORMATIONEN

Bücher

Among Whales, von Roger Payne (Scribner, 1995).

Arctic Whales, von Stefani Payne (Greystoke Books, 1995).

The Book of Dolphins, von Mark Carwardine (Dragon's World, 1996). Neueste wissenschaftliche Ergebnisse, aktuelle Informationen, Geschichten und Berichte aus erster Hand.

Cetacean Behavior: Mechanisms and Functions, hg. von L. M. Herman (J. Wiley, 1980).

The Conservation of Whales and Dolphins: Science and Practice, hg. von Mark P. Simmonds und Judith D. Hutchinson (J. Wiley, 1996).

Delphine und Wale. Eine Werkstatt- und Projektmappe, von Christian Saager (Verlag a. d. Ruhr, 1997) Projektmappe. Enthält Unterrichtsmaterialien über die faszinierenden Meeressäuger.

Dolphin Days, von Kenneth S. Norris (Norton, 1991).

Dolphin Societies, von Karen Pryor und Kenneth S. Norris (University of California Press, 1991).

Dolphins, von Chris Cotton (Boxtree, 1995).

Dolphins, Porpoises and Whales of the World, The IUCN Red Data Book, von Margaret Klinowska (IUCN, 1991). Ausführlicher Bericht über die Erhaltung der Arten sowie allgemeine Informationen zu allen Cetaceen.

The Ecology of Whales and Dolphins, von D. E. Gaskin (Heinemann, 1982).

A Field Guide to Whales, Porpoises and Seals from Cape Cod to Newfoundland, 4. überarb. Aufl., von Steven K. Katona, Valerie Rough, und David T. Richardson, (Smithsonian Institution, 1993).

Giganten der Meere. Wale und Delphine (K. Müller Verlag, 1997) Großer Bildband mit spektakulären Bildern. Texte über Evolution der Wale, Forschungsergebnisse und Geschichte des Walfangs.

The Greenpeace Book of Dolphins, hg. von John May (Sterling, 1990).

Guardians of the Whales: the Quest to Study Whales in the Wild, von Bruce Obee und Graeme Ellis (Whitecap Books, 1992).

A Guide to the Photographic Identification of Individual Whales, von Jon Lien und Steven Katona (American Cetacean Society, 1990). Führer, der Art für Art vorstellt, um so einzelne Wale identifizieren zu können.

Handbook of Marine Mammals: Vol. III, 1985; Vol. IV, 1989; Vol. V, hg. von Sam H. Ridgway und Sir Richard Harrison (Academic Press, 1994).

A History of World Whaling, von Daniel Francis (Viking, 1990).

Marine Mammal Sensory Systems, hg. von J. A. Thomas, R. A. Kastelein, und A. Y. Supin (Plenum, 1992).

Marine Mammals of the World, FAO Species Identification Guide, von Thomas A. Jefferson, Stephen Leatherwood, und Marc A. Webber (UNEP, FAO, 1993). Gutes Überblicksbuch zu Meeressäugern, darunter auch die Ceataceen mit Fotos.

The Natural History of Whales and Dolphins, von P. G. H. Evans (Christopher Helm, 1987).

On the Trail of the Whale, von Mark Carwardine (Thunder Bay Publishing Co., 1994). Bericht über ein spannendes Jahr auf weltweiter Suche nach Walen, vom Nordatlantik bis zum Südpazifik.

Orca: The Whale Called Killer, von Erich Hoyt (Firefly, 1990). Umfassendes Buch zu Sozialverhalten und Biologie der Schwertwale.

Seasons of the Whale: Riding the Currents of the North Atlantic, von Erich Hoyt (WDCS/ Humane Society, 1998). Illustrierter Bericht über ein Jahr im Leben von Buckel-, Glatt- und Blauwalen.

The Sierra Club Handbook of Whales and Dolphins, von Stephen Leatherwood und Randall R. Reeves (Sierra Club Books, 1983).

The Whale Watcher's Guide, von Patricia Corrigan (North-Word Press, 1994).

Wale beobachten. Outdoor Handbuch, von Erich Hoyt (Conrad Stein, 1996). Hauptaugenmerk auf der Walbeobachtung in freier Natur: wichtige Merkmale, günstige Beobachtungsplätze.

Wale und Delphine, von David Jones (Könemann Verlagsgesellschaft mbH, 1998).

Wale und Delphine/Was ist was?, Bd.85, von Petra Deimer (Tessloff Verlag, 1989). Autorin ist Vorsitzende des GSM e.V. (Gesellschaft zum Schutz der Meeressäugetiere e.V.).

The Whale Watcher's Handbook, von Erich Hoyt (Doubleday, 1984). Maßgebliches Handbuch über die weltweite Beobachtung von Walen und Delphinen.

Whales, von W. Nigel Bonner (Blandford, 1980).

Whales, von Jacques-Yves Cousteau and Yves Paccalet (Harry N. Abrams, 1986).

Whales and Dolphins, von Anthony R. Martin (Salamander Books, 1990).

Whales, Dolphins and Porpoises, von James D. Darling, C. Nicklin, K. S. Norris, H. Whitehead und B. Wursig (National Geographic, 1995).

Whales, Dolphins and Porpoises, hg. von Michael M. Bryden und Sir Richard J.

Zusätzliche Informationen

Harrison (Merehurst Press, 1988).
Whales, Dolphins and Porpoises, von Mark Carwardine (Dorling Kindersley, 1995). Bedeutendes Handbuch über alle Walarten; umfassende Informationen über Identifizierung und Verhalten von Walen.
Whales, Whaling and Whale Research: a selected bibliography, von L. R. Magnolia (The Whaling Museum, Cold Spring Harbor, Long Island, New York, 1977).
With the Whales, von James Darling und Flip Nicklin (NorthWord Press, 1990).

Magazine & Journale
BBC Wildlife, BBC Magazines, Großbritannien
Defenders, Defenders of Wildlife, USA
Equinox, Kanada
Marine Mammal Science, Society for Marine Mammalogy, USA
National Geographic Magazine, USA
Ocean Realm, Friends of the Sea, USA
Sonar, Whale and Dolphin Conservation Society, Großbritannien
The Whalewatcher, American Cetacean Society, USA

Websites
American Cetacean Society. http://www.acsonline.org/ Älteste Walschutz-Gruppe der Welt. Gemeinnützige, ehrenamtliche Organisation; widmet sich der Ausbildung auf dem Feld der Walforschung.
Dept. of Vertebrate Zoology, National Museum of Natural History, Smithsonian Institution. http://nmnhwww.si.edu/departments/vert.html
Institute of Cetacean Research. http://www.whalesci.org/
Ocean Link. http://oceanlink.island.net/olink.html
Project Aware (Aquatic World Awareness, Responsibility, and Education). http://www.padi.com/ Einzelheiten über Umwelt- und Erziehungsprogramme.
Society for Marine Mammalogy. http://pegasus.cc.ucf.edu/~smm/

Whale and Dolphin Conservation Society. http://www.wdcs.org/wdcs/index.htm Weltweit führende Stimme zu Walen und Delphinen. Fördert und unterstützt Walforschung und -erhaltung.
WhaleNet. http://whale.wheelock.edu/ Hat den Schwerpunkt bei der Wal- und Meeresforschung.
WWF Global Network. http://www.panda.org/ Umfassende Informationsquelle über die weltweit größte und erfahrenste unabhängige Schutz-Organisation.

Videokassetten und CD-ROMs
The Free Willy Story, Keiko's Journey Home, (Discovery Communications, Inc., 1996). Gewinner des Genesis Awards, Sprecherin: Rene Russo.
In the Company of Whales, (Discovery Communications, Inc., 1995). CD-ROM für PCs, Dr. Roger Payne, Sprecher: Patrick Stewart.
In the Company of Whales: Gentle Giants of the Watery Realm, (Discovery Communications, Inc., 1992). Video. Wissenschaftlicher Ratgeber und Gast: Dr. Roger Payne. Sprecherin: Jessica Tandy.
Marine Mammals of the World, CD-ROM, T. A. Jefferson, S. Leatherwood, und M. A. Webber (Springer, 1996).
Pacific Blue: Musical Soundscapes (I and II), (Holborne Distribution Co. Ltd.).
Songs of the Whales and Dolphins, CD-ROM, (Marine Mammal Fund/The Nature Company, 1993).
Wale und Delphine 3.0. CD-ROM für Windows/Mac (DuMont, 1997) Detaillierte Infos zu Anatomie, Fortpflanzung, Echolotung, Atmungssystem, zu Wanderungen der Wale und ihrer Dezimierung, Walstrandungen. 30 Min. Unterwasservideos, Fotografien, Animationen, preisgekrönte Wal- und Delphinzeichnungen, Karten der Walvorkommen, Originalaufnahmen von Walgesängen.
Whale Symphony, CD-ROM, (Ocean Studio).

Museen in den USA
California Academy of Sciences, San Francisco, Kalifornien
Cold Spring Harbor Whaling Museum, Cold Spring Harbor, Long Island, New York
Museum of Comparative Zoology, Cambridge, Massachusetts
National Museum of Natural History, Smithsonian Institution, Washington, DC
Natural History Museum of Los Angeles, Los Angeles, Kalifornien
Scripps Institution of Oceanography, University of California, San Diego, Kalifornien

AUSTRALIEN
Australian Museum, Sydney, New South Wales
Queensland Museum, Brisbane, Queensland
South Australian Museum, Adelaide, South Australia
Western Australian Museum, Perth, Western Australia

GROSSBRITANNIEN
Natural History Museum, London, England
Royal Museum of Scotland, Edinburgh, Schottland

JAPAN
National Science Museum Tokyo, Tokyo

KANADA
BC Provincial Museum, Victoria, Britisch-Kolumbien
National Museum, Ottawa, Ontario
Newfoundland Museum, St John's, Neufundland
Nova Scotia Museum, Halifax, Neuschottland

NIEDERLANDE
Nationaal Natuurhistorisch Museum, Leiden

SCHWEIZ
Zoologisches Museum der Universität Zürich, Zürich

SÜDAFRIKA
Port Elizabeth Museum, Humewood
South African Museum, Kapstadt

ORGANISATIONEN

American Cetacean Society,
PO Box 1391,
San Pedro, CA 90731,
USA;
tel. +1(310) 548 6279
fax +1(310) 548 6950
e-mail: acs@pobox.com

Australian Antarctic Division,
Channel Highway,
Kingston, Tas. 7050,
Australien;
tel. +61(3)6232 3209
fax +61(3)6232 3288

Australian Whale
Conservation Society,
PO Box 12046,
Elizabeth St, Brisbane,
Qld. 4002, Australien;
tel. +61(7) 3398 2928
fax +61(7) 3398 2215

Center for Coastal Studies,
PO Box 1036,
Provincetown, MA 02657,
USA;
tel. +1(508) 487 3622
fax +1(508) 487 4495
e-mail: ccswhale@wn.net

Center for Whale Research,
1359 Smugglers Cove,
PO Box 1577,
Friday Harbor,
WA 98250-0157,USA;
tel. +1(360) 3785835

Cetacean Research Unit,
Gloucester Fishermans
Museum,
PO Box 159,
Gloucester, MA 01930,
USA;
tel. +1(508) 281 6351
fax +1(508) 281 5666
e-mail:info@cetacean.org

Cetacean Society
International,
PO Box 953,
Georgetown, CT 08329,
USA;
tel./fax +1(203) 544 8617
e-mail: 73577.310@
compuserve.com

The Cousteau Society,
870 Greenbrier Circle,
Suite 402, Chesapeake,
VA 23320-2641,
USA;
tel. +1(757) 523 9335
fax +1(757) 523 2747

Earth Island Institute,
300 Broadway,
Suite 28,
San Francisco, CA 94123,
USA;
tel. +1(415) 788 3666
fax +1(415) 788 7324
e-mail: earthisland@
earthisland.org

Earthwatch,
680 Mt. Auburn St,
PO Box 403,
Watertown, MA 02272,
USA;
tel. +1(617) 926 8200
fax +1(617) 926 8532
e-mail: info@earthwatch.org

European Cetacean Society,
Secretary: Beatrice Jann
Museo Cantonale di Storia
Naturale,
Vialle Cattaneo 4,
CH-6900, Lugano, Schweiz;
tel./fax +41(91) 966 0953
e-mail: Jann@dial.eunet.ch

Gesellschaft zum Schutz der
Meeressäugetiere
e.V. (GSM)
Postfach 348,
22563 Hamburg
Deutschland
tel. +49(40)86 87 74
Erste Adresse in
Deutschland, wenn es um
den Schutz von Walen und
Delphinen geht. Die GSM
arbeitet in Deutschland
eng mit dem IFAW
zusammen.

Gesellschaft zur Rettung
der Delphine e.V. (GRD)
Kornwegerstr. 37,
81375 München
Deutschland
tel. +49(89)74 16 04 10
Fax: +49(89)74 16 04 11
http://www.delphinschutz.
org
Die GRD setzt sich aktiv
dafür ein, Delphine in der
ganzen Welt zu schützen.
Vor allem die Bedrohungen
durch Thunfischfang,
Meeresverschmutzung und
Überfischung werden
hervorgehoben.

Great Whales Foundation,
Box 6847,
Malibu, CA 90264,
USA;
tel. +1(415) 458 3262
fax +1(310) 317 1414
e-mail: francis@elfi.com

Greenpeace e.V.
Grosse Elbstrasse 39,
22767 Hamburg
Deutschland
tel. +49(40)30 61 80
http://www.greenpeace.de
Umweltaktivisten mit
teilweise spektakulären
Aktionen, unter anderem
auch gegen norwegische
und japanische Walfang-
Schiffe.

Greenpeace,
1436 U St NW,
Washington, DC 20009,
USA;
tel. +1(202) 462 1177
fax +1(202) 462 4507
e-mail: info@wdc.
greenpeace.org

The Humane Society of the
United States (HSUS),
2100 L St NW,
Washington, DC 20037,
USA;
tel. +1(202) 452 1100

International Dolphin Watch,
Parklands,
North Feriby,
Humberside HU14 3ET,
England;
tel. +44(1482) 643 403
fax +44(1482) 634 914

International Fund for Animal
Welfare,
PO Box 193,
411 Main St,
Yarmouth Port,

MA 02675,
USA;
tel. +1(508) 362 2649
e-mail: ifaw@easynet.co.uk

International Whaling Commission,
The Red House,
Histon,
Cambridge CB4 4NP,
England;
tel. +44(1223) 233 971

International Wildlife Coalition,
634 North Falmouth Highway,
North Falmouth,
MA 02556-0388, USA;
tel. +1(508) 548 8328
fax +1(508) 548 8542
e-mail: iwcadopt@ccsnet.com

International Wildlife Coalition/Brazil,
PO Box 5087,
Florianopolis,
SC 88040-970, Brasilien;
tel. +55(48) 234 0021
fax +55(48) 234 1580

Internationaler Tierschutz-Fonds (IFAW) GmbH
Möhlmannweg 2
22587 Hamburg
Deutschland
tel. +49(40)86 65 00 0
fax +49(40)86 65 00 22
http://www.ifaw.org
Der IFAW wurde 1969 in Kanada gegründet, um dort das Abschlachten von Robben zu bekämpfen. Inzwischen werden weltweit viele Projekte gefördert.

Mingan Island Cetacean Study,
Contact (during winter):
Richard Sears
285 Green St,
St Lambert, QC J4P 1T3,
Kanada;
tel. +1(514) 948 3669
fax +1(514) 948 1131
e-mail: micshipolari@videotron.ca
Contact (during summer):
Richard Sears
124 Bord de la Mer,
Longue-Pointe-de-Mingan,
QC G0G 1V0,
Kanada;
tel. +1(418) 949 2845

National Marine Fisheries Service,
National Marine Mammal Laboratory,
7600 Sand Point Way NE,
Seattle, WA 98115, USA

Oceanic Society Expeditions,
Fort Mason Center,
Building E, Room 230,
San Francisco,
CA 94123-1394,
USA;
tel. +1(415) 474 3385
fax +1(415) 441 1106

Thomas Orthmann
Institut für Meereskunde
Abt. Meereszoologie
Duesternbrooker Weg 20
24105 Kiel
Deutschland
tel. +49(431)5 97 39 76
fax +49(431)56 58 76
email: webmaster@marine-mammals.de
email: torthmann@ifm.uni-kiel.de
http://www.marine-mammals.de

The Pacific Cetacean Group,
UC MBEST Center,
3239 Imjin Rd,
Marina, CA 93933,
USA;
tel. +1(408) 582 1030
e-mail: P007GC@aol.com.

Pacific Whale Foundation,
Kealia Beach Plaza,
Suite 25,
101 North Kihei Rd,
Kihei, Maui, HI 96753,
USA;
tel. +1(808) 879 8811

Umweltstiftung WWF-Deutschland
Hedderichstraße 110
60591 Frankfurt am Main
Deutschland
http://www.wwf.de

Die Organisation setzt sich ebenfalls für den Erhalt von Walen und Delphinen ein.

Whale and Dolphin Conservation Society,
Alexander House,
James St W,
Bath BA1 2BT,
England;
tel. +44(1225) 334 511
fax +44(1225) 480 097
e-mail: 100417.1464@compuserve.com

The Whale Center,
8480 Andenes,
Norwegen;
fax +47(761) 1 5610
e-mail: ancru@nord.eunet.no

The Whale Museum,
62 First St N,
PO Box 945,
Friday Harbor,
WA 98250,
USA;
tel. +1(360) 378 4710
fax +1(360) 378 5790
e-mail: whale@rockisland.com

WhaleNet,
200 The Riverway,
Boston, MA 02215,
USA;
tel. +1(617) 734 5200
fax +1(617) 566 7369
e-mail: williams@whale.wheelock.edu

The World Conservation Union (IUCN),
Suite 502,
1400 16th St NW,
Washington, DC 20036,
USA;
tel. +1(202) 797 5454
fax +1(202) 797 5461

World Wildlife Fund,
1250 24th St NW,
Suite 500,
Washington,
DC 20037-1175,
USA;
tel. +1(202) 293 4800
e-mail: wwfus@worldwildlife.org

World Wide Fund for Nature International,
Avenue du Mont-Blanc,
CH-1196, Gland,
Schweiz;
tel. +41(22) 364 9111

REGISTER UND GLOSSAR

In diesem kombinierten Register und Glossar verweisen die halbfetten Ziffern auf den Haupteintrag, die kursiven auf Fotos oder Illustrationen.

A
Abyssal Meeresgrund zwischen 4000 und 6000 m 16
Afrika 230f., *231*
akustische Umweltverschmutzung 54f.
Alaska 44f., **200f.**
Algenwälder 16f.
Amazonas, Brasilien 222, *223*, **226f.**
Amazonas-Flußdelphin 17, 19, *19*, 63, *68*, *83*, **165**, *165*, 226, *226f.*
Amazonas-Sotalia 17, 69, 165, **166**, *166*, 226, *226*
Ambra Wachsartige, aschefarbene Substanz, die sich im Darm des Pottwals bildet. Fand einst als kostbares Fixativ in der Parfümindustrie Verwendung. 37, *37*
Amphipoden Flohkrebse, Ordnung der Crustaceen zu der unter anderem die Wasserflöhe und Wal-Läuse gehören 67, 146, 152, 154
Antarktis *266*, *266f.*, **270f.**
Antarktisches Walschutzgebiet 42
Archaeoceten 60
Argentinien 228f.
Aristoteles 24, *24*, 98
Arktis 266f., *267*, **268f.**
Asien 246ff., *246ff.*
siehe auch einzelne Länder
Aufsaugen Form der Nahrungsaufnahme, bei der mit Hilfe der Zunge und der Halsmuskulatur ein Wasserstrom in den Schlund erzeugt wird, der Beutetiere mit sich reißt. **68f.**
Auftriebsgebiete Gebiete mit nährstoffreichem Wasser, das durch ein Zusammenspiel von Wind und Strömungen aus großen Tiefen an die Oberfläche gebracht wird. 17, 124, 212, 216, 270
Auschauhalten Der im Wasser „stehende" Wal reckt den Kopf senkrecht aus dem Wasser. 72, *72*, 77, **90**, *91*, 109, 146, 153, 166, 175, 184ff., 191, 193, 236, 239, *258*
Australien
Ostküste **256f.**
Südaustralien **258f.**
Übersicht **254**, *254f.*
Westaustralien **260f.**
Azoren 230, **242f.**

B
Bahamas 218f.
Bahamonde-Schnabelwal 14, 163
Baird, Spencer 160
Bairdwal 46, 47, **160**, *160*
Baja California, Mexiko 199, *199*, **206f.**
Balaena mysticetus 149
Balaenoptera acutorostrata 150
B. borealis 152
B. edeni 151
B. musculus 20, **154**
B. physalus 153
Bali 247, 248
Barten Kammartige faserige Platten einiger Walarten, die vom Oberkiefer herabhängen und dazu dienen, Nahrung aus dem Wasser zu filtern. Wird oft auch als Fischbein bezeichnet. *18*, 19, *19*, 36f., 40, 45, 61, 66, 66f., 67, 82, 109, *126*, 149, 152f.
Bartenwale Auch als **Mysticeten** bezeichnet; Wale, die anstelle von Zähnen Bartenplatten aufweisen. 21, 61f., 68, 71, 75, 77, 82, 134, 139, 146ff., 198, 211, 230, 236, 248
Beobachtung 105
Blasform und -größe *133*
Feinde 71
Fortpflanzung 84f.
Klassifizierung 18f.
Laute 77
Lauterzeugung 74
Nahrungssuche **66f.**, *66f.*
Soziale Organisation 83, 86f.
Ursprünge 61
Wanderung 78f.
siehe auch einzelne Bartenwalarten
Bathyal Oberster Bereich des ozeanischen Benthals, reicht vom äußeren Rand der Kontinentalsockel – den Kontinentalabhängen – bis in eine Tiefe von etwa 4000 m. 16
bedrohte Art Nach der Definition der IUCN eine Art, die unmittelbar vom Aussterben bedroht ist, wenn die Faktoren, die ihr Überleben gefährden, nicht beseitigt werden. 43, 45, 49, *50*, 52, 55, 57, 147, 154, 164f., 180, 193, 206, 213, 258, 261, 267
Beiji *siehe* Chinesischer Flußdelphin
Beluga
Arktis 266, *266*, 267, 268f., *268f.*
Aufzucht der Jungen 79
Beobachtung *118*
Blasen unter Wasser *118*
Blasloch 64
Echoortung 76
Fang 46
Giftstoffe im Körper *53*
in Gefangenschaft 48
Klassifizierung 19
Lauterzeugung 74, *74*
Merkmale 131, *131*, 136, *136*, **191**, *191*
St.-Lorenz-Strom und -Golf 210, *212f.*, *213*
Strandungen 70, 101
benthisch Leben am, im oder auf dem Meeresboden. 146
Bequia 44
Berardius bairdii 160
Bhulan *siehe* Indus-Delphin
binokulares Sehen Die Fähigkeit, mit beiden Augen, also plastisch, zu sehen. 72
Biom Ökologische Zone, die sich über eine große Region ausdehnt. 270
Blainville-Schnabelwal 161, *161*
Blas Wolke, Fontäne oder Säule feuchter Luft, die von einem auftauchenden Wal beim Atmen durch das Blasloch (oder die Blaslöcher) mit hohem Druck ausgestoßen wird. 109, 112f., 124, 127, *127*, 128, 132, 133, *134*, **134f.**, *135*, 138, 150, 164, 187, 192
Blasloch Atemöffnung auf der Schädeloberseite. Unter Wasser wird das Blasloch durch einen Nasenzapfen verschlossen, der von schnellen Muskeln zurückgezogen wird, wenn das Tier zum Luftholen auftaucht. Bartenwale besitzen zwei Blaslöcher, Zahnwale ein einzelnes. 19, 61f., **64**, **64f.**, 74, *74*, 87, 100f., *126*, 134, *134*, *135*, 136, 138f., 151, 156, 174, 208
Blau-Weißer Delphin
Azoren 243
Ecuador 225
Fang 47
Merkmale **182**, *182*
Mittelmeer 240, *240f.*, 241
Nahrungsaufnahme 69
Neuschottland 215
Ogasawara-Inseln 250
Sri Lanka 249

Register und Glossar

Blauwal
   Antarktis 266, 270
   Arktis 266
   Artenschutz 41
   Australien 259
   Baja California 198, 207
   Beobachtung *111*, *128*
   Bestimmung 140, *141*
   Bezeichnungen 20, *21*
   Blasform und -größe *135*
   Feinde 70
   Größe 14f.
   Island 232
   Jagd auf 40, *40*, 41, 43
   Kalifornien 198
   Klassifizierung 19, *19*
   Laute 55
   Merkmale 130f., 137, 152, **154**, *154*
   Neufundland 215
   niederfrequente Signale 15
   Soziale Organisation 83
   Sri Lanka 249
   St.-Lorenz-Strom und -Golf 212
   Stillphase 86
   Tauchsequenz 132
   Wanderung 79
   Westküste, Nordamerika 205
Blubber 64, *65*
Bonin-Inseln *siehe* Ogasawara-Inseln, Japan
Bootstypen und -führung 114f.
Borneo-Delphin 173, *173*, 220, 248, 250
Boto *siehe* Amazonas-Flußdelphin
Brasilien 222, *223*, **226f.**
„breaching" Sprünge aus dem Wasser, bei denen die Tiere mit lautem Klatschen wieder landen. 21, 71, **90**, *90*, 97, 109, 116, 119, *119*, 125, 127, *139*, 146f., 149, 151, 153, 156, 167f., 175, 178, 180ff., 184ff., *186*, 187ff., 200, 203, *208*, 215, 220, 222, 224, *237*, 252
Breitschnabeldelphin 18, **91**, **185**, *185*, 220, 248, *248*
Britisch-Kolumbien, Kanada 198, *199*, **202f.**
Brustfinnen, auch „Flipper" genannt; die paarigen, flossenähnlich umgebildeten vorderen Gliedmaßen, die zur Stabilisierung und Steuerung dienen. 62, 91, 97, 109, *126*, 127, **131**, 139, 189
Bryde-Wal
   Australien 261
   Baja California 198, 207
   Bedrohung durch Feinde 71
   Blasform und -größe *135*
   Ecuador 225
   Fang 42, 43
   Fortpflanzung 84
   Merkmale 139, **151**, *151*, 152
   nicht-migratorisch 78
   Ogasawara-Inseln 250
   Ogata, Japan 252, *253*
   Philippinen 248
   Sri Lanka 249
   Südafrika 245
   Tauchsequenz 132
Buckel Kreisförmige Erhebungen entlang der Brust- und Rückenfinnen mancher Wale. 193

Buckeldelphin 53, 131, 248
   siehe auch Kamerun-Flußdelphin, Chinesischer Weißer Delphin
Buckelwal
   Alaska 27, *27*, 200f.
   Antarktis 16, 266, 270, *270f.*, 271
   Anzahl getöteter Tiere 40
   Arktis 266, 268
   Australien 254, *256*, 256f., 259ff.
   Auswirkungen von Lärm 55
   Bahamas 219
   Baja California 198, 207
   Beifang 51
   Beobachtung 105, *105*, 107, *110*, 112, *112f.*, *114*, 117, *118*, 119, *129*
   Bestandserholung 40, *41*
   Bestimmung 109, 140f.
   Blasen unter Wasser 118
   Blasform und -größe *133*, *135*
   Brasilien 226f.
   Ecuador 224f.
   Fang 40, 42f.
   Feinde 71, *71*
   Fortpflanzung 85f., *86*
   Gesänge 75, *75*
   Gesichtssinn 72
   Grönland 236, *236f.*
   Hawaii 198, *208*, 208f.
   individuelle Merkmale 139, *139*
   Intelligenz 89
   Island 232, *232f.*
   Kalifornien 198
   Kämpfe 208
   Kanadische Atlantikprovinzen 214
   Karibik 221
   Kerama-Inseln *250*, 251
   Klassifizierung 19, *19*, 20
   Kolumbien 224
   Kommunikation 97
   Körperform und -größe 131
   Merkmale **155**, *155*
   Nahrungsaufnahme 27, *27*, 66, *66*, 67, *67*
   Neuengland 198, 216, *217*, 217
   Neufundland 214, *215f.*
   Neukaledonien 265
   Ogasawara-Inseln 250
   Pazifische Inseln 265
   „pec-slapping" (Brustfinnenschlagen) 91, *91*
   Rückenfinne 14
   Schutz 41
   Silver-Bank-Buckelwalschutzgebiet *210*
   Soziale Organisation *82*, 83
   Springen *21*, *90*, 90, 119
   St.-Lorenz-Strom und -Golf 212
   Stillphase 86
   Strandungen 99
   Südafrika 245
   Tauchsequenz 132, *132*, 133
   Tonga *255*, 264
   Wanderung 15, 78f., *79*
   Westküste, Nordamerika 205
Bugwellenreiten Reiten auf der Druckwelle, die vor dem Bug eines Bootes oder dem Kopf eines großen Wales entsteht. 91, 114, *114*, 115, 124, 166ff., 171, 173ff., 184ff., 192, 214
Burmeister-Schweinswal 47, *47*, 54
Burnell, Steve 97

C

Cape-Delphin 14, **177**, *177*
Cephalopoden oder Kopffüßer Klasse von Meeresweichtieren, zu der unter anderem Kraken, Kalmare und Tintenfische zählen. 158, 160f., 166, 168ff., 177, 181ff., 186, 190
Cephalorhynchus commersonii 174
   C. hectori 175
Cetaceen
   als Säugetiere 62f.
   Anpassung an das Leben im Meer **64f.**
   Artenverzeichnis 144f.
   Artenvielfalt 14
   Intelligenz **88f.**, *88f.*
   Klassifizierung **18f.**, 20f.
   Lebensraum 17
   Verhalten **90f.**
   Walbeobachtungsführer 196f.
   siehe auch Delphine; Schweinswale; Wale
Cetologe Walforscher 24, 88, 173
Chamberlin, Chuck 198
Chinesischer Flußdelphin 19, 49, *49*, 54, 57, **164**, *164*
Chinesischer Weißer Delphin 18, **167**, *167*, 244ff., 248f.
Clymene-Delphin **179**, *179*
Commerson-Delphin **174**, *174*, 229
Copepoden, auch Ruderfußkrebse genannt. Eine bedeutende Ordnung kleiner, häufig frei schwimmender Crustaceen. 19, 67, 78, 147ff., 152ff., 217
Cordell-Bank 205
Cuvier, Georges 158
Cuvier-Schnabelwal 69, **158**, *158*, 240, 271

D

Dall, William H. 192
Dall-Hafenschweinswal 47, 63, 137, *137*, **192**, *192*, 200, 202, 205
de Blainville, Henri 161
Delphinapterus leucas 191

279

ANHANG

Delphinbeobachtung 104f., 116f., 120f., *120f.*, 126f.
  siehe auch Walbeobachtungstouren
Delphine
  Abwehr von Feinden 70
  Anpassung an das Leben im Meer **64f.**
  Artenverzeichnis 144f.
  Baja California 198
  Beifang 51, *51*
  Bestimmung **140f.**
  Bezeichnung **20f.**
  Dressur 49
  Echoortung 76, **76f.**
  Fang **46f.**, 180, 182, 186
  Farben und Zeichnungen **136f.**
  Fortpflanzung **84f.**, *84f.*, 86
  Fotografieren von **110f.**
  Hawaii 209
  in Gefangenschaft 28f., *29*, **48f.**
  Intelligenz **88f.**, *88f.*
  Kommunikation **74f.**, *74f.*
  Kontakt zu Menschen **26f.**
  Körperform und -größe **130f.**
  Körpertemperatur 64
  Laute 74f.
  Lebensraumzerstörung 54
  Männerfreundschaften 92
  Obduktionen 28, *28*
  Rettung von Menschen 26
  Schlafen ohne zu ertrinken 64
  Sinnesorgane **72f.**
  Soziale Organisation 92f.
  Sterblichkeitsrate 87
  Tauchsequenzen 133
  umgangssprachliche Bezeichnung 18
  Ursprünge 61
  Variationen 14
  Verhalten **90f.**
  Verhältnis zu Menschen **24f.**
  Walbeobachtungsführer 196f.
  siehe auch Delphinbeobachtung; einzelne Delphinarten
Delphinfisch 18
Delphinus capensis **177**
  D. delphis **177**
dense-beaked whale siehe Blainville-Schnabelwal
Dinosaurier 60
DNA-Klassifizierung 21
DNS Desoxyribonukleinsäure, kommt in allen lebenden Zellen vor. Die doppelstrangige DNS ist der materielle Träger der Erbinformation eines Individuums; keine zwei Tiere haben die gleiche DNS, aber zwischen verwandten Arten gibt es Ähnlichkeiten. Eine DNS-Analyse gibt Auskunft über die phylogenetische Verwandtschaft von Tierarten. 21, 31, *31*, 60
Dobbs, Horace 27

E

Echoortung Lokalisierung eines Objektes mittels reflektierter Schallwellen. Das Tier sendet einen meistens im Ultraschallbereich liegenden Ton aus, der vom betreffenden Objekt als Echo zurückgeworfen wird. Aus der Richtung und Stärke des Echos sowie aus der Zeit, die es zur Rückkehr benötigt, kann das Tier Lage, Größe und Form des Objektes bestimmen; dadurch kann das Tier sich orientieren und Nahrung finden. 61, 68ff., 72ff., 74, 75, 76, **76f.**, 77, 89, 99, 149
Ecuador 222, *222*, **224f.**
endemische Art Art, die ausschließlich in einer geographisch beschränkten Region vorkommt und vermutlich auch dort entstanden ist. 225, 245
Entenwale 130, 131, 215
  siehe auch Nördlicher Entenwal
Eschrichtius robustus 146
Eubalaena australis 148
  E. glacialis 147
Euphausiiden siehe Krill
Europa **230f.**, *231*
  siehe auch einzelne Länder
Evolution 60f.

F

Färöer-Inseln 46, 237
Feinde 70f.
Feresa attenuata 185
Ferngläser 107
Fidschi-Inseln 264f.
Filtern Nahrungsaufnahme von Bartenwalen. Sie nehmen Meerwasser auf und drücken es durch die miteinander siebartig verflochtenen Barten wieder hinaus. Im Wasser schwimmende Nahrung wie Schwarmfische und Plankton wird so beim Ausströmen des Wassers in der Mundhöhle zurückgehalten. 19, 21, 61, 66, **66f.**, 68
Finnen und Fluken 91
Finnwal
  Alaska 200
  Antarktis 266, 270f.
  Arktis 266, 268f.
  Baja California 198, 207
  Blasform und -größe *135*
  Grönland 236f., *237*
  Island 232
  Italien 230
  Jagd auf 41f., 153
  Kanadische Atlantikprovinzen 214
  Körperform und -größe *131*
  Laute 55
  Merkmale 152, **153**, *153*
  Mittelmeer 240f.
  Neuengland 216
  Neufundland 215
  Norwegen 234
  Soziale Organisation 83
  St.-Lorenz-Strom und -Golf 212f.
  Tauchsequenz 132, *133*
  umgangssprachliche Bezeichnung 18
  Wanderung 79
  Westküste, Nordamerika 205
Fischbein 19, *36*, **36f.**, 37
Fische, im Vergleich zu Säugetieren 62f.
Fischerei, Auswirkungen auf Cetaceen 50f.
Flipper (Delphin) 22f., 169

Flipper siehe Brustfinnen
Florida, USA 210, *211*, **218f.**
Fluke bei Cetaceen: die horizontal ausgerichtete Schwanzflosse 61ff., *70f.*, 91, 97, 100, *107*, 109, 116, *126*, 127, *128*, *129*, 132, 133, *133*, 146, 190
Flukeschlagen Laut klatschendes Peitschen mit der Fluke auf die Wasseroberfläche, wobei der größte Teil des Tieres sich unter Wasser befindet. 71, *71*, 109, 124, 127, 146, 166, 175, 184, 187
Flußdelphine 19, 54, 63, 76, 88, 131
  siehe auch Beiji; Boto
Foto-Identifikation 141
Fotografieren von Walen und Delphinen 110f.
Fotokameras 110f.
Foyn, Svend 38, *38*
Frankreich 230
Fraser Island, Australien 257
Fraser, Francis 173
Fungie (Delphin) 27, 169, 238, 239
Furchenwale 19, 67, 79, **150ff.**

G

Galápagos-Inseln, Ecuador 222, *222*, **224f.**, 225
Ganges-Delphin 19, 57, 68, 69, 72, 76, 133
Gefleckte Delphine siehe Zügeldelphin
Gemeiner Delphin
  Australien 257, 259, *259*
  Azoren 243
  Baja California 207
  Bali 248
  Bestimmung 136, *137*
  Ecuador 225
  Großbritannien und Irland 239f.
  Kanarische Inseln *242*, 243
  Kerama-Inseln 251
  Mittelmeer *230*, 240f.
  Neufundland 215
  Neuseeland 263
  Ogasawara-Inseln 250
  Zähne 68
  siehe auch Cape-Delphin
Gemeiner Furchenwal siehe Finnwal
Genetischer Fingerabdruck 30f.
Gesänge Komplexe Abfolge von tiefen Grunzlauten, Quieken, Pfeifen, Heulen und Zwitschern, wie man sie z. B. häufig von männlichen Buckelwalen hört. Die Gesänge enthalten erkennbare wiederkehrende Muster, die sich bei Buckelwalen jedoch mit der Zeit verändern. 15, **75**, 85, 115, 208f., 221, 250, 264
Geschlechtsdimorphismus Innerhalb einer Population zwischen männlichen und weiblichen Tieren auftretende Unterschiede in Größe, Form oder Färbung. 63
Gestrandete Wale und Delphine 28, 82, **98ff.**, *98ff.*, 213, 263
Gewässerzonen 16f.

Register und Glossar

Gewichtsausgleich 65
Gewöhnlicher Grindwal 18, 46, **189**, *189*, 215, 240, 263, 271
Gezeitenzone *siehe* litorale Zone
Gill, Theodore 171
Gilmore, Raymond M. 198
Glattwale
  Bestimmung 109, 140
  Blasform und -größe *135*
  Fang 40, 43
  Feinde 70
  Fortpflanzung 85
  Gebrauch der Finnen 91
  Klassifizierung 19
  Körperform und -größe *131*
  Nahrungsaufnahme 67
  Neuengland 216f.
  Spermienkonkurrenz 84, 96
  siehe auch einzelne Glattwalarten
Globicephala macrorhynchus 188
G. melas 189
Goodall, Jane 140
Gorgona-Inseln, Kolumbien 224, *224f.*
Grampus griseus 183
Grauwal
  Arktis 268
  Baja California 206f., *206f.*
  Beobachtung 25, 105, *112*
  Bestandserholung 40
  Blasform und -größe *104*, *133*, *135*
  Britisch-Kolumbien 203
  Fang 42, 117
  Feinde 71
  Fortpflanzung 85
  Geburt 86
  Kalifornien 198
  Klassifizierung 19, *19*
  Kontakt zu Menschen 26, *116*, 117
  Körperform und -größe *131*
  Merkmale *63*, **146**, *146*
  Schutz 41
  Tauchsequenz 132, *133*
  Wanderung 78, *79*, 104f.
  Westküste, Nordamerika 204, *204f.*
Gray, John Edward 172
Griechenland 230
Grindwal
  Australien 259
  Baja California 207
  Fang 188
  Färöer-Inseln 237
  Großbritannien und Irland 239f.
  Hawaii 209
  Karibik 220
  Körperform und -größe 131
  Mittelmeer 241
  Neuengland 216
  Norwegen 234
  Philippinen 248
  Soziale Organisation 82
  Strandungen 98f., *100f.*
  Verteidigung der Jungen 86
  siehe auch Gewöhnlicher Grindwal; Indischer Grindwal
Grönland 44, **236f.**, *236f.*
Grönlandwal
  Arktis 267f.
  Aufzucht der Jungen 79

Bestandsrückgang 40
Blasform und -größe *135*
Fang 42, 45, 149, 266
fehlende Rückenfinne 131
Klassifizierung 19, *19*
Merkmale **149**, *149*
Nahrungsaufnahme 67
Tauchsequenz 132
Großbritannien 230, **238f.**
Großer Tümmler
  Australien *256f.*, 257, 259, 260, *260*
  Azoren 243
  Bahamas 219
  Baja California 207
  Beobachtung 105, 112
  Blasform und -größe *133*
  Brasilien 227
  Echoortung 76
  Ecuador 225
  Fang 47
  Fortpflanzung 85
  Gehirn 89, *89*
  Großbritannien und Irland 239f.
  Hawaii 208f.
  in Gefangenschaft *29*
  Kanarische Inseln 242
  Karibik 220
  Kerama-Inseln 251
  Kontakt zu Menschen 26, *26f.*, 105, *105*, 117
  Lebenserwartung 87
  Madagaskar 245
  Merkmale *63*, **92f.**, *92f.*, **169**, *169*
  Mittelmeer 240f.
  Monkey Mia 105, *105*, 255, 260, *260*
  Nahrungsaufnahme 69, 70
  Neufundland 215
  Neuseeland 263
  Ogasawara-Inseln 250
  Ogata 253
  Südafrika 244, *244f.*
  Tastsinn 73, *73*
  umgangssprachliche Bezeichnung 18
Großwale Sämtliche Bartenwale sowie der Pottwal werden auch als Großwale bezeichnet. 42
Gulf of the Farallones 205

H

Habitat Natürlicher Lebensraum einer Art, gekennzeichnet durch die biologischen und sonstigen Umweltbedingungen, die sie zum Überleben benötigt. 16, *16*, 17, 54, *54*, 55, 68, 82, 120, 127, 144, 165, 167, 173, 175, 184f., 192f., 199, 219, 238, 241, 268
Hafenschweinswal 50, 54, 57, **193**, *193*, 207
Haie 26f., 70
Harpunen 38f., *39*
Hawaii 208f.
Heaviside-Delphin 136, 245
Hector-Delphin
  Körperform und -größe *57*, *130*, 131
  Lebensraumzerstörung 54
  Merkmale **175**, *175*
  Neuseeland 255, *262*, 263
  Seltenheit 57
heimische Art Art, die in dem betreffenden Gebiet freilebend vorkommt. 229
Historia Animalum 24
Hongkong 246f., 248, *248f.*
Hydrophon Unterwasser-Mikrophon. 30f., 93, 95, **115**, 118, 125, 209, 213, 221, 262, 264, 268,
Hyperoodon ampullatus 159

I

Illegaler Walfang 43
Indien 247, 249
Indischer Grindwal
  Azoren 243
  Bahamas 219
  Baja California 207
  Fang 47
  gebogene Rückenfinne *14*
  Hawaii *208f.*
  Kanarische Inseln 242, *243*
  Karibik 220
  Kerama-Inseln 251
  Kontakt zu Menschen 117
  Körperform und -größe *130*
  Merkmale **188**, *188*
  Ogasawara-Inseln 250
  Ogata 252f.
  Tonga 264
  Zugehörigkeit zur Familie der Delphine 18
Indischer Schweinswal 17, 131, **193**, *193*, 246, 248, *248*
Indonesien 247, 249
Indus-Delphin 19, 57, 76, 133
Inia geoffrensis 165
Intelligenz 88f., *88f.*
Internationale Walfangkommission 41, **42f.**, 44f.
Inuit **44**, 46
Irawadi-Delphin 17f., 48, 131, **184**, *184*, 249

Irisches Walschutzgebiet 55, *55*
Irland 230
Island 42, 231, *231*, *232f.*
Isopoden, auch Asseln genannt. Große Crustaceenordnung, gekennzeichnet durch flache Körpersegmente. 146
Italien 230
IUCN International Union for the Conservation of Nature. Neuerdings: World Conservation Union. 145f.
IWC siehe Internationale Walfangkommission

J
Jangtse-Delphin siehe Chinesischer Flußdelphin
Japan
  Befürwortung des Walfangs 42f., 45, 47
  Kerama-Inseln 250f.
  Kochi-Präfektur *252f.*, *252f.*
  Ogasawara-Inseln 250f., *250f.*
  Ogata *252f.*
  Okinawa 250f., *250f.*
  Walbeobachtung *246*, 246f., *247*
Jona und der Wal 22, *22*
jumpers siehe Weißseitendelphin

K
Kalifornien, USA 198f., *199*, 204, *204f.*
Kamerun-Flußdelphin 167, *167*
Kanada
  Britisch-Kolumbien 198, *199*, **202f.**
  Kanadische Atlantikprovinzen 210, *210*, *211*, **214f.**
  Neufundland 210, **214f.**
  St.-Lorenz-Strom und -Golf 210, *211*, **212f.**
Kanadische Atlantikprovinzen, Kanada 210, *210*, *211*, **214f.**
Kanarische Inseln 230, **242f.**
Kappe Dunkler gefärbte Zone auf dem Rücken einiger Cetaceen (vor und hinter der Rückenfinne). *126*, *179*, *185*
Karibik 210, *211*, **220f.**
Kehlfurchen Bei einigen Bartenwalen vorhandene Falten, die sich vom Rostrum aus unterseits nach hinten erstrecken; bei der Wasseraufnahme zum Filtern von Nahrung dehnen sie sich aus, und wenn das Wasser durch die Bartenplatten hinausgedrückt wird, ziehen sie sich wieder zusammen. 27, 61, 67, 151f., 252
Kerama-Inseln, Japan 250f.

Kleiner Pottwal 19, 133, *133*, **157**, *157*, 220, *246*, 248
Kleiner Schwertwal
  Australien 259
  Bahamas 219
  Ecuador 225
  Hawaii 209
  in Gefangenschaft 48
  Jagd auf 47
  Karibik 220
  Kerama-Inseln 251
  Merkmale **186**, *186*
  Strandungen 98, *98*, *99*, 101
  Zugehörigkeit zur Familie der Delphine 18
Klicks Eng aneinandergereihte, verschiedenartige und zumeist hochfrequente Laute, die Zahnwale bei der Echoortung erzeugen. Jede Art weist charakteristische Klickfrequenzen und -muster auf. 15, 74, 76, 93, 95, 115, 125, 263
Knapp, Paul Jr. 221
Kochi-Präfektur, Japan 252f., *252f.*
Kogia breviceps 157
K. simus 157
Kontinentalabhang siehe Bathyal
Kontinentalsockel, auch Schelf genannt Der Teil des Festlandes, der sich meistens ca. 70 km weit ins Meer erstreckt und sanft bis zu einer durchschnittlichen Tiefe von 200 m abfällt. 16, 94, 124, 172, 234, 271
Kontrastfärbung Besondere Färbung verschiedener Meeresbewohner; die Dorsalseite (oben) ist dunkler als die Ventralseite (unten), so daß die Tiere von oben wie von unten betrachtet gleichmäßig und damit unauffällig gefärbt erscheinen. 71
Kopfrecken 90
Korea 42
Körperform und -größe 130f.
Krill Winzige krabbenähnliche Crustaceen (Euphausiiden), die in großen Anhäufungen auf dem offenen Meer vorkommen; wesentlicher Teil der Nahrung vieler Bartenwale. 19, 67, 78f., 83, 152, 217, 256, 266, 270f.
Kroatien 230
Küstenstellnetze 50f.

L
La-Jolla-Abkommen 51
La-Plata-Delphin 19, 68
Lagenodelphis hosei 17
Lagenorhynchus acutus 170
L. albirostris 170
L. cruciger 173
L. obliquidens 171
L. obscurus 172
Langschnauze siehe Spinner-Delphin
Langschnauzen-Spinner siehe Spinner-Delphin
Layard-Wal 68, 69, 138, **163**, *163*

Leatherwood, Stephen 176
Lebensraum Meer 16f.
Lipotes vexillifer 164
Lissodelphis borealis **176**
  L. peronii **176**
Litoral Gezeitenzone. Uferzone zwischen höchstem und niedrigstem Gezeitenstand. 16
long-beaked dolphins siehe Spinner-Delphin
Luftblasennetz Von Buckelwalen (oftmals kooperativ) angewandte Jagdmethode, bei der die Tiere ein Netz aus Luftblasen erzeugen, das die Beutetiere zusammendrängt, wodurch diese leichter gefangen werden können. 27, **66**, *66*, 67, 89, 155, *155*, 200, *201*

M
Madagaskar 244f.
Mahakam River dolphins siehe Irawadi-Delphin
Makah-Indianer 44, *44*
Mardi 23
Marianengraben 16
Markierung von Walen 31, *31*
Mead, James 161, 163
Meeresdelphine 19, 166ff.
Meereseinhorn 22, *22*
Meeresverschmutzung 52f.
Megaptera novaeangliae 155, 216
Melone Gewölbte Stirn vieler Zahnwale; enthält Öl und Muskulatur und ist von Nasengängen und Luftsäcken durchzogen; spielt möglicherweise eine Rolle bei der Ausrichtung des Schallsignals bei der Echoortung. 74, 109, *126*, 165
Melville, Herman 23, *23*, 94, 133, 156
Mesonychiden 61
Mesoplodon bidens 162
  M. densirostris 161
  M. layardii 163
Minke-Wal siehe Zwergwal
Mittelmeer 240f.
Moby Dick 23, *23*, 94, 156
Monkey Mia, Australien 105, *105*, 255, 260, *260*
Monodon monoceros 190
Monterey Bay National Marine Sanctuary 205
Mysticeten siehe Bartenwale
Mythen über Wale und Delphine 22f.
Mythologie, Wale und Delphine in der 22f., 24f.

N
Nahrungsaufnahme 67ff., *67ff.*
Nahrungskette Abfolge von Organismen, die von anderen Organismen gefressen werden. Am Anfang der Kette stehen grüne Pflanzen, danach kommen die Pflanzenfresser, die von Fleischfressern gefressen werden, die ihrerseits wieder die Beute größerer Fleischfresser sind. 52
Nahrungskette, Giftstoffe in der 52f.

Register und Glossar

Narwal
 als Ursprung des Einhorn-Mythos 22
 Arktis 266ff., *268*
 Echoortung 76
 Familie 19
 fehlende Rückenfinne 131
 Fortpflanzung 79, 85, *85*
 individuelle Merkmale *138*, 138f.
 Jagd auf 46, *47*
 Merkmale **190**, *190*
 Stoßzähne *68*
Naturalis Historia 24
Neophocaena phocaenoides **193**
Neuengland, USA 210f., *211*, **216f.**
Neufundland, Kanada 210, **214f.**
Neuschottland *210*
Neuseeland 255, **262f.**
Nordkaper
 Bestandsrückgang 40, 55, 57
 fehlende Rückenfinne 18
 individuelle Merkmale 139
 Kanadische Atlantikprovinzen 214
 Körperform und -größe 131
 Merkmale **147**, *147*
 Schutz 41
 Tauchsequenz 132
 Washington (U.S.-Bundesstaat) 205
Nördlicher Entenwal *159*, **159**
Nördlicher Glattdelphin 131, **176**, *176*
Nördlicher Glattwal *siehe* Nordkaper
Norwegen 42f., 45, 230, **234f.**

O
Odontoceten *siehe* Zahnwale
Ogasawara-Inseln, Japan 250f., *250f.*
Ogata, Japan **252f.**
Okinawa 250f., *250f.*
Ökosystem Gemeinschaft und Beziehungsgeflecht von Organismen untereinander und zu ihrem Lebensraum. 47, 52, 216, 266
Ökotourismus Form des Tourismus, die sich bemüht, der Natur möglichst wenig Schaden zuzufügen und womöglich sogar zu ihrer Erhaltung beizutragen. 206, 247
Omu 23
Orcaella brevirostris **184**
Orcinus orca **187**
Oregon, USA 204
Osbeck, Per 167
Ostküste, Nordamerika 210f., *211*
Ozeanien **254f.**, *254f.*

P
Patagonien 222, **228f.**
Pazifische Inseln **264f.**
Peale-Delphin 229
pelagisch Zum offenen Meer (im Gegensatz zum Meeresgrund und zur Küstenregion) gehörig oder im Meere lebend. 186

Pelorus Jack (Delphin) 27
Peponocephala electra **185**
Peron, Françoise 176
Perrin, William 179
Peru 47
Philippinen 247f.
Phocoena phocoena **192**
 P. sinus **193**
Phocoenoides dalli **192**
Physeter macrocephalus **156**
Phytoplankton Pflanzliches Plankton. Phytoplankton führt Photosynthese durch und bildet die Grundlage der Nahrungskette der Meere. 78
Pinnipedia 63
Plankton Im oberflächennahen Wasser des offenen Meeres treibende Kleinstorganismen. Besteht aus Phytoplankton (pflanzliche Organismen) und Zooplankton (tierische Organismen). 52, 55, 73, 79, 200, 215ff., 236, *237*, 266, 270
Plinius der Ältere 24, 133
Polargebiete, **266f.**, *266f.*
 siehe auch Antarktis; Arktis
Polychaeten Klasse von Würmern, die (ebenso wie ihre Larven) überwiegend im Meer vorkommen. 146
„**porpoising**" Schnelle Fortbewegungsart, bei der die Tiere während des Schwimmens zum Atmen aus dem Wasser springen. 90, 168
Portugal 230
Pottwal
 Abwehr von Feinden 70, 70f.
 Anzahl der getöteten Tiere 40
 Arktis 269
 Australien 259
 Azoren 243
 Bahamas 219
 Baja California 207
 Belauschen von 125
 Beobachtung 105, 113
 Blasform und -größe *135*
 Echoortung 76
 Ecuador 225
 Fortpflanzung 85f., *86*
 Geschlechtsreife 87
 Hirngröße 88
 individuelle Merkmale 138, *138*
 Island 232
 Jagd auf 40ff., 117
 Japan *247*
 Kanadische Atlantikprovinzen 214
 Kanarische Inseln 242
 Karibik 220, *220f.*
 Klassifizierung 19
 Körperform und -größe 131
 Körpergröße *94*
 Madagaskar 245
 Merkmale **156**, *156*
 Mittelmeer 240, *240*, 241
 Nahrungsaufnahme 69, *69*
 Neufundland 215
 Neuseeland 255, 262f.
 Norwegen 230, 234
 Ogasawara-Inseln 250
 Ogata 253
 Philippinen 248
 Schlafen ohne zu ertrinken 64

 Schutz 41
 Soziale Organisation **94f.**, *94f.*, 156
 Sri Lanka 249
 Strandungen 98
 Tastsinn 73, *73*
 Tauchen 15, *15*, 65, 94, 132, 1*32*, 133
 Tonga 264
 Verteidigung der Jungen 86
 Wanderung 79, *79*
 Zähne *68*
 siehe auch Kleiner Pottwal; Zwergpottwal
Pseudorca crassidens **186**
Pseudorca siehe Kleiner Schwertwal
Pteropoden Zum Plankton gehörende Meeresschnecken. 67
Puget-Sund **202f.**

R
Radar 77
Rauhzahndelphin 68, **168**, *168*, 219, 250f.
Redburn 23
Revier Gebiet, in dem ein Tier sich überwiegend aufhält. Umfaßt gewöhnlich nur einen Teil des gesamten Aktionsradius, kann in Einzelfällen aber auch damit übereinstimmen. 93, 140, 149, 169
Ringwaden-Fischerei Dabei wird ein bis zu 2 km langes und 100 m breites Netz verwendet; zunächst werden Fischschwärme eingekreist, dann wird der Boden des Netzes hochgezogen, so daß ein Beutel entsteht, in dem die Tiere gefangen sind. 51, *51*, 66, 168, 180f., 186
Robben 63, *63*
Rostrum Auch als Schnabel oder Schnauze bezeichnet; verlängerter vorderer Teil des Oberkiefers. 19, *126*, 139, 147, 152, 154, 172
Rückenfinne Der Rückenflosse der Fische analoges Organ auf dem Rücken der meisten Wale. 14, *14*, 61f., 64, 109, *126*, *127*, 127, 130, **130f.**, 133, 136, 140, 146, 187, 202, 248
Rundkopfdelphin
 Australien 257
 Azoren 243
 Bestimmung 140, *140*
 Echoortung 76
 Ecuador 225
 Fang 47
 Großbritannien und Irland 239, *239*
 individuelle Merkmale 138, *138*
 Kalifornien 205
 Karibik 220
 Kontakt zu Menschen 26
 Merkmale **183**, *183*
 Ogasawara-Inseln 250
 Ogata 253
 Philippinen 248
 Sri Lanka 249
Rußland 42, 44

ANHANG

S

Salt (Wal) 141
Satellitentelemetrie, Verfolgung von Walen 30, 30f.
Säugetiere 62f.
Scammon-Lagune 206
Schelf *siehe* Kontinentalsockel
Schlankdelphin
  Azoren 243
  Beifang 51
  Ecuador 225
  Gruppenbildungen 70
  Karibik 220
  Kerama-Inseln 251
  Kontakt zu Menschen *104*
  Merkmale **180**, *180*
  Ogasawara-Inseln 250
  Philippinen 248
  Sri Lanka 249
Schluckfiltern 67, *67*
Schnabel Der verlängerte vordere Teil des Kopfes vieler Meeresdelphine und Zahnwale; wird durch den Ober- und Unterkiefer gebildet. *126*, 127, *127*, **131**, 133, 158ff., 164f., 167, 170f., 177, 179f., 182, *184*, 192, 248
Schnabelwale 158ff.
  als Zahnwale 19
  Azoren 243
  Bahamas 219
  Echoortung 76
  Hawaii 209
  Kalifornien 205
  Kanarische Inseln 242
  Nahrungsaufnahme 69
  Südamerika 223
  Zähne 83
Schnauze *siehe* Schnabel
Schöpffiltern 67, *67*
Schottland 239, *239f.*
Schule Langfristige soziale Gruppe von Walen. 46, 48, 70, 75, 91, *100*, 101, 113, 118f., *127*, 153, 186ff., 200ff., *203*, *214*, 232, *247*, 262
Schutz der Meere 55
Schutz von Walen 56f.
Schwanzstiel *siehe* Schwanzwurzel
Schwanzwurzel, auch Schwanzstiel genannt. Der verengte hintere Abschnitt des Körpers, genau zwischen Rückenfinne und Schwanzfluke gelegen. *126*
Schwarzdelphin
  Antarktis 271
  Argentinien 229
  Fang 47
  Merkmale **172**, *172*
  Neuseeland *114*, 255, *255*, 262, *263*, 263
Schwarzwal *siehe* Gewöhnlicher Grindwal; Indischer Grindwal
Schweinswal (Art)
  Alaska 200
  Britisch-Kolumbien 202
  Großbritannien 239f.
  Island 234
  Kanadische Atlantikprovinzen 214

Lebenserwartung 87
Merkmale **192**, *192*
Nahrungsaufnahme 68
Neuengland 216
St.-Lorenz-Golf 213
Tauchsequenz 133
Westküste, Nordamerika 205
Zähne 68
Schweinswale (Familie)
  Artenverzeichnis 144f.
  Artenvielfalt 14
  Beifang 51, *51*
  Bestimmung **126f.**, **128f.**, **140f.**
  Bezeichnung **20f.**
  Echoortung 76
  Farben und Zeichnungen **136f.**
  in Gefangenschaft **48f.**
  Intelligenz **88f.**, *88f.*
  Klassifizierung 19
  Körperform und -größe **130f.**
  Lebensraumzerstörung 54
  populäre Bezeichnungen 18
  Tauchsequenz 133
  Ursprünge 61
  Walbeobachtungsführer 196f.
  siehe auch Walbeobachtungstouren;
    einzelne Schweinswalarten
Schwertwal
  Alaska 200
  als Räuber 70f.
  Antarktis *270*, 271
  Arktis 268f.
  Ausschauhalten 77, 90, *258*
  Australien 259
  Beobachtung *110*, 112, *115*, 119ff.
  Bestimmung 140
  Britisch-Kolumbien 198, 202f., *202f.*
  Bugwellenreiten 91
  Ecuador 225
  Fortpflanzung 85
  Großbritannien und Irland 239
  in Gefangenschaft 48
  Intelligenz 89
  Island 232
  Karibik 220
  Klassifizierung 18
  Kommunikation 75, *75*
  Körperform und -größe 131, *131*
  Merkmale *62*, *127*, **187**, *187*
  Mittelmeer 241
  Nahrungsaufnahme 69
  Neuseeland 263
  Norwegen 234f., *234f.*
  Ogata 252
  Patagonien *228f.*, 229
  Soziale Organisation 82
  Springen *119*
  Verzicht auf Wanderungen 79
  Westküste, Nordamerika 205
  Zähne *18*, 68
Schwertwale *siehe* Zwerggrindwal, Schwertwal; Kleiner Schwertwal
Schwielen Aufgerauhte, häufig von Seepocken befallene Hautstellen am Kopf eines Glattwals. 85, 133, 139f., *140*, 147, *147*, 148
Scrimshaw *36*, 37
Seelöwen 63, 229, *229*
Seiwal

Antarktis 270f.
Australien 261
Blasform und -größe *135*
Fang 42
Geschlechtsreife 87
Island 232
Kanadische Atlantikprovinzen 214
Körperform und -größe 131
Merkmale **152**, *152*
Nahrungsaufnahme 67
Neufundland 215
Schutz des 41
Stillphase *86*
Tauchsequenz 132, 133
Wanderung 79
Silver-Bank-Buckelwalschutzgebiet 210, *211*
Sirenen 63
Sonar 77
Sotalia fluviatilis 166
Sousa chinensis 167
  S. teuszii 167
Sowerby, James 162
Sowerby-Zweizahnwal 69, **162**, *162*
Sowjetunion 43
Spiegel des Königshauses 24
Spinner *siehe* Spinner-Delphin
Spinner-Delphin
  Bali 248
  Beifang 51
  Brasilien 227
  Ecuador 225
  Feinde 70, *71*
  Fidschi-Inseln 264
  Hawaii *208*, 209
  Karibik 220
  Kerama-Inseln 251, *251*
  Madagaskar 245
  Merkmale **178**, *178*
  Moorea 265
  Nahrungsaufnahme 69
  Ogasawara-Inseln 250
  Philippinen 248
  populäre Bezeichnungen 18
  Sprünge 90, *91*
  Tonga 264
  Zähne 19
Spritzschutz Bei einigen Walen vorhandener Wulst vor dem Blasloch, der das Einströmen von Wasser bei geöffnetem Blasloch verhindert. 133
Sprünge *116*
Sprünge von Walen und Delphinen 90, *91*
Sri Lanka 249
St.-Lorenz-Golf *siehe* St.-Lorenz-Strom und -Golf, Kanada
St.-Lorenz-Strom und -Golf, Kanada 210, *211*, *212f.*
Stejneger, Leonhard 160
Stellnetz Fischernetz, das in Küstengewässern wie ein Vorhang senkrecht ins Wasser gehängt wird, so daß sich Fische darin verfangen. **50f.**, 52, 166, 175, 183ff., 193
Stenella attenuata 180
  S. clymene 179
  S. coeruleoalba **182**
  S. frontalis 181
  S. longirostris 178

Steno bredanensis 168
Strandungen Gelegentlich findet man lebende oder tote Wale am Ufer. Von „Massenstrandung" spricht man ab einer Anzahl von drei Tieren, wobei Strandungen von bis zu 400 Tieren belegt sind. Am häufigsten stranden Arten, die gewöhnlich in tiefen Gewässern fern der Küste leben, z. B. Grindwale, Kleine Schwertwale, Breitschnabeldelphine und Pottwale; küstennahe Arten wie Buckelwale und Südkaper stranden selten. 28, 55, 73, 83, **98ff.**, 186, 189, 223
Stundenglas-Delphin 136, **173**, *173*, 271
Sublitorale Zone Auch als Schelf oder Kontinentalsockel bezeichnet; Gebiet zwischen dem Litoral und dem Kontinentalabhang. 16
Südafrika 230, *231*, **244f.**
Südamerika **222f.**, *223*
siehe auch einzelne Länder
Südasien 248f.
Südkaper *siehe* Südlicher Glattwal
Südliche Entenwale 271
Südliche Glattdelphine 131, **176**, *176*, 271
Südlicher Glattwal
Argentinien 96
Australien 96f., 254, *254*, 257f., *258f.*, **260f.**
Beobachtung 112f., *113*, 117, *117*, 121
Bestandserholung 40, *41*, 55
Bestimmung 140
Blaslöcher 64
Brasilien 226
fehlende Rückenfinne 18
Feinde 71
Fortpflanzung 86f., 96
individuelle Merkmale 139
Kommunikation 97
Körperform und -größe 131
Merkmale **148**, *148*
Nahrungsaufnahme 18, 67
Patagonien **228**, *228f.*
Schutz 41
Segeln 91
Soziale Organisation 83, **96f.**
Südafrika 230, 244
Südamerika **222f.**
Tauchsequenz 132, *132*, 133
Wanderung 78f.
Susu *siehe* Ganges-Delphin
Symbiose Gemeinschaft von Pflanzen- oder Tierarten, die auf einander angewiesen sind. 265

T
Taipi 23
Taiwan 247
Taucherkrankheit 65
Taxonomie Wissenschaftliche Klassifizierung aller Lebewesen durch ihre Einordnung in nach Verwandtschaft gegliederte Gruppen. **20f.**, 167, 180
Tethysmeer 60
Teufelsfisch 146

Thailand 247, 249
Thunfisch-Fischerei 51
Tiefenrausch 65
Tierdressur 49
Tonga 255, **264f.**
traditioneller Walfang 44f.
Treibnetzfischerei
Fischfangmethode, bei der man bis zu 48 km lange Netze mehrere Tage lang mit der Strömung treiben läßt. Solche Netze sind kaum wahrnehmbar und fangen alles auf ihrer Drift durch die Meere. *50*, 57
Tursiops truncatus 169

U
Überfischung 50
Uhrzeigersystem 125
Umweltverschmutzung 52f.
Umweltverschmutzung 52f.
Unterseeischer Berg Von anderen Erhebungen isolierter Berg vulkanischen Ursprungs, der sich mehr als 1000 m über den Meeresgrund erhebt und dessen Gipfel meist 1000 m bis 2000 m u. d. Meeresspiegel liegt. 94, 124
USA
Alaska 44f., **200f.**
Baja California 199, *199*, **206f.**, *206f.*
Florida 210, *211*, **218f.**
Hawaii **208f.**
Kalifornien 198f., *199*, 204, *204f.*
Neuengland 210f., *211*, **216f.**
Ostküste, Übersicht **210f.**, *211*
Walfang zur Existenzsicherung 44
Washington (U.S.-Bundesstaat) **202f.**
Westküste, Übersicht **198f.**, *199*

V
Vaquita *siehe* Hafenschweinswal
Verbreitungsgebiet Gebiet, in dem eine Art vorkommt, einschließlich der Gebiete, durch die das Tier bei Wanderungen zieht. 40, 139, 144, 159, 162, 164, *165*, 167, 170, 171, 173, 174, 176, 181, 184, 185
Videoaufnahmen 111

W
Wal-Läuse winzige Crustaceen aus der Familie der Cyamidae,

die als Hautparasiten auf manchen Walarten, vor allem auf Nord- und Südkaper, leben. 147
Walbeobachtung
Anzeichen für Belästigung 119
Ausrüstung 107
Beobachtungsmethoden **108f.**, **124f.**, 128f.
Bestimmungsmethoden **126f.**, **128f.**
Formen der Begegnung **104f.**
Gefahren **116f.**
kommerzielle Veranstalter 115, 119ff.
Richtlinien **118ff.**, *118ff.*
vom Ufer aus **112f.**
von Booten aus **114f.**, *114f.*
Vorbereitungen **106f.**
siehe auch Walbeobachtungstouren
Walbeobachtungstouren
Alaska 198, *199*, **200f.**
Antarktis *266*, 266f., **270f.**
Argentinien 222, *223*, **228f.**
Arktis 266f., *267*, **268f.**
Australien **254**, **254f.**, **256ff.**
Azoren **242f.**
Bahamas 210, **218f.**
Baja California 199, *199*, *206f.*
Brasilien und Amazonas 222, *223*, **226f.**
Britisch-Kolumbien 198, *199* **202f.**
Ecuador 222, *223*, **224f.**
Europa 230, *231*
Färöer-Inseln **237**
Florida 210, *211*, **218f.**
Grönland **236f.**, *236f.*
Großbritannien 230, *231*, **238f.**
Hawaii 198, *199*, **208f.**
Irland 230, *231*, **238f.**
Island 231, *231*, **232f.**
Japan 246f., **250ff.**, *250ff.*
Kalifornien 198, *199*, **204f.**
Kanadische Atlantikprovinzen 210, *210*, *211*, **214f.**
Kanarische Inseln 230, *231*, **242f.**
Karibik 210, *211*, **220f.**
Kolumbien 222, *223*, **224f.**
Madagaskar **244f.**
Mittelmeer **240f.**
Neuengland 210f., *211*, **216f.**
Neufundland 210, **214f.**
Neuseeland **262f.**
Norwegen 230, *231*, **234f.**
Oregon **204f.**
Ozeanien **254f.**, *254f.*
Pazifische Inseln **264f.**
Puget-Sund **202f.**
St.-Lorenz-Strom und -Golf 210, *211*, **212f.**
Südafrika 230, *231*, **244f.**
Südasien **248f.**
Tonga **264f.**
Walbeobachtungsführer 196f.
Washington 198, *199*, **204f.**
siehe auch Delphinbeobachtung; Walbeobachtung
Wale
Anpassung an das Leben im Meer **64f.**
Artenverzeichnis 144f.

ANHANG

Artenvielfalt 14
Auftrieb 65
Bestimmung **140f.**
Bezeichnung 18, **20f.**
Blasform und -größe **134f.**, *134f.*
Farben und Zeichnungen **136f.**
Feinde 70f.
Fortpflanzung **84f.**, *84f.*, **86f.**
Fotografieren **110f.**
in Gefangenschaft *28f.*, *29*, **48f.**
Intelligenz **88f.**, *88f.*
Kommunikation 15, **74f.**, *74f.*
Kontakt zu Menschen **26f.**
Körperform und -größe **130f.**
Körpertemperatur 64
Laute 31, 74f.
Lebensraumzerstörung 54
Lebenszyklus **86f.**
Obduktionen 28
Schlafen ohne zu ertrinken 64
Sinnesorgane 72f., *73*, 118
Soziale Einstellung gegenüber **24f.**
Soziale Organisation **82f.**
Sterblichkeitsrate 87
Tauchen 15, **132f.**, *132f.*
Ursprünge 60f.
Verfolgung von 30f., *30f.*
Verhalten **90f.**
Walbeobachtungsführer 196f.
Wanderung 15, 77f., **78f.**, 80, 104f., 204f., 222
siehe auch Bartenwale; Zahnwale; Walbeobachtung; Walfang; *einzelne Walarten*
Walfang
Antarktis 267, 270
Anzahl getöteter Tiere 40
durch Japan und Norwegen 42f.
Geschichte **34ff.**, *34ff.*
Grausamkeit 41
Illegaler Walfang 43
Internationale Walfangkommission **42f.**
kleinere Arten **46f.**
Mißbrauch **40f.**, *43*
moderner kommerzieller Walfang **38f.**
Regulierung 41
traditioneller **44f.**
Walfleisch 37
Walforschung 28f., *30f.*, **94ff.**, 121
Walgesänge 15, 75, 221
Walker, William A. 176
Walöl 36
Walprodukte 36f.
Walrat Hochwertiges, aus dem Kopf des Pottwals gewonnenes Öl; früher zur Herstellung von teuren Kerzen verwendet, später als Schmiermittel für Maschinen. 36, 65
Walrosse 63
Wanderungen der Wale 15, 77f., **78f.**, 80, 104f., 204f., 222
Washington, USA 204f.
Wassersäule Das Wasser zwischen der Oberfläche und dem Meeresgrund. Ein Tier, das an der Oberfläche oder am Grund schwimmt, befindet sich nicht innerhalb der Wassersäule. 16
Weiße Wale *siehe* Beluga; Narwal
Weißjacke 23
Weißschnauzendelphin
Irland 239
Island 232
Merkmale 18, **170**, *170*
Neufundland 215
Norwegen 234
St.-Lorenz-Golf 213
Weißseitendelphin
Großbritannien und Irland 239f.
Island 232
Merkmale *126*, **170**, *170*
Neuengland 216, *217*
Neufundland 215
St.-Lorenz-Golf 213
Weißstreifendelphin
Alaska 200
Baja California 207
Britisch-Kolumbien 202
Fang 47
in Gefangenschaft 48
Merkmale **171**, *171*
Ogasawara-Inseln 250
Washington (U.S.-Bundesstaat) 205
Wells, Randall 92
Westküste, Nordamerika 198f., *199*
Whale and Dolphin Conservation Society 56
Whitehead, Hal 94f.
WWF (World Wide Fund for Nature) 249

Z

Zahnwale Auch **Odontoceten** genannt; zahntragende Cetaceen. 61, 68, 70f., **79**, **82f.**, 85, 87, 94, 134, 156ff., 198, 236, 255
Blasform und -größe *133*
Echoortung 76, **76f.**
Feinde 71
Geschlechtsreife 87
Klassifizierung 18f.
Nahrungsaufnahme **68f.**, *68f.*
Soziale Organisation 82f.
Strandungen 101
Ursprünge 61
Wanderung 79f.
Zähne 19, *19*
siehe auch einzelne Zahnwalarten
***Ziphius cavirostris* 158**
Zooplankton Tierisches Plankton (u.a. Amphipoden, Kopepoden, Isopoden, Krill, Polychaeten und Pteropoden). 78, 147f., 216
Zügeldelphin
Bahamas 17, 210, *211*, 218, *218f.*, 219
Fortpflanzung *85*
Kontakt zu Menschen *104*
Laute 74, *74*
Merkmale 14, **181**, *181*
Nahrungsaufnahme 77
Zwergglattwal 19, *126*
Zwerggrindwal 18, **185**, *185*
Zwergpottwal 19, 71, 76, **157**, *157*, 220
Zwergwal
Alaska 200, *200*
Antarktis 266, 271
Arktis 266, 268f.
Australien 259, 261
Baja California 198, 207
Britisch-Kolumbien 202
Fang 41, *42*, 42f.
Farben und Zeichnungen 136, *137*
Geschlechtsreife 87
Grönland 236
Großbritannien und Irland 239f.
Island 232, *232f.*
Kanadische Atlantikprovinzen 214
Klassifizierung 20
Merkmale 21, **150**, *150*, 152
Nahrungsaufnahme 67
Neuengland 216
Neufundland 215
Norwegen 234
Soziale Organisation 83
St.-Lorenz-Strom und -Golf *212*, 212f.
Tauchsequenz *132*, 132f.
Wanderung 79
Westküste, Nordamerika 205

DIE AUTOREN

Nach seinem Abschluß in Zoologie an der London University arbeitete **Mark Carwardine** als Conservation Officer für den World Wide Fund for Nature in Großbritannien. Ferner wirkte er als wissenschaftlicher Mitarbeiter mit beim Umweltprogramm der Vereinten Nationen (UNEP) in Nairobi, Kenia; zudem war er als Berater der World Conservation Union in der Schweiz tätig. Seit 1986 arbeitet Mark Carwardine als freier Berater, Autor, Dozent und Rundfunkjournalist. Er hat sehr viele Bücher für Erwachsene und auch für Kinder veröffentlicht, darunter *Last Chance to See* (mit Douglas Adams), *On the Trail of the Whale* und *The Guinness Book of Animal Records*. Er lebt in Großbritannien.

Nach seiner Promotion in Zoologie an der University of Canterbury war **Ewan Fordyce** am Smithsonian Institution und an der Monash University in Melbourne tätig. In jüngerer Zeit befaßte er sich mit dem Studium von Wal-Fossilien in der Antarktis, in Australien und in Neuseeland. Ein weiterer Arbeitsschwerpunkt von Ewan Fordyce sind die Taxonomie und Anatomie von fossilierten und von lebenden Walen. Er ist außerordentlicher Professor für Geologie an der University of Otago, Neuseeland. Ferner arbeitet er für die Smithsonian Institution.

Peter Gill beschäftigt sich seit 1983 mit der Erforschung von Walen. Er machte seinen Abschluß in Zoologie an der Flinders University, Adelaide. Er unternahm ausgedehnte Forschungsreisen durch die Antarktis, Australien und Neukaledonien, wobei er Wale (vor allem Buckelwale und Südliche Glattwale) aus nächster Nähe beobachtete. Für Greenpeace war er zwei Jahre lang in der Erforschung von Meeressäugern tätig. Zur Zeit arbeitet er in den Blue Mountains in Australien, als freischaffender Meeressäuger-Forscher, Fotograf, Dozent und Autor und nimmt teil an einem großen Programm zur Erforschung der Cetaceen in der Antarktis.

Seit 1973 ist **Erich Hoyt** auf den Meeren unterwegs, als Dokumentarfilmer, der die Schwertwale vor der Westküste Kanadas aufsuchte. Neben Büchern wie *Orca: The Whale Called Killer* und *The Earth Dwellers* schrieb er Artikel über die Tierwelt, ihre Erhaltung und über weitere wissenschaftliche Themen in über 150 Magazinen und Zeitungen, u. a. dem *National Geographic* und *The New York Times*. Erich Hoyt war Berater von Ausstellungen in Museen in den USA. Seit 1990 arbeitet er als Berater der Whale and Dolphin Conservation Society, schreibt und hält Vorträge über in Gefangenschaft lebende Delphine, über Walbeobachtung und marine Schutzgebiete. Er lebt in Schottland.

KAPITELEINLEITUNGEN

Seite 1: Beluga.
Seite 2: Großer Tümmler, Bahamas.
Seite 3: Buckelwal, Hawaii.
Seite 4, 5: Orca im Packeis, McMurdo-Sund, Victoria Land, Antarktis.
Seite 6, 7: Buckelwal.
Seite 8, 9: Zügeldelphine.
Seite 10, 11: Gruppe Gemeiner Delphine, Cortez-See, Mexiko.
Seite 12, 13: Beluga.
Seite 32, 33: Buckelwalweibchen mit seinem eine Woche alten Jungen im Südpazifik nahe Tonga.
Seite 58, 59: Buckelwale in einem Heringsschwarm.
Seite 80, 81: Orca vor Vancouver Island, Kanada.
Seite 102, 103: Ein Zwergwal passiert ein Touristenboot bei Husavik, Island.
Seite 122, 123: Ein Grauwal im Seetang, Channel Islands, Kalifornien.
Seite 142, 143: Zügeldelphine schwimmen vor den Bahamas.
Seite 194, 195: Ein Nördlicher Glattwal vor Neufundland.
Seite 272, 273: Tunesisches Mosaik mit Putten, die mit Delphinen spielen.

DANKSAGUNGEN

Weldon Owen dankt folgenden Personen und Firmen für ihre Unterstützung bei der Verwirklichung dieses Buches: Apple Computer Australia Pty Ltd, Garry Cousins, Margaret McPhee, Paddy Pallin Ltd.

BILD- UND ILLUSTRATIONSNACHWEISE

o = oben; u = unten; l = links; r = rechts; M = Mitte
Ardea = Ardea London Ltd; **Auscape** = Auscape International; **BCA** = B & C Alexander; **Bob Cranston** = Bob Cranston, San Diego; **Hedgehog** = Hedgehog House New Zealand; **IPL** = International Photo Library; **IV** = Innerspace Visions; **MC** = Mark Carwardine; **Minden** = Minden Pictures; **MMI** = Marine Mammal Images; **OEI** = Ocean Earth Images; **OSF** = Oxford Scientific Films; **PEP** = Planet Earth Pictures; **Stock** = Stock Photos P/L; **TGC** = The Granger Collection, New York; **TIB** = The Image Bank; **TPL** = The Photo Library, Sydney; **TSA** = Tom Stack & Associates; **WO** Weldon Owen Pty Ltd
Bildnachweise
1M Kevin Schafer/Hedgehog 2M Doug Perrine/Auscape 3M Doug Perrine/PEP 4–5 Kerry Lorimer/Hedgehog 6–7 Sanford/Agliolo/Stock 8–9 James D. Watt/MMI 10–11 Bob Cranston 12–13 Kevin Schafer/Hedgehog 14o MC; ul James D. Watt/PEP; ur Richard Coomber/PEP; uo David B. Fleetham/OSF 15o Doug Perrine/Auscape 16M Colin Monteath/Auscape 16–17M Becca Saunders/Auscape; 17r François Gohier/Ardea; u Kenneth C. Balcomb III/EarthViews 18M James D. Watt/PEP; ul Ian Beames/Ardea 19u Andrea Florence/Ardea 20M e.t. archive 21o François Gohier/Ardea; M Michael S. Nolan/IV; u Bill Wood/PEP 22u TGC 23M TGC; u Image Select 24o Mary Evans Picture Library; u Museo Nazionale Napoli/Scala 25o Lauros-Giraudon; M François Gohier/Ardea 26o Pieter Folkens/PEP; u Brian Parker/TSA 27o Donald Tipton/Underwater Images; M Brandon D. Cole/IV; 28o Graham Robertson/Auscape; M Doug Perrine/IV 29ul MC; ur MC 30o European Space Agency/SPL/TPL; M Flip Nicklin/Minden 31o Flip Nicklin/Minden; M Michael Freeman/Phototake/Stock 32–33 Jean-Marc La Roque/Ardea 34o Roger-Viollet; u TGC 35o TGC; M Old Dartmouth Historical Society - New Bedford Whaling Museum 36o BCA; ul Musee de Carnavalet, Paris/e.t. archive; ur Victoria & Albert Museum/e.t. archive 37o Carl Bento/Nature Focus/Australian Museum; M Bargello Florence/e.t. archive 38o Ann Ronan at Image Select; u Image Library, State Library of NSW 39o Mary Evans Picture Library; M MMI; ul Mary Evans Picture Library; ur Ian Cummings/BCA 40u Bob Cranston 41o Brian Sytnyk/Stock; M Kelvin Aitken/OEI; u Bob Cranston 42o Gleizes/Greenpeace; u Wendy Else/BCA 43o Harald Sund/TIB; M McTaggart/Greenpeace 44o BCA; u Edward S. Curtis/National Geographic Image Collection 45u Galen Rowell/Mountain Light Photography 46o Scott Benson/MMI; u Adam Woolfitt/Robert Harding Picture Library 47o BCA; M Robert L. Pitman/IV 48M Tony Arruza/TPL; u MC 49o Charlie Dass/TPL; u MC 50M Wei Dong Cheng/TIB; u Flip Nicklin/Minden 51o BCA 52M Simon Fraser/SPL/TPL 53ol Wip Hoek/MMI; or T. Kitchin/TSA; u Duncan Maxwell/Robert Harding Picture Library; M P. & G. Bowater/TIB 55o P. & G. Bowater/TIB 56u MC 57ol Beltra/Greenpeace; or Geier/Greenpeace; u Steve Dawson/Hedgehog 58–59 Michio Hoshino/Minden 60ol R. Ewan Fordyce; or R. Ewan Fordyce 61l R. Ewan Fordyce M R. Ewan Fordyce 62o Marty Snyderman/IV 63o Michael S. Nolan/IV; M D. Parer & E. Parer-Cook/Auscape; u Richard

ANHANG

Herrmann/OSF 64o Tony Martin/OSF; u Peter Gill 65o Doug Perrine/IV; u Tony Martin/OSF 66o Jeff Foott/TSA 67o Brandon D. Cole/IV; M Doug Perrine/IV 68u Flip Nicklin/Minden 69o R. Ewan Fordyce; u Doug Perrine/IV 71ol Mike Osmond/Pacific Whale Foundation/Auscape; or Phillip Colla/IV; u Michael S. Nolan/IV 72o Marilyn Kazmers/IV; u François Gohier/Ardea 73o Doug Perrine/IV; M Brian Parker/TSA 74u Doug Perrine/IV 75o Ingrid Visser/EarthViews; u Kelvin Aitken/OEI 76o Bob Cranston 77o Peter Gill; u Doug Perrine/IV 79o Jean-Paul Ferrero/Ardea; M Howard Hall/PEP; u François Gohier/Auscape 80–81 Bob Cranston 82o François Gohier/Ardea; M Doug Perrine/IV; u Pieter Folkens/PEP 83o Andrea Florence/Ardea 84o Doug Perrine/Auscape 84–85o Flip Nicklin/Minden; 85u Doug Perrine/IV 86o Rod Scott; M IFAW/IV; u Doug Perrine/IV 87o Doug Perrine/PEP 88o D. Parer & E. Parer-Cook/Auscape; u Doug Perrine/IV 89o François Gohier/Ardea 90o Doc White/PEP; M Pieter Folkens/PEP 91o James D. Watt/PEP; M Clive Bromhall/OSF; u Doug Perrine/Auscape 92M Daniel J. Cox/Liaison International/Wildlight Photo Agency; u Doug Perrine/Auscape 93o Flip Nicklin/Minden; u Alain Ernoult/TIB 94M Doug Perrine/IV; u Howard Hall/OSF 94–95o Doug Perrine/PEP 95M Flip Nicklin/Minden 96l Richard Smyth/Auscape; u Jen & Des Bartlett/OSF 97o Peter Gill; M Doug Perrine/IV 98M Jean-Paul Ferrero/Ardea 98–99o John & Val Butler/Lochman Transparencies; 99M The New Zealand Herald; u Jean-Paul Ferrero/Auscape 100o Tui De Roy/OSF; u Milt Putnam/Stock 101o Doug Perrine/PEP; M Jiri Lochman/Lochman Transparencies 102–103 BCA 104o Diana McIntyre/MMI; u Howard Hall/OSF 105o Colin Monteath/Auscape; u Jiri Lochman/Lochman Transparencies 106ol WO; or WO; u Paddy Pallin 107o MC; u WO 108o Stuart Bowey/Ad Libitum/WO; u François Gohier/Ardea 109Ml WO; Mr Michael S. Nolan/IV; u Apple Computer Australia Pty Ltd 110o Michael S. Nolan/MMI; ul Oliver Strewe/WO; ur David M. Hamilton/TIB 111o Mark Conlin/PEP; u John Borthwick 112M Alisa Schulman/MMI; 112–113o Steve R. Burnell; u John Eastcott/PEP 113or Peter Gill 114o MC; u Colin Monteath/Auscape 115o Thomas Kitchin/TSA; u Flip Nicklin/Minden 116o François Gohier/Ardea; M Dover Publishers/Animals; u Marilyn Kazmers/IV 117o Marty Snyderman/PEP; u Flip Nicklin/Minden 118o Kurt Amsler/PEP; M Ben Osborne/OSF 119o Michael S. Nolan/IV; r Mark Carwardine/IV 120ul Carlos Angel/Gamma/Picture Media; br Silvan Wick/MMI 121ol Frank Nowikowski/South American Pictures; or Jeff Foott/TSA 122–123 Bob Cranston 124o MC; M MC 125M Kevin Deacon/OEI; u Neville Dawson/TPL 126o Chip Matheson/MMI; u Hiroya Minakunchi/IV; u Barbara Todd/Hedgehog 128ol WO; or WO; u MC 129ol Peter Gill; or(inset) Michael Kozicki/MMI; M Doug Perrine/IV 130o Doug Perrine/PEP; M Godfrey Merlen/OSF; u MC 133o MC; M Phillip Colla/IV(#1188); u David B. Fleetham/OSF 134ol D. Parer & E. Parer-Cook/Auscape; or Thomas Kitchin/TSA; u Mary Evans Picture Library 136M Doug Allan/OSF 137o Howard K. Suzuki/IV; M Robin W. Baird/MMI; u Doug Perrine/PEP 138o Diana McIntyre/MMI; M François Gohier/Auscape; u Flip Nicklin/Minden 139o Jim Nahmens/MMI 140ul Doug Perrine/PEP; ur Thomas Jefferson/MMI 141o MC; M MC 142–143 Doug Perrine/PEP 144–145 repeat of pages 176/177 and 188/189 146o Bob Cranston; u Katy Penland/MMI 147o François Gohier/Ardea; u Lura Meyer/MMI 148o Bob Cranston; u James D. Watt/IV 149o Greg Silber/EarthViews 150o Kevin Deacon/OEI; M Ben Osborne/OSF 151o Tui De Roy/Hedgehog 152o Doug Perrine/Auscape 153o Tui De Roy/Hedgehog; M MC 154o Doc White/PEP; M IPL 155o Bob Cranston; u Mike Bacon/TSA 156o François Gohier/Ardea; u Doug Perrine/Auscape 157o Robert L. Pitman/EarthViews 158o Whale Watch Azores/IV 159o Hal Whitehead/MMI; u Godfrey Merlen/OSF 160o Scott Benson/MMI 161o James D. Watt/IV 164o MC 165o Gregory Ochocki/IV; u Flip Nicklin/Minden 166o Andrea Florence/Ardea; u Wyb Hoek/MMI 167o Thomas Jefferson/MMI 168o Ed Robinson/TSA; u Doug Perrine/IV 169o Doug Perrine/Auscape; u Doug Perrine/Auscape 170o Hal Whitehead/MMI; u Richard Sears/EarthViews 171o Phillip Colla/IV(#44); u Marilyn Kazmers/IV 172o Steve Dawson/Hedgehog; u Hiroya Minakuchi/IV 173o MC; u Paul Ensor/Hedgehog 174o Colin Monteath/Hedgehog; u Colin Monteath/Auscape 175o Robert L. Pitman/IV; M Steve Dawson/Hedgehog 176o Pete Oxford/PEP; u Robert L. Pitman/IV 177o Doug Perrine/IV 178o Robert L. Pitman/IV; u James D. Watt/PEP 179o Robert L. Pitman/IV; u Robert L. Pitman/EarthViews 180o Robert L. Pitman/IV; u James D. Watt/IV 181o Doug Perrine/PEP; M Flip Nicklin/Minden 182o Doug Perrine/Auscape; u Doug Perrine/IV 183o François Gohier/Ardea; M Robert L. Pitman/IV 184M Stephen Leatherwood/EarthViews 185o Dave B. Fleetham/TSA; u Doug Perrine/IV 186o Bob Cranston; u Michael S. Nolan/EarthViews 187o Kim Westerskov/OSF; M François Gohier/Ardea 188o Kelvin Aitken/OEI; u Doug Perrine/IV 189o Dennis Buurman/Hedgehog 190o Flip Nicklin/Minden; u Doug Allan/OSF 191o Jeff Foott/TSA; M Gary Milburn/TSA 192o Sharon Nogg/MMI; u Robin W. Baird/MMI 193o Kenneth C. Balcomb III/EarthViews; u C. Faesi/MMI 194–195 François Gohier/Auscape 196–197 repeat of pages 208/209 198o Mark Conlin/IV; u Doug Perrine/IV(Hawaii Whale Research Foundation NMES permit #633) 199u Eric Sander/Gamma/Picture Media 200M Brandon D. Cole/IV; u Richard Sears/EarthViews 200–201o Duncan Murrell/OSF 201M Nick Nicholson/TIB 202M Marilyn Kazmers/IV 202–203o Michael S. Nolan/IV 203M François Gohier/Ardea 204M Tom Campbell/IV 204–205o Bob Cranston 205M ACS-G Bakker/MMI 206M Tui De Roy/Hedgehog 206–207o Marilyn Kazmers/IV 207M MC 208Ml Howard K. Suzuki/IV; Mr Michael S. Nolan/IV 208–209o James D. Watt/PEP 209M Kjell Sandved/OSF 210o Mel Digiacomo/TIB; u Doug Perrine/IV 211M Doug Perrine/IV 212M David B. Fleetham/OSF 212–213o Monica Borobia/MMI 213M Ken Lucas/PEP 214M BCA 214–215o MC; u Godfrey Merlen/OSF 215M Joseph Devenney/TIB 216M MC 216–217o Steve Bunnell/TIB 217M MC; u MC 218M Doug Perrine/PEP 218–219o Marty Snyderman/PEP 219M Doug Perrine/PEP 220M Doug Perrine/Auscape 220–221o MC 221M Doug Perrine/PEP; u MC 222o James D. Watt/EarthViews; u Skeet McAuley/TIB 223M Frank Nowikowski/South American Pictures 224M Carlos Angel/Gamma/Picture Media 224–225o Carlos Angel/Gamma/Picture Media 225M Luis Castaneda/TIB 226M Thomas Henningsen/MMI 226–227o Andrea Florence/Ardea 227M Ann Ripp/TIB 228M Doug Perrine/PEP 228–229o MC 229M Doug Perrine/IV 230o Clive Collins; u Doug Perrine/IV 231o Adam Woolfitt/Robert Harding Picture Library; M MC 232M MC 232–233o Michio Hoshino/Minden 233M BCA 234M Tui De Roy/Auscape 234–235o D. Parer & E. Parer-Cook/Auscape 235M MC 236M Tui De Roy/OSF 236–237o François Gohier/Auscape 237M David Lomax/Robert Harding Picture Library; u Charles Bishop/PEP 238u Dominic Harcourt-Webster/Robert Harding Picture Library 238–239o Andrea Pistolesi/TIB 239M Doug Perrine/IV 240M François Gohier/Ardea 240–241o MC 241M Gianalberto Cigolini/TIB 242M Doug Perrine/Auscape 242–243o MC 243M MC; u Michael Pasdzior/TIB 244M MC 244–245o A. E. Zuckerman/TSA 245M Jean-Paul Ferrero/Auscape 246M Paul Slaughter/TIB; u David B. Fleetham/OSF 247or Flip Nicklin/Minden; u Doug Perrine/IV 248M Kenneth C. Balcomb III/EarthViews 248–249o P. & G. Bowater/TIB 249M David B. Fleetham/IV; u Rick Strange/TPL 250M Kyoichi Mori/OWA 250–251o TIB 251M Kyoichi Mori/OWA 252u MC 252–253o Takashi Yamaguchi/Q Photo International Inc. 253M MC; u MC 254o M. P. Kahl/Auscape; u Steve R. Burnell 255M Jean-Marc La Roque/Auscape; u Flip Nicklin/Minden 256u Clive Bromhall/OSF 256–257o Tony Karacsonyi, Sydney 257M Jean-Paul Ferrero/Auscape 258M Michel Nolan/TSA 258–259o Richard Smyth/Auscape 259M Ken Stepnell/TPL; u François Gohier/Ardea 260M Flip Nicklin/Minden 260–261o Richard Smyth/Auscape 261M MC 262M Steve Dawson/Hedgehog 262–263o Kim Westerskov/OSF 263M Dennis Buurman/Hedgehog 264M Pete Atkinson/PEP 264–265o Pete Atkinson/PEP 265u Peter Hendrie/TIB 266o MC 266–267M Flip Nicklin/Minden; u Harald Sund/TIB 268u Doug Allan/OSF 268–269o Doug Allan/OSF 269M Dominique Braud/TSA 270M Marc Webber/PEP 270–271o Colin Monteath/Hedgehog 271M Ben Osborne/OSF 272–273 Paris, Musée du Louvre/Lauros-Giraudon

Illustrationsnachweise

Martin Camm 22, 68, 70, 76, 126, 131, 132, 135; **Clive Collins** 164, 165 (Karten); **Marjorie Crosby-Fairall** Kap. 7 und 8 Zierleisten; **Ray Grinaway** 51, 65, 119; **Gino Hasler** 19, 60, 66, 74, 84, 87, 89; **Roger Swainston** 149–152, 157, 158, 160–163, 167, 177, 184, 189, 190; **Kenn Backhaus** Alle Karten-Illustrationen; **Genevieve Wallace** Anhang

Zitatnachweis:

131: Lutherbibel, revidierter Text 1984, © 1985 Deutsche Bibelgesellschaft, Stuttgart
105, 139: © Copyright 1988 für die deutsche Übersetzung by www.Zweitausendeins.de